Conheça o
Saraiva Conecta

Uma plataforma que apoia o leitor em sua jornada de estudos e de atualização.

Estude *online* com conteúdos complementares ao livro e que ampliam a sua compreensão dos temas abordados nesta obra.

Tudo isso com a **qualidade Saraiva Educação** que você já conhece!

Veja como acessar

No seu computador
Acesse o *link*

https://somos.in/DPC7

No seu celular ou tablet
Abra a câmera do seu celular ou aplicativo específico e aponte para o *QR Code* disponível no livro.

Faça seu cadastro

1. Clique em **"Novo por aqui? Criar conta"**.

2. Preencha as informações – insira um *e-mail* que você costuma usar, ok?

3. Crie sua senha e clique no botão **"CRIAR CONTA"**.

Pronto!
Agora é só aproveitar o conteúdo desta obra!*

Qualquer dúvida, entre em contato pelo *e-mail* **suportedigital@saraivaconecta.com.br**

Confira o material do professor
Hermes Arrais Alencar
para você:

https://somos.in/DPC7

* Sempre que quiser, acesse todos os conteúdos exclusivos pelo *link* ou pelo *QR Code* indicados.
O seu acesso tem validade de 24 meses, a contar da data de fechamento desta edição

HERMES ARRAIS ALENCAR

Direito
PREVIDENCIÁRIO
para Concursos

7ª edição
2024

Av. Paulista, 901, Edifício CYK, 4º andar
Bela Vista – São Paulo – SP – CEP 01310-100

SAC sac.sets@saraivaeducacao.com.br

Diretoria executiva	Flávia Alves Bravin
Diretoria editorial	Ana Paula Santos Matos
Gerência de produção e projetos	Fernando Penteado
Gerência de conteúdo e aquisições	Thais Cassoli Reato Cézar
Gerência editorial	Livia Céspedes
Novos projetos	Aline Darcy Flôr de Souza
	Dalila Costa de Oliveira
Edição	Daniel Pavani Naveira
Design e produção	Jeferson Costa da Silva (coord.)
	Giselle Cristina da Silva Honorio
	Guilherme Salvador
	Lais Soriano
	Rosana Peroni Fazolari
	Tiago Dela Rosa
Planejamento e projetos	Cintia Aparecida dos Santos
	Daniela Maria Chaves Carvalho
	Emily Larissa Ferreira da Silva
	Kelli Priscila Pinto
Diagramação	Tangente Design
Revisão	Daniela Georgeto
Capa	Tiago Dela Rosa
Produção gráfica	Marli Rampim
	Sergio Luiz Pereira Lopes
Impressão e acabamento	A.R. Fernandez

DADOS INTERNACIONAIS DE CATALOGAÇÃO NA PUBLICAÇÃO (CIP)
ELABORADO POR VAGNER RODOLFO DA SILVA - CRB-8/9410

A368d   Alencar, Hermes Arrais
         Direito Previdenciário para concursos / Hermes Arrais Alencar. - 7. ed. - São Paulo: Saraiva Jur, 2024.
         360 p.
         ISBN: 978-85-5362-063-0
         1. Direito. 2. Direito Previdenciário. I. Título.

                                              CDD 341.67
2023-3059   CDU 34:368.4

Índices para catálogo sistemático:
1. Direito Previdenciário   341.67
2. Direito Previdenciário   34:368.4

Data de fechamento da edição: 30-11-2023

Dúvidas? Acesse www.saraivaeducacao.com.br

Nenhuma parte desta publicação poderá ser reproduzida por qualquer meio ou forma sem a prévia autorização da Saraiva Educação. A violação dos direitos autorais é crime estabelecido na Lei n. 9.610/98 e punido pelo art. 184 do Código Penal.

CÓD. OBRA 5363   CL 608942   CAE 846126

SUMÁRIO

DEDICATÓRIA XI

LISTA DE ABREVIATURAS XIII

INTRODUÇÃO XVII

1 SEGURIDADE SOCIAL 1

1.1. Histórico da Seguridade Social.. 4

    1.1.1. Saúde.. 7

    1.1.2. Assistência social 11

        1.1.2.1. Benefício de Prestação Continuada (BPC) da Assistência Social (art. 203, V, da CF) 13

        1.1.2.2. BPC é devido a estrangeiros residentes no Brasil? 21

    1.1.3. Previdência Social.. 23

        1.1.3.a. Histórico da Previdência. Aspecto mundial 24

        1.1.3.b. Histórico da Previdência no Brasil... 26

        1.1.3.1. Legislação previdenciária. Conteúdo, fontes, autonomia ... 30

            1.1.3.1.a. Validade. Vigência e eficácia 31

            1.1.3.1.b. Aplicação das normas previdenciárias 35

                 1.1.3.1.b.1. Eficácia da lei previdenciária no tempo: direito adquirido.. 35

                 1.1.3.1.b.2. Eficácia da lei previdenciária no tempo: expectativa de direito.............................. 36

                 1.1.3.1.b.3. Eficácia da lei previdenciária no tempo: regra de transição 36

                 1.1.3.1.b.4. Eficácia da lei previdenciária no espaço 37

            1.1.3.1.c. Interpretação das normas previdenciárias.............. 38

            1.1.3.1.d. Integração.. 42

        1.1.3.2. Instituto Nacional do Seguro Social................................. 43

            1.1.3.2.a. Via recursal administrativa.................................... 44

            1.1.3.2.b. Prévio requerimento administrativo: Condição necessária para ajuizamento de ação 48

        1.1.3.3. Regime Geral e Próprio de Previdência Social................. 50

        1.1.3.4. Agentes públicos e a filiação previdenciária 51

            1.1.3.4.a. Agentes políticos 52

DIREITO PREVIDENCIÁRIO PARA CONCURSOS

1.1.3.4.b. Servidores estatais	54
1.1.3.4.b.1. Servidores públicos	54
1.1.3.4.b.2. Cargos exclusivamente em comissão	55
1.1.3.4.b.3. Empregados públicos	56
1.1.3.4.b.4. Servidores temporários	57
1.1.3.4.c. Particulares em colaboração com a Administração Pública	57
1.1.3.5. Reforma da Previdência. Regime Próprio. Art. 40 da CF	57
1.1.3.6. Previdência complementar	62
1.1.4. Princípios constitucionais da Seguridade Social	68
1.1.4.1. Universalidade da cobertura e do atendimento	72
1.1.4.2. Uniformidade e equivalência dos benefícios e serviços às populações urbanas e rurais	72
1.1.4.3. Seletividade e distributividade na prestação dos benefícios e serviços	73
1.1.4.4. Irredutibilidade do valor dos benefícios	74
1.1.4 4.1. Manutenção do valor real dos benefícios	75
1.1.4.5. Equicade na forma de participação no custeio	77
1.1.4.6. Diversidade na base de financiamento, identificando-se, em rubricas contábeis específicas para cada área, as receitas e as despesas vinculadas a ações de saúde, previdência e assistência social, preservado o caráter contributivo da previdência social	79
1.1.4.7. Caráter democrático e descentralizado da administração	81

2 DO FINANCIAMENTO DA SEGURIDADE SOCIAL 83

2.1. Da contribuição da União	83
2.2. Das outras receitas de Seguridade Social	84
2.3. Contribuições sociais para a Seguridade Social	86
2.3.1. Contribuições de Seguridade Social – referibilidade	88
2.3.2. Contribuição Social – espécie tributo – teoria pentapartida	89
2.3.3. Receita Federal do Brasil	91
2.3.4. Princípios tributários aplicáveis às Contribuições Sociais de Seguridade Social	93
2.3.4.1. Princpio da anterioridade	93
2.3.4.2. Princpio da legalidade	95
2.3.4.2.a. Princípio da legalidade. Principais embates judiciais	97
2.3.5. Imunidade – contribuições previdenciárias	100
2.3.5.a. Isenção – contribuições previdenciárias	103
2.3.5.b. Reforma da Previdência. Moratória e parcelamento – Contribuições previdenciárias	104
2.3.5.c. Anistia e remissão – Contribuições previdenciárias	105

SUMÁRIO

2.3.6. Prescrição e decadência 105

2.3.7. Contribuições previdenciárias 106

    2.3.7.1. Da contribuição da empresa incidente sobre a folha de salários.... 108

    2.3.7.2. Aspecto subjetivo 109

        2.3.7.2.a. Sujeito ativo da relação tributária 109

        2.3.7.2.b. Sujeito passivo da exação 109

            2.3.7.2.b.1. Contribuinte e responsável tributário 111

    2.3.7.3. Aspecto temporal 114

    2.3.7.4. Fato gerador *in abstracto* 114

    2.3.7.5. Aspecto espacial 115

    2.3.7.6. Aspecto quantitativo 116

        2.3.7.6.a. Base de cálculo 116

            2.3.7.6.a.1. Base de cálculo diferenciada (Lei n. 13.202/2015: condutor autônomo de veículo rodoviário) 123

        2.3.7.6.b. Alíquota 125

            2.3.7.6.b.1. Instituições financeiras 125

            2.3.7.6.b.2. Serviços prestados por cooperativa de trabalho 126

2.3.8. Retenção – Lei n. 9.711/98 – art. 31 da Lei n. 8.212/91 127

2.3.9. Contribuição do SAT – Seguro de Acidentes do Trabalho (GILRAT/RAT)... 130

2.3.10. Contribuição adicional de aposentadoria especial (GILRAT) 132

2.3.11. Cota patronal substitutiva 133

2.3.12. Contribuição devida pelo empregador doméstico 136

2.3.13. Contribuição devida pelos segurados 137

    2.3.13.1. Base de cálculo 137

    2.3.13.2. Alíquota 139

2.3.14. Contribuição dos aposentados do RGPS que retornam ou se mantêm em atividade laborativa 142

2.3.15. Contribuição – contribuinte individual e segurado facultativo – alíquota especial de 5% e de 11% – SEIPrev 143

2.3.16. Recolhimento fora do prazo: juros, multa e atualização monetária 146

2.4. Demais contribuições de Seguridade Social 148

    2.4.1. Contribuição sobre a receita e o faturamento (COFINS e PIS/PASEP) 149

    2.4.2. Contribuição Social sobre o Lucro Líquido (CSLL) 152

    2.4.3. Receita de concursos de prognósticos 152

    2.4.4. Contribuição do importador de bens ou serviços do exterior, ou de quem a lei a ele equiparar 154

    2.4.5. Contribuições residuais 154

DIREITO PREVIDENCIÁRIO PARA CONCURSOS

2.5. Reforma da Previdência. Desvinculação de Receitas da União – DRU 154

2.6. Regras constitucionais do art. 195 da CF 156

3 BENEFÍCIOS PREVIDENCIÁRIOS **159**

3.1. Proteção social 159

3.2. Filiação e inscrição 162

3.3. Relação jurídica de proteção. Teoria unitária e escisionista 164

3.4. Segurados obrigatórios 165

    3.4.1. Empregado 166

        3.4.1.a. Territorialidade 168

        3.4.1.b. Extraterritorialidade 169

    3.4.2. Trabalhador avulso 169

    3.4.3. Empregado doméstico 170

    3.4.4. Contribuinte individual 172

        3.4.4.a. Extraterritorialidade 174

    3.4.5. Segurado especial 174

    3.4.6. Segurados facultativos 178

3.5. Dependentes 183

3.6. Competência para apreciar ações judiciais 190

3.7. Benefícios decorrentes de acidente do trabalho 194

    3.7.1. Segurados – acidente do trabalho 199

    3.7.2. Carência – acidente do trabalho 199

    3.7.3. Estabilidade no emprego – acidente do trabalho 200

3.8. Das disposições comuns aos benefícios previdenciários 201

    3.8.1. Manutenção e perda da qualidade de segurado 201

    3.8.2. Carência 205

    3.8.3. Reforma da Previdência. Cálculo da renda mensal 209

        3.8.3.1. Benefícios não calculados com base no salário de benefício 211

        3.8.3.2. Salário de benefício após a Lei n. 9.876. Regramento anterior à Reforma da Previdência de 2019 212

        3.8.3.3. Fator previdenciário 212

        3.8.3.4. Renda Mensal Inicial (RMI) 217

        3.8.3.5. Reajuste da renda mensal 218

            3.8.3.5.a. Limite mínimo do valor dos benefícios previdenciários .. 219

            3.8.3.5.b. Limite máximo do valor dos benefícios previdenciários .. 219

    3.8.4. Abono anual 220

SUMÁRIO

3.9. Benefícios previdenciários.. 221

  3.9.1. Benefícios por incapacidade para o trabalho 221

  3.9.2. Aposentadoria programável após a Reforma da Previdência de 2019 231

    3.9.2.a. Aposentadoria por idade após a EC n. 103/2019 232

    3.9.2.b. Aposentadoria por tempo de contribuição após a EC n. 103/2019 234

      3.9.2.b.1. Reafirmação da DER 237

      3.9.2.b.2. Aposentadoria por tempo de contribuição com idade mínima redutível. Aposentadoria de pontos (TC + id). Art. 15 da EC n. 103/2019 238

      3.9.2.b.3. Aposentadoria por tempo de contribuição com idade mínima progressiva. Art. 16 da EC n. 103/2019 239

      3.9.2.b.4. Proteção ao direito iminente à aposentadoria (há menos de dois anos). Aposentadoria sem atrelamento à idade mínima. Pedágio de 50%. Filiado antigo. Art. 17 da EC n. 103/2019 240

      3.9.2.b.5. Aposentadoria por tempo de contribuição com idade mínima e período adicional de 100% (cem por cento). Art. 20 da EC n. 103/2019 242

    3.9.2.c. Aposentadoria especial após a EC n. 103/2019 243

    3.9.2.d. Aposentadoria diferenciada de professor após a EC n. 103/2019 .. 248

    3.9.2.e. Aposentadoria por idade rural após a EC n. 103/2019 253

    3.9.2.f. Aposentadoria diferenciada do segurado pessoa com deficiência (PcD) após a EC n. 103/2019 254

    3.9.2.g. Tempo de contribuição e a Reforma da Previdência de 2019 255

    3.9.2.h. Do cálculo do valor da aposentadoria após a Reforma da Previdência de 2019 256

  3.9.3. Direito adquirido. Art. 3º da EC n. 103, de 2019 257

  3.9.4. Salário-maternidade 258

  3.9.5. Salário-família 260

  3.9.6. Pensão por morte 262

  3.9.7. Auxílio-reclusão 273

  3.9.8. Seguro-desemprego 277

  3.9.9. Reabilitação profissional – Serviço previdenciário 282

  3.9.10. Serviço social 283

  3.9.11. Benefício de prestação continuada (BPC) da LOAS 285

  3.9.12. Auxílio-inclusão 285

3.10. Cumulação de benefícios 286

  3.10.1. Auxílio-doença (auxílio por incapacidade temporária) 287

  3.10.2. Auxílio-acidente 288

IX

DIREITO PREVIDENCIÁRIO PARA CONCURSOS

3.10.3. Aposentadorias		288
3.10.4. Pensão por morte		289
3.10.4.a. Acumulação do valor da pensão por morte com pensão e aposentadoria (EC n. 103, de 2019)		289
3.10.5. Auxílio-reclusão		291
3.10.6. Benefício assistencial de prestação continuada		291
3.11. Decadência		292
3.11.1. Decadência e prescrição em face de menores		293
3.11.2. Decadência para o INSS rever seus atos		294
3.12. Regras constitucionais do art. 201 da CF		294

4 CRIMES PREVIDENCIÁRIOS 297

4.1. Apresentação		297
4.1.1. Noções básicas sobre "crimes"		297
4.2. Apropriação indébita previdenciária		301
4.3. Sonegação fiscal previdenciária		309
4.4. Estelionato		311
4.5. Demais crimes previdenciários		316
4.6. Hora de gabaritar		317

ANEXOS 321

1. Súmulas do STF		321
2. Súmulas do STJ		322
2.1. STJ. Súmulas. Previdência privada		326
3. Súmulas da Advocacia-Geral da União		326
4. Súmulas da Turma Nacional de Uniformização – TNU		329

REFERÊNCIAS 337

DEDICATÓRIA

Ao meu tão amado filho Kenzo, às minhas lindas sobrinhas Sophie e Tiffany, às afilhadas Isabela e Carina, pelo colorido todo especial dado ao meu viver.

À minha esposa, Adriana, por me manter apaixonado durante todos os dias de nossas bodas de alexandrita. Te amo!

Aos meus pais, Francisco Arrais e Benedita, pelo sopro da vida.

À minha querida avó, Maria Arrais (*in memoriam*). À minha sogra, Fumie Miyata, e ao meu sogro, Mitsunori Miyada (*in memoriam*).

Obrigado!

LISTA DE ABREVIATURAS

ADCT – Ato das Disposições Constitucionais Transitórias

AEPS – Anuário Estatístico da Previdência Social

APS – Agência da Previdência Social

BTN – Bônus do Tesouro Nacional

CAGED – Cadastro Geral de Empregados e Desempregados

CAT – Comunicação de Acidente do Trabalho

CDP – Certidão de Dívida Pública

CEI – Cadastro Específico do INSS

CF – Constituição Federal

CGC – Cadastro Geral de Contribuintes

CID – Classificação Internacional de Doenças

CLPS – Consolidação das Leis da Previdência Social

CLT – Consolidação das Leis do Trabalho

CNAE – Classificação Nacional de Atividade Econômica

CNAF – Cadastro Nacional de Ações Fiscais

CNI – Confederação Nacional da Indústria

CNIS – Cadastro Nacional de Informações Sociais

CNPJ – Cadastro Nacional de Pessoas Jurídicas

CNPS – Conselho Nacional de Previdência Social

COFINS – Contribuição para o Financiamento da Seguridade Social

CPF – Cadastro de Pessoas Físicas

CPMF – Contribuição Provisória sobre Movimentação Financeira

CRP – Certificado de Regularidade Previdenciária

CRPS – Conselho de Recursos da Previdência Social

CSL – Contribuição Social sobre o Lucro

CTPS – Carteira de Trabalho e Previdência Social

DATAPREV – Empresa de Tecnologia e Informações da Previdência Social

DCB – Data de Cessação do Benefício

DDB – Data de Despacho do Benefício

DER – Data de Entrada do Requerimento

DIB – Data de Início do Benefício

DOU – Diário Oficial da União

DPVAT – Seguro de Danos Pessoais causados por Veículos Automotores de Vias Terrestres

EAPC – Entidade Aberta de Previdência Complementar

EC – Emenda Constitucional

EFPC – Entidade Fechada de Previdência Complementar

EGU – Encargos Gerais da União

EPU – Encargos Previdenciários da União

FAP – Fator Acidentário de Prevenção

FGTS – Fundo de Garantia por Tempo de Serviço

FNDE – Fundo Nacional de Desenvolvimento da Educação

FNS – Fundo Nacional de Saúde

FPAS – Fundo de Previdência e Assistência Social

FPE – Fundo de Participação dos Estados

FPM – Fundo de Participação dos Municípios

FUNDACENTRO – Fundação Jorge Duprat Figueiredo de Segurança e Medicina do Trabalho

GEX – Gerência Executiva

GFIP – Guia de Recolhimento do Fundo de Garantia do Tempo de Serviço e Informações à Previdência Social

GPS – Guia da Previdência Social

GRCI – Guia de Recolhimento do Contribuinte Individual

GRPS – Guia de Recolhimento da Previdência Social

IAPC – Instituto de Aposentadorias e Pensões dos Comerciários

IBGE – Instituto Brasileiro de Geografia e Estatística

IGP-DI – Índice Geral de Preços – Disponibilidade Interna

INPC – Índice Nacional de Preços ao Consumidor

INSS – Instituto Nacional do Seguro Social

IR – Imposto de Renda

IRSM – Índice de Reajuste do Salário mínimo

LB – Lei de Benefícios (Lei n. 8.213/1991)

LC – Lei Complementar

LOA – Lei Orçamentária Anual

LISTA DE ABREVIATURAS

LOAS – Lei Orgânica da Assistência Social

LOPS – Lei Orgânica da Previdência Social

MC – Ministério da Cidadania

ME – Ministério da Economia

MF – Ministério da Fazenda

MP – Medida Provisória

MPAS – Ministério da Previdência e Assistência Social

MPS – Ministério da Previdência Social

MR – Mensalidade Reajustada

MTPS – Ministério do Trabalho e da Previdência Social

NB – Número de Benefício

NFLD – Notificação Fiscal de Lançamento de Débito

NIT – Número de Identificação do Trabalhador

NTDEAT – Nexo Técnico por Doença Equiparada a Acidente do Trabalho

NTEP – Nexo Técnico Epidemiológico Previdenciário

OIT – Organização Internacional do Trabalho

ORTN – Obrigações Reajustáveis do Tesouro Nacional

OTN – Obrigações do Tesouro Nacional

PASEP – Programa de Formação do Patrimônio do Servidor Público

PBC – Período Básico de Cálculo

PEA – População Economicamente Ativa

PEC – Proposta de Emenda Constitucional

PIB – Produto Interno Bruto

PIS – Programa de Integração Social

PNAD – Pesquisa Nacional por Amostra de Domicílios

PNS – Piso Nacional de Salários

PRISMA – Projeto de Regionalização de Informações e Sistemas

RAIS – Relação Anual de Informações Sociais

REFIS – Programa de Recuperação Fiscal

RFFSA – Rede Ferroviária Federal Sociedade Anônima

RGPS – Regime Geral de Previdência Social

RMI – Renda Mensal Inicial

RMV – Renda Mensal Vitalícia

RPPS – Regime Próprio de Previdência Social

RPS – Regulamento da Previdência Social

RSC – Relação de Salários de Contribuição

SAE – Setor de Atividade Econômica

SASSE – Serviço de Assistência e Seguro Social dos Economiários

SAT – Seguro de Acidente do Trabalho

SB – Salário de benefício

SB-40 – Formulário para registro de aposentadoria por tempo de serviço especial por insalubridade

SC – Salário de contribuição

SEBRAE – Serviço de Apoio a Pequena e Média Empresa

SENAC – Serviço Nacional de Aprendizagem Comercial

SENACOOP – Secretaria Nacional de Cooperativismo

SENAI – Serviço Nacional de Aprendizagem Industrial

SENAR – Serviço Nacional de Aprendizagem Rural

SENAT – Serviço Nacional de Aprendizagem do Transporte

SESC – Serviço Social do Comércio

SESCOOP – Serviço Nacional de Aprendizagem do Cooperativismo

SESI – Serviço Social da Indústria

SEST – Serviço Social do Transporte

SIAFI – Sistema Integrado de Administração Financeira

SIMPLES – Sistema Integrado de Pagamento de Impostos e Contribuições das Microempresas e das Empresas de Pequeno Porte

SINPAS – Sistema Nacional de Previdência e Assistência Social

SISOBI – Sistema Informatizado de Controle de Óbitos

SM – Salário mínimo

SMR – Salário mínimo de Referência

SPC – Secretaria da Previdência Complementar

SPS – Secretaria de Previdência Social

SRFB – Secretaria da Receita Federal do Brasil

SUB – Sistema Único de Benefícios

SUSEP – Superintendência Nacional de Seguros Privados

UF – Unidades da Federação

UFIR – Unidade Fiscal de Referência

URV – Unidade Real de Valor

INTRODUÇÃO

Dicas de Estudo

Dedicação e seriedade no estudo, esse é o mantra a ser entoado pelo candidato até lograr êxito na aprovação do cargo público almejado.

A etapa primeira para ser aprovado é destacar tempo para estudo. É essencial saber abdicar de rotinas supérfluas em prol de um objetivo maior. Isso significa destinar tempo por certo período de sua vida para realização desse importante projeto, que muitas vezes exige deixar **transitoriamente** de lado:

- Televisão. Se você gostar de assistir a jogos de futebol, tente imaginar o tempo semanal que dispensa assistindo a partidas pela TV. Ao abandonar esse hábito, certamente ganhará cerca de cinco horas semanais. Deixar as novelas e as famosas séries também é outro capítulo que proporciona economia de no mínimo sete horas semanais;
- Redes sociais. Atualmente, limitar os acessos à internet assistindo a vídeos "divertidos" no WhatsApp, Facebook, YouTube, TikTok etc. pode reverter tranquilamente outras cinco horas semanais para os estudos;
- Eventos sociais. Reduzir em caráter provisório a participação em churrascos e algumas viagens, para dedicar-se ao projeto "aprovação", lhe garantirá ótima remuneração em cargo público e um futuro repleto de excelentes momentos com amigos e família!

A segunda etapa importante é o curso preparatório para concursos, que considero realmente essencial. É extremamente raro conhecer alguém aprovado em certame público de primeira linha que afirme não ter frequentado ao menos um ano de curso preparatório.

Aulas com professores gabaritados, capazes de ensinar assuntos complicados de maneira leve, dando sempre enfoque aos pontos mais exigidos pelas bancas de concurso público, proporcionam ganho de conhecimento em curto espaço de tempo (um ano de curso preparatório equivale a pelo menos dois anos estudando por conta própria).

Além disso, é comum não gostarmos de alguma matéria (e esse e justamente o ponto fraco ao qual o candidato deve dar atenção redobrada!). No entanto, ao assistir às aulas da disciplina que menos nos atrai com professor cativante, observa-se muitas vezes que, do "ódio", passa-se ao "amor" pela matéria.

Cito a disciplina que leciono, Direito Previdenciário, que aparenta muitas vezes ser matéria enfadonha, razão pela qual ouço com frequência dos meus alunos frases do gênero: "Professor, eu nunca imaginei que fosse gostar de previdenciário, mas estou adorando!". Isso evidencia que pontos fracos podem se tornar pontos fortes!

Outro passo importante é ter acesso a bom material de apoio, livros voltados especificamente a concursos públicos.

A leitura de cada capítulo do livro deve ser seguida da elaboração de resumos (dando especial atenção aos métodos mnemônicos de assimilação do conteúdo). Você pode se valer deste termômetro: **após a leitura de um capítulo, com o livro fechado, faça um resumo; quanto mais linhas e páginas conseguir escrever, melhor será a qualidade do seu aprendizado**. Poucas linhas anotadas são um sinal de alerta: os estudos não estão adequados.

Atenção! Há pessoas que conseguem ótima concentração na leitura mesmo em pé num ônibus lotado depois de um dia de trabalho intenso (tendo chances efetivas e concretas de êxito em certame público, ante a seriedade do estudo), enquanto outras passam o dia confortavelmente em sua residência, tão só na companhia de livros, porém assimilam pouco conteúdo, porque se limitam a passar os olhos pelas páginas dos livros, com os pensamentos voando longe. Por isso, não desperdice seu tempo! **Concentre-se! Não perca o foco!**

Concurso público é meta atingível, você pode! Você conseguirá, desde que não desvie de seu objetivo! Confira seu desempenho periodicamente mediante a elaboração de resumos sobre os capítulos lidos.

Tome cuidado: Conquanto seja verdadeiro que o complemento dos estudos se dá com a resolução de questões (prática excelente para tornar-se íntimo do perfil de cada banca de concursos), **no ano de 2019 surgiu a Nova Previdência**, diante da quantidade enorme de alterações decorrentes da Reforma e da Minirreforma Previdenciária, ambas de 2019 (EC n. 103 e Lei n. 13.846), desse modo, questões de concursos anteriores ao ano de 2019 tornaram-se perigosas.

Uma dica que considero bastante proveitosa aos que almejam concursos de primeira linha, a exemplo da Magistratura, Ministério Público e AGU, é lembrar ao candidato de se preocupar antecipadamente com a fase de "avaliação de títulos". Ter livros publicados, artigos ou ensaios escritos em periódicos reconhecidos no meio acadêmico e científico soma pontos valiosos nesses concursos públicos.

Reiterando o que foi afirmado acima, uma das etapas importantes do projeto "aprovação" é a elaboração periódica de resumos, que (com alguns ajustes) podem ser transformados pelo candidato em "artigos jurídicos". Claro que esse trabalho deve ser feito sempre citando as fontes de consulta e com cuidado para não cometer plágio.

Esses textos podem ser encaminhados e publicados em revistas, jornais e periódicos científicos com identificações ISSN (*International Standard Serial Number*) ou ISBN (*International Standard Book Number*).

INTRODUÇÃO

Esse material escrito por você, se for publicado, será precioso na fase de "avaliação de títulos", pois o fará avançar muito na lista de classificação final, podendo fazer a diferença na hora da escolha de estado/cidade/órgão de lotação.

Outra dica importante é conhecer muito bem a Constituição Federal. Para ajudar o concurseiro nessa tarefa, sempre recomendo ao candidato que, além de ler, ouça os artigos constitucionais. Como? Simples! Basta baixar os arquivos de áudio no formato MP3 da Constituição de 1988, para ouvi-los no celular onde e quando quiser. Trata-se de ferramenta extremamente interessante para aprimorar os estudos. Obtenha os arquivos MP3 gratuitamente, basta apontar a câmera do seu celular para o *QR Code* abaixo.

Todos os artigos constitucionais, em especial da Emenda Constitucional n. 103/2019 (Reforma da Previdência) e das Leis Federais ns. 8.213 e 8.212, ambas de 1991, que forem referenciados nesta obra deverão ser lidos. Importante adotar o hábito de buscar a normatização legislativa diretamente do sítio eletrônico: <www.planalto.gov.br>.

Por importante, não se esqueça de que somos o conjunto "mente e corpo", de modo que, para ótimo desempenho nos estudos, é recomendável a prática periódica de exercício físicos (como uma caminhada).

Por fim, fica o registro verdadeiro de que, **quanto mais você estudar, mais sorte terá**!

Bons estudos e sucesso!
O Autor

Cortesia. Aula Tema Seguridade Social com Prof. Hermes Arrais:

1

SEGURIDADE SOCIAL

Caro leitor, esta obra colima trazer o conhecimento necessário ao estudo do Direito Previdenciário para efeito de resolução de questões em certames públicos. Como etapa inicial, indispensável se faz a menção topográfica da Previdência em nossa atual Carta Política.

O momento de estreia em nosso Texto Constitucional de 1988 do signo "previdência", devidamente adjetivado de "social", está no art. 6º[1], dispositivo que revela **prestações positivas exigíveis do Estado** (direitos de **segunda geração** consistentes em obrigação de dar ou de fazer, conhecidas por prestações sociais), direitos compreendidos como **fundamentais da pessoa humana**, denominados **direitos sociais**[2].

As gerações dos direitos fundamentais[3] é possível sintetizar nos seguintes moldes:

- direitos de **primeira geração** (o foco é a liberdade) – conhecidos por direitos negativos, são aqueles que impõem ao Estado o dever de se abster de atuar (não agir), assegurando liberdade ao indivíduo; consistem em direitos civis e políticos, a exemplo da liberdade de expressão e de religião.

- direitos de **segunda geração** (lastreados na igualdade) são **direitos sociais**, econômicos e culturais (de uma coletividade). **direitos positivos** porque impõem obrigação de fazer (prestar serviços, por exemplo, serviços médicos realizados no Sistema Único de Saúde) e obrigação de dar (exemplo: pagar benefício previdenciário de aposentadoria);

- há ainda os direitos de **terceira geração** (alicerçados na fraternidade), que dizem respeito a toda a humanidade, como o direito ao desenvolvimento, ao meio ambiente sadio, à paz.

---

[1] O art. 6º encabeça o Capítulo II – Dos Direitos Sociais, do Título II – Dos Direitos e Garantias Fundamentais. Do art. 6º da CF, de acordo com a redação dada pela Emenda Constitucional n. 90, de 2015, consta: "São direitos sociais a educação, a saúde, a alimentação, o trabalho, a moradia, o transporte, o lazer, a segurança, a previdência social, a proteção à maternidade e à infância, a assistência aos desamparados, na forma desta Constituição".

[2] A expressão Direito Social é epíteto que designa o Direito do Trabalho e o Direito Previdenciário e Acidentário do Trabalho (DELGADO, Mauricio Godinho. *Curso de direito do trabalho*. 3. ed. São Paulo: LTr, 2004, p. 1281).

[3] MARMELSTEIN, George. *Curso de direitos fundamentais*. 2. ed. São Paulo: Atlas, 2009.

No Brasil, vê-se do art. 194 do Texto Supremo de 1988 a panaceia constitucional eleita a combater os males que afligem a pessoa natural em território brasileiro, instrumental jurídico denominado **Seguridade Social**.

O sistema[4] de Seguridade Social, expressão maior do *Welfare State* (Estado do Bem-Estar Social) no direito pátrio[5], foi concebido para realizar proteção social na concepção beveridgiana: proteção "do berço ao túmulo" (*from cradle to the grave*)[6], que, na conformação atribuída pelo Texto Maior, compreende ações não restritas à atividade estatal do seguro social, mas **ações integradas, de iniciativa dos Poderes Públicos e da sociedade**, destinadas a assegurar direitos relativos **à saúde, à previdência e à assistência social**.

No texto constitucional brasileiro de 1988, a Seguridade Social está alocada no Título reservado à **Ordem Social**, que tem, por sua vez, como base o **primado do trabalho**, e como **objetivo o bem-estar e a justiça sociais**.

Justiça social. Como enfatiza Alceu Amoroso Lima[7], há situações humanas merecedoras de especial atenção, é falar **justiça distributiva**, justiça não baseada na equivalência (justiça comutativa, aplicável nas relações entre sujeitos com iguais direitos); mas, na **lei da necessidade**, os mais necessitados têm mais direitos diante dos locupletados. Arnaldo Süssekind[8] explica que a ideia de justiça esteve por muito tempo estigmatizada no conceito de Justiniano, para quem ao direito cumpre garantir "a cada um o que lhe pertence", no entanto, a fórmula hodierna de justiça social objetiva "dar a cada um o que necessita". O substrato conceitual de **justiça social** é bem evidenciado por Perelman[9]: compreende-se a noção de justiça distributiva, no sentido de **dar a cada um segundo suas necessidades**.

A topografia constitucional revela perfeita sintonia entre os Títulos VII, Da Ordem Econômica e Financeira, e VIII, Da Ordem Social; aquele (Título VII) fundado na valorização do trabalho humano, enquanto este (Título VIII) assentado no valor supremo do **primado do trabalho**. O Texto Republicano, ao estabelecer, no art. 170, os postulados da ordem econômica, admite a intervenção estatal, dentre outros fundamentos, com finalidade de reduzir as desigualdades sociais (que, inclusive, constitui

---

[4]   "Institucionalizando a dimensão possível da proteção social, na medida em que lhe fixa os limites e contornos, cumpre ao Sistema atuar na desordem social – que o constituinte identifica e reconhece – com o escopo de transformá-la e conformá-la em plano mais elevado" (BALERA, Wagner. *Sistema de seguridade social*. 3. ed. São Paulo: LTr, 2003, p. 13).

[5]   "Já se sabe que é o bem-estar a marca registrada do Estado contemporâneo que passou a ser cognominado, acertadamente, Estado do bem-estar (*Welfare State*)" (BALERA, Wagner. *Noções preliminares de direito previdenciário*. São Paulo: Quartier Latin, 2004, p. 10).

[6]   "Falava o notável Beveridge, numa proteção 'do berço ao túmulo'" (BALERA, Wagner. *A seguridade social na Constituição de 1988*. São Paulo: Revista dos Tribunais, 1989, p. 35).

[7]   *Os direitos do homem e o homem sem direitos*. 2. ed. Rio de Janeiro: Vozes, 1999, p. 176.

[8]   *A previdência social brasileira*. Rio de Janeiro: Livraria Freitas Bastos, 1955, p. 41.

[9]   PERELMAN, Chaim. *Ética e direito* [Éthique et droit]. Trad. Maria Ermantina G. G. Pereira. São Paulo: Martins Fontes, 1996.

objetivo fundamental da República Federativa do Brasil, art. 3º, III, da CF) e no intento de garantir a satisfação do ideal do pleno emprego.

Anote: O texto constitucional de 1988 **é a primeira constituição** em nosso país a trazer a expressão "Seguridade Social".

> **MEMORIZE**
> **Seguridade Social** compreende um conjunto integrado de ações **de iniciativa** dos Poderes Públicos **e da sociedade,** destinadas a assegurar os **direitos** relativos **à saúde, à previdência e à assistência social** (art. 194).

Tome cuidado! Questões costumam excluir a "sociedade" do conceito constitucional de Seguridade Social, tornando incorreta a assertiva.

Constitui-se, portanto, o **Seguro Social** (Previdência) uma das ramificações da **Seguridade Social**, ao lado da Saúde e da Assistência Social.

> Seguridade Social = **P + A + S** (Previdência, Assistência e Saúde).

Traço distintivo dos segmentos da Seguridade Social, o maior deles é o *caráter contributivo*, necessário apenas na esfera previdenciária, expressamente consignado no art. 201 da Constituição Federal.

Caracterizado o Seguro Social como política contributiva de seguridade social porque, como regra, para obter benefícios e serviços previdenciários deve o requerente comprovar que houve o regular recolhimento de contribuições previdenciárias devidas e pagas na qualidade de segurado.

Na esfera da **Saúde** é garantida a **universalidade do atendimento**, por ser direito de todos (art. 196 da CF/88). A **Assistência Social é destinada a quem dela necessitar** (art. 203 da CF/88). Não há, nem pode haver, qualquer exigência de comprovação de recolhimento de contribuições à Seguridade Social por parte daquele que pretenda fruir benefícios e serviços colocados à disposição na área da Saúde e da Assistência Social.

Deste introito constata o leitor que Previdência Social **não é sinônimo** de Seguridade Social, esta é gênero enquanto aquela (Previdência) é um dos ramos de proteção social.

Atenção A Seguridade Social, conquanto seja expressão do Estado do Bem-estar Social, **não abrange todas as políticas sociais**, sendo restrita a: **Previdência, Assistência Social e Saúde (P.A.S.).** Examinadores adoram testar o conhecimento do candidato substituindo esses ramos ou acrescentando ao conceito de seguridade social outros direitos sociais como "Educação", "Trabalho", "Moradia", "Transporte" ou "Alimentação", tornando errada a assertiva!

O objetivo desta obra será trazer à baila os conhecimentos a respeito da Previdência Social, motivo pelo qual será dada atenção superficial às políticas não contributivas da Seguridade Social, focando-se, é claro, com relação à Saúde e à Assistência Social, os pontos de maior incidência em concursos públicos.

Responda[10]: (Assistente Previdenciário – CEPERJ – Rioprevidência – 2010) Dentre os direitos que dizem respeito à segunda geração, não se inclui aquele relativo:
- (A) ao meio ambiente equilibrado.
- (B) à educação.
- (C) ao trabalho.
- (D) à previdência social.
- (E) à assistência social.

1.1. HISTÓRICO DA SEGURIDADE SOCIAL

Seguridade[11] é termo não encontrado na língua portuguesa, neologismo[12] que deita suas raízes nas expressões *seguridad* do espanhol, *securité* do francês e *security* dos ingleses, a significar "**segurança**".

Assim, seguridade social objetiva garantir "segurança" social, traduzida como proteção do indivíduo e de sua família nas situações de necessidade social, consideradas como tais aquelas que promovam a perda ou redução de rendimentos.

Em breve resgate histórico quanto às origens dessa expressão, verifica-se que após a depressão econômica iniciada em 1929 (crise da bolsa de valores) desencadeou-se nos Estados Unidos da América a edição, **no ano 1935**, do ato normativo intitulado *Social Security Act*, concebido no contexto do novo pacto social (*New Deal*) entabulado no **Governo Roosevelt**.

Arnaldo Süssekind[13], ao discorrer especificamente sobre esse ato normativo, esclarece que o *Social Security Act* **caracteriza-se como uma ação eficaz de combate às necessidades humanas que decorrem da assistência e dos seguros sociais**, numa concepção até então desconhecida de fixar **dever do Estado na luta contra a miséria**.

---

[10] Resposta: A.
[11] Como nos ensina Aloísio Teixeira. In: *A previdência social e a revisão constitucional*: debates. Brasília: MPS, 1994. v. II, p. 37.
[12] Sergio Pinto Martins esclarece: "Seguridade" provém do latim *securitate(m)*, decorrente de *securitas*. Não se trata, portanto, de castelhanismo, mas de palavra que caiu em desuso e foi agora empregada na Constituição. In: *Direito da seguridade social*. 36. ed. São Paulo: Saraiva, 2016, p. 57.
[13] SÜSSEKIND, Arnaldo. *A previdência social brasileira*. Rio de Janeiro: Livraria Freitas Bastos, 1955, p. 28.

SEGURIDADE SOCIAL

Importante ressaltar que, anos mais tarde, na Europa, o economista inglês **William Beveridge** foi convocado pelo governo da Inglaterra para elaborar estudo sobre *segurança social*. Os planos apresentados por *Sir* Beveridge no ano de 1942 buscaram erradicar as necessidades sociais de toda a população (**proteção social do berço ao túmulo**, sintetizada na frase: *Social Security from the cradle to the grave*), deflagrando a política do Estado do Bem-estar Social (*Welfare State*), contendo ideais que repercutiram em diversas legislações do mundo no pós-guerra.

Da leitura do art. XXV da Declaração Universal dos Direitos Humanos (1948) podemos constatar a preocupação com a segurança social: "Toda pessoa tem direito a um padrão de vida capaz de assegurar a si e a sua família **saúde e bem-estar**, inclusive alimentação, vestuário, habitação, cuidados médicos e os serviços sociais indispensáveis, e **direito à segurança em caso de desemprego, doença, invalidez, viuvez, velhice ou outros casos de perda dos meios de subsistência fora de seu controle**".

`Atenção` O ato embrionário da **Seguridade Social** é considerado por boa parte da doutrina como sendo o **Plano Beveridge, em 1942 na Inglaterra**, por contemplar verdadeiro estudo técnico de proteção social, enquanto que o *Social Security Act* de **1935** é aclamado como **primeiro diploma** normativo a trazer **a nomenclatura** Seguridade Social.

Finalizando o contexto histórico, a Organização Internacional do Trabalho (OIT), criada em 1919, aprovou em Genebra, no ano de 1952, a Convenção n. 102, conhecida como Normas Mínimas de **Seguridade Social**. Esse instrumento internacional foi submetido à análise do Brasil no século XX, mas somente (56 anos depois) **em 2008 o Congresso Nacional aprovou o texto da Convenção n. 102 da OIT**, por intermédio do Decreto Legislativo n. 269, tendo a Presidência da República ratificado na órbita internacional em 15 de junho de 2009.

A Convenção n. 102 da OIT foi incorporada ao ordenamento jurídico brasileiro com força de **lei ordinária**, e estabelece no campo da saúde o dever de o Brasil assegurar prestações de serviços médicos de caráter **preventivo ou curativo** às pessoas amparadas quando seu estado de saúde assim o exigir. As prestações devem abranger no mínimo: I) serviços de médicos que exerçam **clínica geral**, inclusive visitas domiciliares; II) os **serviços de especialistas prestados em hospitais** a pessoas hospitalizadas; III) fornecimento de **produtos farmacêuticos** indispensáveis **mediante receita** passada por médico; IV) hospitalização, quando necessária. Em **caso de gestação**, parto e suas consequências: I) assistência pré-natal, assistência durante o parto e assistência após o parto, prestada por médico ou parteira diplomada; II) hospitalização, em caso de necessidade.

Na órbita do seguro social, a Convenção n. 102 da OIT traz a obrigatoriedade de a legislação interna contemplar ao menos as seguintes espécies de benefícios:

- auxílio-doença;
- prestações de desemprego;

DIREITO PREVIDENCIÁRIO PARA CONCURSOS

- aposentadoria por velhice;
- auxílio em caso de acidentes de trabalho e de doenças profissionais;
- prestações de família;
- prestações de maternidade;
- aposentadoria por invalidez;
- pensão por morte.

Responda[14]: (Juiz do Trabalho – TRT 8ª Região – PA e AP – 2014) Ao âmbito da Seguridade Social brasileira, são incorporadas convenções da OIT que tratam de normas de seguridade. Sobre as normas mínimas de Seguridade Social na Convenção n. 102, de 1952, da Organização Internacional do Trabalho (OIT), é constitucionalmente CORRETO afirmar:

(A) **que desde 27/4/55 (data da vigência no plano internacional) ingressaram na ordem jurídica brasileira** com natureza de legislação ordinária, e naquilo que em não são incompatíveis com as normas jurídicas do direito interno relativas à Seguridade Social, são aplicáveis porque o Brasil é País-Membro da Organização Internacional do Trabalho e, nessa condição, sujeita-se à convenções dessa organização.

(B) que as Normas Mínimas de Seguridade Social da Convenção n. 102, de 1952, podem integrar o conjunto de normas relativas à Seguridade Social brasileira com natureza **e força de Lei Complementar**, porque dependem de ato declaratório privativo de validade pelo Congresso Nacional, competente para a edição de Lei Complementar federal (LC).

(C) que a Convenção n. 102, de 1952, da OIT, aprovada pelo Decreto Legislativo n. 269, de 19.09.2008, do Congresso Nacional, passou a integrar o conjunto de normas relativas à Seguridade Social porque foi ratificada em 15/06/2009 pelo Brasil, sendo que as prestações devem abranger no mínimo: a) em casos mórbidos: I) os serviços de médicos que exerçam a clínica geral, inclusive visitas domiciliares; II) os serviços de especialistas prestados em hospitais a pessoas hospitalizadas ou não e ainda os que podem ser administrados fora dos hospitais; III) fornecimento de produtos farmacêuticos indispensáveis mediante receita passada por médico; IV) hospitalização, quando necessária; b) em caso de gestação, parto e suas consequências: I) assistência pré-natal, assistência durante o parto e assistência após o parto, prestada por médico ou parteira diplomada; II) hospitalização, em caso de necessidade.

(D) que as Normas Mínimas da Seguridade Social da Convenção n. 102/19952 são aplicáveis porque, mesmo possuindo **a natureza de Lei Complementar** federal

---

[14] Resposta: C. Principais erros das demais alternativas: Letra "A": afirmar que "desde 27-4-1955 – data da vigência no plano internacional – ingressaram na ordem jurídica brasileira"; Letra "B": afirmar que a Convenção n. 102 possui força de Lei Complementar; Letra "D": afirmar que dependem de declaração de constitucionalidade pelo pleno do STF; Letra "E": afirmar que "não" acarreta suspensão de ganhos.

SEGURIDADE SOCIAL

declarada pelo Congresso Nacional, **dependem de declaração de constitucio-nalidade pelo pleno do STF**, em razão da cláusula de reserva relativa ao controle difuso de constitucionalidade.

(E) que as Normas Mínimas da Seguridade Social da Convenção n. 02/1952, ratificadas em 15/06/2009 pelo Brasil, no que se refere às prestações de auxílio -doença, o evento coberto deve abranger a incapacidade de trabalho decorrente de um estado mórbido que **não** acarrete a suspensão de ganhos, conforme for definida pela legislação nacional.

1.1.1. Saúde

Política de Seguridade Social **não contributiva**, a saúde está consagrada pelo Poder Constituinte como direito fundamental do ser humano assegurado a todos, ditando o art. 196 da CF/88 que: "A saúde é direito de todos e dever do Estado, garantido mediante políticas sociais e econômicas que visem à redução do risco de doença e de outros agravos e ao **acesso universal e igualitário** às ações e serviços para sua promoção, proteção e recuperação".

Do preâmbulo da Constituição da Organização Mundial da Saúde (OMS) há uma definição de saúde consistente no mais "completo bem-estar físico, mental e social, e não somente a ausência de doenças ou enfermidades".

No Brasil, o ramo do direito responsável pelo estudo do complexo de normas que envolvem a saúde é o Direito Sanitário.

Por força do disposto no art. 198 da Constituição Federal e nas Leis ns. 8.080, de 19 de setembro de 1990, e 8.142, de 28 de dezembro de 1990, **cabe ao Sistema Único de Saúde (SUS) administrar a saúde no território nacional**.

O conjunto de ações e serviços de saúde, prestados por órgãos e instituições públicas federais, estaduais e municipais, da Administração direta e indireta e das fundações mantidas pelo Poder Público, constitui o Sistema Único de Saúde (SUS).

As populações indígenas devem ter acesso garantido ao SUS, em âmbito local, regional e de centros especializados, de acordo com suas necessidades, compreendendo a atenção primária, secundária e terciária à saúde. Trata-se do Subsistema de Atenção à Saúde Indígena, componente do Sistema Único de Saúde (SUS).

MEMORIZE

A assistência à saúde é livre à iniciativa privada.
Porém:
a) é vedada a destinação de recursos públicos para auxílios ou subven-ções às instituições privadas **com fins lucrativos**;
b) é vedada a participação direta **ou indireta** de empresas ou capitais es-trangeiros na assistência à saúde no País, salvo nos casos previstos em le .

DIREITO PREVIDENCIÁRIO PARA CONCURSOS

Atenção A regra é no sentido de ser "vedada a participação" de capital estrangeiro no ramo da Saúde em nosso País. A exceção deverá ser prevista em lei, que terá rol taxativo, *numerus clausus*. A atuação de capital estrangeiro apenas será tolerada nas estritas hipóteses definidas em lei, de modo que, enquanto não editada a norma, prevalece a vedação total[15].

A lei disporá sobre as condições e os requisitos que facilitem a **remoção de órgãos**, tecidos e substâncias humanas para fins de transplante, pesquisa e tratamento, bem como a coleta, processamento e transfusão de sangue e seus derivados, sendo **vedado todo tipo de comercialização**[16].

Desse modo, comprar ou vender tecidos, órgãos ou partes do corpo humano, como um rim, é crime previsto no art. 15 da Lei n. 9.434/97, com pena de três a oito anos de reclusão.

E a doação de um rim a um parente? A doação de órgãos e partes do próprio corpo vivo será permitida quando feita por pessoa juridicamente capaz, quando feita para fins de transplantes em cônjuge ou parentes consanguíneos até o quarto grau, quando se tratar de órgãos duplos, de partes de órgãos, tecidos ou partes do corpo cuja retirada não impeça o organismo do doador de continuar vivendo sem risco para a sua integridade, não represente grave comprometimento de suas aptidões vitais e saúde mental, não cause mutilação ou deformação inaceitável, e corresponda a uma necessidade terapêutica comprovadamente indispensável à pessoa receptora (art. 9º da Lei n. 9.434/97).

A Lei n. 9.434/97 traz o regramento relativo à remoção de órgãos, tecidos e partes do corpo humano pós-óbito para fins de transplante e tratamento.

A retirada *post mortem* de tecidos, órgãos ou partes do corpo humano destinados a transplante ou tratamento deverá ser precedida de **diagnóstico de morte encefálica**, constatada e registrada por **dois médicos não participantes das equipes de remoção e transplante**, mediante a utilização de critérios clínicos e tecnológicos definidos por resolução do Conselho Federal de Medicina.

Atenção Não confundir morte "encefálica" com "CEREBRAL", são coisas diversas!

---

[15] A Lei n. 9.656/98 dispõe sobre os planos e seguros privados de assistência à saúde. "Art. 1º (...) § 3º As pessoas físicas ou jurídicas residentes ou domiciliadas no exterior podem constituir ou participar do capital, ou do aumento do capital, de pessoas jurídicas de direito privado constituídas sob as leis brasileiras para operar planos privados de assistência à saúde".

[16] Não ofende esse dispositivo constitucional a garantia dada por lei estadual de meia entrada aos doadores regulares de sangue. *Vide*: ADIn 3.512, Rel. Min. Eros Grau, *DJ* 23-6-2006: "4. A Constituição do Brasil em seu art. 199, § 4º, veda todo tipo de comercialização de sangue, entretanto estabelece que a lei infraconstitucional disporá sobre as condições e requisitos que facilitem a coleta de sangue. 5. O ato normativo estadual não determina recompensa financeira à doação ou estimula a comercialização de sangue".

As manifestações de vontade relativas à retirada *post mortem* de tecidos, órgãos e partes, constantes da Carteira de Identidade Civil e da Carteira Nacional de Habilitação, **perderam a validade** desde o ano de 2000 (art. 2º da Lei n. 10.211/2001).

Desde o advento da Lei n. 10.211/2001, que deu nova redação ao art. 4º da Lei n. 9.434[17], **a retirada de tecidos, órgãos e partes do corpo de pessoas falecidas para transplantes** ou outra finalidade terapêutica, **dependerá da autorização do cônjuge ou parente, maior de idade**, obedecida a linha sucessória, reta ou colateral, até o segundo grau inclusive, firmada em documento subscrito por duas testemunhas presentes à verificação da morte.

É da essência do ramo da Saúde a oferta de **serviços** (obrigação de fazer). malgrado isso, compete-nos registrar a oferta de **benefício** (obrigação de dar, prestação pecuniária), criado pela Lei n. 10.708/2003. Essa lei consagra o programa denominado "De Volta para Casa", estabelecendo o benefício de *auxílio-reabilitação psicossocial*.

É benefício dedicado aos pacientes acometidos de transtornos mentais, com história de longa internação psiquiátrica que, mediante alta planejada, passam a usufruir de reabilitação psicossocial assistida, para assistência, acompanhamento e integração social, fora da unidade hospitalar.

O benefício do auxílio-reabilitação psicossocial, conforme a lei que o instituiu, representa o pagamento mensal de um auxílio pecuniário **inferior ao salário mínimo**, com a duração de um ano, podendo ser renovado caso necessário aos propósitos da reintegração social do beneficiário.

JURISPRUDÊNCIA:

STF. Tese de Repercussão Geral n. 500 (RE 657.718). **Tese Firmada: 1. O Estado não pode ser obrigado a fornecer medicamentos experimentais. 2.** A ausência de registro na ANVISA impede, como regra geral, o fornecimento de medicamento por decisão judicial. 3. É possível, excepcionalmente, a concessão judicial de medicamento sem registro sanitário, em caso de mora irrazoável da ANVISA em apreciar o pedido (prazo superior ao previsto na Lei n. 13.411/2015), quando preenchidos três requisitos: (i) a existência de pedido de registro do medicamento no Brasil (salvo no caso de medicamentos órfãos para doenças raras e ultrarraras); (ii) a existência de registro do medicamento em renomadas agências de regulação no exterior; e (iii) a inexistência de substituto terapêutico com registro no Brasil. 4. As ações que demandem fornecimento de medicamentos sem registro na ANVISA **deverão necessariamente ser propostas em face da União.**

---

[17] Rezava a Lei n. 9.434, em seu art. 4º, que: "Salvo manifestação de vontade em contrário, nos termos desta Lei, presume-se autorizada a doação de tecidos, órgãos ou partes do corpo humano, para finalidade de transplantes ou terapêutica *post mortem*". A presunção legal causou celeuma junto a diversos segmentos da sociedade, inclusive na área médica. Para diminuir a pressão social, editou-se a Lei n. 10.211, de 23 de março de 2001, que deu nova redação ao art. 4º da Lei n. 9.434.

DIREITO PREVIDENCIÁRIO PARA CONCURSOS

STF. Tese de Repercussão Geral n. 793 (RE 855.178). **Tese Firmada:** Os entes da federação, em decorrência da competência comum, **são solidariamente responsáveis nas demandas prestacionais na área da saúde**, e diante dos critérios constitucionais de descentralização e hierarquização, compete à autoridade judicial direcionar o cumprimento conforme as regras de repartição de competências e **determinar o ressarcimento a quem suportou o ônus financeiro**.

STF. Tema de Repercussão Geral n. 6 (RE 566.471), j. 11-3-2020 (tese pendente de elaboração), conclusão do julgamento: O Estado não pode ser obrigado a fornecer **medicamento de alto custo** a portador de doença grave que não possui condições financeiras para comprá-lo.

STJ. Tema Repetitivo n. 84. **Tese Firmada:** Tratando-se de fornecimento de medicamentos, cabe ao Juiz adotar medidas eficazes à efetivação de suas decisões, podendo, se necessário, determinar até mesmo o sequestro de valores do devedor (bloqueio de verbas do Estado), segundo o seu prudente arbítrio, e sempre com adequada fundamentação.

STJ. Tema Repetitivo n. 98. **Tese Firmada:** Possibilidade de imposição de multa diária (*astreintes*) a ente público, para compeli-lo a fornecer medicamento à pessoa desprovida de recursos financeiros.

Responda[18]: (Juiz de Direito – FCC – TJ-CE – 2014) A retirada *post mortem* de tecidos, órgãos ou partes do corpo humano destinados a transplante ou tratamento:

(A) em nenhuma hipótese será permitida se se tratar de pessoa incapaz.

(B) independe de autorização, se o doador não tiver descendente, ascendente ou cônjuge sobreviventes.

(C) é sempre permitida do corpo de pessoas que não foram identificadas.

(D) deverá ser precedida de diagnóstico de morte encefálica constatada e registrada por dois médicos, sendo necessariamente, um deles participante da equipe de remoção, e o outro da equipe de transplante.

(E) deverá ser precedida de diagnóstico de morte encefálica, constatada e registrada por dois médicos não participantes das equipes de remoção e transplante.

Responda[19]: (Analista – 2009. INSS Prova: FUNRIO – INSS –Analista – Serviço Social – 2009) No tocante aos preceitos constitucionais pertinentes à saúde, é correto afirmar que:

I – As instituições privadas poderão participar de forma complementar do sistema único de saúde, segundo diretrizes deste, mediante contrato de direito privado ou convênio, tendo preferência as entidades filantrópicas e as sem fins lucrativos.

II – É vedada a destinação de recursos públicos para auxílios ou subvenções às instituições privadas com fins lucrativos.

III – A lei disporá sobre as condições, os requisitos e a comercialização que facilitem a remoção de órgãos, tecidos e substâncias humanas para fins de transplante.

---

[18] Resposta: E.
[19] Resposta: E.

IV – É vedada a participação direta ou indireta de empresas ou capitais estrangeiros na assistência à saúde no País, salvo nos casos previstos em lei.

V – A lei estadual disporá sobre o regime jurídico e a regulamentação das atividades de agente comunitário de saúde e agente de combate às endemias.

(A) As assertivas I e III estão corretas.

(B) As assertivas II e V estão corretas.

(C) As assertivas III e IV estão corretas.

(D) As assertivas I e V estão corretas.

(E) As assertivas II e IV estão corretas.

1.1.2. Assistência social

O complemento das ações estatais no âmbito da Seguridade conclui-se na Assistência Social, ramo destinado a amparar os que se encontram na linha de pobreza, muitas vezes em estado de miséria (abaixo do patamar da pobreza). Para estes reserva-se a benemerência da sociedade, a solidariedade em sua expressão maior, atendendo às demandas básicas do ser humano.

> **MEMORIZE**
>
> A assistência social, **direito do cidadão** e dever do Estado, é Política de Seguridade Social **não contributiva**, que provê os **mínimos sociais**, realizada através de um conjunto integrado de ações de iniciativa pública e da sociedade, para garantir o **atendimento às necessidades básicas**.

Assistencialismo. O assistencialismo **privado** decorre da benemerência (altruísmo), de caráter facultativo, de pessoas em prol de outras menos afortunadas; é a sociedade que se auto-organiza, não raro por intermédio de instituições sem fins lucrativos. Ao passo que a Assistência Social **Pública** tem o Estado na qualidade de gestor-provedor, que diante das contribuições arrecadadas de toda a sociedade, com *status* de obrigatoriedade, distribui, por regras legais, benefícios e serviços aos necessitados (hipossuficientes) que habitam o país.

> **MEMORIZE**
>
> **Aspecto Histórico.** A Assistência Social Pública surgiu, pela primeira vez, no ano de 1601, **na Inglaterra**, com a edição da **Lei dos Pobres**. A Lei dos Pobres constitui evolução diante da fase da assistência privada.

No Brasil, a Assistência Social é realizada com recursos do orçamento da seguridade social[20], previstos no art. 195 da Constituição Federal.

---

[20] A Emenda Constitucional n. 31 introduziu ao Ato das Disposições Constitucionais Transitórias os arts. 79, 80 e 81, que tratam do Fundo de Combate e Erradicação da Pobreza. O objetivo desse Fundo é o de viabilizar a todos os brasileiros acesso a níveis dignos de subsistência, cujos recursos serão

DIREITO PREVIDENCIÁRIO PARA CONCURSOS

Atenção Nenhum benefício ou serviço da Seguridade Social poderá ser criado, majorado ou estendido sem a correspondente fonte de custeio total. Trata-se de regra constitucional (art. 195, § 5º) plenamente aplicável à Assistência Social.

A instância coordenadora da Política Nacional de Assistência Social é o Ministério do Desenvolvimento e Assistência Social, Família e Combate à Fome, conforme o art. 6º, § 3º, da Lei n. 8.742/93, combinado com o art. 27 da Lei n. 14.600/2023.

O art. 6º, § 3º, da Lei n. 8.742, de 1993 (incluído pela Lei n. 12.435, de 2011), estabelece que a instância coordenadora da Política Nacional de Assistência Social é o **Ministério do Desenvolvimento Social e Combate à Fome (MDS)**.

Dispõe a Lei das Leis, no art. 203, que a **Assistência Social será prestada a quem dela necessitar, independentemente de contribuição à seguridade social**, e tem por objetivos: I – a proteção à família, à maternidade, à infância, à adolescência e à velhice; II – o amparo às crianças e adolescentes carentes; III – a promoção da integração ao mercado de trabalho; IV – a habilitação e reabilitação das pessoas portadoras de deficiência e a promoção de sua integração à vida comunitária; **V – a garantia de um salário mínimo de benefício mensal à pessoa portadora de deficiência e ao idoso que comprovem não possuir meios de prover à própria manutenção ou de tê-la provida por sua família, conforme dispuser a lei**.

Faz parte da assistência social o **Programa Bolsa-Família** (Lei n. 10.836/2004), destinado às ações de transferência de renda com condicionalidades às famílias em situação de pobreza (cuja renda mensal *per capita* seja inferior a meio salário mínimo) e de extrema pobreza (cuja renda mensal *per capita* seja inferior a 1/4 do salário mínimo). Os benefícios financeiros do Programa Bolsa-Família serão pagos **preferencialmente** à mulher.

Abono anual. Os benefícios assistenciais apresentam, no máximo, 12 prestações mensais ao ano e não dão direito a gratificação natalina (vulgarmente chamada de décimo terceiro).

Atenção No ano de 2019, o Poder Executivo editou a Medida Provisória n. 898/2019, admitindo o pagamento de abono anual aos beneficiários do Bolsa Família, porém a Medida Provisória n. 898 teve sua vigência encerrada em 24 de março de 2020, por não ter sido votada no prazo constitucional pelo Congresso Nacional.

A assistência social oferta também benefícios denominados "eventuais", a exemplo do: **auxílio-funeral e auxílio-natalidade**. O art. 22 da Lei n. 8.742/93 classifica por benefícios eventuais as provisões suplementares e provisórias que integram organicamente as garantias do Sistema Único de Assistência Social (SUAS) e são prestadas aos

---

aplicados em ações suplementares de nutrição, habitação, educação, saúde, reforço de renda familiar e outros programas de relevante interesse social voltados para melhoria da qualidade de vida.

A Lei Complementar n. 111, de 6 de julho de 2001, criou o Fundo de Combate e Erradicação da Pobreza, em atenção ao art. 79 do Ato das Disposições Constitucionais Transitórias (ADCT) (para vigorar até o ano de 2010).

SEGURIDADE SOCIAL

cidadãos e às famílias em virtude **de nascimento, morte, situações de vulnerabilidade temporária e de calamidade pública**.

Tome cuidado: A natureza jurídica do auxílio-funeral e do auxílio-natalidade é de benefício assistencial. Questões em concursos costumam trazer alternativa atrelando esses benefícios à natureza jurídica de "benefício previdenciário", tornando o item incorreto!

À exceção do benefício assistencial previsto no art. 203, V, da CF (benefício assistencial devido a idosos e a deficientes em situação de miséria, que possui valor certo de um salário mínimo), podem os benefícios assistenciais apresentar valor inferior ao salário mínimo, haja vista tratar-se de salário de subsistência, restrito à satisfação das necessidades básicas (mínimo existencial).

1.1.2.1. *Benefício de Prestação Continuada (BPC) da Assistência Social (art. 203, V, da CF)*

No tema Assistência Social, é o inciso V do art. 203 da CF/88 o campeão de questões em concursos públicos! Por essa razão vamos nos deter por mais tempo nesse benefício.

O inciso V do art. 203 traz o **Amparo Assistencial ao Idoso e à Pessoa com Deficiência (PcD)**, que é materializado pela Lei Orgânica de Assistência Social (LOAS), Lei n. 8.742, de 1993, nos arts. 20, 21 e 21-A, e regulamentado pelo Decreto Federal n. 6.214, de 2007 (com redação dada pelo Decreto n. 8.805, de 2016).

Compete à União responder pela concessão e manutenção do **Benefício de Prestação Continuada (BPC) da LOAS**; no entanto, por questões políticas, atribuiu-se a operacionalização do BPC ao INSS (art. 3º do Decreto n. 6.214), por conseguinte, é atribuição da Autarquia Previdenciária recepcionar os requerimentos formulados por idosos e PcD, proceder à análise do pedido, realizar perícia médica (nos casos de deficiência), efetivar pesquisa social (para constatação da situação de necessidade financeira), conceder o BPC, bem como manter os pagamentos mensais ao beneficiário.

> **MEMORIZE**
>
> Apesar de o BPC da LOAS **não ostentar feição previdenciária** (a natureza jurídica desse benefício **é assistencial**), é operacionalizado pelo INSS, por conseguinte, para requerer o amparo assistencial (BPC da LOAS), diversamente do que ocorre com os outros benefícios assistenciais da Lei n. 8.742/93, deve o idoso ou a PcD se dirigir a uma das agências da Previdência Social.

Entretanto, **todas as despesas com o pagamento desse benefício não oneram os cofres da Previdência Social (art. 167, XI, da CF/88)**, competindo ao Ministério do Desenvolvimento e Assistência Social, Família e Combate à Fome descentralizar

DIREITO PREVIDENCIÁRIO PARA CONCURSOS

recursos do orçamento do Fundo Nacional de Assistência Social ao INSS para as despesas de pagamento, operacionalização, sistemas de informação, monitoramento e avaliação do BPC (art. 38, V, do Decreto n. 6.214).

Atenção Ações judiciais propostas por idosos ou PcD pleiteando a concessão do BPC da LOAS devem ter no polo passivo do processo unicamente o INSS, **não** cabendo falar de litisconsórcio passivo necessário com a União[21].

O benefício assistencial do art. 203, V, da CF, ora em estudo, apresenta valor mensal exato de um salário mínimo, e pode ser requerido unicamente pelas seguintes pessoas:

a) **idoso, de ambos os sexos**, com 65 (sessenta e cinco) anos ou mais de idade;

Atenção: Segundo o Estatuto da Pessoa Idosa – Lei n. 10.741/2003 –, arts. 1º e 34, temos duas definições. No art. 1º afirma ser idosa a pessoa a partir dos 60 anos de idade. Malgrado isso, para efeitos específicos da percepção do BPC da LOAS, o art. 34 do Estatuto fixa expressamente 65 anos[22] de idade.

b) **deficiente**, considerada como tal a pessoa que tem **impedimentos de longo prazo**[23] de natureza **física, mental, intelectual ou sensorial**, os quais, em interação com diversas barreiras, podem obstruir sua **participação plena e efetiva** na sociedade **em igualdade de condições** com as demais pessoas.

Atenção Essa é a exata definição constante do art. 1º da Convenção Internacional sobre os Direitos das Pessoas com Deficiência, assinada em Nova York, em 30 de março de 2007 (Decreto n. 6.949, de 2009). Até então a **pessoa com deficiência** era considerada aquela que estivesse incapacitada para a vida independente[24] e para o trabalho.

Esse conceito novo foi incluído no § 2º do art. 20 da LOAS, pela Lei n. 12.470, de 2011. No ano de 2015 (com vigência fixada a partir de janeiro de 2016) foi editada a Lei n. 13.146, que se constitui a **Lei Brasileira de Inclusão da Pessoa com Deficiência (Estatuto da Pessoa com Deficiência)**, que promoveu a alteração do conceito da PcD, unicamente para flexionar para o singular a expressão "impedimento(s)". Desde então há dois conceitos idênticos de PcD, aquele anotado no art. 1º da Convenção

---

[21] STJ. REsp 730.975/SE. Cabe ao Instituto Nacional do Seguro Social – INSS figurar no polo passivo das causas que versam a respeito do benefício assistencial previsto no art. 203, V, da Constituição Federal, sendo, com o advento do Dec. n. 1.744/95, ilegítima a participação da União Federal como parte nessas ações.

[22] O art. 20 da Lei n. 8.742/93 (LOAS) teve sua redação alterada pela Lei n. 12.435, de 2011, fixando a idade mínima de 65 (sessenta e cinco) anos de idade. Significa dizer, não houve nenhuma alteração da idade do BPC da LOAS; desde o Estatuto do Idoso, art. 34, a idade mínima é de 65 anos.

[23] **Impedimento de longo prazo é aquele que produz efeitos pelo prazo mínimo de 2 (dois) anos** (art. 20, § 10, da Lei n. 8.742/93).

[24] **Tome cuidado:** Antes do novo conceito de pessoa com deficiência, trazido pela Lei n. 12.470, de 2011, já estava pacificado na JURISPRUDÊNCIA que a comprovação de incapacidade para o trabalho era suficiente para a caracterização da incapacidade para a vida independente. Não seriam dois requisitos, portanto, mas apenas um: incapacidade para o trabalho.

SEGURIDADE SOCIAL

Internacional (contendo "impedimentos" no plural), e a atual definição cunhada no art. 20, § 2º, da LOAS (estabelecendo: "impedimento", no singular).

O Estatuto da PcD esclarece que a avaliação da deficiência, quando necessária, será biopsicossocial, realizada por equipe multiprofissional e interdisciplinar e considerará:

I – os impedimentos nas funções e nas estruturas do corpo;

II – os fatores socioambientais, psicológicos e pessoais;

III – a limitação no desempenho de atividades; e

IV – a restrição de participação.

O idoso ou a pessoa com deficiência (PcD) apenas farão jus ao BPC da LOAS se atenderem ao requisito da **hipossuficiência econômica**.

O conceito de família é restrito ao **requerente (idoso ou PcD), e, desde que vivam sob o mesmo teto, o cônjuge ou companheiro, os pais e, na ausência de um deles, a madrasta ou o padrasto, os irmãos solteiros, os filhos e enteados solteiros e os menores tutelados**.

Atenção Sogro(a), cunhado(a), netos, tios, sobrinhos, filhos e irmãos casados, e avós, **ainda que vivam sob o mesmo teto** do idoso/PcD, não são considerados "família", para efeito de obtenção do BPC da LOAS. Assim, os rendimentos dessas pessoas não integram o orçamento familiar para efeito de apuração da renda *per capita*.

Para ter direito ao BPC da LOAS a pessoa (idosa ou deficiente) deve ser de família humilde, de parcos recursos financeiros. Seguindo essa orientação, deve-se por primeiro saber quem é considerado "da família".

Miserabilidade. É benefício deferível apenas a pessoas em situação de miserabilidade (extrema pobreza), fixando a Lei n. 8.742, art. 20, § 3º, que se considera incapaz de prover a manutenção do idoso ou da PcD a família **cuja renda familiar mensal** *per capita* **for "igual" ou inferior a 1/4 do salário mínimo**.

Histórico sobre a miserabilidade até o advento da Lei n. 13.982/2020. A questão da constitucionalidade do conceito de hipossuficiência econômica do art. 20, § 3º, da Lei n. 8.742, de 1993, foi apreciada pelo STF por duas vezes, sendo a primeira em 1998, na Ação Direta de Inconstitucionalidade (ADIn) 1232-1, oportunidade na qual o Supremo Tribunal julgou improcedente a ADIn, tratando como válida constitucionalmente a exigência de renda familiar mensal *per capita* "inferior a 1/4" do salário mínimo.

Em 18 de abril de 2013, o STF retomou essa mesma temática, ao apreciar a Reclamação (RCL) 4.374, e ao analisar os Recursos Extraordinários (REs) 567.985 e 580.963, ambos com repercussão geral. O Plenário do STF, em 2013, **declarou a inconstitucionalidade parcial, SEM PRONÚNCIA DE NULIDADE, do art. 20, § 3º, da Lei n. 8.742/93**.

O relator da Reclamação 4.374, Ministro Gilmar Mendes, por entender que o **critério estaria defasado para caracterizar a situação de miserabilidade**, defendeu

DIREITO PREVIDENCIÁRIO PARA CONCURSOS

em seu voto a possibilidade de o STF "exercer um novo juízo" sobre aquela ADIn 1232-1, considerando que nos dias atuais o STF não tomaria a mesma decisão:

> "É fácil perceber que a economia brasileira mudou completamente nos últimos 20 anos. Desde a promulgação da Constituição, foram realizadas significativas reformas constitucionais e administrativas com repercussão no âmbito econômico e financeiro. A inflação galopante foi controlada, o que tem permitido uma significativa melhoria na distribuição de renda".

Assim, de acordo com a JURISPRUDÊNCIA, o critério de miserabilidade, consistente na renda familiar mensal *per capita* **inferior a 1/4** do salário mínimo, foi declarado inconstitucional pelo STF, no entanto, SEM PRONÚNCIA DE NULIDADE, significa dizer, no âmbito do Poder Judiciário é admissível a concessão do BPC da LOAS sempre que o juiz ficar convencido da situação de miserabilidade do requerente, não ficando atrelado ao critério da renda *per capita* de 1/4 do salário mínimo, admitindo inclusive descontar da renda bruta familiar despesas imprescindíveis, tais como medicamentos (não fornecidos pela rede pública) e moradia (despesas de aluguel, contas de água e luz).

Por outro lado, o INSS, diante do princípio da legalidade estrita, somente pode atuar em conformidade com os dizeres da lei, devendo observar o requisito fixado no art. 20, § 3º, da LOAS.

A Lei n. 13.146, de 2015, admitiu, para concessão do BPC da LOAS, possa a Administração Pública (INSS) **utilizar outros elementos probatórios** da condição de miserabilidade do grupo familiar e da situação de vulnerabilidade, conforme regulamento.

Atenção Lei n. 13.981, de 2020. O Congresso Nacional derrubou[25] o veto presidencial ao Projeto de Lei n. 55, de 1996 (n. 3.055/97 na Câmara dos Deputados), o que resultou na publicação da Lei n. 13.981, que elevou o limite de renda familiar per capita para fins de concessão do BPC, de "inferior a 1/4 do salário mínimo" para "**inferior a 1/2 do salário mínimo**", ampliando, desse modo, o rol de pessoas (idosas e deficientes) abrangidas pelo benefício assistencial. Ato contínuo, o Poder Executivo apresentou ação de descumprimento de preceito fundamental junto ao Supremo Tribunal Federal (ADPF 662), tendo o relator, Min. Gilmar Mendes, em 3 de abril de 2020, deferido medida cautelar para **suspender a eficácia da Lei n. 13.981**, por vislumbrar potencial afronta ao art. 195, § 5º, da CF ("Nenhum benefício ou serviço da seguridade social poderá ser criado, majorado ou estendido sem a correspondente fonte de custeio total").

---

[25] Para a rejeição do veto, é necessária a maioria absoluta dos votos de deputados e senadores, ou seja, 257 votos de deputados e 41 votos de senadores, computados separadamente. Aprovada pelo Congresso Nacional a derrubada do veto, o projeto de lei é encaminhado ao Presidente da República para promulgação em até 48 horas ou, na omissão deste, pelo Presidente ou Vice-Presidente do Senado, em igual prazo (art. 66, § 7º, da CF).

Portanto, não se efetivou a elevação do critério de miserabilidade, mantendo-se a exigência de que renda mensal *per capita* seja "inferior a 1/4" do salário mínimo.

Novidade. A Lei n. 13.982, de 2 de abril de 2020, trouxe diversas novidades. Dentre elas, nesta oportunidade merecem especial destaque:

a) Tornou-se cabível "até 31 de dezembro de 2020" a concessão do BPC quando o requisito de miserabilidade seja a renda "**igual**" ou inferior a 1/4 do salário mínimo *per capita* familiar. Antes dessa lei, o art. 20 da Lei n. 8.742 apenas permitia a concessão se comprovada a renda mensal per capital "inferior" a 1/4 do salário mínimo.

Assim, antes da Lei n. 13.982, na situação de uma família composta de quatro pessoas – casal com dois filhos, sendo a mãe pessoa com deficiência e a única renda familiar decorrente de salário do marido, no importe exato de um salário mínimo –, mediante interpretação literal do texto que constava do § 3º do art. 20 da Lei n. 8.742, não havia direito ao BPC da LOAS, porque a renda familiar não era "inferior" a 1/4 do salário mínimo. Com o advento da Lei n. 13.982, mantida a mesma ilustração, a esposa terá direito, porque a renda familiar é igual a 1/4 do salário mínimo por cabeça (renda do marido, dividida pelos quatro integrantes da família).

Essa alteração era válida "até 31 de dezembro de 2020", porque o inciso II, que seria incluído no § 3º do art. 20 da Lei n. 8.742, sofreu veto presidencial, e nesse inciso constava que, a partir de 2021, a exigência de renda mensal *per capita* seria igual ou inferior a 1/2 salário mínimo. Com o veto, subsistiria lacuna normativa após o ano de 2020.

Em dezembro de 2020, foi editada a Medida Provisória n. 1.023, convertida na Lei n. 14.176, de 2021, permitindo a concessão do BPC observado o requisito de miserabilidade seja a renda "**igual**" ou inferior a 1/4 do salário mínimo *per capita* familiar.

b) Outro destaque trazido pela Lei n. 13.982, de 2020, refere-se à permissão para desconsiderar, da apuração da renda mensal *per capita*, a renda de um salário mínimo porventura por outro integrante da família.

Essa segunda "novidade" foi, a bem da verdade a legalização de interpretação judicial dada naquele mesmo julgamento da RCL 4.374 e dos REs 567.985 e 580.963. O STF garantiu **interpretação extensiva** ao parágrafo único do art. 34 da Lei n. 10.741/2003. O Estatuto da Pessoa Idosa, no art. 34, parágrafo único, permite que a renda decorrente do BPC da LOAS já concedido a qualquer membro da família não será computado para os fins do cálculo da renda familiar *per capita*. Importantíssima essa regra do Estatuto da Pessoa Idosa, antes dela não poderia um casal de idosos em situação de miséria receber cada um deles um BPC da LOAS, porque, uma vez concedido ao marido, a renda familiar *per capita* passava a ser de meio salário mínimo (superior a 1/4), e obstava a concessão do BPC à esposa. Diante da literalidade da norma do parágrafo único do art. 34 do Estatuto do Idoso, a Administração Pública valia-se da interpretação restritiva, não outorgando idêntico direito em prol da pessoa com deficiência, nem mesmo permitia a exclusão de renda decorrente de benefício

DIREITO PREVIDENCIÁRIO PARA CONCURSOS

previdenciário (aposentadoria: por idade e por invalidez, ou pensão por morte) de valor equivalente a um salário mínimo recebida por outro membro do núcleo familiar.

Com acolhida pelo STF da interpretação extensiva do parágrafo único do art. 34 da Lei n. 10.741/2003, o Poder Judiciário estava autorizado a desconsiderar a renda de um salário mínimo recebida por outro integrante da família do requerente do BPC, mas o INSS não estava autorizado, por ausência de lei. Agora, com a Lei n. 13.982, a Autarquia Previdenciária **não deve consider na aferição da renda *per capita*** prevista no art. 20, § 3º, da Lei n. 8.742/93:

a) o benefício assistencial, no valor de um salário mínimo, recebido por outro idoso com 65 anos ou mais, que faça parte do mesmo núcleo familiar;

b) o benefício assistencial, no valor de um salário mínimo, recebido por pessoa com deficiência, que faça parte do mesmo núcleo familiar;

c) o benefício previdenciário consistente em aposentadoria ou pensão por morte instituída por idoso, no valor de um salário mínimo, recebido por outro integrante do seu núcleo familiar.

Assim, em **questões de concurso público deve ser respondido:**

- considera-se incapaz de prover a manutenção da pessoa com deficiência ou idosa a família cuja renda mensal *per capita* seja "igual ou inferior a 1/4" do salário mínimo;

- o benefício de prestação continuada será devido a mais de um membro da mesma família sempre que atendidos os requisitos legais, cabendo realçar que o benefício de prestação continuada ou o benefício previdenciário no valor de até um salário mínimo concedido a idoso acima de 65 anos de idade ou pessoa com deficiência não será computado, na aferição do critério de miserabilidade, para fins de concessão do BPC a outro idoso ou pessoa com deficiência da mesma família.

> **MEMORIZE**
> A Lei n. 8.742, no art. 20, § 4º, estabelece que o BPC da LOAS **não pode ser acumulado** pelo beneficiário com **qualquer outro no âmbito da seguridade social** ou de outro regime, **salvo o da assistência médica e da pensão especial de natureza indenizatória.**

Desse modo, o idoso ou a PcD que recebe, por exemplo, benefício previdenciário (qualquer aposentadoria, auxílio-doença, auxílio-acidente, salário-maternidade, salário-família, seguro-desemprego, pensão por morte ou auxílio-reclusão) não pode receber o BPC da LOAS.

A LOAS fixa, no art. 20, § 4º, duas exceções, admitindo que o idoso ou a PcD possa receber o BPC cumulativamente com **benefício da assistência médica e da pensão especial de natureza indenizatória.**

SEGURIDADE SOCIAL

A tônica no ramo da Saúde é a prestação de serviços (obrigação de fazer, prestar serviços médicos); existe, a título raro, também a concessão de benefício (obrigação de dar, pagamento em dinheiro), como ocorre com o benefício auxílio-reabilitação psicossocial (Lei n. 10.708, de 2003); este, por ser **benefício da assistência médica, pode ser recebido juntamente**[26] **com o BPC da LOAS.**

A próxima exceção a ser estudada é **aquela** trazida pela Lei n. 12.435, de 2011, e refere-se a pensão especial **de natureza indenizatória**. De início, anote que referida pensão **não se confunde com a pensão por morte** (benefício previdenciário não cumulável com o BPC da LOAS). Pensão especial de natureza indenizatória é deferível por lei diante de casos específicos, em razão de atuação vexatória do ente público, que, diante do arrependimento pela má atuação, indeniza os vitimados ou seus familiares. A título de ilustração, cabível a citação da pensão especial de natureza indenizatória destinada às vítimas do acidente nuclear[27] ocorrido em Goiânia (GO), entre outras situações similares[28].

Novidade. A Lei n. 13.985, de 2020, instituiu pensão especial, no valor de um salário mínimo, destinada a crianças com Síndrome Congênita do **Zika Vírus**, nascidas entre 1-1-2015 e 31-12-2019. Essa pensão especial **não poderá ser acumulada com o BPC**.

Novidade. A Lei n. 14.717, de 31-10-2023, institui pensão especial aos filhos e dependentes crianças ou adolescentes, **órfãos** em razão do **crime de feminicídio** tipificado no inciso VI do § 2º do art. 121 do Código Penal, cuja renda familiar mensal *per capita* seja igual ou inferior a 1/4 (um quarto) do salário mínimo.

---

[26] A Consultoria Jurídica do Ministério da Previdência Social emitiu o PARECER/MPS/CJ n. 3.271/2004, no sentido de que não há obstáculo legal para o recebimento cumulativo do BPC da LCAS e da bolsa do Programa "De Volta para Casa", dadas as características indenizatórias, de provisoriedade e de assistência à saúde desse Programa, cuja continuidade é assegurada pelo orçamento do próprio Ministério da Saúde.

[27] Goiânia (GO), 13 de setembro de 1987, dois catadores de papel e de sucata retiram do prédio abandonado, pelo Instituto Goiano de Radioterapia, um tambor lacrado. Rompem o lacre a marretadas e encontram uma peça de 20 gramas de CÉSIO-137, que produzia luz intensa e azul, fator que franqueou rápida publicidade da peça radioativa entre os munícipes. Poucos dias após, várias pessoas começaram a procurar os hospitais da cidade com sintomas de tontura e náusea, além de queimaduras no corpo, muitas morreram em decorrência da exposição prolongada à radiação. Dezembro de 1996: a Presidência da República sanciona a Lei n. 9.425, dispondo sobre a concessão de pensão especial, a título de indenização, às vítimas do acidente nuclear com a substância radioativa CÉSIO – 137, ocorrido em Goiânia, Estado de Goiás.

[28] Pensão especial às pessoas atingidas pela hanseníase: Publicada no Diário Oficial da União, de 19 de setembro de 2007, a Lei n. 11.520 dispõe sobre a concessão de pensão especial às pessoas atingidas pela hanseníase. Apenas as pessoas que tiveram hanseníase e, comprovadamente, foram de maneira compulsória isoladas e/ou confinadas em hospitais-colônias, até 31 de dezembro do ano de 1986, têm o direito à Pensão Especial.
Pensão especial devida aos dependentes das vítimas da hemodiálise de Caruaru (PE), prevista na Lei n. 9.422, de 24 de dezembro de 1996.

Principais notas sobre o BPC:

- Art. 20, § 12, da LOAS: São requisitos para a concessão, a manutenção e a revisão do BPC as inscrições no **Cadastro de Pessoas Físicas** (CPF) e no Cadastro Único para Programas Sociais do Governo Federal – **Cadastro Único**.
- Art. 21 da LOAS: O BPC deve ser revisto a cada 2 (dois) anos para avaliação da continuidade das condições que lhe deram origem.
- Art. 21-A, § 2º, da LOAS: A contratação de PcD como **aprendiz não acarreta a suspensão do BPC**, limitado a 2 (dois) anos o **recebimento concomitante** da remuneração e do benefício assistencial.
- Art. 20, § 9º, da LOAS: Os rendimentos decorrentes de **estágio supervisionado** e de **aprendizagem não serão computados** para os fins de cálculo da renda familiar *per capita* (Lei n. 13.146, de 2015).
- Art. 20, § 5º, da LOAS: A condição de acolhimento em instituições de longa permanência **não prejudica o direito** do idoso ou da PcD ao BPC da LOAS.
- Art. 21, § 3º, da LOAS: O desenvolvimento das capacidades cognitivas, motoras ou educacionais e a realização de atividades **não remuneradas** de habilitação e reabilitação, entre outras, não constituem motivo de suspensão ou cessação do benefício da PcD.
- Art. 21-A da LOAS: O BPC **será suspenso**[29] pelo órgão concedente quando a PcD **exercer atividade remunerada**, inclusive na condição de Microempreendedor Individual (MEI).
- Art. 21-A, § 1º, da LOAS: **Extinta a relação trabalhista ou a atividade empreendedora** (…), poderá ser requerida **a continuidade do pagamento** do benefício suspenso, **sem necessidade de realização de perícia médica** ou reavaliação da deficiência e do grau de incapacidade para esse fim, respeitado o período de revisão previsto no *caput* do art. 21.

Abono anual. O beneficiário do BPC da LOAS não recebe abono anual (gratificação natalina), significa dizer no mês de dezembro aufere unicamente a prestação normal de um salário mínimo (12 prestações anuais de 1 salário mínimo).

Atenção No ano de 2019, o Poder Executivo editou a Medida Provisória n. 898/2019, admitindo o pagamento de abono anual aos beneficiários do Bolsa Família. Durante a tramitação dessa MP n. 898, a Câmara dos Deputados estendeu o direito ao percebimento em dobro no mês de dezembro ao BPC LOAS previsto no art. 203, V, da CF, mas a MP n. 898 teve sua vigência encerrada em 24-3-2020, por não ter sido votada no

---

[29] Muita atenção: "suspenso", se o examinador modificar para "cancelado" estará incorreto o item! O BPC é apenas suspenso durante o período no qual a PcD exercer atividade remunerada, ao se desligar do emprego, o benefício assistencial deve ser simplesmente reativado. Caso se tratasse de cancelamento, depois da cessação do vínculo empregatício a PcD deveria dar entrada em novo requerimento de BPC, e comprovar novamente todos requisitos, submetendo-se a nova perícia médica.

SEGURIDADE SOCIAL

prazo constitucional pelo Congresso Nacional. Em suma, tanto no BPC da LOAS como no Bolsa Família não há gratificação natalina.

Pensão por morte é benefício previdenciário, não existe na esfera da assistência social. Assim, o BPC da LOAS é benefício personalíssimo, finda com o óbito do titular, sem outorgar direito a pensão por morte a familiares.

Assinale Certo ou Errado:

(Técnico Seguro Social – INSS – CESPE – 2016) Julgue os itens seguintes à luz do Decreto n. 6.214/2007, que regulamenta o BPC da assistência social devido à pessoa com deficiência e ao idoso.

[30] Um dos critérios para o idoso habilitar-se à concessão do BPC é não possuir outro benefício da seguridade social, excetuados o de assistência médica e a pensão especial de natureza indenizatória.

(Técnico Seguro Social – INSS – CESPE – 2016) Julgue os itens seguintes a luz do Decreto n. 6.214/2007, que regulamenta o BPC da assistência social devido a pessoa com deficiência e ao idoso.

[31] O valor a ser pago ao beneficiário do BPC é de um salário mínimo mensal.

(Técnico Seguro Social – INSS – CESPE – 2016)

[32] É permitido ao beneficiário do BPC acumular o recebimento desse benefício com o do seguro-desemprego.

(Técnico Seguro Social – INSS – CESPE – 2016)

[33] O BPC do idoso que se encontre na condição de acolhimento de longa permanência em hospital será suspenso até a data da sua alta.

(Técnico Seguro Social – INSS – CESPE – 2016)

[34] A idade mínima para que um indivíduo passe a ter direito ao BPC do idoso é de sessenta anos.

1.1.2.2. *BPC é devido a estrangeiros residentes no Brasil?*

A resposta é afirmativa.

A concessão desse benefício é devida não apenas em favor de nacionais idosos ou deficientes (físicos ou mentais), mas, por igual, a estrangeiros residentes no país, se

---

[30] Certo. Conforme art. 5º do Decreto n. 6.214/2007 e art. 20, § 4º, da Lei n. 8.742, de 1993.

[31] Certo. De acordo com art. 1º do Decreto n. 6.214/2007, art. 20 da Lei n. 8.742/93 e art. 203, V, da CF/88.

[32] Errado. Vide art. 5º do Decreto n. 6.214/2007.

[33] Errado. Art. 6º do Decreto n. 6.214/2007.

[34] Errado. De acordo com art. 1º do Decreto n. 6.214/2007, art. 20 da Lei n. 8.742/93 e art. 34 da Lei n. 10.741/2003.

DIREITO PREVIDENCIÁRIO PARA CONCURSOS

presentes, por óbvio, os demais requisitos exigidos a qualquer brasileiro (hipossufi-ciência financeira aliada à idade avançada ou à deficiência).

Impositiva a garantia constitucional disposta no art. 5º da Norma Máxima[35], no sentido da inadmissão de quaisquer diferenciações na outorga de direitos entre brasileiros e estrangeiros residentes no país.

A nacionalidade não deve ser levada em consideração, mas sim a deficiência física ou mental, idade avançada e miserabilidade.

A orientação traçada pelo Poder Executivo[36], no entanto, era diversa! O Poder Público restringia a concessão do BPC unicamente ao brasileiro nato ou naturalizado. Excluído, de outra toada, o estrangeiro, ainda que residente no País. Havia uma única exceção em prol das pessoas de nacionalidade portuguesa. Na órbita administrativa, portanto, não era efetivada a concessão do BPC a estrangeiros residentes no País; o pedido era indeferido em razão da nacionalidade da pessoa requerente[37].

---

[35] CF 88. Art. 5º. Todos são iguais perante a lei, sem distinção de qualquer natureza, garantindo-se aos brasileiros e aos estrangeiros residentes no País a inviolabilidade do direito à vida, à liberdade, à igualdade, à segurança e à propriedade, nos termos seguintes: (...).

[36] Decreto Federal n. 6.214/2007. Art. 7º. O Benefício de Prestação Continuada é devido ao brasileiro, nato ou naturalizado, e às pessoas de nacionalidade portuguesa, em consonância com o disposto no Decreto n. 7.999, de 8 de maio de 2013, desde que comprovem, em qualquer dos casos, residência no Brasil e atendam a todos os demais critérios estabelecidos neste Regulamento. (Redação dada pelo Decreto n. 8.805, de 2016.)

[37] Apenas para registro histórico, anota-se que a preocupação que havia por parte da Administração Pública Federal era que esse benefício, uma vez cabível a estrangeiros residentes no país, seria capaz de incentivar a vinda ao Brasil de nacionais dos países vizinhos na América do Sul, máxime diante da grande extensão de fronteira "seca" que o nosso território possui, capaz de facilitar a imigração. Admitir, na prática, a concessão do BPC da LOAS a estrangeiros significaria **"importar miséria"**.
Entendia o Governo que a concessão ficaria dependente de **previsão em Tratado Internacional (Bilateral) para efeito de garantir o direito à reciprocidade aos brasileiros residentes no exterior**. A inexistência de tratados internacionais seria óbice que, no entender do Poder Executivo, não poderia ser desprezado, pois do contrário jamais seria assegurado idêntico direito ao brasileiro (idoso, deficiente, em situação de miséria, conforme a legislação vigente no país de residência), quando domiciliado no exterior.
No âmbito da assistência social, não há tratados ainda firmados na esfera internacional. As despesas a serem custeadas com o pagamento de benefícios assistenciais a estrangeiros no território nacional ainda não encontram fonte de custeio subsidiada pelo país de origem do necessitado.
Enquanto não existente o indispensável tratado internacional, não haveria **reciprocidade de direito** em prol de brasileiros residentes no exterior, nem participação no custeio do país de origem do necessitado.
A reciprocidade Brasil-Portugal somente se concretizou após a celebração de acordo bilateral, que entrou em vigor para o Brasil, no plano jurídico externo, em 1º de maio de 2013 (Decreto Legislativo n. 582, de 26-12-2012, e Decreto Presidencial n. 7.999, de 8-5-2013), tornando, a partir de então, admissível ao cidadão português ser beneficiário no Brasil do sistema não contributivo abrangido pela LOAS, e concedendo idêntico direito ao cidadão brasileiro de usufruir em Portugal do regime não contributivo do subsistema português de solidariedade do sistema público de segurança social.
Entretanto, toda a argumentação do Poder Executivo caiu por terra ao não ser acolhida pelo STF. O estrangeiro em território nacional pode ser beneficiário da prestação assistencial do art. 20 da Lei n. 8.742, de 1993.

SEGURIDADE SOCIAL

Diante das negativas de concessão, esse tema foi levado ao crivo do Poder Judiciário, tendo o Plenário do Supremo Tribunal Federal concluído, em 2017, o julgamento do Recurso Extraordinário (RE) 587.970, que, por votação unânime, decidiu que a condição de estrangeiro residente no Brasil não impede o recebimento do BPC, pago pelo INSS às pessoas com deficiência e aos idosos que comprovem não possuir meios de prover a própria manutenção ou ter o sustento provido por sua família.

> **MEMORIZE**
> STF. Tema de Repercussão Geral n. 173 (RE 587.970). Tese Firmada: Os estrangeiros residentes no País são beneficiários da assistência social prevista no artigo 203, inciso V, da CF, uma vez atendidos os requisitos constitucionais e legais.

O direito firmado pelo STF ao "ádvena" (pessoa que vem de fora, estrangeiro) também se estende ao "*heimatlos*" (indivíduo que não tem nacionalidade, apátrida).

Desta feita, o estrangeiro pode usufruir de todos os ramos da Seguridade Social. Caso um turista sofra um acidente no Brasil, poderá ser atendido no Sistema Único de Saúde (SUS); se o estrangeiro trabalhar no Brasil, poderá se aposentar pelo INSS; e, como visto acima, se for idoso ou deficiente e estiver em condições de penúria poderá receber o benefício mensal de 1 salário mínimo da Assistência Social.

Essa conclusão evidencia claramente sinais de mudança do termo "estrangeiro", cujo radical é alicerçado em "estranho" – tendo sido historicamente considerado, muitas vezes, como "inimigo" e "invasor", agora, é cada vez mais identificado como "igual", dando relevo e força à figura cosmopolita (cidadão do mundo).

1.1.3. Previdência Social

As pessoas físicas que exerçam labor remunerado terão na Previdência Social[38] o modelo de proteção hábil a atenuar o amargor dos dissabores da vida, denominados pela doutrina[39] de **riscos sociais**. Libertar o indivíduo da necessidade social é a função precípua imposta à Previdência Social, esta, por sua vez, consiste num dos instrumentos jurídicos da Seguridade Social.

---

[38] "A Previdência Social se tornou disciplina autônoma, com princípios doutrinários e regras jurídicas próprias. Mas é inegável que os beneficiários diretos são, em sua grande maioria, trabalhadores, que se vinculam obrigatoriamente à respectiva instituição seguradora, em virtude de celebração de contrato de trabalho com o empregador ou da prestação de serviços sob forma autônoma" (SÜSSEKIND, Arnaldo et al. *Instituições de direito do trabalho*. 22. ed. São Paulo: LTr, 2005, v. 1, p. 139).

[39] "A legislação social desde logo voltou-se para a proteção de determinadas espécies de riscos, cuja ocorrência traria desfalque patrimonial ao conjunto familiar do trabalhador, ou seja, a morte do segurado, ou a perda deste, por motivo de incapacidade laborativa, decorrente de doença, acidente e velhice. Contudo, o leque das atividades de amparo do Estado tornou-se mais amplo e abrangeu, em breve, certos eventos de que o seguro privado não cogitara, convencionando-se denominar riscos sociais" (COIMBRA, José dos Reis Feijó. *Direito previdenciário brasileiro*. 11. ed. Rio de Janeiro: Edições Trabalhistas, 2001, p. 17).

DIREITO PREVIDENCIÁRIO PARA CONCURSOS

A filiação dá-se em atenção ao comando constitucional, art. 201, que fixa a natureza **obrigatória** do vínculo ao Seguro Social, relação jurídico-previdenciária que evidencia a um só tempo de um lado a **relação de custeio**, justamente por versar política social contributiva, no sentido de serem devidas contribuições previdenciárias da pessoa física prestadora de serviço; a essa obrigação atrelam-se direitos, a iniciar pela nomenclatura de contribuinte a segurado, pessoa que ingressa no subsistema de previdência com direito a prestações previdenciárias nas hipóteses de necessidade social, que é ativada a partir da constatação de **perda** ou **redução**, temporária ou definitiva, dos rendimentos imprescindíveis ao sustento familiar.

A Previdência deve, ainda, observância dos critérios de preservação do equilíbrio financeiro e atuarial e é destinada a atender a cobertura dos eventos de: incapacidade temporária ou permanente para o trabalho; idade avançada; maternidade e desemprego involuntário, garantindo-se proteção de pensão por morte e de auxílio-reclusão ao dependente do segurado.

Considerada prestação máxima do ordenamento previdenciário, a aposentadoria ocupa, ao lado da pensão por morte, o epicentro do seguro social, e sua concretização é considerada, para o segurado, oportunidade de verdadeiro júbilo, momento de alegria, contentamento e satisfação.

O trabalho dignifica o homem, mas, diante do caráter efêmero da vida, o sistema do seguro social deve oportunizar **direito público subjetivo** em prol do trabalhador de se afastar, em definitivo, do ambiente de trabalho sem prejuízo financeiro. Desta feita, direito social dos mais relevantes, a aposentadoria constitui direito constitucional[40] à inatividade, ao ócio remunerado, ao afastamento do labor com a percepção de proventos.

Cabe enfatizar que dentre os fundamentos de existência da prestação social denominada "aposentadoria" está o intuito de reciclagem do mercado de trabalho por questões de política de emprego (facilitando o acesso dos mais jovens ao labor remunerado).

Dentre os riscos constitucionalmente definidos no seguro social, verifica-se que, na hipótese de cessação de renda por motivo de morte ou reclusão (prisão) do segurado, protegidos estarão os respectivos dependentes pelos benefícios da pensão por morte e do auxílio-reclusão, cabendo enfatizar que, na atualidade, este último ficou restrito aos dependentes de segurado de baixa renda.

O rol completo de benefícios previdenciários encontra-se no art. 18 da Lei n. 8.213, que será estudado no Capítulo 3.

1.1.3.a. *Histórico da Previdência. Aspecto mundial*

A Revolução Francesa de 1789 colocou fim ao Estado Absolutista (época na qual o povo vivia sob os mandos e desmandos de um monarca), inaugurando o modelo do

---

[40]   CF. Art. 7º São direitos dos trabalhadores urbanos e rurais, além de outros que visem à melhoria de sua condição social: (...) XXIV – aposentadoria.

Estado Liberal, que por imperativo ideológico não interfere nas relações privadas, assentando a igualdade formal, segundo a qual o indivíduo (independentemente da classe social) é autossuficiente.

Iniciada em meados do século XVIII, a Revolução Industrial promoveu o deslocamento da população rural para as cidades, gerando a abundância na oferta de mão de obra, oportunidade na qual a Burguesia torna-se detentora dos meios de produção (máquinas que dão origem a fábricas) e, por conseguinte, concentra forte poder.

No Estado Liberal, destaca-se o contratualismo ("contrato faz lei entre as partes", mecanismo utilizado para exploração do mais fraco: o trabalhador). Operários e patrões eram livres para contratar, decorrendo desse cenário a exploração do trabalho humano, porque o empregador impunha as regras, sem qualquer ingerência estatal.

Nas fábricas, diminuta era a preocupação com as condições do ambiente de trabalho. A inexistência de equipamentos de proteção coletivos (EPC) e individuais (EPI) deflagrou o crescimento alarmante dos infortúnios laborais (acidentes de trabalho).

Com essas poucas considerações torna-se patente o fato de a igualdade jurídica e o não intervencionismo estatal terem deixado isolados e indefesos os operários.

Como toda ação exige uma reação, deu-se início às mobilizações de trabalhadores na busca de melhores condições da relação de emprego. A insatisfação da classe operária diante da passividade do Estado nas relações de trabalho aumentava a pressão social, que, somada ao crescimento da Doutrina de Karl Marx e Friedrich Engels, ao editarem o Manifesto Comunista de 1848, despertou a inevitável atenção dos governantes europeus, preocupados com revoltas populares, promoveu-se a nova configuração do Estado, de Liberal passou a Intervencionista, também conhecido por **Estado Social**.

Nesse contexto **surge, na Alemanha, no ano de 1883**[41], a **Lei do Seguro Social**. Confeccionada pelo Chanceler Otto Von **Bismarck**, estadista alemão, que a edita com o firme propósito de conter movimentos tendenciosos à revolução, a Lei do Seguro Social cria seguro-doença obrigatório e, em 1889, seguro-invalidez e velhice.

Para que fosse viável a criação do modelo securitário a intervenção estatal nas relações privadas era imprescindível, a exemplo da imposição de contribuições para financiar a Lei do Seguro Social, exigência feita ao tomador do serviço (empregador) e ao prestador de serviço (operário), que somadas à participação financeira feita pelo próprio Estado, caracterizava a fonte tríplice de custeio (base de financiamento formada por empregadores, empregados e Estado).

Em face do sucesso da Lei do Seguro Social ao garantir tranquila governabilidade, esse instrumento logo se difundiu a outras nações, e é **considerado o ponto de partida da Previdência Social no aspecto mundial**.

---

[41] Mesmo ano do falecimento de Karl Marx.

DIREITO PREVIDENCIÁRIO PARA CONCURSOS

> **MEMORIZE**
>
> A Lei do Seguro Social de 1883, editada na Alemanha pelo Chanceler Otto Von Bismarck, é considerada o marco de surgimento da Previdência Social no aspecto mundial.

A seguridade social constitui a evolução do **modelo bismarckiano** de seguro social, que era técnica protetiva restrita à classe de trabalhadores (solidariedade compulsória de grupo), para abranger a proteção das necessidades sociais de todas as pessoas (universalidade protetiva), desiderato decorrente do plano Beveridge, de 1942.

1.1.3.b. *Histórico da Previdência no Brasil*

No Brasil, tivemos em 1822 a Independência de nosso Estado-nação, e, em decorrência lógica, foi editada em 1824 a Constituição do Império. Carta Outorgada que trouxe apenas o art. 179, XXXI, digno de alguma nota, tratando de "socorros públicos", expressão que inaugura, na órbita constitucional, a fase da assistência pública.

Atenção O texto constitucional de 1824 nada trouxe acerca de previdência.

Com a abolição da escravatura, em 1888, seguiu-se a Proclamação da República, no ano de 1889, acompanhada no ano de 1891 da consagração da primeira constituição promulgada. A Constituição da República previu, no art. 75, aposentadoria por invalidez apenas em favor de funcionários públicos, desde que a invalidez decorresse de serviço à Nação. Independia esse benefício de contraprestação (os funcionários públicos, à época, não pagavam contribuições previdenciárias), razão pela qual era tida como **aposentadoria-prêmio**.

Atenção Inexistente contribuição por parte do beneficiário (funcionário público), esse benefício não é considerado "previdenciário", não fazendo parte esse dispositivo (art. 75) da história da Previdência.

> **MEMORIZE**
>
> O marco da Previdência Social no Brasil é convencionado no ano de 1923, com a edição da Lei Eloy Chaves.

A Lei Eloy Chaves consiste no Decreto Legislativo n. 4.682, que criava Caixas de Aposentadoria e Pensões (CAP) dos ferroviários. Por ser considerado o primeiro diploma normativo a tratar de previdência, é o dia da publicação desse Decreto, dia 24 de janeiro, o Dia da Previdência Social (Lei n. 6.926, de 1981, institui o "Dia Nacional do Aposentado", a ser comemorado anualmente a 24 de janeiro).

As CAPs iniciaram-se nas companhias ferroviárias, porém logo se estenderam a outras empresas. No entanto, em decorrência dos custos operacionais promoveu-se a criação de Institutos de Aposentadoria e Pensão (IAP), abrangendo os empregados de todo seguimento econômico. Surgiram na década de 30 o IAPI (Instituto de Aposentadoria e Pensão dos Industriários); IAPC (dos comerciários); IAPB (dos bancários) etc.

SEGURIDADE SOCIAL

No ano de 1930, o Brasil vivenciou golpe de Estado que colocou fim na política "café com leite". Momento histórico da subida de Getúlio Vargas à Presidência da República.

Em **1934, é promulgada a Constituição que, por ser fenômeno já existente na sociedade (decorrente da Lei Eloy Chaves), traz, pela primeira vez em texto constitucional, o termo "previdência"** e foi prevista a tripartição de base de financiamento (instituição de previdência, mediante contribuição igual da União, do empregador e do empregado, a favor da velhice, da invalidez, da maternidade e nos casos de acidentes de trabalho ou de morte).

Em 1936, o Presidente Getúlio Vargas decreta o Estado Novo, e no ano de 1937 impõe à nação brasileira Carta outorgada, baseada na Constituição da Polônia, de forte traço autoritário. Houve a quebra da ordem instituída pela CF de 1934. A Carta de 37 não traz avanços sociais, bem como não trouxe a tripartição de base de financiamento.

Em 1º de maio de 1943 é editada a Consolidação das Leis Trabalhistas (CLT), mais uma conquista para o trabalhador.

O ano de 1945 marca o final da Segunda Guerra Mundial e, também, o término do governo Getúlio Vargas.

Em 1946 é promulgada Constituição que traz a expressão "Previdência Social". No Texto Constitucional as regras de previdência são alocadas no capítulo "Direitos sociais"; impõe-se aos empregadores a obrigação de manter seguro de acidente do trabalho em prol dos empregados, e cria a Justiça do Trabalho.

`Atenção` **Em patamar constitucional, foi a Constituição de 1934 a primeira a trazer a expressão "previdência", enquanto que a de 1946 foi a primeira a trazer o termo previdência devidamente adjetivado de "social".**

Em 1960, temos a edição da Lei Orgânica da Previdência Social (LOPS), Lei n. 3.807, que **unificou a legislação** referente aos Institutos de Aposentadorias e Pensões.

Com o Golpe de Estado de 1964, os Militares ascendem ao poder.

A Emenda Constitucional n. 11, de 1965, traz a **regra da contrapartida**, que impossibilita criação de benefícios sem prévia fonte de custeio.

O ciclo dos IAPs chega ao final no ano de 1966, quando, após unificada a legislação previdenciária pela LOPS, de 1960, o Decreto-Lei n. 72, de 21 de novembro de 1966, reuniu os Institutos de Aposentadorias e Pensões no Instituto Nacional de Previdência Social (INPS). Cuidado: o Decreto-Lei n. 72 foi publicado no final do ano de 1966, tendo o INPS sido efetivamente criado no início do ano de 1967.

A Carta outorgada em 1967, repleta de perfil autoritário e a Emenda Constitucional n. 1/69, com *status* de constituição outorgada), não obstante não focar a dignificação do ser humano, foi a primeira a constitucionalizar a expressão "seguro-desemprego" (a Constituição de 1946, art. 157, XV, fez referência de forma genérica a **"assistência aos desempregados"**, enquanto a Constituição de 1967, no art. 158, XVI, referiu-se a **seguro-desemprego**) e a estabelecer aposentadoria diferenciada para a mulher, aos trinta anos de trabalho.

DIREITO PREVIDENCIÁRIO PARA CONCURSOS

Em 1977, temos a criação[42] do Sistema Nacional Previdência e Assistência Social (**SINPAS**), que englobava[43]:

DATAPREV (Centro de Processamento de Dados da Previdência Social);

INPS (Instituto Nacional de Previdência Social);

FUNABEM (Fundação Nacional para o Bem-estar do Menor);

IAPAS (Instituto de Administração da Previdência Social);

CEME (Central de Medicamentos);

INAMPS (Instituto Nacional de Assistência Médica da Previdência Social);

LBA (Legião Brasileira de Assistência).

Com a promulgação da Emenda Constitucional n. 8/77, **as contribuições destinadas à Previdência deixaram de ostentar natureza tributária**.

No ano de 1981, constitucionalizou-se a aposentadoria diferenciada de professores, por intermédio da Emenda Constitucional n. 18. Aposentação aos 30 anos de serviço, se professor, e 25 anos de serviço, se professora.

Depois da campanha "Diretas já", no ano de 1985, houve a convocação de Assembleia Nacional Constituinte, resultando na Constituição Cidadã de 1988.

A Constituição Federal de 1988 é a primeira a trazer a expressão "Seguridade Social", calcada na definição anotada no art. 194: "compreende um conjunto integrado de ações de iniciativa dos Poderes Públicos e da sociedade, destinadas a assegurar os direitos relativos à saúde, à previdência e à assistência social".

Em dezembro de 1998 houve a primeira **reforma previdenciária**, por intermédio da Emenda Constitucional n. 20. As reformas continuaram com a promulgação das Emendas ns. 41, de 2003, e 47, de 2005, mas a reforma mais profunda da Previdência foi a decorrente da Emenda Constitucional n. 103, promulgada em 12 de novembro de 2019.

A partir da data da publicação da EC n. 103, qual seja, dia 13 de novembro de 2019, o Brasil passou a conviver com a **Nova Previdência**. Diversas regras novas surgiram no cenário jurídico, na quase totalidade de natureza restritiva de direitos, tendo sido os benefícios de aposentadoria e de pensão os principais alvos, tanto na esfera do Regime Geral como na dos Regimes Próprios. Nova realidade se impõe, mas sem descurar da ultratividade das normas anteriores em prol daqueles que implementaram todos os requisitos necessários para obtenção do benefício com base na legislação anterior, em respeito ao direito adquirido, garantida no art. 3º da EC n. 103/2019.

---

[42] Lei n. 6.439, de 1º de setembro de 1977, instituiu o Sistema Nacional de Previdência e Assistência Social (SINPAS), orientado, coordenado e controlado pelo Ministério da Previdência e Assistência Social.

[43] Dica do Professor: Para facilitar adote o método mnemônico: "DIFÍCIL", para recordar os nomes integrantes do SINPAS. Esse tema pode ser indagado em concurso de Técnico e Analista do INSS.

No campo infraconstitucional, a matéria previdenciária está disciplinada pelas Leis ns. 8.212 e 8.213, ambas de 24 de julho de 1991, respectivamente, Lei de Custeio e Lei de Benefícios.

Em 18 de junho de 2019, houve a publicação da Lei n. 13.846, que é caracterizada como **Minirreforma da Previdência**, diante da grande quantidade de alterações introduzidas na Lei n. 8.213.

Atualmente, as Leis de Custeio e de Benefícios são regulamentadas pelo Decreto n. 3.048, de 6 de maio de 1999.

Por fim, há a Instrução Normativa PRES/INSS n. 128, de 2022, que normatiza, unifica e detalha todo o plexo de norma acerca de benefícios e serviços previdenciários para efeito de efetiva concretização perante as Agências de Atendimento da Previdência Social, e a Instrução Normativa RFB n. 2.110, de 2022, que contempla as normas gerais de tributação previdenciária e de arrecadação das contribuições sociais destinadas à Previdência Social administradas pela Secretaria Especial da Receita Federal do Brasil (RFB).

(Técnico Seguro Social – INSS – CESPE – 2016) Assinale Certo ou Errado:

[44] A Lei Eloy Chaves, que criou em cada uma das empresas de estradas de ferro existentes no país uma caixa de aposentadoria e pensões para os respectivos empregados, foi o primeiro ato normativo a tratar de seguridade social no Brasil.

Responda[45]: (CEPERJ – Rioprevidência – 2012) No Brasil, constitui um marco comum para a Previdência Social a denominada Lei Eloy Chaves, que instituiu:

(A) Caixas de Aposentadoria e Pensão.

(B) Fundações previdenciárias.

(C) Fundos de pensão de empresas públicas.

(D) Regimes geral e especial de previdência.

(E) Institutos de apoio aos servidores militares.

(CESPE – DPE-ES – 2012) Assinale Certo ou Errado:

[46] A publicação, em 1954, do Decreto n. 35.448, que aprovou o Regulamento Geral dos Institutos de Aposentadorias e Pensões, é considerada, pela doutrina majoritária, o marco inicial da previdência social brasileira.

Responda[47]: (Assistente Social – PaqTcPB – IPSEM – 2010) Aponte a lei considerada como o marco/gênese da previdência social brasileira:

---

[44] Errado. Primeiro ato normativo a tratar de "previdência", não de 'seguridade social" no Brasil.

[45] Resposta: A. Caixas de Aposentadoria e Pensão (CAP).

[46] Errado. A Lei Eloy Chaves é considerada, pela doutrina majoritária, o marco inicial da previdência social brasileira.

[47] Resposta: B. Lei Eloy Chaves.

(A) Lei Paulo Delgado.

(B) Lei Eloy Chaves.

(C) Lei Beveridge.

(D) Lei dos Pobres.

(E) Lei Otto Von Bismarck.

1.1.3.1. *Legislação previdenciária. Conteúdo, fontes, autonomia*

O complexo de normas imprescindíveis à correta compreensão do direito previdenciário possui como ponto de partida o Texto Constitucional; a título de ilustração citem-se os arts. 6º (define a previdência como direito social); 40 (Regime Próprio dos Servidores Públicos); 167, XI (define quais são as contribuições previdenciárias); 193 a 204 (Seguridade Social).

Na sequência existem as Emendas Constitucionais, figurando como principais as de ns. 20 (Reforma da Previdência), 41 (Reforma da Previdência com maior **ênfase** no Regime Próprio), 47 (Minirreforma da Previdência), 70 (critério de cálculo dos proventos da aposentadoria por invalidez dos servidores públicos), e 103, publicada em 13 de novembro de 2019, que promoveu profunda alteração na Previdência (tanto no RGPS quanto no RPPS).

Leis complementares, como as de ns. 108 e 109 (Previdência Complementar), 142 (Aposentadoria diferenciada em prol do segurado que seja Pessoa com Deficiência) e 150 (empregados domésticos).

Leis ordinárias: 8.212 (Lei de Custeio) e 8.213 (Lei de Benefícios Previdenciários), ambas de 1991, e toda a enormidade de leis ordinárias editadas com o fim precípuo de modificar o regramento do seguro social no decorrer das últimas décadas.

Medidas Provisórias que promoveram "minirreforma da Previdência", como a de n. 664, de 2014, convolada na Lei n. 13.135, de 2015, e a de n. 871, de 2019, convertida na Lei n. 13.846, de 2019.

Decreto Federal n. 3.048, de 1999 (que regulamenta as Leis de Custeio e de Benefícios).

Instrução Normativa PRES/INSS n. 128, de 2022, que normatiza, unifica e detalha todo o plexo de norma acerca de benefícios e serviços previdenciários para efeito de efetiva concretização perante as Agências de atendimento da Previdência Social, e Instrução Normativa RFB n. 2.110, de 2022, que contempla as normas gerais de tributação previdenciária e de arrecadação das contribuições sociais destinadas à Previdência Social administradas pela Secretaria Especial da Receita Federal do Brasil (RFB).

É a proteção social o conteúdo precípuo encontrado nesse conjunto de regras, quer no viés do financiamento para manutenção do sistema protetivo, quer no detalhamento dos requisitos necessários para obtenção das prestações previdenciárias ou dos serviços existentes à disposição dos protegidos na seara previdenciária.

Consagrado que **o Direito é uno, indivisível**, no entanto, para facilitar o estudo desse feixe de atos normativos, admite-se para fins acadêmicos a singela divisão. Nessa tessitura ganha lugar de destaque o Direito Previdenciário, que pode ser afirmado tratar-se de **matéria autônoma** em face das demais disciplinas, de outra toada, **totalmente impróprio** aduzir seria subespécie do Direito do Trabalho.

1.1.3.1.a. Validade. Vigência e eficácia

Determina a CF no art. 5º, II, que ninguém será obrigado a fazer ou deixar de fazer alguma coisa senão em virtude de lei. A lei referida é a capitulada como de fonte primária, única capaz de impor ao particular a obrigação de fazer ou de se abster da prática de atos, traduzida como norma constitucional, bem como os demais normativos listados no art. 59 da CF: I – emendas à Constituição; II – leis complementares; III – leis ordinárias; IV – leis delegadas; V – medidas provisórias; VI – decretos legislativos; VII – resoluções.

A expressão lei em **sentido amplo** significa dizer normas jurídicas não apenas de primeira grandeza, conhecidas como fonte primária acima referida, mas ainda as secundárias, de segundo escalão, a exemplo dos decretos presidenciais, orientações normativas, memorandos circulares, instruções normativas etc. Estas, as secundárias, não se prestam a obrigar o particular, salvo se retratarem reprodução fiel da vontade da lei (fonte primária).

Somente a norma válida poderá obrigar o indivíduo a fazer ou deixar de fazer, sendo imperioso para atendimento do **pressuposto da validade** a satisfação de dois requisitos: (a) confeccionada pela pessoa competente, e (b) utilização do instrumento normativo adequado.

Aspecto de crucial importância é saber quem é detentor da competência para edição da lei na seara previdenciária. O art. 22 da atual Lei Suprema estabelece a **competência privativa** da União para legislar sobre (inciso XXIII) seguridade social. Cabendo à lei complementar (parágrafo único do art. 22) autorizar os Estados[48] a legislar sobre questões específicas. A Seguridade Social abrange, na literalidade do art. 194 da CF, Previdência, Assistência Social e Saúde. Nesse ritmo argumentativo, não terá validade alguma uma lei municipal que pretenda alterar a Lei Federal n. 8.213, de 1991, porque a competência é privativa da União para editar normas sobre o Regime Geral de Previdência Social.

Atenção deve ser dada ao art. 24 da CF, ao afirmar que compete à União, aos Estados e ao Distrito Federal legislar **concorrentemente** sobre: XII – previdência social. E o art. 30, I, atribui aos municípios competência para legislar sobre temas de assunto local.

---

[48] Não se esqueça de que ao Distrito Federal são atribuídas as competências legislativas reservadas aos Estados e Municípios (CF, art. 32, § 1º).

A **competência concorrente** ditada nesse art. 24 **não abrange o Regime Geral**, mas sim competência para disciplinar a previdência dos respectivos servidores públicos (Regime Próprio e Previdência Complementar).

O Regime Próprio de Previdência Social (RPPS) exige lei específica de cada um dos entes de direito público interno. Por conseguinte, a criação de RPPS exige edição de lei do respectivo ente público (federal, estadual e municipal). Assim, por mais bem elaborada que seja a redação do texto lei federal, não atenderá ao critério de validade caso referida "lei" crie RPPS em determinado município, sendo válida unicamente lei municipal do respectivo ente federativo para tal desiderato.

Segundo reza o § 14 do art. 40 da CF, compete à União, aos Estados, ao Distrito Federal e aos Municípios instituir, **por lei de iniciativa do respectivo Poder Executivo**, regime de **previdência complementar** (RPC) para servidores públicos ocupantes de cargo efetivo.

A União editou a Lei n. 12.618, de 2012, criando a Fundação de Previdência Complementar do Servidor Público Federal (Funpresp), no entanto, referida lei não é válida para servidores públicos estaduais, nem mesmo municipais. No Estado de São Paulo houve a edição de lei estadual (Lei n. 14.653, de 2011) criando a Fundação de Previdência Complementar do Estado de São Paulo (SP-PREVCOM), que é uma entidade fechada, sem fins lucrativos e com autonomia administrativa, financeira e patrimonial, com atribuição de administrar o RPC dos servidores públicos estaduais de São Paulo; essa lei paulista não é norma válida para os servidores públicos do Estado de Minas Gerais, por exemplo.

A Reforma da Previdência dispôs ser **vedada a instituição de novos** regimes próprios de previdência social, e que **lei complementar federal** estabelecerá, para os que já existam, normas gerais de organização, de funcionamento e de responsabilidade a serem observadas por Estados e Municípios em sua gestão (art. 40, § 22).

Outra novidade trazida pela EC n. 103, de 2019, foi **atribuir à União competência privativa para editar normas gerais sobre inatividades e pensões das polícias militares e dos corpos de bombeiros militares**.

Importante anotar que as leis da União que trazem as normas gerais são definidas como **leis nacionais**.

Em suma, com relação à validade, não tendo sido a norma produzida pela pessoa constitucionalmente competente, restará esvaziada a coercitividade do ato. Não se pode olvidar, como antes afirmado, que não basta ter sido a norma editada pela pessoa competente, **deve ainda ter se valido do instrumento normativo adequado**.

Exemplo clássico é com relação à exigência feita pela Constituição de edição de lei complementar para o trato de certas matérias, de modo a tornar sem valia lei ordinária que invada a esfera reservada à lei complementar (CF. Art. 69. As leis complementares serão aprovadas por maioria absoluta).

SEGURIDADE SOCIAL

No campo da seguridade social, a Constituição estabelece a necessidade de manejo de **lei complementar** nas seguintes situações:

a) art. 40, § 1º, II, que versa sobre a aposentadoria compulsória por idade dos servidores públicos, com proventos proporcionais ao tempo de contribuição, aos 70 (setenta) anos de idade, ou aos 75 (setenta e cinco) anos de idade, na forma de lei complementar (novidade trazida pela EC n. 88, de 2015. Lei complementar já editada, LC n. 152, de 2015);

b) para o trato de aposentadoria diferenciada, tanto no Regime Próprio de Previdência Social (art. 40, §§ 4º-A, 4º-B e 4º-C, da CF) como para os segurados do RGPS (art. 201, § 1º, da CF). Em atendimento ao comando constitucional, houve a edição da LC n. 142, de 2013, para reger a aposentadoria diferenciada do segurado pessoa com deficiência;

c) para a criação de outras contribuições sociais de seguridade social, denominada contribuição residual, referida no art. 195, § 4º, da CF;

d) no § 11 do art. 195, estabelecer a vedação a concessão de remissão ou anistia das contribuições previdenciárias (previstas nos incisos I, a, e II do art. 195 da CF);

e) no § 3º do art. 198, exige lei complementar no ramo da Saúde, que será reavaliada pelo menos a cada cinco anos, para, entre outras, fixar os critérios de rateio dos recursos da União vinculados à saúde destinados aos Estados, ao Distrito Federal e aos Municípios, e dos Estados destinados a seus respectivos Municípios, objetivando a progressiva redução das disparidades regionais;

f) disciplinar a cobertura de benefícios não programados, inclusive os decorrentes de acidente do trabalho, a ser atendida concorrentemente pelo RGPS e pelo setor privado (art. 201, § 10, da CF);

g) para regrar o Regime de Previdência Complementar, art. 202 da CF (editadas as LCs ns. 108 e 109, de 2001).

Satisfeito o pressuposto da validade, deve ser observada na sequência **a vigência**, que é a possibilidade de produção de efeitos, em especial o de revogar lei anterior de forma expressa (p. ex., a lei nova diz: Fica revogada lei "X"), ou tácita (quando trate do mesmo tema, atribuindo desfecho diferenciado). Enquanto não estiver vigente não possui força suficiente para revogar, expressa ou tacitamente, outra norma.

A Lei Complementar n. 95, de 1998, bem esclarece que a vigência da lei será indicada de forma expressa e de modo a **contemplar prazo razoável** para que dela se tenha amplo conhecimento, reservada a cláusula "entra em vigor na data de sua publicação" para as leis de pequena repercussão. Para ilustrar, confira-se o teor da Lei n. 13.101, de 2015, que instituiu o Dia Nacional do Milho em todo o território nacional na data de 24 de maio. Diante da pequena repercussão dessa norma, o art. 2º dessa lei diz: "entra em vigor na data de sua publicação". Por outro lado, a Lei n. 13.105, de 2015, traz o Novo Código de Processo Civil, regramento com mais de mil artigos, para disciplinar milhões de processos judiciais federais e estaduais em todo o Brasil, tornando desarrazoado imaginar pudesse a norma fixar a sua vigência na data da publicação, tendo a Lei n. 13.105 estabelecido a *vacatio legis* de 1 ano no art. 1.045: "Este Código entra em vigor após decorrido 1 (um) ano da data de sua publicação oficial". Prazo esse razoável para que dela se tenha amplo conhecimento.

A LC n. 95, de 1998, estabelece, ainda, a forma da contagem do prazo para entrada em vigor das leis que estabeleçam período de vacância, esclarecendo que se fará a contagem **com a inclusão** da data da publicação e do último dia do prazo, entrando em vigor no dia subsequente à sua consumação integral. Tome-se como exemplo o art. 5º, II, da MP 664, que fixou a vigência da nova redação do § 2º do art. 74 da Lei n. 8.213, de 1991, somente quinze dias a partir da publicação, ocorrida em 30 de dezembro de 2014. Por conseguinte, considerado o dia 30 (publicação), ter-se-á a consumação integral em 13 de janeiro, com vigência iniciada a contar de 14 de janeiro de 2015.

O interregno existente entre a publicação da lei e sua vigência denomina-se *vacatio legis*, que na hipótese de o legislador por lapso deixar de fixar a data da vigência, a vacância será a fixada na Lei de Introdução às normas do Direito Brasileiro (Decreto-Lei n. 4.657, de 1942), que assevera: "Art. 1º. Salvo disposição contrária, a lei começa a vigorar em todo o país 45 (quarenta e cinco) dias depois de oficialmente publicada".

Salvo disposição em contrário, a *vacatio legis* será de **45 dias**. Ocorre que na seara da Seguridade Social há uma ressalva registrada no art. 195, § 6º, da CF, que estabelece que as "contribuições sociais de seguridade social só poderão ser exigidas **após decorridos noventa dias** da data da publicação da lei que as houver instituído ou modificado, não se lhes aplicando o disposto no art. 150, III, *b*, da CF". Por conseguinte, em se tratando de instituição ou aumento de contribuição social para a seguridade social, não terá exigibilidade a nova lei antes de decorrido o regramento da nonagésima. Excluída essa exceção, qualquer outra norma previdenciária que deixe de fixar prazo para vigência, aplica-se a vacância de 45 dias.

A Emenda Constitucional n. 103, conhecida como a Emenda da Reforma da Previdência de 2019, entrou em vigor na data da publicação (13-11-2019), salvo com relação aos aspectos tributários (elevação das alíquotas contributivas), que entraram em vigor no primeiro dia do quarto mês subsequente (1º-3-2020).

Sacramentada ser a norma válida e vigente depende, ainda, a análise quanto à **eficácia**, atributo necessário para produção de efeitos concretos. Para melhor compreensão cite-se a Emenda Constitucional n. 72, de 2013, que deu nova redação ao parágrafo único do art. 7º da CF para estabelecer a igualdade de direitos trabalhistas entre os trabalhadores domésticos. A EC n. 72, a despeito de válida (promulgada pelas Mesas da Câmara dos Deputados e do Senado Federal, depois de seguido o devido processo legislativo) e vigente, ainda não produzia efeitos no âmbito previdenciário, pois dependia da edição de lei para dar concretude às disposições constitucionais; a eficácia do parágrafo único do art. 7º da CF deu-se com a edição da LC n. 150, de 2015.

SEGURIDADE SOCIAL

1.1.3.1.b. *Aplicação das normas previdenciárias*

1.1.3.1.b.1. Eficácia da lei previdenciária no tempo: direito adquirido

A lei válida, vigente e eficaz produz efeitos aos atos elaborados sob seu império, porém há possibilidade de a norma ser ultra ativa, ou seja, de produzir efeitos mesmo após revogada. No direito previdenciário há o brocardo *tempus regit actum*, segundo o qual a lei aplicável é aquela vigente na época do implemento dos requisitos necessários à obtenção do benefício. Para dar clareza à aplicação do adágio, tenha-se em mente óbito de segurado no ano de 1994, época na qual o valor da pensão por morte era de 90% segundo a lei "A", mas a viúva apenas efetivou o requerimento para obtenção do benefício no ano de 1995, ano no qual houve nova lei ("B") majorando o benefício para 100% nessa situação; o INSS irá conceder a pensão por morte com base na lei vigente na data do fato gerador do benefício, qual seja, a da data do óbito, portanto receberá a pensionista 90% a título de pensão, será aplicada a lei "A", pouco importando estivesse revogada na data da concessão do benefício, uma vez que as condições necessárias à pensão (óbito) foram implementadas na vigência da lei "A", decorrendo, a partir disso, direito adquirido, pouco importando a data do exercício do direito (data da apresentação do requerimento administrativo).

Com a edição das leis responsáveis pelas minirreformas (Lei n. 13.135, de 2015, e Lei n. 13.876, de 2019) e da Emenda Constitucional da "Nova Previdência" (EC n. 103, de 2019), diversos são os pontos de aplicação do brocardo *tempus regit actum*.

Novamente sobre a pensão, por importante, a atual redação do art. 77, V, b, da Lei n. 8.213, estabelece que, independentemente da idade da viúva, receberá apenas 4 meses de pensão por morte caso não estivesse casada há pelo menos 2 anos com o de cujus na data do passamento. Antes da Lei n. 13.135, de 2015, em todas as situações a viúva sempre recebia pensão por morte vitalícia. O novo regramento, mais severo, somente é aplicável a óbitos de segurado ocorridos após a vigência da Lei n. 13.135, de modo que para óbitos ocorridos antes do ano de 2014, mesmo que a viúva seja extremamente jovem (20 anos de idade) e que estivesse casada há apenas três meses com o falecido segurado, ainda assim terá direito a pensão por morte vitalícia, porque a lei regente é aquela operante na data do falecimento, ainda que a jovem viúva venha exercer seu direito (apresentar o requerimento no INSS) depois da Lei n. 13.135.

> **MEMORIZE**
> Súmula n. 340 do STJ: A lei aplicável à concessão de pensão previdenciária por morte é aquela vigente na data do óbito do segurado.

Nesse ritmo argumentativo, caso alguém compareça hoje numa agência do INSS e prove que no ano de 2010 havia preenchido todos os requisitos exigidos na lei vigente naquela época para se aposentar, a despeito de ter apresentado somente agora seu requerimento, terá o direito de obter seu benefício com base na lei vigente naquela época (2010).

O retrato do que foi apresentado é decorrência do mandamento constitucional (art. 5º, XXXVI – "a lei não prejudicará o direito adquirido"), ou seja, o direito tal como adquirido não pode ser afastado por norma superveniente.

Em suma, o segurado que preencheu todos os requisitos previstos na lei, ainda que não exerça seu direito no momento que foi adquirido, está protegido contra leis futuras (*tempus regit actum*).

1.1.3.1.b.2. Eficácia da lei previdenciária no tempo: expectativa de direito

Situação diversa é a da expectativa de direito, quer dizer, o segurado que ainda não tenha implementado todas as condições necessárias à obtenção do benefício sofrerá todo o influxo da nova legislação. Por exemplo, para obtenção de aposentadoria por tempo de contribuição exige-se do segurado do sexo masculino 35 anos de contribuição, e por hipótese tenha-se que o segurado iria completar os 35 anos necessários em 20 de novembro de 2019, entretanto, é editada promulgada nova norma (válida, vigente e eficaz) em 12 de novembro de 2019, modificando o requisito da aposentaria integral apenas aos 40 anos de tempo de contribuição. O segurado dessa ilustração não tinha ainda direito adquirido, mas mera expectativa de direito (direito expectado); sofrerá, em decorrência disso, todo o amargor da lei nova, terá de contribuir por mais cinco anos.

Não há direito adquirido a regime jurídico, afirmou o STF, ou seja, não pode o segurado que não havia, na data da lei nova, implementado todas as condições para obtenção do benefício, pretender a aplicação da lei antiga, aduzindo que no momento do seu ingresso na previdência (ocorrido há décadas) o regime jurídico existente era mais brando.

Para evidenciar a distinção observe o enunciado: RGPS, aposentadoria por idade para a segurada exige requisito etário de 60 anos (e carência). Caso seja editada nova norma em novembro de 2019 elevando a idade para a segurada se aposentar para 62 anos, são consequências decorrentes da lei nova:

a) Segurada do INSS que implementou 60 anos de idade (e carência) em outubro de 2019 (antes do novel regramento). Direito adquirido, poderá apresentar requerimento em janeiro de 2020 e se aposentar sem qualquer óbice;

b) Segurada do INSS que implementou 60 anos de idade (e carência) em janeiro de 2020, depois do novo regramento mais severo. Havia apenas mera expectativa de direito, sofrerá o rigor da nova lei, sua aposentadoria somente ocorrerá após implementar os 62 anos de idade.

1.1.3.1.b.3. Eficácia da lei previdenciária no tempo: regra de transição

Para amenizar o impacto severo da lei nova, é praxe, a despeito de não estar o legislador a isso obrigado, a criação de regras de transição, com o desiderato de criar situação intermediária em prol dos antigos segurados. A regra de transição torna-se terceira regra de aplicação restrita aos filiados antes da nova norma, **norma que não**

SEGURIDADE SOCIAL

será tão boa quanto a antiga, que foi revogada, **mas, por outro lado, não será tão severa como a recém-editada**.

Exemplificando, antes de 1991 o prazo de carência para aposentadoria por idade era de apenas 60 contribuições (equivalente a 5 anos); com a publicação da Lei n. 8.213 a carência passou a 180 contribuições (= 15 anos), restando revogada a lei anterior. A primeira situação, já analisada, é a de que protegidos estavam todos aqueles que antes de 1991 já tivessem implementado o requisito etário e carência (de 5 anos), havendo direito adquirido, de nenhum relevo para estes segurados a ocorrência da revogação da norma antiga efetivada pela Lei n. 8.213, de 1991. Outra conclusão bastante óbvia é com relação àqueles que iniciaram a vida contributiva na vigência da Lei n. 8.213, para estes, vale unicamente o novo regramento (carência de 180 contribuições). Não houvesse regra de transição, os segurados que em 1991 ainda não houvessem implementado os requisitos, idade e a carência, ficariam sujeitos à nova regra (carência de 180 contribuições). Porém, para amenizar o duro impacto da Lei n. 8.213 (que triplicou o prazo de carência) se fez constar o art. 142, trazendo regra de transição, determinando que para os antigos filiados (quem se filiou antes da Lei n. 8.213) a carência permaneceria de 60 contribuições, desde que o implemento da idade para a aposentadoria ocorresse até o ano de 1992; caso a idade mínima exigida para aposentadoria fosse satisfeita em 1993, a carência era de 66 contribuições; para o antigo filiado que implementasse o requisito etário no ano de 1994 era de 72 contribuições, e assim, sucessivamente houve aumento gradual, até que em 2011 houve a unificação da carência em 180.

Em razão do endurecimento constante das regras para obtenção de benefícios, conquanto não seja obrigado, torna-se extremamente recomendável que o legislador sempre traga no bojo da lei nova (mais rígida) regras de transição, em respeito aos anos de expectativa que nutriram os antigos filiados durante décadas, expectativa que não pode ser totalmente frustrada, aconselhável a edição de regras intermediárias para suavizar a caminhada final dos segurados filiados há longa data.

A Emenda Constitucional n. 103, de 2019 (a Nova Previdência), endureceu as regras de concessão de aposentadoria, mas, felizmente, consagrou **regras de transição** nos arts. 15, 16, 17, 18 e 20 para suavizar o caminho entre o antigo e o novo ordenamento regente da Previdência.

1.1.3.1.b.4. Eficácia da lei previdenciária no espaço

Territorialidade. A lei brasileira deve ter, por regra, aplicação restrita ao território nacional. Desse modo, a empresa que, dentro dos limites territoriais do Brasil, contratar pessoa física para prestar serviços remunerados ficará obrigada a pagar contribuição previdenciária (cota patronal). Nesta ilustração, caso a empresa desafie a autoridade da lei, deixando de recolher o tributo, ficará sujeita a execução fiscal, respondendo com seu patrimônio para satisfação da dívida.

Malgrado isso, por exceção, a lei brasileira poderá não ser aplicada no território nacional, como o faz a Lei n. 8.213, no art. 11, I, *d*, ao determinar que não fica sujeito à filiação obrigatória em se tratando de prestador de serviço o não brasileiro sem residência permanente no Brasil, a tomador de serviço qualificado como missão diplomática ou a repartição consular de carreira estrangeira.

Extraterritorialidade. Sob outro ângulo, por regra, a lei brasileira não poderá ser aplicada a uma empresa estrangeira estabelecida unicamente no exterior. Assim, por exemplo, caso uma empresa japonesa, sediada no Japão (sem qualquer filial no Brasil), contrate um trabalhador brasileiro, será um fato irrelevante para a lei previdenciária brasileira, uma vez que a lei do Brasil não possui força suficiente para impor obrigações àquela empresa estrangeira estabelecida em outro país.

A par das regras anunciadas, há exceções, tornando aplicável a lei brasileira a fatos (prestação de serviços remunerados) ocorridos no exterior. A Lei n. 8.213, no art. 11, I, *f*, garante a aplicação da lei brasileira em prol de brasileiro contratado para trabalhar como empregado em empresa domiciliada no exterior, cuja maioria do capital votante pertença a empresa brasileira de capital nacional.

1.1.3.1.c. *Interpretação das normas previdenciárias*

Interpretar significa declarar o real sentido da norma. Revelar o verdadeiro desejo daquele que redigiu o texto é algo imprescindível para o correto cumprimento da norma. Por exemplo, cite-se a convenção condominial de determinado prédio, do qual conste a norma "proibido animais", mas o que significa exatamente essa norma? O que realmente desejavam as pessoas que redigiram esse texto? A seguir ao pé da letra, de forma cega, chega-se ao absurdo de tornar proibido que qualquer morador desse edifício seja possuidor um peixinho colorido em minúsculo aquário. É realmente esse o sentido da restrição condominial? Ademais, a extremo rigor, nem mesmo pessoas poderiam viver nesse condomínio, porque o ser humano é classificado por "animal" racional! Cabe ao intérprete recusar-se a entender a norma dessa maneira, porque não apresentaria qualquer sentido lógico.

A arte de revelar a verdadeira intenção do subscritor é denominada hermenêutica, que deriva do deus grego Hermes, a quem competia traduzir as mensagens dos deuses aos humanos.

A interpretação pode ser: autêntica; jurisprudencial; doutrinária.

Autêntica é toda aquela declarada pelo próprio texto, como o faz, p. ex., a Lei n. 8.212, de 1991, no art. 21, § 4º, que afirma: "**Considera-se** de baixa renda, para os fins do disposto na alínea b do inciso II do § 2º deste artigo, a família inscrita no Cadastro Único para Programas Sociais do Governo Federal – CadÚnico cuja renda mensal seja de até 2 (dois) salários mínimos". Não é lícito, assim, ao intérprete entender que baixa renda é a família "não" inscrita no CadÚnico e com renda familiar de 50 salários mínimos, pois isso desafiaria a interpretação de "família de baixa renda" fixada pelo próprio subscritor da norma.

Interpretação jurisprudencial é a interpretação dada pelos tribunais; excelente exemplo foi a "desaposentação", que constituiu forma peculiar de interpretar as normas constantes do direito previdenciário. Resultado interpretativo feito pelo Superior Tribunal de Justiça no Recurso Especial Representativo da controvérsia (REsp 1.334.488), julgado no ano de 2013 (a decisão foi válida até o ano de 2016), admitiu a desaposentação (renúncia à aposentadoria para obtenção de nova – reaposentação – com valor de renda mensal mais vantajosa), entendimento que nunca foi compartilhado pelo Poder Executivo. A desaposentação evidencia que a leitura dos mesmos artigos legais pode ensejar conclusão diametralmente oposta (Poder Executivo e Poder Judiciário, sendo o entendimento dos tribunais denominado de jurisprudência). Ainda sobre o tema desaposentação, anote-se que, em outubro de 2016, essa tese revisional foi rejeitada pelo STF (órgão máximo do Poder Judiciário), ao apreciar os Recursos Extraordinários 381.367/RS, 661.256/SC e 827.833/SC, julgados com repercussão geral, de modo que o atual entendimento jurisprudencial (de todo o Poder Judiciário) corrobora a interpretação dada pela autarquia federal previdenciária, no sentido de que o art. 181-B do Decreto n. 3.048/99 **impede** a "desaposentação".

Há ainda a **interpretação doutrinária**, os estudos científicos elaborados por estudiosos que buscam enriquecer os leitores com conhecimento, nova visão baseada no aprofundamento teórico.

Dentre as espécies de interpretação, destacam-se:

Literal. Esta é a menos recomendada, pois nos revela no mais das vezes o inaceitável, fere no mais das vezes o bom senso. Ilustração é a redação original do art. 20, § 3º, da Lei n. 8.742, de 1993, que garantia a concessão de benefício assistencial em favor do idoso ou da pessoa com deficiência, desde que a renda mensal per capita familiar seja "inferior" a 1/4 do salário mínimo. Segundo a redação original da Lei n. 8.742, de 1992, sendo a família composta de exatos quatro integrantes, sendo um deles pessoa com deficiência (PcD), e apenas um dos membros possuir renda mensal no valor exato de um salário mínimo, pela interpretação literal a renda per capita familiar, por não ser "inferior" a 1/4 do salário mínimo, mas exatamente "igual" a 1/4 do salário mínimo, tornaria legítima (e extremamente cruel) a negativa de concessão do benefício; por outro lado, se a renda dessa família fosse reduzida em apenas 1 único centavo, teria essa PcD direito a receber o benefício, porque o critério renda familiar, com a exclusão de 1 centavo, tornaria a renda per capita "inferior" a 1/4 do salário mínimo.

Atenção A Lei n. 13.982, de 2020, seguida da Lei n. 14.176, de 2021, deu nova redação ao § 3º do referido art. 20, dispondo: "renda mensal *per capita* familiar seja 'igual' ou inferior a 1/4 do salário mínimo".

Histórica. Preciosa é esta forma de interpretar, pois ela será capaz de revelar sentido que os mais novos não são capazes de visualizar. Exemplificação é o requisito carência de 180 contribuições para a aposentadoria por tempo de contribuição, que exige 35 anos de tempo de contribuição. Como compatibilizar os dois requisitos: 180

contribuições (carência) e 35 anos de contribuição? A historicidade dos eventos irá revelar que havia no passado total sentido (época na qual a aposentadoria exigia 35 anos de tempo de "serviço", dentro desse lapso ao menos 180 meses deveriam ser de contribuição).

Sistemática. Esta é a das mais comuns e necessárias. Impedido está o intérprete de olhar um artigo de lei de forma isolada; não se pode deixar de considerar o capítulo no qual está inclusa a norma, conjugar com todos os demais artigos da mesma lei, e de leis congêneres, realizar estudo sistêmico. Por vezes é a própria norma que assim o determina, como ocorre com o art. 80 da Lei n. 8.213, que, ao tratar do auxílio-reclusão, foi extremamente limitado no regramento do benefício, pois o legislador redigiu um único artigo sobre esse benefício, e toda a complementação normativa deve ser buscada nas disposições sobre a pensão por morte. Devem assim ser preenchidas as regras e requisitos desse benefício (integração, que será estudada adiante) de forma sistêmica, por exemplo, por quanto tempo receberá o benefício em se tratando de esposa com 50 anos de idade que estava casada há mais de 2 anos com o segurado que agora foi preso (sabendo que este segurado havia contribuído por mais de 18 contribuições antes da sua reclusão), o cenário autoriza na pensão por morte fruição vitalícia do benefício, mas e no auxílio-reclusão? Obviamente, ao ser solto o segurado, deverá cessar necessariamente o benefício do dependente, haja vista que incompatível a manutenção de pagamento de auxílio-reclusão após a soltura do segurado.

Teleológica. Essencial é a busca do real fim buscado por aqueles que redigiram a norma. O art. 101 da Lei n. 8.213 estabelece que o aposentado por invalidez deve periodicamente comparecer, sob pena de suspensão do benefício, à perícia médica a cargo do INSS; o § 1º estabelece que ao implementar o aposentado a idade de 60 anos fica dispensado desse comparecimento, a interpretação da norma (caso não existisse o § 2º) não poderia levar à conclusão de que "não" poderia submeter-se a periódica mesmo nas situações de interesse do próprio idoso, como ocorre nas situações nas quais passa a depender de outra pessoa, e para fazer jus ao acréscimo de 25% previsto no art. 45 da Lei n. 8.213, precisa do aval do médico-perito do INSS. A norma ao estabelecer a dispensa de comparecimento ao implementar 60 anos o fez **com o fim precípuo de proteger o idoso**, jamais houve a intenção dos que redigiram a norma de restringir seus direitos! Trata-se justamente da análise teleológica. Caso não seja localizada a finalidade da lei para atribuir o correto sentido da norma, deve o intérprete na aplicação da lei atender **aos fins sociais** a que ela se dirige e às exigências do bem comum (art. 5º da Lei de Introdução ao Direito).

Restritiva. Muitas vezes o legislador diz mais do que realmente pretendia, situação na qual deve o intérprete restringir o alcance do texto legal, afastando, assim, a interpretação literal. O art. 195, § 6º, da CF afirma que as contribuições sociais só poderão ser exigidas após decorridos 90 dias da data da publicação da lei que as houver instituído ou "modificado". Afirma também que a observância ao intervalo de 90 dias entre a publicação da lei e a exigência do tributo deve ocorrer sempre que houver criação de nova contribuição (instituído) e quando ocorrer "modificação" na lei que trata da contribuição social. Essa norma do § 6º do art. 195 da CF, para proteger o contribuinte, trata-se do princípio da "não surpresa", segundo o qual deve ser garantido prazo razoável ao contribuinte após a publicação da nova norma tributária gravosa para que ele possa se planejar para pagar o tributo "novo" ou o "aumento" do tributo. Totalmente desarrazoado entender que eventual lei nova que "reduza" o valor da contribuição não possa ter valia imediata. O emprego do vocábulo "modificado" foi infeliz, devendo o intérprete limitar a leitura do termo para situações que tragam "gravame" ao contribuinte, que resultem em "majoração" do tributo. Nesse exato diapasão, o STF editou a Súmula Vinculante n. 50, justamente para enfatizar que a singela alteração de data do recolhimento do tributo (p. ex., mudança do dia do pagamento do dia 10 para o dia 15 do mês) não é modificação que precise se submeter a essa determinação dos 90 dias. Bem se observa, em conclusão, que, do vernáculo, o termo "modificado" possui significado muito mais abrangente (= qualquer alteração) em comparação ao verdadeiro sentido que deve ser atribuído pelo intérprete, sendo que a compreensão mais apropriada para o texto deve ser "modificações gravosas ao contribuinte".

Ampliativa. De outro extremo a interpretação ampliativa busca incluir aquilo que por manifesto cochilo legiferante deixou-se de assinalar. Do art. 124 da Lei n. 8.213 consta que o seguro-desemprego pode ser recebido conjuntamente com o benefício de pensão por morte, mas nada disse a lei sobre a possibilidade de cumulação com o benefício de auxílio-reclusão. Valendo-se o intérprete de interpretação sistêmica (já analisada), facilmente se observa que todas as razões que estiveram presentes quando a lei permitiu a percepção conjunta de pensão por morte com o seguro-desemprego também estão presentes com relação ao dependente que esteja em fruição de auxílio--reclusão. Diante disso, o Decreto Federal n. 3.048, no art. 167, § 2º, promoveu a integração da norma, mediante a interpretação ampliativa (e sistêmica), tornando lícito o recebimento conjunto do seguro-desemprego com pensão por morte e **auxílio-reclusão** (portanto, a interpretação ampliativa corrige o "esquecimento" do legislador). Aplicável a expressão latina: *Ubi eadem ratio ibi idem jus* (onde houver o mesmo fundamento, haverá o mesmo direito).

Lei especial não revoga a geral (art. 85-A da Lei n. 8.212). Os tratados, convenções e outros acordos internacionais de que Estado estrangeiro ou organismo internacional e o Brasil sejam partes, e **que versem sobre matéria previdenciária, serão interpretados como lei especial**, essa é a exata determinação legal contida no art. 85-A da Lei n. 8.212/91. Significa dizer que convivem as disposições contidas em tratados internacionais de previdência e a Lei de Benefícios Previdenciários (Lei n. 8.213), por exemplo, o Acordo Internacional de Previdência celebrado entre a República Federativa do Brasil e a República Francesa em 2011 somente é aplicável às pessoas que se enquadrem em suas disposições (pessoas que trabalharam na França e atualmente estão no Brasil).

Interpretações *in dubio pro misero* são sempre referidas no campo do direito social, porque decorrência do art. 5º[49] da Lei de Introdução ao Direito. Interpretações em prol do menos favorecido, do hipossuficiente. A situação do trabalhador rural, que possui dificuldades enormes de comprovar por meio de documentos o exercício da atividade campesina durante toda a sua vida; admite a jurisprudência dos tribunais possa comprovar a atividade rural por meio de início de prova documental, aceitando, para tanto, a anotação da profissão "lavrador" constante de documentos públicos: certidão de casamento, de nascimento de filhos, título de eleitor e certificado de reservista. Já do trabalhador urbano exige-se prova mais robusta para comprovar períodos de atividade remunerada: anotação em CTPS, contracheques, folha de registro de empregados etc.

Nessa mesma trilha, em prol da trabalhadora rural que não possuia documentos em nome próprio para comprovar o exercício de atividade rural durante toda a sua vida, admite-se, também de forma pacífica nos tribunais, possa a mulher se valer da profissão rural do marido anotada em documentos públicos, por ter sido praxe cartorária no século XX sempre anotar a profissão da esposa como "do lar", ainda que trabalhadora rural fosse. Atenção: essa interpretação de que se estende a atividade profissional do marido à mulher não é válida para a esposa de trabalhador urbano!

Atente-se que a interpretação *in dubio pro misero* não é adotada de forma extremada pelos tribunais, verifique-se, nesse sentido, que o Superior Tribunal de Justiça afirma na Súmula n. 149 que a **prova exclusivamente testemunhal não basta à comprovação da atividade rurícola**, para efeito da obtenção de benefício previdenciário. Necessária a apresentação de "início de prova material", ou seja, documentos públicos nos quais contém a profissão "lavrador" (certidão de casamento, de nascimento de filhos, título de eleitor e certificado de reservista).

1.1.3.1.d. *Integração*

É o modo de sanar eventuais lacunas na lei, omissão no texto legal. A figura da **integração** consiste em técnica para solucionar omissões legislativas, são elas: a analogia, a equidade e os princípios gerais do direito. Do recurso da integração deve valer-se o candidato em questões discursivas, sempre que a questão envolver tema sobre o qual a lei é silente, por exemplo, "o dependente condenado pela prática de homicídio doloso contra o segurado do INSS faz jus ao benefício de pensão por morte?". A resposta, em questões objetivas, ANTES do ano de 2015 (por força da Lei n. 13.135, de 17 de junho de 2015) era SIM, fazia jus, porque não existia vedação legal, e a Administração Pública fica sujeita ao princípio da legalidade estrita, somente podendo conceder ou negar benefício previdenciário nas hipóteses determinadas em lei. Ao passo que em questões discursivas devia o candidato, diante da omissão legal, que existia antes da Lei n. 13.135,

---

[49] Art. 5º Na aplicação da lei, o juiz atenderá aos fins sociais a que ela se dirige e às exigências do bem comum.

SEGURIDADE SOCIAL

proceder à integração da norma[50] e explorar a analogia (art. 220 da Lei n. 8.112/90) e os princípios gerais do direito (arts. 557, I, e 1.814, I, do CC), expondo maior reflexão sobre o tema. Atualmente, sobre essa questão específica, a lacuna foi sanada, houve a inclusão de hipótese excludente do direito à pensão por morte no § 1º do art. 74 da Lei n. 8.213: "Perde o direito à pensão por morte o condenado criminalmente por sentença com trânsito em julgado, como autor, coautor ou partícipe de homicídio doloso, ou de tentativa desse crime, cometido contra a pessoa do segurado, ressalvados os absolutamente incapazes e os inimputáveis" (redação do § 1º foi atribuída pela Lei n. 13.135, de 2015, e recentemente aprimorada pela Lei n. 13.846, de 2019).

1.1.3.2. *Instituto Nacional do Seguro Social*

O até hoje lembrado **INPS** deixou de existir no ano de 1990, quando a Lei n. 8.029, art. 14, promoveu a sua fusão ao **IAPAS**, dando origem **a autarquia federal** denominada Instituto Nacional do Seguro Social (INSS).

Atenção O INSS é responsável pelo "Seguro" Social (Previdência) e não pela "Seguridade" Social.

O INSS, **pessoa jurídica de direito público interno**[5] , era responsável não apenas pela concessão e administração de benefícios e serviços do **Regime Geral** de Previdência Social, como também pela fiscalização, arrecadação e cobrança das contribuições previdenciárias.

Em 2007, foi promulgada a Lei n. 11.457, constituindo a Secretaria da Receita Federal do Brasil (SRFB), órgão da administração direta atualmente subordinado ao Ministro da Economia.

O art. 2º da Lei n. 11.457 atribui à SRFB planejar, executar, acompanhar e avaliar as atividades relativas a tributação, fiscalização, arrecadação, cobrança e recolhimento das contribuições sociais previstas nas alíneas *a*, *b* e *c* do parágrafo único do art. 11 da Lei n. 8.212, quais sejam, **contribuições previdenciárias** devidas (a) pelas empresas, incidentes sobre a remuneração paga ou creditada aos segurados a seu serviço; (b) pelos empregadores domésticos; e (c) pelos trabalhadores, incidentes sobre o seu salário de contribuição.

> **MEMORIZE**
>
> Antes de 2007 era competência do INSS, art. 33 da Lei n. 8.212, arrecadar, fiscalizar, lançar e normatizar o recolhimento das contribuições previdenciárias. Agora é competência da SRFB planejar, executar, acompanhar e avaliar as atividades relativas a tributação, fiscalização, arrecadação, cobrança e recolhimento das **contribuições previdenciárias.**

---

[50] Lei de Introdução ao Direito: Art. 4º Quando a lei for omissa, o juiz decidirá o caso de acordo com a analogia, os costumes e os princípios gerais de direito.

[51] CC, art. 41, IV.

DIREITO PREVIDENCIÁRIO PARA CONCURSOS

Desde a Lei n. 11.457, ao INSS, além da atribuição relativa à concessão e à manu-tenção de benefícios e serviços aos seus beneficiários (segurados e dependentes), são ainda reservadas as seguintes atribuições:

I – emitir certidão relativa a tempo de contribuição;

II – **gerir o Fundo do Regime Geral** de Previdência Social;

III – calcular o montante das contribuições previdenciárias e emitir o correspon-dente documento de arrecadação, com vistas ao atendimento conclusivo para concessão ou revisão de benefício requerido.

Responda[52]: (12º Concurso Público – Procurador do Trabalho – MPT – 2006) A respeito do sistema previdenciário brasileiro, é CORRETO afirmar que:

(A) o INSS – Instituto Nacional do Seguro Social é a autarquia federal encarregada de manter o regime previdenciário obrigatório para os trabalhadores em geral, ressalvados os servidores estatutários efetivos que possuam regime próprio de previdência.

(B) o INSS – Instituto Nacional da Seguridade Social é a autarquia federal encarre-gada de manter o regime previdenciário obrigatório para os trabalhadores em geral, ressalvados os servidores estatutários efetivos que possuam regime próprio de previdência.

(C) o INSS – Instituto Nacional do Seguro Social é a autarquia federal encarregada de manter o regime previdenciário obrigatório para os trabalhadores em geral, ressalvados os servidores estatutários.

(D) o INSS – Instituto Nacional da Seguridade Social é a autarquia federal encar-regada de manter o regime previdenciário obrigatório para os trabalhadores em geral, ressalvados os servidores estatutários.

(E) não respondida.

Responda[53]: (Técnico – INSS – FCC – 2012) O INSS, autarquia federal, resultou da fusão das seguintes autarquias:

(A) INAMPS e SINPAS.

(B) IAPAS e INPS.

(C) FUNABEM e CEME.

(D) DATAPREV e LBA.

(E) IAPAS e INAMPS.

1.1.3.2.a. Via recursal administrativa

O INSS presta atendimento aos cidadãos nas Agências da Previdência Social (APS).

---

[52] Resposta: A.

[53] Resposta: B.

SEGURIDADE SOCIAL

Das decisões proferidas pelo INSS, indeferindo a concessão de benefícios ou serviços previdenciários (e também as negativas de concessão de benefícios assistenciais de prestação continuada previstos no art. 20 da Lei n. 8.742/93), poderão os interessados, quando não conformados, interpor **recurso ordinário, no prazo de 30 dias**, endereçado às Juntas de Recursos (**JR**) do **Conselho de Recursos da Previdência Social (CRPS)**. A nomenclatura do CRPS havia sido alterada para Conselho de Recursos do **Seguro Social** (CRSS) pela Lei n. 13.341, de 2016 (art. 7º, parágrafo único, I), porém o nome foi restabelecido para Conselho de Recursos da Previdência Social (CRPS) pela Lei n. 13.844, de 2019.

O CRPS exerce o controle jurisdicional das decisões proferida na APS em processos administrativos de concessão ou revisão de benefícios previdenciários. Assim, das decisões proferidas pelo INSS é cabível recurso ao CRPS.

O CRPS integra a estrutura do Ministério da Previdência Social – MPS, e seu Regimento Interno (RI) está contido na Portaria MTP n. 4.061, de 2022, alterado pela Portaria MPS n. 2.393, de 2023.

a) o CRPS possui a seguinte estrutura:

1. Conselho Pleno (com a competência para uniformizar a jurisprudência previdenciária mediante enunciados);
2. Câmaras de Julgamento (CaJ);
3. Juntas de Recursos (JR);

b) o CRPS é presidido por um **representante do governo** com notório conhecimento da legislação previdenciária e assistencial, previamente designado como Conselheiro, nomeado pelo Ministro de Estado da Previdência Social;

c) as Câmaras de Julgamento e as Juntas de Recursos são presididas e administradas por representante do governo, **e integradas por quatro membros** denominados Conselheiros, nomeados pelo MPS, sendo 2 (dois) representantes do Governo, 1 (um) das empresas e 1 (um) dos trabalhadores;

d) denomina-se **Recurso Ordinário** aquele interposto pelo interessado (segurado, dependente ou requerente de BPC da Assistência Social), em face de decisão proferida pelo INSS, dirigido às **Juntas de Recursos** do CRPS, primeira instância recursal. É interposto pelo interessado, preferencialmente, junto à APS que proferiu a decisão sobre o seu benefício, que deverá proceder à sua regular instrução, podendo (I) reconsiderar sua decisão ou (II) mantê-la. Nesta última hipótese, deverá apresentar resposta, conhecida por contrarrazões (no prazo de 30 dias), e promover a remessa do recurso à JR;

e) das decisões proferidas no julgamento do Recurso Ordinário caberá **Recurso Especial** dirigido às Câmaras de Julgamento (CaJ), segunda instância recursal;

f) é de 30 (trinta) dias o prazo para a interposição de recurso (ordinário e especial), bem como para o oferecimento de contrarrazões (resposta ao recurso interposto);

g) a interposição tempestiva do Recurso Especial suspende os efeitos da decisão de primeira instância e devolve à instância superior o conhecimento integral da causa;

h) são cabíveis embargos de Declaração, no prazo de 30 (trinta) dias contados da ciência da decisão, em face de acórdão dos órgãos julgadores do CRSS (JR e CaJ), sempre que (I) houver omissão, obscuridade, ambiguidade ou contradição ou erro material;

i) a propositura, pelo interessado, de ação judicial que tenha objeto idêntico ao pedido sobre o qual versa o processo administrativo importa em renúncia tácita ao direito de recorrer na esfera administrativa e em desistência do recurso interposto (considera-se idêntica a ação judicial que tiver as mesmas partes, a mesma causa de pedir e o mesmo pedido do processo administrativo).

É vedado às JR e CaJ afastar a aplicação, por inconstitucionalidade ou ilegalidade, de tratado, acordo internacional, lei, decreto ou ato normativo ministerial em vigor, de súmulas vinculantes e enunciados, ambos do Conselho Pleno, ressalvados os casos em que já tenha sido declarada a inconstitucionalidade da norma pelo Supremo Tribunal Federal, por meio de súmula vinculante, de ação direta e após a publicação da decisão, em sede de recurso extraordinário com repercussão geral, ou pela via incidental após a publicação da resolução do Senado Federal que suspendera sua eficácia.

O CRPS possui súmulas sintetizando seus entendimentos, sendo o principal deles o Enunciado n. 1/2019 (antigo enunciado "5"):

A Previdência Social deve conceder o melhor benefício a que o beneficiário fizer jus, cabendo ao servidor orientá-lo nesse sentido.

I – Satisfeitos os requisitos para a concessão de mais de um tipo de benefício, o INSS oferecerá ao interessado o direito de opção, mediante a apresentação dos demonstrativos financeiros de cada um deles.

II – Preenchidos os requisitos para mais de uma espécie de benefício na Data de Entrada do Requerimento (DER) e em não tendo sido oferecido ao interessado o direito de opção pelo melhor benefício, este poderá solicitar revisão e alteração para espécie que lhe é mais vantajosa, cujos efeitos financeiros remontarão à DER do benefício concedido originariamente, observada a decadência e a prescrição quinquenal.

III – Implementados os requisitos para o reconhecimento do direito em momento posterior ao requerimento administrativo, poderá ser reafirmada a DER até a data do cumprimento da decisão do CRPS.

IV – Retornando os autos ao INSS, cabe ao interessado a opção pela reafirmação da DER mediante expressa concordância, aplicando-se a todas as situações que resultem em benefício mais vantajoso ao interessado.

SEGURIDADE SOCIAL

Responda[54]: (Técnico – INSS – FCC – 2012) Maria requereu aposentadoria especial e teve seu pedido indeferido pela Agência da Previdência Social. Nessa situação, Maria poderá interpor recurso para:
(A) Câmara de Julgamento.
(B) Ministério da Previdência Social.
(C) Junta de Recursos da Previdência Social.
(D) Gerência Executiva.
(E) Juizado Especial Federal.

Responda: (Técnico Seguro Social – INSS – CESPE – 2016) Mateus requereu ao órgão regional do INSS a conversão de auxílio-doença em aposentadoria por invalidez. O INSS indeferiu o pedido de Mateus por considerar que a doença que o acometera era curável, e que, por isso, ele era suscetível de reabilitação.

Acerca dessa situação hipotética e dos recursos nos processos administrativos de competência do INSS, julgue os itens que se seguem.

---
[54] Resposta: C. Junta de Recursos da Previdência Social.

DIREITO PREVIDENCIÁRIO PARA CONCURSOS

(55) Caso seja interposto recurso contra a decisão que indeferiu o pedido de Mateus, o órgão regional do INSS que proferiu a decisão não poderá reformá-la, devendo encaminhar o recurso à instância competente.

(56) Contra a decisão do INSS pelo indeferimento, Mateus poderá interpor recurso administrativo, que será julgado, em primeira instância, pela Câmara de Julgamento da Previdência Social.

1.1.3.2.b. *Prévio requerimento administrativo: Condição necessária para ajuizamento de ação*

Interesse processual é uma das condições da ação que deve ser comprovada pelo autor ao ajuizar um processo, sob pena de ter sua petição inicial indeferida (art. 330, III, do CPC).

O segurado, dependente ou requerente de BPC da LOAS, para ingressar com ação judicial, deve demonstrar a necessidade de se socorrer ao Poder Judiciário, apresentando a negativa de atendimento ao seu pleito por parte do Poder Público (INSS).

Deparando-se o juiz com processo no qual a parte não tenha, antes do ingresso da ação, comprovado ter requerido à Administração Pública o pedido veiculado judicialmente, o processo será extinto sem resolução de mérito (art. 485, VI, do CPC), por falta de interesse de agir, ausência de pretensão resistida (o que significa que falta prova da necessidade de ir a juízo).

Atenção Não confundir: prévio requerimento (necessário para ingressar com ação judicial) com **exaurimento** da via administrativa (dispensável para demandar no Poder Judiciário). Como é de sapiência geral, "exaurir" significa "esgotar", por conseguinte, não está a pessoa obrigada a "esgotar a via administrativa" (interpondo recursos ordinário e especial ao CRPS) antes do ingresso da pretensão no Poder Judiciário.

Dito em outras palavras, o cidadão é obrigado a primeiro apresentar requerimento de benefício (pretensão) junto à Previdência Social (pelo site INSS, telefone 135 ou nas agências).

O direito de propor ação judicial contra o INSS surge (interesse processual): (a) após o indeferimento do requerimento; ou (b) se o INSS deixar transcorrer o prazo de 45 dias sem analisar o requerimento apresentado.

Importante observar que, após o indeferimento praticado pela autarquia previdenciária, o requerente poderá (opção 1) recorrer na via administrativa ao CRPS ou (opção 2) ajuizar ação perante o Poder Judiciário. Note-se que não pode se valer simultaneamente das duas vias!

A propositura, pelo beneficiário, de ação judicial que tenha objeto idêntico ao pedido sobre o qual versa o processo administrativo simultaneamente apresentado

---

55 Errado. O INSS, se entender que o segurado tem direito, pode rever sua decisão e conceder o benefício, situação em que restará prejudicado o recurso interposto por perda de objeto.

56 Errado. A primeira instância recursal é a Junta de Recursos (JR).

SEGURIDADE SOCIAL

(Recurso Ordinário ou Especial ao CRPS) importa renúncia ao direito de recorrer na esfera administrativa e desistência do recurso interposto, com o regular prosseguimento apenas da ação judicial.

JURISPRUDÊNCIA:

STF. Tema de Repercussão Geral n. 350 (RE 631.240). **Tese Firmada:**

I – A concessão de benefícios previdenciários depende de requerimento do interessado, não se caracterizando ameaça ou lesão a direito antes de sua apreciação e indeferimento pelo INSS, ou se excedido o prazo legal para sua análise. É bem de ver, no entanto, que a exigência de prévio requerimento não se confunde com o exaurimento das vias administrativas;

II – A exigência de prévio requerimento administrativo não deve prevalecer quando o entendimento da Administração for notória e reiteradamente contrário à postulação do segurado;

III – Na hipótese de pretensão de revisão, restabelecimento ou manutenção de benefício anteriormente concedido, considerando que o INSS tem o dever legal de conceder a prestação mais vantajosa possível, o pedido poderá ser formulado diretamente em juízo – salvo se depender da análise de matéria de fato ainda não levada ao conhecimento da Administração –, uma vez que, nesses casos, a conduta do INSS já configura o não acolhimento ao menos tácito da pretensão.

Importante observar que o STF trouxe ressalva (item III, *supra*) à exigência de prévio requerimento administrativo, determinando a sua **DESNECESSIDADE** quando o entendimento do INSS for notório e reiteradamente contrário à postulação do segurado/dependente.

Responda[57]: (Promotor de Justiça Substituto – MPE-GO – MPE-GO – 2016) Tocante à exigência de prévio requerimento administrativo enquanto condição para postular contra a Fazenda Pública em juízo, segundo a jurisprudência dominante do Supremo Tribunal Federal, é **incorreto** afirmar que:

(A) A outorga de direitos por parte da autoridade administrativa depende de requerimento do interessado, não se caracterizando ameaça ou lesão a direito antes de sua apreciação e indeferimento, ou se excedido o prazo legal para sua análise.

(B) Considerando expressa disposição da legislação adjetiva, a exigência de prévio requerimento administrativo permanece, ainda que o entendimento da Administração for notória e reiteradamente contrário à postulação do administrado.

(C) Na hipótese de pretensão de revisão, restabelecimento ou manutenção de benefício anteriormente concedido pela Administração Pública, estando firmado o entendimento desta pela não admissão do pleito, o pedido poderá ser formulado

---

[57] Resposta: B.

DIREITO PREVIDENCIÁRIO PARA CONCURSOS

diretamente em juízo – salvo se depender da análise de matéria de fato ainda não levada ao conhecimento da Administração.

(D) A exigência de prévio requerimento não se confunde com o exaurimento das vias administrativas, estando o administrado autorizado, em pelo transcurso de instância administrativa, a veicular pretensão judicial com idêntico escopo.

1.1.3.3. *Regime Geral e Próprio de Previdência Social*

Por primeiro, registre-se que o signo "previdência" é equívoco, pois evidencia a um só tempo três regimes diferenciados de seguro.

> **MEMORIZE**
> **De filiação obrigatória,** denomina-se Regime Geral de Previdência Social **(RGPS)** aquele definido no art. 201 da Magna Carta, e por Regime Próprio de Previdência Social dos Servidores Públicos **(RPPS)** aquele assentado no art. 40 do mesmo diploma normativo. Há, ainda, o Regime de Previdência Privada de feição Complementar **(RPPC)**, de **vinculação facultativa,** designado no art. 202 do Texto Supremo, lastreado no brocardo da autonomia da vontade.

Regime Geral de Previdência Social (RGPS) é aquele que tem como figura central a pessoa física que exercer atividade remunerada, denominada de segurado obrigatório porque é compulsoriamente filiada, significa dizer, é obrigada a contribuir mensalmente à Previdência, ficando ele (segurado) e seu dependente protegidos por esse regime previdenciário, podendo obter, junto ao INSS, quando preenchidos os requisitos legais, prestação previdenciária, a exemplo da aposentadoria e da pensão por morte.

A redação original da Constituição Federal de 1988, no art. 201, dizia apenas "Previdência social", não identificava como "regime geral". Inicialmente, esse termo era previsto apenas nos textos infraconstitucionais (art. 9º, I, da Lei n. 8.213/91), mas desde 1998 passou a ter status constitucional com a nova redação dada ao art. 201 pela Emenda Constitucional n. 20: "A previdência social será organizada sob a forma de regime geral, de caráter contributivo e de filiação obrigatória...".

A EC n. 103, de 2019, reescreveu o art. 201 da CF justamente para dar maior destaque à expressão "regime geral", grafando as iniciais em maiúscula: "Regime Geral de Previdência Social".

O RGPS é **destinado a todos os trabalhadores,** ressalvados os servidores públicos, civis e militares, da União, Estados, Municípios, Distrito Federal e respectivas autarquias e fundações, criado por lei do respectivo ente público, conhecido por **regime próprio** de previdência (art. 12 da Lei n. 8.213, de 1991).

À exceção, portanto, dos detentores de regime próprio de previdência, abarcados nos arts. 40 e 42 da Carta Constitucional, **todos que exerçam atividade remunerada**

SEGURIDADE SOCIAL

integram o regime caracterizado por geral, que, por sua vez, é considerado modelo público e básico de previdência, servindo, inclusive, seu regramento legal e constitucional como **norma suplementar** ao regime especial dos servidores públicos (art. 40, § 12, da CF/88).

Ambos os regimes, geral e próprio, são **PÚBLICOS** e devem **observância aos critérios de preservação do equilíbrio financeiro e atuarial, e apresentam:**

- caráter contributivo;
- filiação obrigatória.

Atenção **Os benefícios previdenciários do RPPS e do RGPS serão regulamentados por lei ordinária, ressalvado o benefício de aposentadoria diferenciada,** previsto nos arts. 40, §§ 4º-A, 4º-B e 4º-C, e 201, § 1º, da CF/88, que exige a edição de **lei complementar.**

Em termos de previdência pública, conclui-se que Regime Geral é termo oposto a regime específico de servidores públicos. Naquele estão assentados os trabalhadores da iniciativa privada, consistente na massa esmagadora da população brasileira, enquanto o Regime Próprio é a exceção, contempla exígua parcela de trabalhadores, classificáveis como servidores públicos ocupantes de *cargo efetivo*, de todas as esferas de governo.

1.1.3.4. *Agentes públicos e a filiação previdenciária*

Além do RGPS, que é o foco desta obra, existem o Regime Próprio de Previdência Social do Servidor Público (RPPS) e o Regime de Previdência Privada de feição Complementar (RPPC).

Considerado como regime diferenciado de previdência, constitucionalmente previsto nos arts. 40 e 42, o RPPS é aquele que uma vez instituído pela pessoa jurídica de direito público interno (União, Estado, Distrito Federal e Municípios) torna-se, à exata semelhança do Regime Geral, de natureza obrigatória, vinculando o ingresso de todos servidores públicos, civis e militares, do ente federado, inclusive os servidores das respectivas autarquias e fundações.

A Reforma da Previdência de 2019 (EC n. 103) **vedou a instituição de novos regimes próprios** de previdência social. O inciso I do § 22 do art. 40 **permite a extinção de RPPS**, a critério de cada ente federativo, e consequente migração dos servidores públicos para o RGPS, observados os critérios a serem estabelecidos em futura **lei complementar**. O art. 34 da EC n. 103/2019 traz norma de eficácia contida (restringível por lei futura), que regra a situação de extinção de RPPS até que seja editada lei complementar pela União dispondo sobre a matéria.

O art. 40, § 20, da CF/88 veda a existência de mais de um RPPS por ente federativo. Abrangidos pelo RPPS estão todos os servidores públicos titulares de cargos efetivos (exemplo: Magistrados, Ministros e Conselheiros dos Tribunais de Contas, membros

DIREITO PREVIDENCIÁRIO PARA CONCURSOS

do Ministério Público), servidores públicos de quaisquer dos poderes da União, dos Estados, do Distrito Federal e dos Municípios, incluídas suas autarquias e fundações.

Cada vez mais é indagado em concursos públicos sobre exemplificações de pessoas enquadradas no regime próprio e no regime geral; por essa razão, é momento de espancar todas as eventuais dúvidas existentes.

Em rigor, para ingressar no RPPS, é necessário revestir-se a pessoa da qualidade de agente público. Impende salientar, por outro lado, que nem todos os agentes públicos são abrangidos pelo RPPS.

O termo agente público é gênero no qual estão inclusas algumas categorias. A compreensão do signo agente público decorre da definição patenteada na Lei de Improbidade Administrativa (Lei n. 8.429, de 1992), art. 2º: "Reputa-se **agente público**, para os efeitos desta lei, todo aquele que exerce, **ainda que transitoriamente** ou **sem remuneração**, por eleição, nomeação, designação, contratação ou qualquer outra forma de investidura ou vínculo, **mandato, cargo, emprego ou função** nas entidades mencionadas no artigo anterior".

Da conceituação, evidencia-se ser a definição de agente público gênero que compreende todo aquele que, "ainda que transitoriamente" ou "sem remuneração", exerça atividade de qualquer forma vinculada à dimensão do serviço público.

Como predica a melhor doutrina, agentes públicos compreendem: (a) os agentes políticos; (b) servidores estatais; e (c) particulares em colaboração com a Administração Pública.

Passemos à análise de cada uma das espécies.

1.1.3.4.a. *Agentes políticos*

Com arrimo no consagrado administrativista Celso Antônio Bandeira de Mello[58], agentes políticos são os titulares dos cargos estruturais à organização política do país. Dentro da compreensão de agentes políticos situam-se os detentores de **mandato eletivo** na esfera federal, estadual ou municipal, a saber: Presidente da República, Governadores, Prefeitos e respectivos vices, Senadores, Deputados Federais e Estaduais e os Vereadores.

Com a edição da Lei n. 10.887, de 2004, o exercente de mandato eletivo federal, estadual ou municipal, desde que não vinculado a regime próprio de previdência, passou a integrar o RGPS, enquadrado e obrigado a contribuir na categoria de "empregado" (art. 12, *j*, da Lei n. 8.212/91 e art. 11, *j*, da Lei n. 8.213/91).

Com a nova redação do § 13 do art. 40 da CF (pela EC n. 103/2019), os "novos" Deputados e Senadores Federais não podem integrar o Plano de Seguridade Social dos Congressistas (PSSC), criado pela Lei n. 9.506, de 1997. Não houve a recepção do art.

---

[58] *Curso de direito administrativo*. 13. ed. São Paulo: Malheiros, 2001, p. 229.

SEGURIDAD SOCIAL

2º da Lei n. 9.506, de 1997, que assegurava ao Deputado Federal, Senador ou suplente aderir no prazo de 30 (trinta) dias, contados do início do exercício do mandato, ao Regime Próprio dos Congressistas.

> **MEMORIZE**
>
> O detentor de mandato eletivo, desde a publicação da Emenda Constitucional n. 103, de 2019 (Reforma da Previdência), é segurado obrigatório do RGPS (nova redação do § 13 do art. 40 da CF).

A regra comporta uma exceção, se se tratar de servidor público, ocupante de cargo efetivo, filiado a regime próprio, que venha a ser eleito. Nessa situação, durante o exercício do mandato eletivo, ficará afastado do seu cargo efetivo, mas permanecerá **vinculado ao seu respectivo regime de origem** (RPPS) por força da determinação constante do art. 38, V, da CF, com a redação dada pela EC n. 103/2019:

> Art. 38. Ao servidor público da administração direta, autárquica e fundacional, **no exercício de mandato eletivo**, aplicam-se as seguintes disposições:
>
> (...)
>
> V – na hipótese de ser **segurado de regime próprio** de previdência social, **permanecerá filiado a esse regime, no ente federativo de origem**.

Oportuno realçar a aplicabilidade de "regra" (do § 13 do art. 40 da CF) aos servidores públicos, detentores de cargo efetivo, que possam exercer mandato eletivo sem a necessidade de afastar-se do cargo. É o que ocorre com o mandato de Vereador (art. 38, III, da CF), que, desde que haja compatibilidade de horários, perceberá as vantagens de seu cargo efetivo (permanecendo vinculado ao respectivo regime próprio), sem prejuízo da remuneração do cargo eletivo, situação na qual será segurado obrigatório do RGPS em decorrência do mandato eletivo de Vereador.

Anote-se, ainda, que o servidor público aposentado que seja eleito para o exercício de qualquer mandato eletivo, continuará na percepção dos proventos de aposentadoria (vinculado a regime próprio) e filiado ao RGPS pelo exercício do mandato eletivo.

Responda[59]**: (IBADE – RBPREV-AC –Analista Previdenciário – 2023)** Um candidato a vereador do Município X, servidor público e segurado do Regime Próprio de Previdência Social, está em dúvida quanto à obrigatoriedade de abandono do cargo caso vença a eleição. Quanto ao caso narrado, o candidato:

(A)   deverá escolher qual cargo deseja, o efetivo ou o eletivo, caso vença a eleição.

(B)   terá que abdicar do cargo efetivo uma vez candidatado para um cargo eletivo.

(C)   poderá exercer ambos os cargos, desde que haja compatibilidade de horários, mas não poderá ser remunerado do cargo eletivo, continuará filiado ao Regime

---

[59]   Resposta: E.

DIREITO PREVIDENCIÁRIO PARA CONCURSOS

Próprio de Previdência Social e será filiado ao Regime Geral de Previdência Social se no exercício concomitante do cargo eletivo.

(D) poderá exercer ambos os cargos, desde que haja compatibilidade de horários, sem prejuízo da remuneração do cargo eletivo, mas não continuará filiado ao Regime Próprio de Previdência Social, pois será filiado ao Regime Geral de Previdência Social do cargo eletivo.

(E) poderá exercer ambos os cargos, desde que haja compatibilidade de horários, sem prejuízo da remuneração do cargo eletivo, permanecendo filiado ao Regime Próprio de Previdência Social e ao Regime Geral de Previdência Social, se no exercício concomitante do cargo eletivo.

1.1.3.4.b. Servidores estatais

A Eminente jurista Maria Sylvia Zanella Di Pietro[60] afirma que essa espécie contempla subespécies, a saber:

1. os servidores estatutários, sujeitos ao regime estatutário e ocupantes de cargos públicos;

2. os empregados públicos, contratados sob o regime da legislação trabalhista e ocupantes de emprego público;

3. os servidores temporários, contratados por tempo determinado para atender à necessidade temporária de excepcional interesse público (art. 37, IX, da Constituição); eles exercem função, sem estarem vinculados a cargo ou emprego público.

1.1.3.4.b.1. Servidores públicos

Os servidores estatutários são os **servidores públicos** ocupantes de cargo nas Pessoas Jurídicas de Direito Público Interno, a saber, Administração Direta: União, Estados, Distrito Federal e Municípios; e na Administração Pública Indireta: autarquias e fundações públicas.

Aos servidores públicos ocupantes de **cargo de provimento efetivo**, criado em lei, é dedicado o Regime Próprio de Previdência Social estabelecido no art. 40 da Carta Suprema.

A União possui RPPS, estabelecido na Lei n. 8.112, de 1990, que abrange todos os servidores públicos federais, incluídos aqueles em exercício nas autarquias e fundações. Da mesma forma, todos os Estados da Federação e o Distrito Federal editaram leis criando regime próprio para seus respectivos servidores públicos.

A Lei n. 8.213, no art. 12, consagra que "o servidor civil ocupante de cargo efetivo ou o militar da União, dos Estados, do Distrito Federal ou dos Municípios, bem como

---

[60] *Direito administrativo*. 13. ed. São Paulo: Atlas, 2001, p. 424.

SEGURIDADE SOCIAL

o das respectivas autarquias e fundações, **são excluídos** do RGPS consubstanciado nesta Lei, **desde que** amparados por regime próprio de previdência social".

Sob outro ângulo, tratando-se de servidor público **sem** regime próprio estará filiado obrigatoriamente ao Regime Geral, na categoria "empregado". Situação típica de muitos servidores públicos municipais, uma vez que, a despeito da disciplina constitucional estatuída, nem todos os Municípios criaram regime próprio de previdência.

A Reforma da Previdência de 2019 (EC n. 103) vedou a instituição de novos regimes próprios de previdência social. A proibição atinge os municípios que ainda não haviam criado seu regime próprio de previdência (art. 40, § 22, da CF), uma vez que a União e todos os Estados da federação já haviam implementado RPPS aos seus respectivos servidores públicos.

Para afugentar eventuais dúvidas, existindo regime próprio, o servidor público detentor de cargo efetivo integra obrigatoriamente o RPPS, ficando excluído do RGPS em decorrência do exercício dessa atividade pública.

Atenção Caso o servidor público desempenhe de forma **concomitante** atividade remunerada no âmbito da iniciativa privada, estará obrigatoriamente vinculado ao RGPS pelo exercício dessa atividade e, ao mesmo tempo, atrelado ao RPPS pelo exercício do cargo público. Contribuirá para os dois regimes de previdência e terá direito a aposentar-se (após atender todos os requisitos legais e constitucionais) em cada um deles.

> **MEMORIZE**
> A Constituição Federal, no art. 201, § 5º, não permite ao servidor público detentor de regime próprio o ingresso no RGPS na qualidade de segurado facultativo.

Calha lembrar que o servidor público titular de cargo efetivo da União, dos Estados, do Distrito Federal e dos Municípios, filiado a RPPS, **permanecerá vinculado ao regime previdenciário de origem** durante o afastamento do cargo efetivo para o exercício de mandato eletivo.

1.1.3.4.b.2. Cargos exclusivamente em comissão

A Constituição assinala no art. 37, V, que além dos cargos de provimento efetivo existem ainda as funções de confiança, exercidas exclusivamente por servidores ocupantes de cargo efetivo, e os cargos em comissão, a serem preenchidos por servidores de carreira nos casos, condições e percentuais mínimos previstos em lei.

Tanto as funções de confiança como os cargos em comissão destinam-se apenas às **atribuições de direção, chefia e assessoramento**.

Como visto, as funções de confiança são exercidas apenas por servidores públicos detentores de cargo efetivo. Enquanto os cargos em comissão são passíveis de ocupação

DIREITO PREVIDENCIÁRIO PARA CONCURSOS

por servidores públicos concursados ou por **pessoas não integrantes dos quadros da Administração Pública, denominadas *extraneus*.**

Os cargos em comissão são aqueles de provimento sem concurso público, e demissíveis *ad nutum*.

O fato de o servidor público, detentor de cargo efetivo, ocupar função de confiança ou cargo em comissão não o afasta do RPPS; permanecerá atrelado obrigatoriamente ao regime de previdência dos servidores[61].

Diverso é o enquadramento previdenciário daquela pessoa que não possua cargo efetivo (*extraneus*) e venha a ser nomeada para ocupar cargo de chefia, direção ou assessoramento na Administração Pública, passando a ser nominada **servidor público ocupante de cargo exclusivamente em comissão** e sendo filiada obrigatoriamente ao RGPS.

> **MEMORIZE**
> Os **cargos exclusivamente em comissão,** por não serem ocupados por servidores públicos detentores de cargo efetivo, estão atrelados, obrigatoriamente, **ao RGPS.**

No âmbito federal, os ocupantes de cargo em comissão, sem vínculo efetivo com a União, Autarquias, inclusive em regime especial, e Fundações Públicas Federais estão inclusos no RGPS desde a publicação da Lei n. 8.647, de 1993.

O enquadramento perante o RGPS passou a ostentar força de mandamento constitucional apenas com a alteração promovida pela EC n. 20, de 1998, que acresceu o § 13 ao art. 40, que veda o ingresso no RPPS de servidor público ocupante de **cargo exclusivamente em comissão**. Essa vedação ensejou insatisfação dos Estados e Municípios, que apresentaram Ação Direta de Inconstitucionalidade (ADI) perante o STF, sustentando a inconstitucionalidade do dispositivo por ofensa ao princípio do pacto federativo (autonomia dos Estados e Municípios). Na referida ADI (registrada sob o n. 2.024), o STF, à unanimidade, julgou improcedente a ação direta, firmando a constitucionalidade do § 13 do art. 40.

1.1.3.4.b.3. Empregados públicos

São aqueles que contratados mediante concurso público (art. 37, II, da CF), para ocupar emprego público, sob regime celetista, nas pessoas jurídicas de direito privado integrantes da Administração Pública Indireta: sociedades de economia mista e empresas públicas (empresas estatais).

---

[61] Subsiste, na Lei n. 10.887, a opção em favor do servidor ocupante de cargo efetivo de inclusão na base de contribuição de parcelas remuneratórias percebidas em decorrência de local de trabalho, do exercício de cargo em comissão ou de função de confiança, para efeito de subsequente repercussão no cálculo do benefício a ser concedido no RPPS.

SEGURIDADE SOCIAL

> **MEMORIZE**
>
> Em consonância com o mandamento constitucional, art. 40, § 13, o regime de previdência dos empregados públicos é, necessariamente, o RGPS.

1.1.3.4.b.4. Servidores temporários

A Constituição assegura a contratação, sem concurso público, por tempo determinado para atender a necessidade temporária de excepcional interesse público.

A legislação federal que regulamenta o art. 37, IX, são as Leis ns. 8.745, de 1993; 9.849, de 1999; e 10.667, de 2003.

> **MEMORIZE**
>
> Os servidores temporários estão impedidos de integrar o RPPS. O art. 40, § 13, da Carta Maior os enquadra como segurados obrigatórios do RGPS.

1.1.3.4.c. *Particulares em colaboração com a Administração Pública*

Finalmente, a última espécie que compreende o gênero agente público são os particulares em colaboração com a Administração Pública.

Exercem atividade permitida em lei, de relevância ao interesse público, mas não se confundem com: (a) os agentes políticos, por não serem eleitos pelo escrutínio popular; (b) os servidores estatais, por não ocuparem cargo ou emprego público

Atenção Os particulares em colaboração, quando exercerem **atividade não remunerada**, não são segurados obrigatórios de nenhum regime público de previdência. São exemplos das pessoas capituladas nessa espécie os mesários da Justiça Eleitoral, e os jurados escolhidos para participar do julgamento do tribunal do júri.

> **MEMORIZE**
>
> Por outro lado, os particulares em colaboração quando exercerem **atividade remunerada são segurados obrigatórios do RGPS, devendo contribuir ao INSS.** Exemplos típicos são o **notário, o tabelião** e o oficial de registros ou registrador, titular de cartório, que detêm a delegação do exercício da atividade notarial e de registro (não remunerados pelos cofres públicos, mas sim pelo público que frui de seus serviços), admitidos a partir de 21 de novembro de 1994, data da publicação da Lei n. 8.935, de 1994.

1.1.3.5. *Reforma da Previdência. Regime Próprio. Art. 40 da CF*

O Regime Próprio de Previdência foi bastante desconfigurado na Reforma da Previdência de 2019.

Antes da EC n. 103, de 2019, o art. 40 era de reprodução obrigatória por Estados, Distrito Federal e Municípios. Com a Reforma da Previdência de 2019 houve **quebra da unidade federativa no âmbito previdenciário**, autorizando cada ente federativo a moldar seu regime próprio em bases diversas da estabelecida aos servidores públicos federais.

QUADRO COMPARATIVO

Art. 40 da CF ANTES da EC n. 103, de 2019:	Art. 40 da CF DEPOIS da EC n. 103, de 2019:
Art. 40. Aos servidores titulares de cargos efetivos **da União, dos Estados, do Distrito Federal e dos Municípios, incluídas suas autarquias e fundações**, é assegurado regime de previdência de caráter contributivo e solidário, mediante contribuição do respectivo ente público, dos servidores ativos e inativos e dos pensionistas, observados critérios que preservem o equilíbrio financeiro e atuarial e o disposto neste artigo.	Art. 40. O regime próprio de previdência social dos servidores titulares de cargos efetivos terá caráter contributivo e solidário, mediante contribuição do respectivo ente federativo, de servidores ativos, de aposentados e de pensionistas, observados critérios que preservem o equilíbrio financeiro e atuarial.

No § 22 do art. 40 da CF ficou vedada a instituição de novos regimes próprios de previdência social. Tendo em vista que a União e todos os Estados criaram por meio de lei seu respectivo regime, a vedação constitucional atinge os municípios que ainda não possuíam regime próprio, permanecendo, assim, seus servidores públicos municipais adstritos na esfera contributiva e de benefícios ao Regime Geral.

A EC n. 103, de 2019, alterou praticamente todo o art. 40 da CF, no entanto, enquanto Estados, Distrito Federal e Municípios não editarem suas novas regras, permanecem aplicáveis as disposições revogadas pela EC n. 103, de 2019, ou seja, as alterações promovidas pela Reforma da Previdência afetam prontamente os servidores públicos federais, ao passo que os distritais, estaduais e municipais permanecem adstritos, como regra, ao art. 40 da CF **na redação anterior** à EC n. 103/2019, até que haja alteração da respectiva constituição estadual e da lei orgânica do município.

Dentre as aposentadorias, a aposentadoria compulsória foi a única que permaneceu intacta após a EC n. 103, de 2019. Essa modalidade de aposentadoria é aplicável a todos os entes federativos por força da Lei Complementar n. 152, de 2015, que estabelece: "Serão aposentados compulsoriamente, com proventos proporcionais ao tempo de contribuição, aos 75 (setenta e cinco) anos de idade: I – os servidores titulares de **cargos efetivos da União, dos Estados, do Distrito Federal e dos Municípios, incluídas suas autarquias e fundações**" (inclusive membros do Poder Judiciário, do Ministério Público, das Defensorias Públicas e dos Tribunais de Contas).

A EC n. 103 deu nova redação ao inciso I do § 1º do art. 40, alterando a nomenclatura de "aposentadoria por invalidez" **por "aposentadoria por incapacidade permanente", e será cabível** quando a incapacidade permanente para o trabalho, no cargo em que estiver investido, for (1) **insuscetível de readaptação**, hipótese em que será obrigatória a (2) **realização de avaliações periódicas** para verificação da continuidade das condições que ensejaram a concessão da aposentadoria na forma de lei do respectivo (3) **ente federativo**.

Do novel dispositivo constitucional se observa que:

1. For considerado "**insuscetível de readaptação**". A readaptação está prevista na Lei n. 8.112, de 1990, como uma das formas de provimento de cargo público, definindo-a no art. 24 **como investidura do servidor em cargo de atribuições e responsabilidades compatíveis com a limitação** que tenha sofrido em sua capacidade física ou mental verificada em inspeção médica. A EC n. 103, de 2019, deu nova redação ao art. 37, § 13, da CF, justamente para constitucionalizar a readaptação: "§ 13. O servidor público titular de cargo efetivo poderá ser **readaptado para exercício de cargo cujas atribuições e responsabilidades sejam compatíveis com a limitação** que tenha sofrido em sua capacidade física ou mental, enquanto permanecer nesta condição, desde que possua a habilitação e o nível de escolaridade exigidos para o cargo de destino, mantida a remuneração do cargo de origem".

> **Atenção** Súmula Vinculante n. 43/STF: "É inconstitucional toda modalidade de provimento que propicie ao servidor investir-se, sem prévia aprovação em concurso público destinado ao seu provimento, em cargo que não integra a carreira na qual anteriormente investido".

2. "**Realização de avaliações periódicas**". Não sendo possível a readaptação, o servidor será aposentado, mas não em definitivo pois de tempos em tempos será chamado para se submeter a nova perícia médica para constatar a permanência da incapacidade. Aqui, cabe enfatizar a disposição constitucional mantida no §12 do art. 40, que determina a aplicação subsidiária das regras do RGPS ao RPPS. Passível, portanto, de observância nos RPPS da dispensa de submissão à perícia periódica nos moldes firmados no art. 101 da Lei n. 8.213, de 1991, por exemplo: implemento dos 60 (sessenta) anos de idade.

3. Essa aposentadoria por incapacidade permanente deve ser tida como aplicável também a Estados, Distrito Federal e Município.

Com relação à aposentadoria voluntária, a Reforma da Previdência estabeleceu novo **limite etário no âmbito da União, portanto, os servidores federais aposentam-se aos 62 (sessenta e dois) anos de idade, se mulher, e aos 65 (sessenta e cinco) anos de idade, se homem**. Além do requisito etário, é necessário comprovar tempo de contribuição, que será fixado em lei complementar.

Até que entre em vigor lei complementar federal referida no inciso II do art. 40 da CF, o art. 10 da EC n. 103, de 2019, prevê que os servidores da União serão aposentados voluntariamente, observados, cumulativamente, os seguintes requisitos:

a) 62 (sessenta e dois) anos de idade, se mulher, e 65 (sessenta e cinco) anos de idade, se homem; e

b) **25 (vinte e cinco) anos de contribuição**, desde que cumprido o tempo mínimo de **10 (dez) anos de efetivo exercício** no serviço público e de **5 (cinco) anos no cargo efetivo** em que for concedida a aposentadoria.

No **âmbito dos Estados, do Distrito Federal e dos Municípios**, a aposentadoria voluntária exigirá a idade mínima que vier a ser estabelecida mediante emenda às respectivas Constituições e Leis Orgânicas.

Importante salientar que o atrelamento à idade mínima no âmbito dos Regimes Próprios é realidade existente desde a EC n. 20, de 1998, que havia fixado 60 anos, se homem, e 55 anos, se mulher. Assim, à exceção da União, aplicam-se às aposentadorias voluntárias dos servidores dos Estados, do Distrito Federal e dos Municípios as normas constitucionais e infraconstitucionais **anteriores à data de entrada** em vigor da EC n. 103, de 2019, **enquanto não promovidas alterações na legislação interna relacionada ao respectivo regime próprio** de previdência social (60 anos de idade, se homem, e 55 anos de idade, se mulher), nos termos do art. 10 da EC n. 103, de 2019.

A aposentadoria voluntária dos ocupantes do cargo de professor **terá idade mínima reduzida em 5 (cinco) anos em relação ao requisito etário (portanto, no âmbito federal, a idade é de 60 anos, se professor, e de 57 anos, se professora)**, desde que comprovem tempo de efetivo exercício das funções de magistério na educação infantil e no ensino fundamental e médio fixado **em lei complementar do respectivo ente federativo**.

Com relação às regras de cálculo, a EC n. 103 promoveu mais uma violação à unidade federativa ao dar nova redação ao § 3º do art. 40, autorizando a cada ente federativo editar sua respectiva lei dispondo sobre o método de apuração dos proventos de aposentadoria.

A regra constitucional é de ser vedada a adoção de requisitos ou critérios diferenciados para concessão de benefícios em regime próprio, mas o § 4º do art. 40 traz (a título de exceção) permissão para estabelecimento de idade e tempo de contribuição inferior, desde que por intermédio de lei complementar, nas seguintes situações:

a) servidores com deficiência, previamente submetidos a avaliação biopsicossocial realizada por equipe multiprofissional e interdisciplinar;

b) servidores ocupantes do cargo de agente penitenciário, de agente socioeducativo ou de policial dos órgãos de que tratam o inciso IV do *caput* do art. 51, o inciso XIII do *caput* do art. 52 e os incisos I a IV do *caput* do art. 144;

c) servidores cujas atividades sejam exercidas com efetiva exposição a agentes químicos, físicos e biológicos prejudiciais à saúde, ou associação desses agentes, vedada a caracterização por categoria profissional ou ocupação.

A EC n. 103, no art. 22, permitiu que a aposentadoria do servidor público federal com deficiência, desde que cumprido, no caso do servidor, o tempo mínimo de 10 (dez) anos de efetivo exercício no serviço público e de 5 (cinco) anos no cargo efetivo em que for concedida a aposentadoria, fosse concedida na forma da Lei Complementar n. 142, de 2013, inclusive quanto aos critérios de cálculo dos benefícios.

Ressalvadas as aposentadorias decorrentes dos cargos acumuláveis na forma da Constituição (art. 37, XVI, da CF: de dois cargos de professor; de um cargo de professor com outro técnico ou científico; e de dois cargos ou empregos privativos de profissionais de saúde, com profissões regulamentadas), **é vedada a percepção de mais de uma aposentadoria à conta de regime próprio** de previdência social, aplicando-se outras vedações, regras e condições para a acumulação de benefícios previdenciários estabelecidas no Regime Geral.

O benefício de pensão por morte será concedido nos termos de lei do respectivo ente federativo, que tratará de forma diferenciada a hipótese de morte dos servidores: **agente penitenciário, agente socioeducativo ou policial** dos órgãos de que tratam o inciso IV do *caput* do art. 51, o inciso XIII do *caput* do art. 52 e os incisos I a IV do *caput* do art. 144, quando decorrente de agressão sofrida no exercício ou em razão da função.

Permitiu a EC n. 103, de 2019, que o valor da pensão por morte possa ser inferior a 1 salário mínimo, salvo se for a única fonte de renda formal auferida pelo dependente.

Com relação ao servidor público federal, o art. 23 da EC n. 103, de 2019, a pensão por morte concedida no Regime Próprio Federal será equivalente a uma cota familiar de 50% (cinquenta por cento) do valor da aposentadoria recebida pelo servidor ou daquela a que teria direito se fosse aposentado por incapacidade permanente na data do óbito, acrescida de cotas de 10 (dez) pontos percentuais por dependente, até o máximo de 100% (cem por cento).

A EC n. 103/2019, no § 8º do art. 23, esclarece que se aplicam às pensões concedidas aos dependentes de servidores dos **Estados, do Distrito Federal e dos Municípios** as normas constitucionais e infraconstitucionais **anteriores à data de entrada** em vigor da EC n. 103, de 2019, **enquanto não promovidas alterações na legislação interna relacionada ao respectivo regime próprio** de previdência social.

Antes da EC n. 103, de 2019, a instituição de regime de previdência complementar era mera faculdade; agora, a Reforma da Previdência determina a todos os entes federativos (União, Estados, Distrito Federal e Municípios) que **instituam, por lei de iniciativa do respectivo Poder Executivo**, regime de previdência complementar para servidores públicos ocupantes de cargo efetivo, **observado o limite máximo** dos benefícios do **Regime Geral** de Previdência Social para o valor das aposentadorias e das pensões em regime próprio de previdência social.

Abono de permanência. Observados critérios a serem estabelecidos em lei do respectivo ente federativo, o servidor titular de cargo efetivo **que tenha completado as exigências para a aposentadoria voluntária** e que **opte por permanecer em atividade** poderá fazer jus a um abono de permanência equivalente, **no máximo**, ao valor da sua contribuição previdenciária, até completar a idade para aposentadoria compulsória. A novidade do abono de permanência é com relação ao valor, que antes de 2019 era "equivalente ao valor da sua contribuição previdenciária", e agora é possível ser fixada em montante inferior ao da contribuição.

Permaneceu a vedação de existência de mais de um regime próprio de previdência social e de mais de um órgão ou entidade gestora desse regime em cada ente federativo.

O art. 40, no § 22, determina que seja editada **lei complementar federal** para estabelecer normas gerais de organização, de funcionamento e de responsabilidade em sua gestão, dispondo, entre outros aspectos, sobre:

I – requisitos para sua extinção e consequente migração para o Regime Geral de Previdência Social;

II – modelo de arrecadação, de aplicação e de utilização dos recursos;

III – fiscalização pela União e controle externo e social;

IV – definição de equilíbrio financeiro e atuarial;

V – condições para instituição do fundo com finalidade previdenciária de que trata o art. 249 e para vinculação a ele dos recursos provenientes de contribuições e dos bens, direitos e ativos de qualquer natureza;

VI – mecanismos de equacionamento do *deficit* atuarial;

VII – estruturação do órgão ou entidade gestora do regime, observados os princípios relacionados com governança, controle interno e transparência;

VIII – condições e hipóteses para responsabilização daqueles que desempenhem atribuições relacionadas, direta ou indiretamente, com a gestão do regime;

IX – condições para adesão a consórcio público;

X – parâmetros para apuração da base de cálculo e definição de alíquota de contribuições ordinárias e extraordinárias.

O art. 9º da EC n. 103, de 2019, prevê algumas disposições a serem observadas até que entre em vigor lei complementar ditada no § 22 do art. 40 da CF: **o rol de benefícios dos regimes próprios** de previdência social **fica limitado às aposentadorias e à pensão por morte**. Os **afastamentos por incapacidade temporária** para o trabalho e o **salário-maternidade** serão pagos diretamente pelo ente federativo e **não correrão à conta do regime próprio** de previdência social ao qual o servidor se vincula.

1.1.3.6. *Previdência complementar*

Conforme reza o art. 202 da CF, o regime de previdência privada, **de caráter complementar** e **organizado de forma autônoma** em relação ao regime geral de previdência social, será facultativo, baseado na constituição de reservas que garantam **o benefício contratado**, e regulado por lei complementar.

MEMORIZE

Regime de previdência privada	de caráter complementar
	organizado de forma autônoma em relação ao RGPS
	será facultativo
	baseado na constituição de reservas que garantam o benefício contratado
	regulado por lei complementar

SEGURIDADE SOCIAL

Facultatividade. Essa é a principal característica diferenciadora do Regime de Previdência Privada Complementar (RPPC), em face do RGPS e do RPPS do Servidor Público, que são obrigatórios.

Lei complementar. Enquanto o RGPS e RPPS podem ser regulamentados por lei ordinária (ressalvado o benefício de aposentadoria diferenciada, previsto nos arts. 40, §§ 4º-A, 4º-B e 4º-C, e 201, § 1º, da CF/88, que exige lei complementar), a espécie normativa preconizada expressamente pelo art. 202 da CF/88 para regulamentar a previdência privada é **a lei complementar**.

Conforme estabelece a Lei n. 14.600, de 2023, constituem áreas de competência do Ministério da Previdência Social:

I – previdência social; e

II – **previdência complementar.**

As Leis Complementares ns. 108[62] e 109 disciplinaram a atuação das Entidades Fechadas de Previdência Complementar (EFPC) e das Entidades Abertas de Previdência Complementar (EAPC).

Enquanto no RGPS temos a figura do "segurado", e no RPPS a do "servidor público" como titulares de direito nos respectivos regimes previdenciários, na Previdência Complementar destaca-se o termo "participante" àqueles que, por vontade própria, subscreveram o contrato de adesão oferecido pelas EAPC e EFPC, e de "assistido", ao participante, ou seu dependente, quando em gozo de benefício de prestação continuada.

As EAPC são constituídas unicamente sob a forma de sociedades anônimas (art. 36 da LC n. 109), visando ao lucro, geralmente bancos ou seguradoras que oferecem tanto planos:

I – **individuais**, quando acessíveis a quaisquer pessoas físicas; ou

II – **coletivos**, quando tenham por objetivo garantir benefícios previdenciários a pessoas físicas **vinculadas**, direta ou indiretamente, **a uma ou várias pessoas jurídicas contratantes**.

As EAPC integram o Sistema Financeiro Nacional e são fiscalizadas pela Superintendência de Seguros Privados (SUSEP), órgão subordinado ao Ministério da Fazenda.

JURISPRUDÊNCIA:

Súmula n. 563 do STJ: "O código de Defesa do Consumidor **é aplicável às Entidades Abertas** de Previdência Complementar, **não incidindo** nos contratos previdenciários celebrados com **Entidades Fechadas**".

---

[62] LC n. 108 – Art. 1º A relação entre a União, os Estados, o Distrito Federal e os Municípios, inclusive suas autarquias, fundações, sociedades de economia mista e empresas controladas direta ou indiretamente, enquanto patrocinadores de entidades fechadas de previdência complementar, e suas respectivas entidades fechadas, a que se referem os §§ 3º, 4º, 5º e 6º do art. 202 da Constituição Federal, será disciplinada pelo disposto nesta Lei Complementar.

DIREITO PREVIDENCIÁRIO PARA CONCURSOS

> **MEMORIZE**
>
> As entidades fechadas são aquelas acessíveis exclusivamente:
>
> I – **aos empregados** de uma empresa ou grupo de empresas e aos servidores da União, dos Estados, do Distrito Federal e dos Municípios, **entes denominados patrocinadores;** e
>
> II – **aos associados** ou membros de pessoas jurídicas de caráter profissional, classista ou setorial, **denominadas instituidores.**

As EFPC revestem-se da roupagem de **fundação**[63] ou de sociedade civil *sem fins lucrativos* (art. 8º, parágrafo único, da LC n. 108, e art. 31, § 1º, da LC n. 109), abrangem os fundos de pensão que oferecem exclusivamente planos coletivos acessíveis a partir do vínculo empregatício ou associativo.

> **MEMORIZE**
>
> A fiscalização das EFPC é efetivada pela autarquia federal denominada Superintendência Nacional de Previdência Complementar – **PREVIC**, criada pela Lei n. 12.154/2009.

Atenção Os planos de benefícios das EFPC **devem ser, obrigatoriamente, oferecidos a todos os empregados** dos patrocinadores ou associados dos instituidores (obviamente é facultativa a adesão aos planos). São equiparáveis aos empregados e associados (para efeito das disposições da LC n. 109/2001): os gerentes, diretores, conselheiros ocupantes de cargo eletivo e outros dirigentes de patrocinadores e instituidores.

As contribuições do empregador, os benefícios e as condições contratuais previstas nos estatutos, regulamentos e planos de benefícios das entidades de previdência privada **não integram o contrato de trabalho dos participantes**, assim como, à exceção dos benefícios concedidos, não integram a remuneração dos participantes, nos termos da lei.

Nessa esteira, o STF (Recursos Extraordinários ns. 586.453 e 583.050, com repercussão geral reconhecida) firmou entendimento de que **não cabe à Justiça do Trabalho**, mas sim à Justiça Comum julgar processos decorrentes de contrato de previdência complementar privada, em razão da inexistência de relação trabalhista entre o beneficiário e a entidade fechada de previdência complementar.

As EFPC que forem constituídas na forma de fundação poderão se revestir de natureza pública, se o "patrocinador" for pessoa de direito público (União, Estados, Distrito Federal, Municípios e respectivas autarquias e fundações). Serão de natureza privada nas demais hipóteses.

---

[63] Código Civil: Art. 62. Para criar uma fundação, o seu instituidor fará, por escritura pública ou testamento, dotação especial de bens livres, especificando o fim a que se destina, e declarando, se quiser, a maneira de administrá-la. Parágrafo único. A fundação somente poderá constituir-se para fins religiosos, morais, culturais ou de assistência.

SEGURIDADE SOCIAL

A CF veda o aporte de recursos a entidade de previdência privada pela União, Estados, Distrito Federal e Municípios, suas autarquias, fundações, empresas públicas, sociedades de economia mista e outras entidades públicas, **salvo na qualidade de patrocinador**, situação na qual, **em hipótese alguma**, sua contribuição normal **poderá exceder a do participante**.

Esclarece o art. 14 da LC n. 109 que os planos de benefícios deverão prever os seguintes institutos, observadas as normas estabelecidas pelo órgão regulador e fiscalizador:

I – **benefício proporcional diferido** (também conhecido como *vesting*), em razão da cessação do vínculo empregatício com o patrocinador ou associativo com o instituidor antes da aquisição do direito ao benefício pleno, a ser concedido (no futuro) quando cumpridos os requisitos de elegibilidade do benefício de valor proporcional aos anos contribuídos;

II – **portabilidade** do direito acumulado pelo participante para outro plano. **Não será admitida a portabilidade** na inexistência de cessação do vínculo empregatício do participante com o patrocinador;

III – **resgate** da totalidade das contribuições vertidas ao plano pelo participante, descontadas as parcelas do custeio administrativo, na forma regulamentada; e

IV – faculdade de o participante **manter o valor de sua contribuição e a do patrocinador**, no caso de perda parcial ou total da remuneração recebida, para assegurar a percepção dos benefícios nos níveis correspondentes àquela remuneração ou em outros definidos em normas regulamentares.

Não havendo disposição contratual em contrário o instituto do resgate não abrange as contribuições do empregador-patrocinador, esse é o entendimento fixado na Súmula n. 290 do STJ: Nos planos de previdência privada, não cabe ao beneficiário a devolução da contribuição efetuada pelo patrocinador.

Importantíssima a leitura de referidos §§ 14, 15 e 16 do art. 40 da Norma Suprema, que versam sobre o Regime de Previdência Complementar (RPC) aos servidores públicos ocupantes de cargo efetivo.

Antes da Reforma da Previdência era mera faculdade, agora os §§ 14 e 15 do art. 40 da CF/88, na redação atribuída pela EC n. 103/2019, determinam à União, aos Estados, ao Distrito Federal e aos Municípios **que instituam RPC** para os seus respectivos servidores titulares de cargo efetivo, para efeito de limitar o valor das aposentadorias e pensões a serem concedidas pelo RPPS até o **limite máximo estabelecido para os benefícios do RGPS** de que trata o art. 201 (fixado, em 2023, em R$ 7.507,49 pela Portaria Interministerial MPS/MF n. 26, de 10-1-2023).

O RPC de que tratam os §§ 14 e 15:

- será instituído por **lei de iniciativa do respectivo Poder Executivo**;

DIREITO PREVIDENCIÁRIO PARA CONCURSOS

- será efetivado por intermédio de EFPC **ou de EAPC (novidade trazida pela EC n. 103/2019)**;
- oferecerá plano de benefícios somente na **modalidade contribuição definida**.

O § 16 do art. 40 da Constituição determina que **somente mediante sua prévia e expressa opção**, o disposto nos §§ 14 e 15 poderá ser aplicado ao servidor que tiver ingressado no serviço público **até a data da publicação do ato de instituição** do correspondente regime de previdência complementar.

Atenção Editada a Lei n. 12.618, de 2012, que **institui o RPC** a que se referem os §§ 14, 15 e 16 do art. 40 da CF para os servidores públicos titulares de cargo efetivo de âmbito federal, foram criadas as denominadas **Fundação de Previdência Complementar do Servidor Público Federal – Funpresp**, do Poder Executivo (Funpresp-Exe), do Poder Legislativo (Funpresp-Leg) e do Poder Judiciário (Funpresp-Jud). A Funpresp-Exe, a Leg e a Jud serão estruturadas na forma de **fundação**, de **natureza pública**, com **personalidade jurídica de direito privado**, gozarão de autonomia administrativa, financeira e gerencial e terão sede e foro no Distrito Federal.

Na Funpresp (Exe, Leg e Jud) as contribuições do patrocinador (União) e do participante (servidor público que aderir à previdência complementar) incidirão sobre a parcela da base de contribuição que **exceder o limite máximo** estabelecido para benefícios no RGPS. A alíquota da contribuição do patrocinador será igual à do participante e não poderá exceder o percentual de 8,5% (oito inteiros e cinco décimos por cento).

Permite a Lei n. 12.618 que, **além da contribuição normal (de 8,5%)**, o participante **contribua facultativamente, sem contrapartida do patrocinador**, na forma do regulamento do plano.

A facultatividade da previdência complementar é a regra constitucional (art. 202 da CF); ocorre que o fenômeno da opção pode dar-se de duas maneiras:

a) Sem adesão automática, ficando no aguardo da manifestação expressa de vontade do servidor público federal no sentido **de integrar** a Funpresp;

b) Com adesão automática, ficando no aguardo da manifestação expressa de vontade do servidor público federal no sentido de **não** integrar a Funpresp.

A primeira situação foi definida na redação original da Lei n. 12.618, oportunidade na qual a relação jurídica com o Funpresp somente surgia com a manifestação expressa de vontade (pedido de adesão) do servidor público federal recém-ingresso.

Com a edição da Lei n. 13.183, de 2015, o cenário da relação jurídica foi modificado, inaugurando-se o modelo da **adesão automática**. Desde 4 de novembro de 2015, os servidores públicos titulares de cargo efetivo da União, suas autarquias e fundações, inclusive para os membros do Poder Judiciário, do Ministério Público da União e do Tribunal de Contas da União, **com remuneração superior ao limite máximo** estabelecido para os benefícios do RGPS (fixado, em 2023, em R$ 7.507,49 pela Portaria

Interministerial MPS/MF n. 26, de 10-1-2023), que venham a ingressar no serviço público, **serão automaticamente inscritos no respectivo plano de previdência complementar desde a data de entrada em exercício**.

Merece relevo que a Previdência Complementar (Funpresp) continua ostentando caráter facultativo, sendo que, a despeito da **adesão automática**, fica assegurado ao participante o direito de requerer, a qualquer tempo, o cancelamento de sua inscrição. Caso haja requerimento de exclusão no prazo de até noventa dias da data da inscrição, **fica assegurado o direito** à **restituição integral das contribuições vertidas**, a ser paga em até sessenta dias do pedido de cancelamento, corrigidas monetariamente. Nesta situação, de cancelamento, a contribuição aportada pelo patrocinador (União) será devolvida à respectiva fonte pagadora no mesmo prazo da devolução da contribuição aportada pelo participante.

Atenção O requerimento de cancelamento formulado em até 90 dias não constitui resgate, havendo restituição integral dos valores que foram descontados do contracheque do servidor.

Observação: o servidor com remuneração **inferior ao** limite máximo estabelecido para os benefícios do RGPS **poderá aderir** aos planos de benefícios administrados pelas EFPC (Funpresp), **sem contrapartida do patrocinador**, cuja base de cálculo será definida nos regulamentos.

Aos servidores que mantiverem sua inscrição automatica junto ao Funpresp será assegurada a complementação de aposentadoria (valor do **benefício programado** será calculado de acordo com o montante do saldo da conta acumulado pelo participante, devendo o valor do benefício estar permanentemente ajustado ao referido saldo). Os benefícios não programáveis serão definidos nos regulamentos dos planos, observado o seguinte: I – devem ser assegurados, pelo menos, os benefícios decorrentes dos eventos invalidez e morte; e II – terão custeio específico para sua cobertura.

Aos servidores públicos federais, incluindo membros do Poder Judiciário (PJ), do Ministério Público da União (MPU) e do Tribunal de Contas da União (TCU), **que tiverem ingressado no serviço público a partir do início da vigência do regime de previdência complementar** de que trata a Lei n. 12.618, **independentemente da apresentação de requerimento de cancelamento da sua inscrição automática** ao plano de benefícios do Funpresp, aplica-se:

a) o limite máximo estabelecido para os benefícios do RGPS às aposentadorias e pensões a serem concedidas pelo regime de previdência da União (RPPS Federal) de que trata o art. 40 da CF, observado o disposto na Lei n. 10.887, de 2004;

b) a limitação da base de cálculo da contribuição previdenciária do servidor público ao regime de previdência da União (RPPS Federal), que não poderá exceder o limite máximo estabelecido para os benefícios do RGPS.

DIREITO PREVIDENCIÁRIO PARA CONCURSOS

Os servidores públicos e os membros do PJ, do MPU e do TCU que **tenham ingressado** no serviço público **até a data anterior ao início da vigência** do regime de previdência complementar poderão, mediante prévia e expressa opção, aderir à Funpresp. Essa opção (art. 3º, § 8º, da Lei n. 12.618) **é irrevogável e irretratável**, e sua aceitação irá resultar nas mesmas consequências supramencionadas (letras "a" e "b"): limitação no RPPS da base de cálculo da contribuição previdenciária e da limitação do valor do benefício ao valor-teto do RGPS, não sendo devida pela União e suas autarquias e fundações públicas qualquer contrapartida referente ao valor dos descontos já efetuados sobre a base de contribuição acima do limite previsto no RGPS em datas anteriores a opção.

A Lei n. 12.618 criou o **"Benefício especial"** para os servidores e os membros do PJ, MPU e TCU que tenham ingressado no serviço público até a data anterior ao início da vigência do regime de previdência complementar que, mediante prévia e expressa opção, migrarem para o regime previdenciário limitado ao teto do RGPS.

O **benefício especial** será pago pelo órgão competente da União, por ocasião da concessão de aposentadoria, inclusive por invalidez, ou pensão por morte pelo regime próprio de previdência da União, de que trata o art. 40 da CF, enquanto perdurar o benefício pago por esse regime, inclusive junto com a gratificação natalina. **Valor.** O benefício especial será equivalente à diferença entre a média aritmética simples das maiores remunerações anteriores à data de mudança do regime, utilizadas como base para as contribuições do servidor ao regime de previdência da União, dos Estados, do Distrito Federal ou dos Municípios, atualizadas monetariamente correspondentes a 80% (oitenta por cento) de todo o período contributivo desde a competência julho de 1994 ou desde a do início da contribuição, se posterior àquela competência, e o limite máximo do RGPS, na forma regulamentada pelo Poder Executivo, **multiplicada pelo fator de conversão**.

Como último registro, para os servidores públicos federais e membros do PJ, MPU e TCU que tiverem ingressado no serviço púbico até a data da publicação do ato de instituição do regime de previdência complementar, **e não tiver optado por aderir à Funpresp**, a contribuição social do servidor público ativo de qualquer dos Poderes da União, incluídas suas autarquias e fundações, para a manutenção do respectivo RPPS, será mantida em 11% (onze por cento), incidentes sobre a totalidade da remuneração ou subsídio, e terá seu benefício limitado apenas ao valor da remuneração recebida no cargo no qual se der a sua aposentadoria, nos moldes do art. 40, § 2º[64], do Texto Supremo.

1.1.4. Princípios constitucionais da Seguridade Social

No parágrafo único do art. 194 da Norma Suprema são ditados os **objetivos** de observância obrigatória ao Poder Público na organização da Seguridade Social. A

---

[64] Art. 40, § 2º Os proventos de aposentadoria e as pensões, por ocasião de sua concessão, não poderão exceder a remuneração do respectivo servidor, no cargo efetivo em que se deu a aposentadoria ou que serviu de referência para a concessão da pensão.

simbologia "objetivos" é sinônima de "princípios", e são esses princípios os exigidos em certames públicos:

I – **uni**versalidade da cobertura e do atendimento;

II – **uni**formidade e equivalência dos benefícios e serviços às populações urbanas e rurais;

III – **se**letividade e distributividade na prestação dos benefícios e serviços;

IV – **i**rredutibilidade do valor dos benefícios;

V – **e**quidade na forma de participação no custeio;

VI – **di**versidade da base de financiamento, **identificando-se, em rubricas contábeis específicas para cada área, as receitas e as despesas vinculadas a ações de saúde, previdência e assistência social, preservado o caráter contributivo da previdência social** (Redação dada pela EC n. 103, de 2019);

VII – **ca**ráter democrático e descentralizado da administração, mediante gestão quadripartite, com participação dos trabalhadores, dos empregadores, dos aposentados e do Governo nos órgãos colegiados.

Dica do professor: para auxiliá-lo na memorização, recomendo os dizeres: "**Uni Uni sei é Dica!**". Repita em voz alta "**Uni Uni sei é Dica!**", e isso o ajudará a não se esquecer dessa sugestão mnemônica que irá garantir que no dia da prova você consiga se recordar dos 7 princípios constitucionais da seguridade social, que são "Uni": Universalidade; "Uni": Uniformidade; "Se": Seletividade; "i": Irredutibilidade; "é": Equidade; "Di": Diversidade; "ca": Caráter democrático.

A doutrina consagra, por outro lado, a despeito de não estar expresso no Título da Ordem Social (portanto, não positivado no Texto Constitucional), a **solidariedade** como princípio da seguridade social. Aqui, cuidado! O "princípio da solidariedade" não está relacionado no parágrafo único do art. 194 da CF, assim, raramente será resposta em concurso público. A solidariedade somente será resposta de enunciados que peçam **princípio não expresso** pela Constituição Federal, mas acolhido pela doutrina.

Atenção Uma ressalva deve ser feita com relação ao art. 40 da CF/88, que versa acerca do Regime Próprio de Previdência Social (RPPS) dos Servidores Públicos. Desde a EC n. 41, além do caráter contributivo, o RPPS é "solidário" no financiamento (custeio). Essa solidariedade permitiu a imposição de contribuição previdenciária aos inativos (aposentados e pensionistas) do serviço público. Concluindo, no regime próprio o princípio da solidariedade está positivado no art. 40.

Relevante notar que além dos **princípios constitucionais** relacionados no parágrafo único do art. 194 da CF/88, existem ainda:

a) **regras constitucionais** da Seguridade Social contidas nos parágrafos do art. 195 da CF, exemplos:

- A **pessoa jurídica em débito** com o sistema da seguridade social, como estabelecido em lei, **não poderá contratar** com o Poder Público nem dele receber benefícios ou incentivos fiscais ou creditícios;
- A lei poderá instituir **outras fontes** destinadas a garantir a manutenção ou expansão da seguridade social, obedecida a **exigência de lei complementar (denominada de contribuição residual)**;
- **Nenhum** benefício ou serviço da seguridade social **poderá ser criado, majorado ou estendido** sem a correspondente **fonte de custeio total** (conhecida como **regra da contrapartida**, e também como **regra da prévia fonte de custeio**);
- As contribuições sociais de que trata o art. 195 **só poderão ser exigidas** após decorridos **90** (noventa) dias da data da **publicação da lei** que as houver instituído ou modificado, não se lhes aplicando o disposto no art. 150, III, *b* (ou seja, **as contribuições sociais de seguridade social podem ser exigidas no mesmo exercício financeiro em que haja sido publicada a lei** que as instituiu ou aumentou, bastante o respeito à nonagésima);
- São isentas de contribuição para a seguridade social as **entidades beneficentes** de assistência social que atendam às exigências estabelecidas em lei (esta regra traz uma imunidade).

b) **regras** constitucionais aplicáveis **unicamente** à Previdência Social (RGPS), art. 201, exemplo:

- **Nenhum** benefício **que substitua** o salário de contribuição ou o rendimento do trabalho do segurado terá valor mensal inferior ao salário mínimo (regra aplicável aos benefícios previdenciários de natureza substitutiva do rendimento do trabalho: aposentadorias, auxílio-doença, salário-maternidade, pensão por morte e auxílio-reclusão. Não é aplicável aos benefícios: auxílio-acidente e salário-família, por não serem substitutivos do rendimento do trabalho);
- Todos os salários de contribuição considerados para o cálculo de benefício serão devidamente atualizados, na forma da lei (determina a correção monetária de cada uma das bases de cálculo da contribuição previdenciária paga mensalmente pelo segurado, para fins de apuração da prestação previdenciária a que fizer jus);
- É assegurado o reajustamento dos benefícios para preservar-lhes, em caráter permanente, o valor real, conforme critérios definidos em lei (por força dessa regra, o valor dos benefícios previdenciários deve receber, periodicamente, aumento com base na inflação apurada no período imediatamente anterior);

- É vedada a filiação ao regime geral de previdência social, na qualidade de segurado facultativo, de pessoa participante de RPPS (esta regra constitucional proíbe que servidor público possa ser segurado facultativo do INSS);
- A **gratificação natalina** dos aposentados e pensionistas terá por base o **valor dos proventos do mês de dezembro** de cada ano (cuidado, a gratificação natalina não é paga pelo INSS com base na média anual).

c) **princípios legais** fixados no art. 2º da Lei n. 3.213, de 1991, que devem reger a Previdência Social:

I – universalidade de participação nos planos previdenciários;

II – uniformidade e equivalência dos benefícios e serviços às populações urbanas e rurais;

III – seletividade e distributividade na prestação dos benefícios;

IV – cálculo dos benefícios considerando-se os salários de contribuição corrigidos monetariamente;

V – irredutibilidade do valor dos benefícios de forma a preservar-lhes o poder aquisitivo;

VI – valor da renda mensal dos benefícios substitutos do salário de contribuição ou do rendimento do trabalho do segurado não inferior ao do salario mínimo;

VII – previdência complementar facultativa, custeada por contribuição adicional;

VIII – caráter democrático e descentralizado da gestão administrativa, com a participação do governo e da comunidade em especial de trabalhadores em atividade, empregadores e aposentados.

Parágrafo único. A participação referida no inciso VIII deste artigo será efetivada a nível federal, estadual e municipal.

Responda[65]: (Procurador do Município – PGM-SP – Vunesp – 2014) Considerando-se os princípios e diretrizes que regem a Seguridade Social, é correto afirmar que:

(A) os princípios e diretrizes da Saúde se estendem à esfera da Previdência Social.

(B) o direito à saúde é garantido a todos, independentemente da qualidade de contribuintes da Previdência Social.

(C) a base de financiamento da seguridade social é composta por contribuição dos segurados e, no caso de empregados, dos empregadores.

(D) a seguridade social compreende um conjunto de ações destinado a assegurar o direito da sociedade à saúde e à Previdência Social.

(E) a universalidade da cobertura e do atendimento garante o direito de toda a população aos benefícios da Previdência Social.

---

[65] Resposta: B.

1.1.4.1. *Universalidade da cobertura e do atendimento*

Postulado constitucional dirigido ao legislador ordinário, para o fim de a legislação infraconstitucional garantir a **cobertura (aspecto objetivo)** do maior número de riscos sociais (hipóteses de necessidade social, desventuras, por exemplo, invalidez, morte, desemprego involuntário, idade avançada etc.) e **atendimento (aspecto subjetivo)** a todos os abrangidos pela situação de risco (o rol de beneficiários deve ser o mais amplo possível).

Ampliação de direitos. A universalidade de cobertura e do atendimento é princípio constitucional que exige constante ampliação da lista de benefícios (e serviços) e dos beneficiários da seguridade social. De outro lado, havendo lastro financeiro, este princípio não admite **o retrocesso social**, porque a marcha imposta pelo constituinte é a do avanço no terreno dos direitos sociais.

Atenção Apenas no ramo da saúde o legislador constitucional consagrou a universalidade do atendimento, ao estabelecer que a saúde é direito de todos. Nos demais ramos (Previdência e Assistência Social) compete à lei ordinária promover a universalização. Na Previdência a **universalidade é mitigada**, por exigir contribuição previdenciária, assim, por exemplo, a Lei n. 8.213, de 1991, fez a previsão do "segurado facultativo" justamente para atender a determinação constitucional da universalização, ampliação do aspecto subjetivo mediante pagamento mensal de contribuição.

(Técnico Seguro Social – INSS – CESPE – 2016) Assinale certo ou errado:

(66) De acordo com o princípio da universalidade da seguridade social, os estrangeiros no Brasil poderão receber atendimento da seguridade social.

1.1.4.2. *Uniformidade e equivalência dos benefícios e serviços às populações urbanas e rurais*

A palavra que norteia este princípio é "igualdade".

Uniformidade significa os mesmos benefícios, e equivalência quer dizer benefícios na mesma proporção, de modo a não ser admissível a discriminação do empregado rural em face do empregado urbano; a ambos devem ser disponibilizados benefícios sociais, e o valor do benefício deverá se ater (na Previdência) apenas ao perfil contributivo, que, se for idêntico, deverá ensejar renda mensal exatamente igual.

Colima o constituinte originário resguardar tratamento isonômico entre trabalhador rural e urbano, de forma a colocar fim no tratamento diferenciado que havia antes de 1988, época na qual a população que laborava nas lides rurais não integrava

---

66 Certo. O estrangeiro em território brasileiro possui direito à saúde, à assistencial social (se estiver em situação de hipossuficiência) e à previdência (se for contribuinte, por exemplo: empregado).

SEGURIDADE SOCIAL

o mesmo regime previdenciário dos trabalhadores urbanos. Os rurícolas tinham direito a alguns poucos benefícios e de valor bastante irrisório (de meio salário mínimo)[67].

Atenção Admissível, com o fito de estabelecer igualdade entre as pessoas, **discriminações positivas** em prol dos que habitam no meio rural. Nesse exato caminhar, a própria Constituição Federal fixa (art. 201, § 7º, II) a idade de 65 (sessenta e cinco) anos para homem e de 62 (sessenta e dois) anos para mulher para obtenção de aposentadoria por idade no meio urbano, mas reduz o limite etário para os trabalhadores rurais (lavrador, campesino, rurícola) de ambos os sexos: 60 anos, se homem, e 55 anos, se mulher.

Responda[68]: (Auditor Fiscal da Previdência Social – ESAF – 2002) Indique qual das opções está correta com relação aos objetivos constitucionais da Seguridade Social:

(A) Irredutibilidade do valor dos serviços.

(B) Equidade na cobertura.

(C) Uniformidade e equivalência dos benefícios e serviços às populações urbanas e rurais.

(D) Seletividade na prestação dos benefícios e serviços às populações urbanas e rurais.

(E) Diversidade de atendimento.

1.1.4.3. *Seletividade e distributividade na prestação dos benefícios e serviços*

Diversamente do que ocorre com os direitos de primeira geração, que se caracterizam como imposição ao Estado de uma obrigação de "não fazer" (exige-se a abstenção estatal de forma a garantir a liberdade do cidadão), os direitos sociais ingressam noutra dimensão de direitos, os de segunda geração, que, por sua vez, **exigem lastro financeiro por parte do Estado-provedor**.

A disponibilidade orçamentária do Estado marca o grau de prestações sociais disponíveis à sociedade. O Brasil, nação em franca marcha ao desenvolvimento, em estágio no qual ainda se configura situação de inexistência de recursos aptos a satisfazer todas as prestações sociais passíveis de serem idealizadas.

Diante da impossibilidade econômico-financeira de o Estado atender a todas as contingências sociais e de contemplar a todos que habitam em território nacional, e com base na doutrina da "reserva do possível", estatui o Texto Constitucional ser admissível a **restrição dos direitos sociais**, que não se confunde com "eliminação"! Há permissão constitucional para redução dos direitos, lastreada na bandeira da dificuldade econômico-financeira do Estado, devendo, entretanto, **necessariamente garantir o mínimo social** (mínimo existencial), selecionar (**seletividade:** aspecto objetivo) os riscos sociais mais graves, e mantê-los protegidos, aliviando-se os cofres públicos

---

[67] Lei Complementar n. 11, de 1971.

[68] Resposta: C.

DIREITO PREVIDENCIÁRIO PARA CONCURSOS

unicamente com relação à proteção de contingências sociais de menor gravidade, e distribuir (**distributividade:** aspecto subjetivo) os benefícios e serviços selecionados às pessoas mais necessitadas (deixando-se a descoberto os menos necessitados).

Por esse motivo, o princípio da seletividade e da distributividade funciona como primado relativizador da universalidade, é o contraponto do princípio da universalidade da cobertura e do atendimento. Este (universalidade) é um dever-ser, é objetivo a ser buscado pelo legislador ordinário de modo incansável, todavia, enquanto não houver condições financeiras de atender a todos os cidadãos de forma plena, o princípio da seletividade e da distributividade permite o alívio das contas estatais mediante a diminuição da proteção social.

De qualquer modo, estão a seletividade e a distributividade consignadas no Texto Maior, permitindo dentre as opções de cobertura existentes, e diante da impossibilidade momentânea de o país atender a todas, haja eleição das contingências sociais e dos cidadãos a serem contemplados, priorizados nos riscos sociais mais graves e nos cidadãos mais necessitados.

"Restrição" (de direitos) é a palavra-chave que define este princípio.

Responda[69]: (Advogado – DesenvolveSP – Vunesp – 2014) A EC n. 20/98, ao restringir a concessão do salário-família e do auxílio-reclusão aos dependentes dos segurados de baixa renda, tornou efetivo o princípio da:

- (A) equidade na forma de participação no custeio.
- (B) universalidade da cobertura.
- (C) universalidade do atendimento.
- (D) seletividade e distributividade na prestação dos benefícios.
- (E) irredutibilidade do valor dos benefícios.

Responda[70]: (Cargo de Analista – TRF 3ª Região – FCC – 2007) Ao se conceder o benefício assistencial da renda vitalícia ao idoso ou ao deficiente sem meios de subsistência estará sendo aplicado, especificamente, o princípio da:

- (A) equidade na forma de participação no custeio.
- (B) universalidade do atendimento.
- (C) universalidade da cobertura.
- (D) distributividade na prestação dos benefícios e serviços.
- (E) diversidade da base de financiamento.

1.1.4.4. *Irredutibilidade do valor dos benefícios*

Atenção Segundo a constituição, não é princípio restrito à Previdência, sua dimensão é a Seguridade Social.

---

[69] Resposta: D.
[70] Resposta: D.

SEGURIDADE SOCIAL

O STF[71], chamado a discorrer sobre a irredutibilidade do valor de benefícios, asseverou, na qualidade de guardião e tradutor oficial do texto constitucional, que essa norma veda **a redução do valor nominal** do benefício, ou seja, a impossibilidade de redução da expressão numérica da prestação periódica recebida pelo cidadão.

> **MEMORIZE**
>
> A recomposição da perda inflacionária não é protegida pelo princípio da irredutibilidade do valor dos benefícios. O poder de compra dos segurados da Previdência Social tem proteção constitucional prevista em outro dispositivo, art. 201, § 4º, que trata de **regra exclusiva dos beneficiários da previdência, denominada de "manutenção do valor real dos benefícios"**.

Enquanto a irredutibilidade trata do aspecto quantitativo (a expressão numérica, a cifra), o princípio da manutenção do valor real dos benefícios tem foco no aspecto qualitativo, de garantia de poder de compra do beneficiário da previdência.

Atenção A Lei n. 8.213, de 1991, no art. 2º, V, e o Decreto Federal n. 3.048, de 1999, no parágrafo único do art. 1º, IV, afirmam que o princípio da irredutibilidade deve ser interpretado de forma a **preservar o poder aquisitivo** do valor dos benefícios. Logo, o candidato deve se atentar se a questão indaga sobre o significado do princípio da irredutibilidade com base na posição da jurisprudência (STF = apenas proteção ao valor nominal) ou de norma infraconstitucional (Lei n. 8.213 e Decreto n. 3.048: proteção ao poder aquisitivo).

1.1.4.4.1. Manutenção do valor real dos benefícios

Como adiantado acima, é princípio de *status* constitucional, inserto no art. 201, § 4º, cuja **abrangência é restrita à Previdência Social** (previsto também no Regime Próprio de Previdência Social dos Servidores Públicos, art. 40, § 8º, da CF/88) e para ter concretude necessária se faz a edição de lei ordinária.

A manutenção do valor real dos benefícios significa dizer resguardo do poder de compra, proteção contra a desvalorização da moeda. É alcançado esse intento constitucional por intermédio de **reajustamento periódico** dos benefícios previdenciários.

O reajuste é a forma de recomposição das perdas inflacionárias sofridas pelos beneficiários da previdência. O art. 41-A da Lei n. 8.213 estabelece periodicidade **anual**

---

[71] EMENTA: Previdência social. Irredutibilidade do benefício. Preservação permanente de seu valor real. No caso não houve redução do benefício, porquanto já se firmou a jurisprudência desta Corte no sentido de que o princípio da irredutibilidade é garantia contra a redução do "quantum" que se recebe, e não daquilo que se pretende receber para que não haja perda do poder aquisitivo em decorrência da inflação. De outra parte, a preservação permanente do valor real do benefício – e, portanto, a garantia contra a perda do poder aquisitivo – se faz, como preceitua o art. 201, § 2º, da Carta Magna, conforme critérios definidos em lei, cabendo, portanto, a essa estabelecê-los. Recurso extraordinário não conhecido (STF, RE 263.252/PR, Rel. Min. Moreira Alves, 1ª T., *DJ* 23-6-2000).

DIREITO PREVIDENCIÁRIO PARA CONCURSOS

para reajustamento dos benefícios e elege o indexador INPC[72] (apurado pelo IBGE) para apuração do índice de reajuste.

O reajustamento é geral, quer dizer, é devido a todos os benefícios previdenciários em manutenção, uma vez ao ano, e dá-se na mesma oportunidade do reajustamento do salário mínimo.

Atenção Os benefícios previdenciários **NÃO** são reajustados com base no salário mínimo!

A Constituição Federal, no art. 7º, IV, veda, expressamente, a vinculação do salário mínimo para qualquer fim. Logo, dizer que uma aposentadoria concedida no ano de 2002 no RGPS fosse equivalente a 7 salários mínimos na data de sua concessão e, passados dez anos, apesar de ter sido reajustado anualmente, o valor dessa aposentadoria corresponda a 5 salários mínimos **não apresenta qualquer ofensa ao princípio da manutenção do valor real do benefício**, porque **o poder aquisitivo não é resguardado pela variação do salário mínimo**, mas pela inflação medida com base em indexador oficial, o INPC.

Anote-se, ainda, que houve uma época na qual os benefícios previdenciários tiveram o **poder aquisitivo** fixado na variação do salário mínimo. O direito à equivalência salarial está previsto no art. 58 do Ato das Disposições Constitucionais Transitórias (ADCT).

Eis a redação do art. 58 do ADCT: "**Os benefícios** de prestação continuada, **mantidos pela previdência social** na data da promulgação da Constituição, **terão seus valores revistos**, a fim de que seja **restabelecido o poder aquisitivo, expresso em número de salários mínimos, que tinham na data de sua concessão**, obedecendo-se a **esse critério de atualização até** a implantação do **plano de custeio e benefícios** referidos no artigo seguinte".

Justamente por se tratar de norma "transitória" não mais vige, trata-se de norma exaurida, teve fim no ano de 1991 (na data da regulamentação das Leis ns. 8.212 e 8.213, de 1991). Somente fizeram jus à equivalência salarial os benefícios **ativos** em 5 de outubro de 1988, significa dizer, aqueles que foram concedidos ANTES da promulgação da Constituição Federal.

> **MEMORIZE**
> Súmula n. 687 do STF. A revisão de que trata o art. 58 do ADCT **não se aplica** aos benefícios previdenciários **concedidos após a promulgação** da Constituição de 1988.

Informações que devem ser extraídas para efeito de concurso público acerca dos benefícios previdenciários:

---

[72] Índice Nacional de Preços ao Consumidor.

SEGURIDADE SOCIAL

a) estão protegidos pelo princípio da irredutibilidade, de modo que o valor nominal não pode ser reduzido;

b) estão protegidos pelo princípio da manutenção do valor real, assim o poder de compra está garantido por meio de reajustes anuais, calcados na variação do INPC;

c) por força do art. 7º, IV, da CF/88 não existe direito a reajustamento com base na mesma variação do salário mínimo;

d) a CF/88 assegurou a variação com base na oscilação do salário mínimo no art. 58 do ADCT, direito não extensível aos benefícios concedidos "após" a CF/88.

1.1.4.5. *Equidade na forma de participação no custeio*

Atenção Equidade não é sinônimo de igualdade, não se confunde com isonomia tributária! Equidade é traduzido como bom-senso na tributação.

Segundo a disciplina constitucional, o custeio do sistema de proteção social (Seguridade Social) deve ser satisfeito por toda a sociedade, resguardando-se, de outra senda, a alguns atores sociais parcela maior na participação contributiva.

Repousa o princípio da equidade na **diferenciação de base de cálculo e de alíquotas** das pessoas eleitas para custear a aflição dos necessitados. É da essência da base de financiamento, por exemplo, as pessoas jurídicas contribuírem de forma diferenciada, e mais elevada, em comparação às pessoas físicas.

A responsabilidade do tomador de serviços deve ser diferenciada conforme o ramo de atuação repercuta maior utilização do aparato da seguridade social. O Seguro de Acidentes do Trabalho (SAT) (art. 22, II, da Lei n. 8.212, de 1991) deita suas raízes neste princípio constitucional, fixando alíquotas diferenciadas de acordo com o grau de incidência dos riscos ambientais do trabalho. Mais recentemente, seguindo a filosofia do princípio da equidade, tivemos criação do Fator Acidentário Previdenciário (FAP), pelo art. 10 da Lei n. 10.666, de 2003, permitindo a redução do SAT, em até cinquenta por cento (50%), ou aumento, em até cem por cento (100%), em razão do desempenho da empresa na contenção de riscos do ambiente de trabalho, verificáveis a partir dos índices de frequência, gravidade e custo, em relação à respectiva atividade econômica.

> **MEMORIZE**
>
> Após a EC n. 103, de 2019, as **contribuições previdenciárias** devidas pelas empresas ou de entidade equiparada **não poderão ter "base de cálculo"** **diferenciada**. A nova redação do postulado constitucional explicitado no § 9º do art. 195 determina que, em se tratando de contribuições sociais (inclusive previdenciárias) exigíveis da empresa ou de entidade equiparada, **poderão ter "alíquotas" diferenciadas**, em razão:

> (I) da atividade econômica;
> (II) da utilização intensiva de mão de obra;
> (III) do porte da empresa; ou
> (IV) da condição estrutural do mercado de trabalho.
> A EC n. 103, de 2019, autoriza a adoção de alíquotas e de "bases de cálculo" diferenciadas apenas para contribuições sociais devidas por empresa ou de entidade equiparada previstas nas alíneas *b* e *c* do inciso I do art. 195: COFINS e CSL (Contribuições Social sobre o Lucro).

A equidade na forma de participação no custeio consagra permissão ao legislador na fixação, por exemplo, de alíquotas superiores às empresas enquadradas como instituições financeiras, por se tratar de segmento econômico presumidamente detentor de melhores condições contributivas, bem como de estabelecer exação mais elevada às pessoas jurídicas que geram riscos sociais.

Por fim, mas não menos importante, incorreta, em questões objetivas, é a afirmativa que às contribuições sociais de Seguridade Social se aplica o princípio da "capacidade contributiva". Segundo a literalidade do texto constitucional, que assinala no art. 145, § 1º, a referência à capacidade contributiva é restrita a "impostos". De se atentar, por outro lado, que essa assertiva é dada como válida mediante juízo subjetivo, de caráter doutrinário, mediante a interpretação do conjunto de normas constitucionais, atrelando o princípio da equidade à capacidade contributiva, hipótese essa que não se coaduna com questões objetivas de certame público, uma vez que, admitida a resposta mediante juízo interpretativo, não haverá resposta certa ou errada! Questões de caráter subjetivo são válidas em cursos de pós-graduação, onde o debate é livre, e o intuito é aflorar ideias, de outra toada, absolutamente inadequada a presença em certame público, onde a objetividade deve ser a tônica!

Responda[73]: (Analista – TRF 2ª Região – FCC – 2007) Contribuem para a seguridade social, da mesma forma, aqueles que estão em iguais condições contributivas. As empresas NÃO contribuem da mesma forma que os trabalhadores, em conformidade, especificamente, com o princípio da:

(A) universalidade;

(B) seletividade na prestação de benefícios e serviços;

(C) equidade na forma de participação no custeio;

(D) irredutibilidade do valor dos benefícios;

(E) natureza democrática e descentralizada da administração.

Responda[74]: (Magistratura do Trabalho – 23ª Região – 2006) São princípios e diretrizes da Seguridade Social, EXCETO:

---

[73] Resposta: C.

[74] Resposta: D.

(A)   caráter democrático e descentralizado da gestão administrativa;

(B)   universalidade da cobertura e do atendimento;

(C)   seletividade e distributividade na prestação dos benefícios e serviços;

(D)   igualdade na forma de participação no custeio;

(E)   diversidade da base de financiamento.

1.1.4.6. *Diversidade na base de financiamento, identificando-se, em rubricas contábeis específicas para cada área, as receitas e as despesas vinculadas a ações de saúde, previdência e assistência social, preservado o caráter contributivo da previdência social*

Não se mostra prudente centrar a Seguridade Social numa única fonte de custeio. Desse modo, o financiamento da seguridade deve estar amparado em diversos fatos geradores, devendo o tributo ter diversos sujeitos passivos.

No passado, desde Bismarck (Alemanha, 1883) verifica-se a tríplice fonte de custeio: tomador de mão de obra, prestador do serviço e Estado para financiar a proteção social previdenciária.

Na atualidade **não mais subsiste a fonte tríplice**, diante do princípio da diversidade exigida pelo Texto Constitucional de 1988, **a base de financiamento é muito mais ampla**, encontrando-se **toda a sociedade** (solidariedade compulsória), que deve custear a seguridade de forma direta e indireta, nos termos ditados pela lei.

Assim, de acordo com o art. 195 da CF/88, em conformidade com o princípio da diversidade, o financiamento da seguridade social provém:

I – **das empresas, ou entidades equiparadas, ainda que não possuam empregados**, tendo por fato gerador: a) a remuneração feita a pessoa física (sem vínculo empregatício) que presta serviço; b) o lucro; c) a receita e o faturamento;

II – do trabalhador e dos demais segurados da previdência social, podendo ser adotadas **alíquotas progressivas** de acordo com o valor do salário de contribuição, não incidindo contribuição sobre aposentadoria e pensão concedidas pelo RGPS (**Redação dada pela EC n. 103, de 2019**);

III – da receita decorrente de **concurso de prognósticos** (todo e qualquer concurso de sorteio de números ou quaisquer outros símbolos, loterias e apostas de qualquer natureza no âmbito federal, estadual, do Distrito Federal ou municipal, promovidos por órgãos do Poder Público ou por sociedades comerciais ou civis) deve ser direcionada à seguridade social (art. 195, III);

IV – das contribuições do **importador de bens ou serviços do exterior**, ou de quem a lei a ele equiparar (art. 195, IV).

V – da "contribuição residual", prevista no art. 195, § 4º, da CF/88, é a expressão máxima do princípio da diversidade da base de financiamento, consiste na permissão constitucional para criação de novas contribuições sociais para a Seguridade Social, mediante o manejo de **lei complementar**.

Esses são exemplos claros de diversificação da base de financiamento.

Novidade. EC n. 103/2019. Segregação contábil. Nova redação do inciso VI do parágrafo único do art. 194 da CF.

Preservados todos os dizeres acerca da "diversidade da base de financiamento" analisados *supra* (diferentes tipos de fatos geradores e maior número possível de sujeitos passivos do tributo), a nova redação do incido VI do parágrafo único do art. 194 da CF, trazida pela EC n. 103/2019, consiste em comando endereçado ao legislador para, no ato de confecção da Lei Orçamentária Anual (LOA), proceder à "segregação contábil" para cada área da Seguridade Social com vistas a garantir a transparência das contas públicas.

O principal ponto levantado pelos opositores à reforma constitucional da Previdência de 2019 consiste na ausência da clareza dos informes específicos das receitas e das despesas atreladas a cada ramo da Seguridade Social, aliado a diversas posturas governamentais que indiscutivelmente contribuíram para gerar o tão alardeado deficit da Previdência, como a criação da Desoneração[75] da folha de salários e a Desvinculação de Receitas da União – DRU (EC n. 93, de 2016, criou nova DRU até 31-12-2023, elevando o percentil da desvinculação das receitas da Seguriade Social para 30%).

Tanto a desoneração (nova redação do art. 195, § 9º, e revogação do § 13) como a DRU (que deixou de atingir as receitas de Seguriade Social – art. 76, § 4º, do ADCT) foram combatidos na Emenda Constitucional n. 103/2019, medidas que irão, com certeza, transformar o alardeado *defict* em *superavit* nos próximos anos.

A norma programática do inciso VI do parágrafo único do art. 194, com a redação dada pela EC n. 103/2019, traz a obrigatoriedade de se evidenciar a divisão das rubricas contábeis, com a **especificação das receitas e das despesas**, de cada uma das áreas integrantes da Seguridade: Previdência, Assistência e Saúde.

Fator que possibilitará à sociedade conhecer e, a partir daí, debater as contas da Previdência com maior propriedade.

Responda[76]: (Analista – TRF 2ª Região – FCC – 2007) A contribuição social sobre a receita de concursos de prognósticos é um exemplo específico do princípio constitucional da:

- (A) diversidade da base de financiamento;
- (B) caráter democrático e descentralizado da administração;
- (C) seletividade e distributividade na prestação dos benefícios e serviços;
- (D) universalidade da cobertura;
- (E) equidade na forma de participação no custeio.

---

[75] Lei n. 12.546, de 2011.
[76] Resposta: A.

SEGURIDADE SOCIAL

Responda[77]: (Analista – TRF 2ª Região – FCC – 2007) A receita da seguridade social não está adstrita a trabalhadores, empregadores e Poder Público. Essa assertiva relacionada a receita da seguridade social está baseada, especificamente, ao princípio da:

(A) natureza democrática e descentralizada da administração;

(B) diversidade da base de financiamento;

(C) universalidade da cobertura e do atendimento;

(D) equidade na forma de participação no custeio;

(E) seletividade e distributividade na prestação dos benefícios.

1.1.4.7. *Caráter democrático e descentralizado da administração*

A República Federativa do Brasil constitui-se em Estado Democrático de Direito. Diante disso, o art. 194, parágrafo único, VII, está em perfeita harmonia com o art. 1º da mesma Carta, ao estabelecer o caráter democrático e descentralizado mediante **gestão quadripartite[78], com participação dos: (1) trabalhadores, dos (2) empregadores, dos (3) aposentados e do (4) Governo nos órgãos colegiados**.

O art. 10 da CF corrobora o princípio do inciso VII: "É assegurada **a participação dos trabalhadores e empregadores nos colegiados** dos órgãos públicos em que seus interesses profissionais ou **previdenciários** sejam objeto de discussão e deliberação".

Expressão maior desse caráter democrático e da gestão quadripartite é o **Conselho Nacional de Previdência Social** (CNPS), órgão superior de deliberação colegiada da Previdência Social. **Recomendação de leitura: arts. 3º, 4º e 5º da Lei n. 8.213**.

A Lei n. 13.266, de 5 de abril de 2016, renomeou o CNPS para **Conselho Nacional de Previdência (CNP)** e o transferiu para o **Ministério da Fazenda**. A partir de 2019, o CNP passou a integrar a estrutura do **Ministério da Economia**, por força da Lei n. 13.844, de 2019. Desde 2023, o CNP integra o Ministério da Previdência Social (Lei n. 14.600, de 2023).

No ano de 2001 foram extintos o Conselho Nacional da Seguridade Social (CNSS), os Conselhos Estaduais e os Conselhos Municipais de Previdência Social (CEPS e CMPS).

Cuidado: O Conselho Nacional de Saúde (CNS) e o Conselho Nacional de Assistência Social (CNAS) atendem ao caráter democrático, com a participação da sociedade civil, **entretanto possuem composição diferenciada daquela preconizada no art. 194, parágrafo único, VII, da CF**. O CNS é composto por representantes do governo, **dos prestadores de serviço, profissionais de saúde e usuários**, cujas decisões, consubstanciadas em resoluções, são homologadas pelo Ministro de Estado da Saúde. O

---

[77] Resposta: B.

[78] **Muita Atenção:** o correto é "des"centralizado e gestão "quadripartite". Na quase totalidade das questões que focam este princípio, há substituição por "centralizado" gestão "tripartite" ou "bipartite", tornando incorreta a assertiva.

DIREITO PREVIDENCIÁRIO PARA CONCURSOS

CNAS possui composição **paritária entre governo e sociedade civil** e é composto por dezoito membros e respectivos suplentes, sendo nove representantes governamentais e nove representantes da sociedade civil, a saber: representantes dos usuários ou de organizações de usuários, das entidades e organizações de assistência social e dos trabalhadores do setor, escolhidos em foro próprio sob fiscalização do Ministério Público Federal.

Responda[79]: (MPT – Ministério Público do Trabalho – Procurador do Trabalho – 2006) A respeito da seguridade social, assinale a alternativa INCORRETA:

(A)   Destina-se a assegurar os direitos relativos à saúde, à previdência e à assistência social.

(B)   Um de seus objetivos é o caráter democrático e descentralizado da administração, mediante gestão tripartite, com participação dos trabalhadores, dos empregadores e do governo nos órgãos colegiados.

(C)   Estão incluídas como fontes de recursos para a seguridade social as contribuições sociais da receita de concurso de prognósticos e do importador de bens ou serviços do exterior, ou de quem a lei a ele equiparar.

(D)   A seguridade é um conjunto integrado de ações de iniciativa dos Poderes Públicos e da sociedade.

(E)   Não respondida.

---

[79]   Resposta: B.

2

DO FINANCIAMENTO DA SEGURIDADE SOCIAL

Para obtenção dos recursos financeiros necessários às ações de Saúde, Previdência e Assistência Social, estabelece o art. 195 da CF que a Seguridade Social **será financiada por toda sociedade**, de forma direta e indireta:

a) forma direta, receitas decorrentes da arrecadação de contribuições sociais; e

b) forma indireta, mediante recursos provenientes do orçamento da União, dos Estados, do Distrito Federal, dos Municípios.

No plano federal, dispõe o art. 11 da Lei n. 8.212/91 que o orçamento da Seguridade Social é composto das seguintes receitas:

I – da União (forma indireta);

II – das contribuições sociais (forma direta);

III – de outras fontes.

Como visto, a Lei n. 8.212, conhecida como "Lei de Custeio", prevê não apenas as formas diretas e indiretas de a sociedade financiar a seguridade social na órbita federal, como também traz previsão de recursos provenientes de "outras fontes", a exemplo de doações feitas a hospital público.

2.1. DA CONTRIBUIÇÃO DA UNIÃO

O art. 16 da Lei n. 8.212/91 esclarece que a contribuição da União é constituída de recursos adicionais do Orçamento Fiscal, fixados **obrigatoriamente na Lei Orçamentária Anual** (LOA).

Atenção A **União é responsável** pela cobertura de eventuais **insuficiências financeiras** da Seguridade Social, quando **decorrentes do pagamento de benefícios da Previdência Social**, na forma da Lei Orçamentária Anual.

> **MEMORIZE**
> Em conformidade com o art. 195, § 1º, da CF/88, as receitas dos Estados, do Distrito Federal e dos Municípios destinadas à Seguridade Social constarão dos respectivos orçamentos, **não** integrando o orçamento da União.

DIREITO PREVIDENCIÁRIO PARA CONCURSOS

2.2. DAS OUTRAS RECEITAS DE SEGURIDADE SOCIAL

Além das receitas provenientes da União e das contribuições sociais, a Lei n. 8.212/91 afirma, no art. 27, constituírem também receitas destinadas à Seguridade Social:

- as multas, a atualização monetária e os juros moratórios (toda vez que há pagamento de contribuição previdenciária em atraso, nada mais justo de que os acréscimos legais sejam também endereçados à previdência);
- as receitas provenientes de prestação de outros serviços e de fornecimento ou arrendamento de bens, as demais receitas patrimoniais, industriais e financeiras (exemplos: acréscimos decorrentes de aplicações financeiras realizadas pela Previdência, ou recebimento de alugueres de imóveis do INSS);
- as doações, legados, subvenções e outras receitas eventuais.

Os itens referidos são autoexplicativos, porém, atenção especial deve ser dada ao inciso II do art. 27, que inclui entre outras receitas destinadas à Seguridade Social a remuneração recebida por serviços de arrecadação, fiscalização e cobrança prestados a terceiros. Cumpre esclarecer que antes da Lei n. 11.457/2007, a Lei n. 8.212/91 dizia no art. 94 que o INSS poderia prestar serviço de arrecadação e fiscalização a terceiros (assim entendidas outras entidades e fundos, p. ex. para os serviços sociais autônomos, conhecidos por Sistema "S": SESC, SENAT, SENAI, SENAC etc.), de modo que os auditores fiscais do INSS, ao manusearem os documentos contábeis das empresas, conferiam a regularidade não apenas das contribuições previdenciárias como também as contribuições devidas a terceiros, mediante remuneração de 3,5% do montante arrecadado. A remuneração desse serviço prestado pelo INSS era destinada, na forma do inciso II do art. 27 da Lei n. 8.212/91, à Seguridade Social.

Ocorre que com o advento da Lei n. 11.457, deixou o INSS de prestar referido serviço. No art. 3º foi atribuída à Secretaria da Receita Federal do Brasil (SRFB) a atividade de prestar serviço de arrecadação e fiscalização a terceiros, mediante a retribuição pelos serviços prestados, no importe de 3,5% do montante arrecadado. Acrescenta a Lei n. 11.457, ainda, que o destino dessa remuneração é para o Fundo Especial de Desenvolvimento e Aperfeiçoamento das Atividades de Fiscalização (FUNDAF), nada se referindo à Seguridade Social. Dessa forma, o inciso II do art. 27 da Lei n. 8.212/91 não mais subsiste desde a Lei n. 11.457/2007, **tacitamente revogado**, porque esvaziado seu conteúdo pela disposição diversa constante da legislação superveniente.

Atenção Trata-se de revogação tácita, por conseguinte, em questões objetivas que indaguem exemplos de "outras receitas da Seguridade Social", deve ser considerada **como verdadeira** a assertiva que faça alusão ao inciso II do art. 27 da Lei n. 8.212/91 (II – a remuneração recebida por serviços de arrecadação, fiscalização e cobrança prestados a terceiros), porque continua sendo letra expressa da lei. Caso o examinador faça referência à Lei n. 11.457/2007, indagando se o inciso II do art. 27 da Lei n. 8.212/91

DO FINANCIAMENTO DA SEGURIDADE SOCIAL

permanece aplicável mesmo após a criação da SRFB, a resposta é negativa, diante da revogação tácita do inciso II. Esse é o traquejo que o candidato deve ter ao responder questões de concurso público!

No tema "outras fontes de receitas", os itens mais indagados pelo examinador são as situações desenhadas nos incisos VI, VII e parágrafo único do art. 27, a saber:

- **40% (quarenta por cento)** do resultado **dos leilões dos bens apreendidos pelo Departamento da Receita Federal;**
- **as companhias seguradoras que mantêm o seguro obrigatório de danos pessoais causados por veículos automotores de vias terrestres,** de que trata a Lei n. 6.194, de 19 de dezembro de 1974, **deverão repassar à Seguridade Social 50% (cinquenta por cento) do valor total do prêmio recolhido** e destinado ao Sistema Único de Saúde (SUS), para custeio da assistência médico--hospitalar dos segurados vitimados em acidentes de trânsito;
- **50% (cinquenta por cento) dos valores obtidos e aplicados na forma do parágrafo único do art. 243 da Constituição Federal.**

O parágrafo único do art. 243 da CF, na redação original, determinava o confisco de todo e qualquer bem de valor econômico apreendido em decorrência do tráfico ilícito de entorpecentes e drogas afins. Estabelecia ainda o constituinte que metade dos valores fruto dos bens confiscados deveria reverter em benefício de instituições e pessoal especializados no tratamento e recuperação de viciados. Diante desse mandamento constitucional, foi editado o art. 27, VI, da Lei n. 8.212, destinando à Seguridade Social 50% das quantias oriundas desse confisco. Porém, com a promulgação da EC n. 81, de 2014, o parágrafo único do art. 243 possui nova redação, possibilitando o confisco não apenas dos bens envolvidos com o tráfico ilícito de entorpecentes, mas também decorrentes da exploração de trabalho escravo, estabelecendo **novo destino** aos recursos advindos do confisco, pois determina a reversão total **para fundo especial com destinação específica** "na forma de lei" que ainda não foi editada. Portanto, quando for criado o "fundo especial", o inciso VI do art. 27 da Lei n. 8.212 (e o art. 213, VI, do Decreto n. 3.048) perderá o fundamento de validade.

(Técnico Seguro Social – INSS – CESPE – 2016) Assinale Certo ou Errado:

([80]) Constitui fonte de receita da seguridade social um percentual incidente sobre os valores arrecadados com os resultados dos leilões de bens apreendidos pela Receita Federal do Brasil.

---

[80] Certo. Art. 27, VI, da Lei n. 8.212/91.

DIREITO PREVIDENCIÁRIO PARA CONCURSOS

2.3. CONTRIBUIÇÕES SOCIAIS PARA A SEGURIDADE SOCIAL

> **MEMORIZE**
>
> A Seguridade Social **será financiada por toda sociedade**, de forma direta e indireta, sendo a forma direta a decorrente da arrecadação de contribuições sociais, enquanto a forma indireta dá-se mediante recursos provenientes do orçamento da União, dos Estados, do Distrito Federal e dos Municípios.

As contribuições destinadas à seguridade social estão previstas no art. 195, I a IV, e § 4º.

O art. 195, I, na redação original (de 1988), previa contribuições sociais exigíveis dos empregadores, incidentes sobre a folha de salários, o faturamento e o lucro. Com o advento da Emenda Constitucional n. 20, de 1998, houve ampliação do sujeito passivo da tributação, passando a constar do art. 195, I, redação atual, **em face do empregador, da empresa e da entidade a ela equiparada, houve ainda alargamento da hipótese de incidência**, pois passaram a ser exigidas as contribuições sobre:

a) a folha de salários e demais rendimentos do trabalho pagos ou creditados, **a qualquer título**, à pessoa física que lhe preste serviço, **mesmo sem vínculo empregatício**;

b) a **receita** ou faturamento;

c) o lucro.

Na alínea "a" temos a "contribuição sobre a folha de salários" (CFS); na alínea "b", a Contribuição de Financiamento da Seguridade Social (Cofins)[81]; na alínea "c", Contribuição Social sobre o Lucro Líquido (CSLL)[82].

No inciso II do art. 195 há previsão da contribuição em face dos trabalhadores e demais **segurados da previdência**, ressaltando, ainda, a **imunidade** (isenção definida na Constituição) à tributação dos valores auferidos a título de aposentadoria e pensão no RGPS.

O inciso II do art. 195 ganhou nova redação com o advento da EC n. 103/2019 (Reforma da Previdência), estabelecendo que a contribuição devida pelo trabalhador e pelos demais segurados poderá ter **alíquotas progressivas de acordo com o valor do salário de contribuição**.

---

[81] Art. 195, I, *b*, da CF/88; LC n. 70/91 – *status* de lei ordinária; Ação Declaratória de Constitucionalidade n. 1; ADIn 1417-DF; art. 56 da Lei n. 9.430/96 (Súmula n. 276/STJ); Lei n. 9.718/98, art. 3º; Lei n. 10.833/2002. PIS/COFINS: base de cálculo. Lei n. 9.718/98, art. 3º, § 1º: inconstitucionalidade. Ao julgar os RREE 346.084, Ilmar Galvão; 357.950, 358.273 e 390.840, Marco Aurélio, Pleno, 9-11-2005 (Inf./STF 408), o Supremo Tribunal declarou a inconstitucionalidade do art. 3º, § 1º, da Lei n. 9.718/98, por entender que a ampliação da base de cálculo da COFINS por lei ordinária violou a redação original do art. 195, I, da Constituição Federal, ainda vigente ao ser editada a mencionada norma legal.

[82] Art. 195, I, *c*, da CF/88; Lei n. 7.689/88; RE 146.733/SP.

DO FINANCIAMENTO DA SEGURIDADE SOCIAL

No inciso III do art. 195, prevê a contribuição incidente sobre a receita do **concurso de prognósticos** (quaisquer sorteios de números, loterias, apostas, inclusive as realizadas em reuniões hípicas, nos âmbitos federal, estadual, do Distrito Federal e municipal).

O inciso IV foi introduzido pela EC n. 42, de 19 de dezembro de 2003. Com isso, há previsão constitucional à instituição de contribuição a ser satisfeita pelo "**importador de bens ou serviços do exterior, ou de quem a lei a ele equiparar**". Diante desse dispositivo, ao se importar produtos da China, deve haver a incidência de contribuição social para financiamento da seguridade.

O § 4º do art. 195 possibilita a criação de outras contribuições sociais destinadas à Seguridade Social (além das hipóteses nominadas na Constituição); para tanto, exige o Texto Constitucional a observância ao disposto no art. 154, I, que impõe o manejo de veículo legislativo diferenciado, qual seja, **lei complementar**.

Além dos fatos geradores relacionados nos incisos I a IV e § 4º do art. 195, reconheceu o Colendo Supremo Tribunal Federal como contribuição social de Seguridade Social a contribuição definida no art. 239 do Texto Magno. A fundamentação adotada pela Corte Suprema foi o fato de o desemprego constituir um dos riscos sociais protegidos pela Previdência (art. 201, III, da CF/88) e o art. 239 da Lei das Leis determina que a arrecadação decorrente das **contribuições** para o Programa de Integração Social **(PIS)**, criado pela Lei Complementar n. 7, de 1970, e para o Programa de Formação do Patrimônio do Servidor Público **(PASEP)**, criado pela Lei Complementar n. 8, de 1970, passa, a partir da promulgação da Constituição, a financiar, nos termos que a lei dispuser, o programa do seguro-desemprego (e também o abono equivalente a um salário mínimo anual aos empregados que percebam até dois salários mínimos de remuneração mensal).

Como última nota, observe-se que dos arts. 74, 75, 84, 85 e 90, do Ato das Disposições Constitucionais Transitórias, havia previsão constitucional da Contribuição Provisória sobre a Movimentação Financeira (CPMF)[83], que vigeu até 31-12-2007. A CPMF, quando era vigente, também era capitulada como contribuição social de Seguridade Social, pois suas receitas eram endereçadas à Saúde, à Previdência e à Assistência Social.

Atenção O quadro a seguir sintetiza as **contribuições sociais destinadas à Seguridade Social:**

---

[83] EC n. 3/93, art. 2º; ADIn 939; EC n. 12/96 (acresceu o art. 74 ao ADCT'); Lei n. 9.311/96; Lei n. 9.539/97; EC n. 21/99 (acresceu o art. 75 ao ADCT); EC n. 37/02 (acresceu os arts. 84 e 85 ao ADCT); EC n. 42/2004 (acresceu o art. 90 ao ADCT).

DIREITO PREVIDENCIÁRIO PARA CONCURSOS

Contribuições Sociais destinadas à Seguridade Social	
Art. 195, I – Do empregador, da empresa e da entidade a ela equiparada.	• Folha de salários e demais rendimentos do trabalho pagos ou creditados, a qualquer título, à pessoa física que lhe preste serviço, mesmo sem vínculo empregatício.
	• Receita ou faturamento.
	• Lucro.
Art. 195, II – Segurados obrigatórios: empregado; avulso; empregado doméstico; segurado especial; contribuinte individual.	
Art. 195, III – Concurso de prognóstico.	
Art. 195, IV – Importador de bens ou serviços do exterior, ou de quem a lei a ele equiparar.	
Art. 195, § 4º – Contribuições residuais.	

2.3.1. Contribuições de Seguridade Social – referibilidade

Embora diga o Código Tributário Nacional (CTN), no art. 4º, que "A natureza jurídica específica do tributo é determinada pelo fato gerador da respectiva obrigação, sendo irrelevantes para qualificá-la: I – a denominação e demais características formais adotadas pela lei; II – a destinação legal do produto da sua arrecadação", certo é que a destinação legal do produto da arrecadação das contribuições sociais é dado de maior relevo na definição da contribuição social de seguridade social.

Nessa assertiva do art. 4º do CTN não se levam em consideração as contribuições *sociais de Seguridade Social*, mas apenas as espécies definidas no art. 5º do mesmo diploma normativo, *verbis*: "Art. 5º Os tributos são impostos, taxas e contribuições de melhoria".

O aspecto finalístico, denominado **referibilidade**, tem caráter marcante na definição da contribuição social de Seguridade Social. Exemplificando, a Contribuição Social sobre o Lucro Líquido (CSLL, art. 195, I, *c*, da CF/88), a despeito de ter a mesma base de cálculo do Imposto de Renda (lucro), com este tributo não se confunde, porque a CSLL tem **destinação de sua arrecadação constitucionalmente relevante à sua existência**, não se aplicando, pois, como dito acima, o inciso II do art. 4º do CTN.

A referibilidade ganhou relevo com o advento da Emenda Constitucional n. 20, de 1998, que inclui o inciso XI ao art. 167 da Carta Magna: "Art. 167. São vedados: XI – a utilização dos recursos provenientes das contribuições sociais de que trata o art. 195, I, *a*, e II, **para a realização de despesas distintas do pagamento de benefícios do regime geral** de previdência social de que trata o art. 201".

O art. 195, I, *a*, e II, traz as **contribuições exclusivamente previdenciárias** (as suas receitas não podem ser destinadas nem à Saúde nem à Assistência Social), e são justamente as contribuições que serão tratadas nesta obra "contribuições previdenciárias", quais sejam:

DO FINANCIAMENTO DA SEGURIDADE SOCIAL

"Art. 195. (...)

I – do empregador, da empresa e da entidade a ela equiparada na forma da lei, incidentes sobre:

a) a folha de salários e demais rendimentos do trabalho pagos ou creditados, a qualquer título, à pessoa física que lhe preste serviço, mesmo sem vínculo empregatício; (...)

II – do trabalhador e dos demais segurados da previdência social, não incidindo contribuição sobre aposentadoria e pensão concedidas pelo regime geral de previdência social de que trata o art. 201".

2.3.2. Contribuição Social – espécie tributo – teoria pentapartida

Historicamente[84], **as contribuições sociais restabeleceram o *status* tributário no Texto Maior de 1988**, diante da inclusão do art. 149 (que traz regramento acerca das contribuições sociais) no Capítulo "Do Sistema Tributário Nacional".

É de grande relevância o enquadramento tributário das contribuições sociais, de sorte a amparar os contribuintes da seguridade social com garantias constitucionais tributárias.

Preceitua o art. 145 da Constituição Federal de 1988 que por tributo compreendem-se os impostos, as taxas e as contribuições de melhoria. Em razão dessa disposição constitucional, muitos doutrinadores não admitiam as contribuições sociais como espécie autônoma de tributo; qualificam-nas como subespécies daqueles tributos, ora como impostos ora como taxas **(teoria dicotômica)**.

Segundo a teoria dicotômica, a contribuição previdenciária satisfeita pelo empregador (cota patronal) teria natureza jurídica de imposto, uma vez que desvinculada de qualquer atividade estatal direcionada ao contribuinte pessoa jurídica. Por outro lado, a contribuição previdenciária retida da remuneração do empregado, e repassada aos cofres públicos, apresentaria natureza jurídica de taxa, por guardar correlação a contribuição paga pelo segurado com atividade (futura) estatal consistente na concessão de benefício ou serviço previdenciário em prol do contribuinte.

A conceituação das contribuições sociais como espécie autônoma de tributo ou subespécie de impostos ou taxas traz repercussões grandiosas, por exemplo, a entender-se que as contribuições sociais são na verdade uma subespécie do tributo "imposto", a elas se aplicariam as imunidades previstas para os impostos no art. 146 da CF (alargando-se, a partir disso, as hipóteses de não incidência tributária), bem como restaria vedada a possibilidade de a contribuição federal incidir sobre matriz constitucional reservada a impostos estaduais e municipais.

---

[84] Desde a Emenda Constitucional n. 8, de 14 de abril de 1977, as contribuições destinadas à Previdência deixaram de ostentar a natureza tributária, **readquirida** somente com a promulgação da atual Carta Magna.

DIREITO PREVIDENCIÁRIO PARA CONCURSOS

O Colendo STF, chamado a discorrer sobre o tema, afirmou que as espécies tributárias não são apenas as insertas no art. 145 da CF, mas também as contribuições do art. 149: contribuições sociais (gerais e para a seguridade social); as contribuições de intervenção no domínio econômico (CIDE); e as de interesse de categoria profissional (corporativas). Nessa mesma oportunidade o empréstimo compulsório foi reconhecido como espécie de tributo.

Afastada, desse modo, a teoria dicotômica (segundo a qual contribuições seriam subespécies ora de impostos, ora de taxas), e consagrada a **teoria pentapartida, segundo a qual à disposição da União existem cinco espécies tributárias**.

A interpretação dada ao art. 145 da Norma Suprema era a de que as espécies mencionadas pelo dispositivo constitucional se referiam aos tributos passíveis de exigência pelos três entes federativos, ao passo que as contribuições sociais, CIDE, Corporativas e os empréstimos compulsórios são de competência exclusiva da União.

Espécies de tributo previstas na CF/88 Competência	
Da União, Estados, DF e Municípios:	Apenas da União:
1) impostos; 2) taxas; e 3) contribuição de melhoria.	4) empréstimos compulsórios; e 5) contribuições sociais e especiais.

Essa assertiva (de que somente à União compete a instituição de contribuições sociais, CIDE, Corporativas e os empréstimos compulsórios) encontra ressalva, com relação ao § 1º[85] do art. 149 da CF, que atribui aos Estados, Distrito Federal e Municípios a competência para instituir contribuições sociais de seus servidores públicos, destinadas ao custeio do respectivo Regime Próprio de Previdência.

A segunda, e última exceção, veio com a promulgação da Emenda Constitucional n. 39, de 19 de dezembro de 2002. Desde então os Municípios passaram a deter a competência para instituir outra contribuição social (contribuição social geral), denominada contribuição de iluminação pública (COSIP), previsão constante do art. 149-A.

A despeito disso, a regra permanece, qual seja, somente a União detém competência para instituir contribuições *sui generis* (contribuições sociais, CIDE e Corporativas). Comporta a regra, todavia, duas exceções, a dos Estados, Distrito Federal e Municípios (constante do art. 149, § 1º), e a dos Municípios (prevista no art. 149-A).

---

[85] Parágrafo renumerado pela Emenda Constitucional n. 33, de 11-12-2001.

Contribuições sociais e especiais	
Regra	Exceções
1) competência da União.	1) competência da União, dos Estados e do DF e dos Municípios: contribuição RPPS;
	2) competência dos Municípios: COSIP.

O Colendo Supremo Tribunal Federal, no Recuso Extraordinário n. 148.754-2 RJ, por intermédio do Ministro Carlos Velloso, delineou o quadro das espécies tributárias no direito brasileiro na vigência da Norma Republicana de 88 nos seguintes termos:

> "As diversas espécies tributárias, determinadas pela hipótese de incidência ou pelo fato gerador da respectiva obrigação (CTN, art. 4º), são as seguintes:
>
> a) os impostos (CF, arts. 145, I, 153, 155, e 156);
>
> b) as taxas (CF, art. 145, II);
>
> c) as contribuições, que podem ser assim classificadas:
>
> c.1 de melhoria (CF, 145, III);
>
> c.2 parafiscais (CF, 149), que são:
>
> c.2.1 sociais:
>
> c.2.1.1 de seguridade social (CF, art. 195, I, II e III);
>
> c.2.1.2 outras de seguridade social (CF, art. 195, § 4º);
>
> c.2.1.3 sociais gerais: o FGTS[86], o salário-educação (CF, art. 212, § 5º), contribuições para o SESI, SENAI, SENAC (CF, art. 240);
>
> c.3 especiais:
>
> c.3.1 de intervenção no domínio econômico (CF, art. 149); e
>
> c.3.2 corporativas (CF, art. 149).
>
> Constituem ainda espécie tributária:
>
> d) empréstimos compulsórios (CF, art. 148)".

2.3.3. Receita Federal do Brasil

Em 2007, houve a publicação da Lei n. 11.457, concretizando o intento almejado pelo governo federal de unificação das receitas federais, promovendo a fusão da Secretaria da Receita Federal à Secretaria da Receita Previdenciária, constituindo a Secretaria da Receita Federal do Brasil (SRFB), órgão da administração direta subordinado ao Ministro de Estado da Fazenda.

---

[86] Na Ação Direta de Inconstitucionalidade n. 2.556, o STF entendeu que as contribuições criadas pela Lei Complementar n. 110 (devidas pelos empregadores: 1 – à alíquota de 10% sobre o montante de depósitos referentes ao FGTS, por ocasião da demissão sem justa causa do empregado; 2 – à alíquota de 0,5% sobre a remuneração devida no mês anterior, a cada trabalhador) não são contribuições para a seguridade social, mas sim contribuições sociais gerais.

DIREITO PREVIDENCIÁRIO PARA CONCURSOS

À Secretaria da Receita Federal do Brasil compete planejar, executar, acompanhar e avaliar as atividades relativas à tributação, à fiscalização, à arrecadação, à cobrança e ao recolhimento das **contribuições previdenciárias** (que antes estavam sob os cuidados do INSS):

I – **devidas pelas empresas, incidentes sobre a remuneração** paga, devida ou creditada aos segurados e demais pessoas físicas a seu serviço, mesmo sem vínculo empregatício, arts. 22 e 22-A da Lei n. 8.212;

II – **devidas pelos empregadores domésticos, incidentes sobre o salário de contribuição** dos empregados domésticos a seu serviço, art. 24 da Lei n. 8.212;

III – **dos trabalhadores, incidentes sobre seu salário de contribuição**, arts. 20 e 21 da Lei n. 8.212;

IV – **das associações desportivas que mantêm equipe de futebol profissional**[87], incidentes **sobre a receita bruta decorrente dos espetáculos desportivos** de que participem em todo território nacional em qualquer modalidade desportiva, inclusive jogos internacionais, **e de qualquer forma de patrocínio**, licenciamento de uso de marcas e símbolos, publicidade, propaganda e transmissão de espetáculos desportivos, art. 22, §§ 6º ao 9º, da Lei n. 8.212;

V – **incidentes sobre a receita bruta proveniente da comercialização da produção rural**, arts. 25 e 25-A da Lei n. 8.212;

VI – de **Seguro de Acidentes do Trabalho** – SAT (GILRAT), art. 22, II, da Lei n. 8.212/91;

VII – o **adicional destinado ao custeio da aposentadoria especial** (GILRAT), art. 22, II, da Lei n. 8.212/91 e art. 57, §§ 6º e 7º, da Lei n. 8.213/91.

De ver, contudo, que o produto da arrecadação das contribuições especificadas acima e os acréscimos legais incidentes (juros e multa) serão destinados, em caráter exclusivo, ao pagamento de benefícios do RGPS[88] e creditados diretamente ao Fundo do Regime Geral de Previdência Social, de que trata o art. 68[89] da Lei Complementar n. 101, de 2000.

Em suma, **todas as contribuições consagradas constitucionalmente à Seguridade Social são arrecadadas e fiscalizadas pela SRFB** (*verbi gratia:* Contribuição

---

[87] Equipe de futebol profissional que se organize na forma da Lei n. 9.615, de 24-3-1998.

[88] CF/88. Art. 167. São vedados: (...) XI – a utilização dos recursos provenientes das contribuições sociais de que trata o art. 195, I, *a*, e II, para a realização de despesas distintas do pagamento de benefícios do regime geral de previdência social de que trata o art. 201. (Incluído pela Emenda Constitucional n. 20, de 1998.)

[89] Art. 68. Na forma do art. 250 da Constituição, é criado o Fundo do Regime Geral de Previdência Social, vinculado ao Ministério da Previdência e Assistência Social, com a finalidade de prover recursos para o pagamento dos benefícios do regime geral da previdência social.

DO FINANCIAMENTO DA SEGURIDADE SOCIAL

sobre o Lucro[90]; Contribuição sobre a receita ou o faturamento[91]; Receita decorrente de Concurso de Prognósticos)[92].

2.3.4. Princípios tributários aplicáveis às Contribuições Sociais de Seguridade Social

2.3.4.1. *Princípio da anterioridade*

Do art. 150, III, *b*, da Carta Política consta o princípio da anterioridade, que veda à União, aos Estados, ao Distrito Federal e aos Municípios cobrar tributos **no mesmo exercício financeiro** em que haja sido publicada a lei que os instituiu ou aumentou.

Essa é a regra. Criado um tributo, ou ocorrida sua majoração, somente no exercício financeiro subsequente àquele no qual foi editada a lei é que será exigível o tributo.

As exceções são muitas. No âmbito dos impostos abrangidos na competência da União, estão dispensados da observância ao princípio da anterioridade, por força do disposto no § 1º do art. 150 (impostos):

- de importação de produtos estrangeiros;
- de exportação, para o exterior, de produtos nacionais ou nacionalizados;
- sobre produtos industrializados;
- sobre operações de crédito, câmbio e seguro, ou relativas a títulos ou valores mobiliários;
- impostos extraordinários, na iminência ou no caso de guerra externa, compreendidos ou não na competência tributária da União. Tal exação será suprimida, gradativamente, conforme cessadas as causas de sua criação (art. 154, II).

No âmbito Estadual e do Distrito Federal, a EC n. 33, de 2001, introduziu o § 4º ao art. 155, que permite (inciso IV, *c*) a redução e o restabelecimento das alíquotas de ICMS, relativas a combustíveis e lubrificantes, não se lhe aplicando o disposto no art. 150, III, *b* (anterioridade).

Retornando à competência federal, os empréstimos compulsórios, criados na forma do art. 148, I, da Carta Maior (para atender despesas extraordinárias, decorrentes de calamidade pública, de guerra externa ou sua iminência), também estão dispensados do princípio da anterioridade.

No campo das contribuições, a União também está dispensada de observar a anterioridade em se tratando de redução ou restabelecimento de alíquota da Contribuição de Intervenção no Domínio Econômico (CIDE), quando relativa às atividades de importação ou comercialização de petróleo e seus derivados, gás natural e seus

---

[90]   Art. 195, I, *c*, da CF/88.
[91]   Art. 195, I, *b*, da CF/88.
[92]   Art. 195, III, da CF/88.

DIREITO PREVIDENCIÁRIO PARA CONCURSOS

derivados, e álcool combustível. Essa hipótese restou trazida à Constituição (§ 4º do art. 177) pela EC n. 33, de 2001.

> **MEMORIZE**
> As **contribuições destinadas à seguridade social** também estão arroladas entre as exceções. Não se lhes aplica o princípio da anterioridade lançado no art. 150, III, *b*, da CF, mas sim a "anterioridade mitigada", estabelecida no art. 195, § 6º.

Também conhecida como **"regra da nonagésima", a anterioridade mitigada permite a cobrança da exação fiscal no mesmo exercício financeiro** no qual restou criada ou modificada. Exige-se tão só o respeito ao interregno de 90 dias entre a **data da publicação** da lei e a respectiva exigência.

Muitos doutrinadores, com muita razão e coerência, estabeleciam paralelo entre o art. 150, III, *b*, e o § 6º do art. 195 para o fim de fixar a anterioridade mínima fixada pela CF/88. De tal modo a compreender que nenhum tributo poderia ser exigido antes de noventa dias de sua criação.

Com esse raciocínio lógico-sistemático, buscava-se aplicar a anterioridade mitigada às demais espécies tributárias, de modo a afastar a exigência de tributos no mês de janeiro, quando a lei tributária que lhe dá suporte jurídico tiver sido publicada no mês de dezembro imediatamente anterior.

Essa tese, conquanto digna de aplausos, não restou acolhida na jurisprudência, que apenas se norteava pelo art. 150, III, *b*, de forma isolada, ou seja, se exigido o tributo no exercício financeiro subsequente à lei de sua criação/majoração, era o suficiente para torná-la válida e regular no ordenamento jurídico pátrio, restringindo a observância do § 6º do art. 195 unicamente às contribuições sociais destinadas à Seguridade Social.

O bom senso reinou com a vinda da EC n. 42, de 2003, que acrescentou a alínea *c* ao inciso III do art. 150, consagrando a tese doutrinária esposada acima, estendendo-se, em regra, a todos os tributos a anterioridade nonagesimal. Eis a alínea *c* do inciso III do art. 150: é vedado cobrar tributos (alínea *c*) "antes de decorridos noventa dias da data em que haja sido publicada a lei que os instituiu ou aumentou, observado o disposto na alínea *b*".

Assim, a partir da EC n. 42, **todas as contribuições**, sem exceção, devem, necessariamente, respeito ao princípio da nonagésima.

Criada ou majorada uma contribuição, por exemplo, de iluminação pública (COSIP) no mês de dezembro, não será exigível no mês de janeiro, porque a ela se aplica o princípio da nonagésima.

Atenção A diferença, no que se reporta à anterioridade, entre as contribuições destinadas à Seguridade Social e as demais contribuições, após a EC n. 42, é que com relação àquelas (destinadas à Seguridade Social) **somente se aplica a anterioridade mitigada**

(nonagésima), enquanto que às outras aplicam-se, de forma mais benéfica ao contribuinte, os dois princípios (da anterioridade ordinária e a mitigada).

Retornando ao exemplo acima, caso uma contribuição de iluminação pública seja criada no mês de janeiro, somente será exigível no exercício subsequente (próximo ano), porque a anterioridade mitigada somente é aplicável quando melhor ampare o contribuinte.

Atenção Enquanto o princípio da anterioridade refere-se a "lei que os instituiu ou **aumentou**", a anterioridade mitigada (art. 195, § 6º) traz expressão diferente: "instituído ou **modificado**". De ambas consta a "instituição" de tributo. A par da criação, na anterioridade do art. 150, III, *b*, prevê-se aumento de tributo, logo, normas outras que não importem criação nem elevação do tributo não devem submeter-se à anterioridade. Em se tratando da anterioridade mitigada (contribuições de seguridade social), vislumbrada "modificação" é imperativa a regra da nonagésima.

Sem margem a dúvida, enquanto na anterioridade aplicável aos tributos em geral a Constituição refere-se ao *aumento* de tributos, para a *vacatio legis* de noventa dias das contribuições de Seguridade Social a Constituição utiliza o termo *modificação* da lei (o candidato deve estar atento a isso em questões objetivas!).

Conquanto a interpretação do termo "modificação" comporte um maior número de eventos que a expressão "aumento", a **norma que traga a "redução" da contribuição de seguridade social não se aplica a anterioridade mitigada**. Afinal, "anterioridade" é norma constitucional de "proteção" do contribuinte (princípio da não surpresa), e por óbvio que o contribuinte não quer ser protegido contra a lei porventura reduza o valor do seu tributo a pagar!

No âmbito das contribuições sociais destinadas à Seguridade Social, o Colendo STF entende que no caso específico de **norma legal alterando o prazo de recolhimento** da obrigação tributária não há sujeição ao princípio da anterioridade. Esse é o teor da Súmula Vinculante n. 50[93] (de idêntico teor ao da Súmula n. 669/STF), que exclui a modificação legal relativa à data de recolhimento de contribuições destinadas à Seguridade Social do princípio da nonagésima.

2.3.4.2. *Princípio da legalidade*

Entre os direitos e garantias individuais trazidos pela Norma Ápice de 1988, está, no inciso II do art. 5º, que "ninguém será obrigado a fazer ou deixar de fazer alguma coisa senão em virtude de lei".

A legalidade é princípio de observância obrigatória a toda Administração Pública, quer direta, quer indireta, de qualquer dos Poderes da União, Estados, Distrito Federal e Municípios, em conformidade com o art. 37 da CF/88.

---

[93] STF: Súmula Vinculante n. 50 – Norma legal que altera o prazo de recolhimento de obrigação tributária não se sujeita ao princípio da anterioridade.

Os contribuintes têm assegurado, na Seção II do Sistema Nacional Tributário, sob a rubrica "Das limitações do Poder de Tributar", o princípio da legalidade, que veda à União, aos Estados, ao Distrito Federal, aos Municípios exigir ou aumentar tributo sem lei que assim estabeleça.

As espécies normativas encontram-se no art. 59: I – emendas à Constituição; II – leis complementares; III – leis ordinárias; IV – leis delegadas; V – medidas provisórias; VI – decretos legislativos; VII – resoluções.

A **lei ordinária é a regra**, quando o assunto é a criação ou majoração de tributo.

O campo reservado pela Carta Política de 1988 às **leis complementares** é bem vasto em matéria tributária. Podemos citar:

- art. 148, empréstimos compulsórios;
- art. 153, VII, impostos sobre Grandes Fortunas;
- art. 154, I, impostos residuais;
- **art. 195, § 4º, contribuições residuais destinadas à Seguridade Social.**

À exceção desses, todos os outros tributos podem ser criados por intermédio de lei ordinária.

As medidas provisórias, após a edição da EC n. 32, de 2001, só poderão se prestar à instituição ou majoração de impostos (exceto os previstos nos arts. 153, I, II, IV, V, e 154, II) se forem convertidas em lei até o último dia do exercício em que foi editada (art. 62, § 2º).

A norma restringe, tão só, "impostos"; por corolário lógico, é possível a utilização de medidas provisórias para instituir ou majorar taxas, contribuições de melhorias e **contribuições sociais**.

Decretos presidenciais poderão ser utilizados (art. 153, § 1º) em se tratando de:

- imposto de importação de produtos estrangeiros;
- imposto de exportação, para o exterior, de produtos nacionais ou nacionalizados;
- imposto sobre produtos industrializados;
- imposto sobre operações de crédito, câmbio e seguro, ou relativas a títulos ou valores mobiliários.

Trata-se, como sempre lembram os doutrinadores, de aparente exceção ao princípio da legalidade, uma vez que, nos casos acima mencionados, estará livre o Poder Executivo para fixar alíquotas mediante decreto, desde que respeitadas as balizas estabelecidas pelo legislador ordinário.

O art. 75 do ADCT (Ato das Disposições Constitucionais Transitórias) possibilitava também ao Chefe do Poder Executivo reduzir, total ou parcialmente, as alíquotas da CPMF (por força do art. 90 do ADCT a CPMF vigeu até 31 de dezembro de 2007).

> **MEMORIZE**
>
> No que concerne às contribuições de Seguridade Social, basta lei ordiná-ria à sua criação. A exceção está no § 4º do art. 195 da CF, que possibilita a criação de **outras** contribuições sociais destinadas à seguridade social (além das hipóteses nominadas nos incisos I a IV do art. 195 da Constitui-ção); para tanto, exige o Texto Constitucional a observância ao disposto no art. 154, I, que impõe o manejo de veículo legislativo próprio, qual seja, a **lei complementar.**

Portanto, para criar a contribuição sobre hipótese nominada no Texto Supremo, por exemplo, "folha de salários" (art. 195, I, *a*, CF/88), exigível do empregador, empresa ou entidade equiparada, **basta a edição de lei ordinária**. Reservada à lei complementar estará somente a criação de contribuição de Seguridade Social não referida no Texto Constitucional, contribuição inédita, que o legislador é livre para criar, desde que respeite a espécie normativa de mais dificultosa aprovação: lei complementar.

A Reforma da Previdência de 2019 (EC n. 103) deu nova redação ao art. 149, § 1º, da CF, para possibilitar à União (U), aos Estados (E), ao Distrito Federal (DF) e aos Municípios (M) instituir, por meio de lei, contribuição previdenciária "ordinária" para custeio do respectivo **Regime Próprio**. Estabelece como sujeito passivo os servidores ativos, os aposentados e os pensionistas. A **novidade** trazida pela EC n. 103, de 2019, é que referida contribuição poderá ter **alíquotas progressivas** de acordo com o valor da base de contribuição ou dos proventos de aposentadoria e de pensões.

Com relação à contribuição dos aposentados e pensionistas em **regime próprio**, a regra é que a alíquota contributiva incidirá sobre o valor da parcela dos proventos de aposentadoria e de pensão que supere o limite máximo estabelecido para os benefícios do Regime Geral. Entretanto, outra **novidade** da Reforma da Previdência de 2019 foi a de permitir à União, aos Estados, ao Distrito Federal e aos Municípios fazer incidir a **contribuição ordinária** dos aposentados e pensionistas sobre **o valor dos proventos de aposentadoria e de pensões que supere o salário mínimo, quando demonstrada a existência de "***deficit*** atuarial"**.

Não sendo essa medida suficiente para equacionar o *deficit* **do regime próprio federal**, a EC n. 103, de 2019, autoriza a União a **instituir contribuição previdenciária extraordinária**, dos servidores públicos ativos, dos aposentados e dos pensionistas, para equacionar a deficiência financeira. A contribuição extraordinária deverá ser instituída simultaneamente com outras medidas para equacionamento do *deficit* e vigorará por período determinado.

2.3.4.2.a. *Princípio da legalidade. Principais embates judiciais*

Este item não guarda pertinência com os concursos de técnicos e analistas de tribunais e do INSS, mas é de suma importância aos candidatos dos demais cargos públicos (Magistratura Federal Comum e Trabalhista, MPT, AGU, DPU, Auditor Fiscal).

Remuneração – empresário e autônomos: do texto legal, art. 22, redação original da Lei n. 8.212/91, observava-se que a contribuição previdenciária incidia sobre "o total das remunerações pagas ou creditadas, a qualquer título, no decorrer do mês, aos segurados empregados, **empresários**, trabalhadores avulsos e **autônomos** que lhe prestem serviços".

Deve ser registrado que a permissão constitucional constante da **redação original** do art. 195, I, restringia-se à criação de contribuição exigível "dos **empregadores**, incidente sobre a folha de salários".

Daí adveio grande discussão, porque a Lei de Custeio (lei ordinária: Lei n. 8.212/91), que tinha amparo constitucional apenas para criar contribuição dos "empregadores" "sobre a folha de salários", instituiu cobrança de contribuição em face dos valores pagos pela empresa a "empresários, trabalhadores avulsos e autônomos" que prestassem, durante o decorrer do mês, serviços.

Os contribuintes questionaram a exação, aduzindo que inexiste relação empregatícia entre a empresa e os segurados autônomos e empresários, ante a inexistência de subordinação jurídica.

Aduziram, também, os contribuintes, que os valores percebidos pelos autônomos e empresários não integravam a "folha de salários". Concluíam, com isso, que a tributação era inconstitucional, por ter sido manejada em lei ordinária (Lei n. 8.212/91).

O STF considerou procedentes os argumentos lançados pelos contribuintes, ao apreciar as ADIns 1.102, 1.108 e 1.116/95, declarando inconstitucionais as expressões "empresários e autônomos" constante da lei ordinária, sob o enfoque de que a expressão constitucional "folha de salários" não contempla referidos sujeitos (empresários e autônomos), visto que ausente relação empregatícia prevista na legislação trabalhista.

Concluiu o Colendo STF pela impossibilidade da cobrança da contribuição social por parte das empresas com relação aos valores pagos aos empresários e autônomos sob o fundamento de que se tratava de contribuição nova, exigindo, assim lei complementar para satisfazer a exigência constitucional prevista no art. 195, § 4º.

Conforme registramos no tópico antecedente: **Princípio da Legalidade**, o legislador ordinário somente está autorizado a instituir contribuições em face das hipóteses previamente traçadas pelo constituinte no art. 195 da CF. Caso a pretensão da Administração Pública federal não encontre acolhida no art. 195 da CF, deverá valer-se de lei complementar, pois esse é o contorno ditado pelo art. 195, § 4º.

Em face do entendimento ofertado pelo Excelso Pretório, editou-se a Lei Complementar n. 84/96, que legitimou a cobrança da contribuição social sobre o *pro labore* aos administradores e a remuneração dos autônomos a partir de então.

As empresas somente restaram obrigadas a recolher a contribuição social sobre os valores pagos a autônomos, empresários e administradores com a vinda da Lei Complementar n. 84/96 ao mundo jurídico.

DO FINANCIAMENTO DA SEGURIDADE SOCIAL

Anote-se que redação do art. 195 da CF sofreu alteração em face da superveniência da EC n. 20, de 15 de dezembro de 1998:

"I – do empregador, da empresa e da entidade a ela equiparada na forma da lei, incidentes sobre:

a) a folha de salários e demais rendimentos do trabalho pagos ou creditados, a qualquer título, **à pessoa física que lhe preste serviço, mesmo sem vínculo empregatício**".

Em face da alteração constitucional, a Lei Complementar n. 84/96 restou recepcionada, pela EC n. 20/98, com *status* de lei ordinária, uma vez que o atual art. 195, I, *a*, supramencionado, estendeu as margens da tributação, de modo a alcançar "demais rendimentos pagos ou creditados, a qualquer título, à pessoa física que lhe (à empresa) preste serviço, mesmo sem vínculo empregatício".

Confira-se o atual texto do art. 22, III, da Lei n. 8.212/91: "A contribuição a cargo da empresa, destinada à Seguridade Social, é de: III – 20% sobre o total das remunerações pagas ou creditadas a qualquer título, no decorrer do mês, aos segurados contribuintes individuais que lhe prestem serviços" (inciso incluído pela Lei n. 9.876, de 1999).

Agentes políticos. Outro ponto polêmico vivenciado no Poder Judiciário em decorrência do manejo incorreto da espécie legislativa diz com relação aos valores pagos aos agentes políticos (vereadores, deputados estaduais e federais, senadores, prefeitos, governadores e presidente).

Os agentes políticos tiveram seu enquadramento previdenciário modificado com a publicação da Lei Ordinária n. 9.506, de 1997, que **extinguiu o Instituto de Previdência dos Congressistas (IPC)**.

A Lei n. 9.506, mediante o incremento da alínea *h* ao inciso I do art. 12 da Lei n. 8.212 e da alínea *h* ao art. 11 da Lei n. 8.213, ambas alíneas com texto idêntico, promoveu o enquadramento do **exercente de mandato eletivo federal, estadual ou municipal, desde que não vinculado a regime próprio** de previdência social, **como segurado obrigatório do RGPS, na categoria de empregado**.

Estampada ficou a insatisfação dos agentes políticos, em face dessa alteração legislativa, com a apresentação da Ação Direta de Inconstitucionalidade n. 3.073, requerida pelo Partido Democrático Trabalhista (PDT).

Alegou-se na referida ADIn, em síntese, que a Lei n. 9.506/97, ao alterar a redação da alínea *h* do inciso I do art. 12 da Lei n. 8.212/91 para estabelecer que os detentores de mandato eletivo são segurados da Previdência Social na condição de empregados, criou **nova figura** de contribuinte obrigatório, em ampliação imprópria do art. 195, I e II, da Constituição Federal, bem como instituiu nova fonte de custeio para a Seguridade Social por meio diverso da lei complementar, em ofensa ao art. 195, § 4º, e art. 154, I, também da Carta Constitucional.

DIREITO PREVIDENCIÁRIO PARA CONCURSOS

O Supremo Tribunal Federal, no julgamento do RE n. 351.717, consagrou a inconstitucionalidade dessa tributação, diante da sólida jurisprudência da corte no sentido da interpretação restritiva do termo "empregador e folha de salários", a permitir incidência de contribuição do trabalhador, considerado como tal aquele que presta serviço mediante vínculo de emprego. Logo, a Lei n. 9.506/97, art. 13, § 1º, ao instituir contribuição social sobre o subsídio de agente político, criou **fonte de custeio da seguridade social, sem observância da exigência constitucional de lei complementar**.

Entendeu o Colendo STF, no julgamento desse recurso extraordinário, que essa nova contribuição não incide sobre "a folha de salários, o faturamento e os lucros" (CF, art. 195, I, redação anterior à EC n. 20/98), por conseguinte, somente poderia ser instituída com observância da técnica da competência residual da União, inscrita no art. 154, I, *ex vi* do disposto no art. 195, § 4º, ambos da Constituição Federal.

O Senado Federal, em virtude de declaração de inconstitucionalidade em decisão definitiva do STF no Recurso Extraordinário n. 351.717, editou a Resolução SF n. 26, de 21 de junho de 2005, que suspende a execução da alínea *h* do inciso I do art. 12 da Lei Federal n. 8.212, de 24 de julho de 1991, acrescentada pelo § 1º do art. 13 da Lei Federal n. 9.506, de 30 de outubro de 1997.

Desse modo, os Municípios, Estados e Distrito Federal que não possuíam regime próprio de previdência deixaram de verter contribuição ao RGPS em face do pagamento feito aos parlamentares da respectiva esfera de governo.

Sensível a tal ocorrência, a União editou a Lei Ordinária n. 10.887/2004, que, já sob a vigência da EC n. 20/98, acrescentou a alínea *j* ao art. 12 da Lei n. 8.212/91 e ao art. 11 da Lei n. 8.213/91, dispondo como segurado obrigatório todo aquele que esteja exercendo mandato eletivo federal, estadual ou municipal, **desde que não vinculado a regime próprio** de previdência social.

O texto é exatamente o mesmo que o constante da Lei n. 9.506/97, divergindo tão só quanto ao aspecto cronológico. A Lei n. 9.506/97 é anterior à EC n. 20/98, logo segundo decidiu o STF, no recurso extraordinário acima noticiado, o art. 195, I, da CF, antes da EC n. 20/98, não dava suporte constitucional à norma ordinária.

Sob outro ângulo, após a EC n. 20/98, pode o legislador ordinário criar exação em face dos Municípios, Estados e Distrito Federal, tendo por base de cálculo o valor desembolsado aos ocupantes de cadeiras no legislativo respectivo, e de mandatos no executivo.

2.3.5. Imunidade – contribuições previdenciárias

No campo da **imunidade**, conhecida como isenção constitucionalmente qualificada, temos dois regramentos constitucionais alocadas no art. 195: o primeiro está no inciso II e o outro se encontra no § 7º.

Do inciso II, *in fine*, do art. 195 verifica-se: não incidindo contribuição sobre **aposentadoria e pensão** concedidas pelo regime geral de previdência social de que trata o art. 201.

Atenção I A imunidade nas contribuições previdenciárias se aplica apenas sobre os valores recebidos a título de aposentadoria e de pensão por morte. Assim, o aposentado que retorna ao trabalho remunerado é segurado obrigatório com relação aos rendimentos decorrentes desse trabalho (salário); os proventos de aposentadoria e de pensão são imunes à tributação.

Atenção II Aposentados e pensionistas do Regime Próprio de Previdência Social são sujeitos passivos da contribuição previdenciária (taxação dos inativos) sobre os valores que **superem o limite-teto** previsto no RGPS (INSS). *Vide* arts. 40, § 18, e 149, §§ 1º, 2º e 3º, da CF/88.

Novidade. Com relação à contribuição dos aposentados e pensionistas em **regime próprio**, a regra é de que a alíquota contributiva somente incidirá **sobre o valor da parcela** dos proventos de aposentadoria e de pensão **que supere o limite máximo estabelecido para os benefícios do Regime Geral**. Entretanto, a Reforma da Previdência de 2019 permitiu à União, aos Estados, ao Distrito Federal e aos Municípios fazer incidir a contribuição ordinária dos aposentados e pensionistas sobre **o valor dos proventos de aposentadoria e de pensões que supere o salário mínimo, quando demonstrada a existência de "*deficit* atuarial"**.

Determina o § 7º do art. 195: "São isentas de contribuição para a seguridade social as **entidades beneficentes de assistência social** que atendam às **exigências estabelecidas em lei**".

A isenção por estar localizada em norma constitucional expressa "imunidade tributária", entretanto, a entidade beneficente de assistência social (que atenda as exigências estabelecidas em lei) a despeito de ser imune às contribuições sociais de seguridade social, **deve proceder à retenção** da contribuição previdenciária devida por empregado, trabalhador avulso ou contribuinte individual que lhe preste serviço. E ainda **efetivar o recolhimento** dessas contribuições previdenciárias à Previdência.

De observar que no trato dos "impostos", assenta a norma constitucional (art. 150, VI, *c*)[94] ser vedada a instituição de impostos sobre o patrimônio, renda ou serviços (…) das **instituições de educação e de assistência social**, sem fins lucrativos, atendidos os requisitos da lei. Ao passo que o § 7º do art. 195 contempla imunidade de contribuições sociais apenas a **entidades beneficentes de assistência social** que atendam às exigências estabelecidas em lei, sem referenciar **instituições de educação**. Isso deve ser observado pelo candidato em questões objetivas, cujo enunciado seja focado no ditame constitucional.

---

[94] STF, Súmula n. 730 – A imunidade tributária conferida a instituições de assistência social sem fins lucrativos pelo art. 150, VI, *c*, da Constituição, somente alcança as entidades fechadas de previdência social privada se não houver contribuição dos beneficiários.

DIREITO PREVIDENCIÁRIO PARA CONCURSOS

Atenção A imunidade das contribuições sociais destinadas à Seguridade Social é regrada pela Lei Complementar n. 187, de 2021, que por sua vez define entidade beneficente de assistência social a pessoa jurídica de direito privado, sem fins lucrativos, que **tenha por finalidade prestação de serviços nas áreas** de assistência social, **saúde** ou **educação,** desde que devidamente certificadas nos termos previsto na própria LC n. 187.

Determina, ainda, a LC n. 187, de 2021, que a entidade beneficente de assistência social fará jus à não incidência das contribuições sociais a **contar da data da publicação da concessão de sua certificação** e, para tanto, é necessário que:

a) atendam, cumulativamente, aos seguintes requisitos:

I – não percebam seus dirigentes estatutários, conselheiros, associados, instituidores ou benfeitores remuneração, vantagens ou benefícios, direta ou indiretamente, por qualquer forma ou título, em razão das competências, das funções ou das atividades que lhes sejam atribuídas pelos respectivos atos constitutivos;

II – apliquem suas rendas, seus recursos e eventual superávit integralmente no território nacional, na manutenção e no desenvolvimento de seus objetivos institucionais;

III – apresentem certidão negativa ou certidão positiva com efeito de negativa de débitos relativos aos tributos administrados pela Secretaria Especial da Receita Federal do Brasil e pela Procuradoria-Geral da Fazenda Nacional, bem como comprovação de regularidade do Fundo de Garantia do Tempo de Serviço (FGTS);

IV – mantenham escrituração contábil regular que registre as receitas e as despesas, bem como o registro em gratuidade, de forma segregada, em consonância com as normas do Conselho Federal de Contabilidade e com a legislação fiscal em vigor;

V – não distribuam a seus conselheiros, associados, instituidores ou benfeitores seus resultados, dividendos, bonificações, participações ou parcelas do seu patrimônio, sob qualquer forma ou pretexto, e, na hipótese de prestação de serviços a terceiros, públicos ou privados, com ou sem cessão de mão de obra, não transfiram a esses terceiros os benefícios relativos à imunidade prevista no § 7º do art. 195 da Constituição Federal;

VI – conservem, pelo prazo de 10 (dez) anos, contado da data de emissão, os documentos que comprovem a origem e o registro de seus recursos e os relativos a atos ou a operações realizadas que impliquem modificação da situação patrimonial;

VII – apresentem as demonstrações contábeis e financeiras devidamente auditadas por auditor independente legalmente habilitado nos Conselhos Regionais de Contabilidade, quando a receita bruta anual auferida for superior ao limite fixado pelo inciso II do caput do art. 3º da Lei Complementar n. 123, de 14 de dezembro de 2006; e

DO FINANCIAMENTO DA SEGURIDADE SOCIAL

VIII – prevejam, em seus atos constitutivos, em caso de dissolução ou extinção, a destinação do eventual patrimônio remanescente a entidades beneficentes certificadas ou a entidades públicas.

Além das duas imunidades definidas no art. 195 a que nos reportamos (inciso II e § 7º), existe, por fim, a referida no art. 149, § 2º, I, da CF/88, ao dispor que **as contribuições sociais** (e as contribuições de intervenção no domínio econômico) **não incidirão sobre as receitas** decorrentes **de exportação**. Em face do termo "receitas", **apenas**[95] estão abrangidas pela imunidade as contribuições sociais de seguridade social da COFINS e do PIS, uma vez que calcadas no signo "receita" (arts. 195, I, *b*, e 239 da CF/88).

2.3.5.a. *Isenção – contribuições previdenciárias*

A isenção é tratada no Código Tributário Nacional, arts. 176 a 179, como hipótese legal de exclusão do crédito tributário. A Constituição Federal, no art. 150, § 6º, impõe a edição de "lei específica" para a concessão de qualquer subsídio, isenção, remissão ou anistia, eis a norma suprema:

> "Art. 150. Sem prejuízo de outras garantias asseguradas ao contribuinte, é vedado à União, aos Estados, ao Distrito Federal e aos Municípios: (...)
>
> § 6º Qualquer **subsídio ou isenção, redução de base de cálculo, concessão de crédito presumido, anistia ou remissão**, relativos a impostos, taxas ou **contribuições**, só poderá ser concedido mediante **lei específica**, federal, estadual ou municipal, que regule exclusivamente as matérias acima enumeradas ou o correspondente tributo ou contribuição, sem prejuízo do disposto no art. 155, § 2º, XII, *g*".

A lei deve tratar com exclusividade acerca de isenção da contribuição, de remissão do crédito previdenciário e de anistia das multas relativas às obrigações acessórias.

A Lei n. 8.212, de 1991, prevê isenções no art. 28, § 9º, asseverando que "não integram o salário de contribuição" diversas hipóteses, dentre elas, merecem destaque a não incidência contributiva sobre os valores pagos a título de benefícios da previdência social: auxílio-doença, auxílio-acidente, salário-família e auxílio-reclusão. Com relação a aposentadoria e pensão, não são passíveis de incidência contributiva por força da "imunidade" estabelecida no inciso II, parte final, do art. 195 da CF, anteriormente referida.

---

[95] As empresas-contribuintes pleitearam no Judiciário que a imunidade prevista no art. 149, § 2º, I, da CF/88 também afastasse a incidência da Contribuição Social sobre o Lucro Líquido (CSLL) e da Contribuição Provisória sobre Movimentação Financeira (CPMF) em **exportações**. Aos 12 de agosto de 2010, o STF, pelo seu plenário, apreciou em sede de repercussão geral os Recursos Extraordinários representativos da controvérsia acerca da exoneração tributária: REs 474132, 564413 e 566259, entendendo o guardião da constituição que a imunidade sobre receitas decorrentes de exportação **não abrange a CSLL e CPMF.**

Com relação ao benefício de salário-maternidade, essa prestação previdenciária não está acobertada nem por imunidade nem por isenção, desse modo, sobre o benefício de salário-maternidade há incidência de contribuição previdenciária. No entanto, a questão foi levada ao STF, que afastou a incidência "a cargo do empregador" (cota patronal) de contribuição sobre os valores pagos a título de salário-maternidade:

> **Tema 72 do STF.** Tese Firmada: É inconstitucional a incidência de contribuição previdenciária a cargo do empregador sobre o salário-maternidade.

Atenção Pelo Tema 72 do STF permanece a incidência de contribuição previdenciária devida pelo segurado durante o período de fruição do salário-maternidade, sendo devida, assim, a contagem do período de afastamento por motivo de maternidade (ou adoção) para efeito de aposentadoria. Essa questão será jugada pelo STF, Tema 1274.

No ano de 2019, por força da Medida Provisória n. 905, o benefício de seguro--desemprego tornou-se fato gerador de incidência da contribuição previdenciária, porém, referida MP n. 905 foi revogada pela MP n. 955, de 2020. Portanto, sobre o seguro-desemprego não há incidência de contribuição previdenciária.

2.3.5.b. *Reforma da Previdência. Moratória e parcelamento – Contribuições previdenciárias*

O § 11 do art. 195 da CF teve nova redação dada pela EC n. 103, de 2019, passando a dispor a vedação de moratória e de parcelamento em prazo superior a 60 (sessenta) meses e, na forma de lei complementar, a remissão e a anistia das contribuições sociais de Previdência.

Moratória e parcelamento são causas de suspensão da exigibilidade do crédito tributário relacionadas no art. 151, I e VI, do CTN. A moratória é bem explicitada pelo doutrinador Hugo de Brito Machado[96]:

> "Moratória é a dilatação do prazo para o pagamento de uma dívida, já vencida ou ainda por vencer, concedida pelo credor ao devedor. Com ela, o devedor obtém um novo prazo para a quitação da dívida, maior que o prazo original. Esse novo prazo pode ser para o pagamento de todo o débito, integralmente, ou podem ser concedidos novos prazos, sucessivos, para o pagamento da dívida em parcelas. Assim entendida a moratória, conclui-se que o parcelamento é, e sempre foi, uma de suas espécies".

A moratória de contribuições previdenciárias **restou vedada constitucionalmente**.

Os devedores de contribuições previdenciárias tiveram, por diversas vezes, a possibilidade de parcelar o débito pelos programas de refinanciamento criados nos últimos anos (por exemplo: Programa de Recuperação Fiscal – REFIS – Lei n. 9.964, de 2000; Parcelamento Especial – PAES – Lei n. 10.684, de 2003).

---

[96] MACHADO SEGUNDO, Hugo de Brito. *Manual de direito tributário*. 11. ed. São Paulo: Atlas, 2019.

DO FINANCIAMENTO DA SEGURIDADE SOCIAL

O parcelamento continua permitido, porém limitado constitucionalmente a número **máximo de sessenta prestações**. A Lei Complementar n. 104 incluiu o art. 155-A no CTN, dispondo que o parcelamento será concedido na forma e condição estabelecidas em lei específica, e, salvo disposição de lei em contrário, o parcelamento do crédito tributário não exclui a incidência de juros e multas (§ 1º).

2.3.5.c. *Anistia e remissão – Contribuições previdenciárias*

A anistia está prevista nos arts. 180 a 182 do CTN, e abrange exclusivamente as multas decorrentes de infrações cometidas anteriormente à vigência da lei que a concede.

A remissão está prevista no art. 172 do CTN, e possibilita a extinção do crédito tributário. Consiste no perdão legal ao contribuinte em débito para com o fisco.

No que tange à remissão e à anistia, o § 11 do art. 195 é **norma de eficácia limitada**, de tal modo que, enquanto não editada a lei complementar, esse dispositivo constitucional encontra-se desprovido de qualquer eficácia, não havendo, portanto, a "vedação". A legislação ordinária, no campo da **remissão ou anistia** de contribuições previdenciárias, apenas encontrará restrição quando vier ao mundo jurídico lei complementar fixando o numerário máximo passível de dispensa estatal. Por conseguinte, não editada a lei complementar, é livre a edição de lei ordinária concedendo remissão de débitos previdenciários, a exemplo do que fez a Lei n. 11.941, de 2009, que no art. 14 autoriza a remissão de débitos com a Fazenda Nacional de valor inferior a R$ 10.000,00 (dez mil reais).

2.3.6. **Prescrição e decadência**

Atenção O prazo de decadência e de prescrição das contribuições sociais de Seguridade Social **era** de 10 (dez) anos, por força dos arts. 45 e 46 da Lei n. 8.212/91, lei ordinária. Porém, em atenção à Súmula Vinculante n. 8 proferida pelo STF houve a declaração da inconstitucionalidade desse prazo diferenciado, pelo fato de a lei utilizada não ter sido lei complementar (art. 146, III, da CF/88).

> Súmula Vinculante n. 8: São **inconstitucionais** o parágrafo único do art. 5º do Decreto-Lei n. 1.569/77 e os arts. 45 e 46 da Lei n. 8.212/91, que tratam de prescrição e decadência de crédito tributário.

Portanto, em consonância com a decisão proferida pelo STF, o direito de Seguridade Social apurar e constituir seus créditos (decadência) se extingue **em 5 (cinco) anos**, bem como prescreve o direito de cobrar os créditos tributários constituídos decorrente de contribuições sociais **também em 5 (cinco) anos**.

Determina a Lei n. 11.417/2006, art. 4º, que a súmula com efeito vinculante tem eficácia imediata, mas o STF, por decisão de 2/3 (dois terços) dos seus membros, **poderá restringir os efeitos vinculantes** ou decidir que **só tenha eficácia a partir de outro momento**, tendo em vista razões de segurança jurídica ou de excepcional interesse público.

DIREITO PREVIDENCIÁRIO PARA CONCURSOS

Com supedâneo no art. 4º da Lei n. 11.417, o STF procedeu à **modulação de efeitos** da decisão de inconstitucionalidade proferida na Súmula Vinculante n. 8, assentando que a **repetição de indébito** somente é cabível para as ações ajuizadas até a data do julgamento dos recursos extraordinários que deram ensejo à edição da referida súmula.

> **MEMORIZE**
> O prazo de prescrição e de decadência das contribuições sociais de Seguridade Social é idêntico ao dos demais tributos federais, ou seja, é **de 5 (cinco) anos.**

`Atenção` No caso de contribuinte individual que pretenda contar, para fins de obtenção de benefício no RGPS (ou de contagem recíproca), tempo de atividade remunerada **alcançada pela decadência**, deverá **indenizar** o INSS. Significa dizer, o contribuinte individual é responsável pelo recolhimento de sua contribuição, se não honrar seu dever tributário e o Fisco não constituir o crédito da contribuição previdenciária no prazo de um lustro (cinco anos), não poderá o ente público promover executivo fiscal em face do contribuinte individual (CI), por outro lado, não poderá o CI contar esse tempo de atividade (no qual não houve contribuição) para efeito de obtenção de benefícios previdenciários, ressalvando a lei a possibilidade, por interesse exclusivo do CI, de "indenizar" a Previdência o valor das contribuições não pagas (acrescidas de juros e multa), para, satisfeito o pagamento da indenização, computar esse tempo para efeitos de proteção previdenciária.

2.3.7. Contribuições previdenciárias

Agora é centrar esforços nas contribuições previdenciárias, entendidas como tais as contribuições previstas no art. 195, I, *a*, e II, com a redação dada pela Emenda Constitucional n. 20:

> "Art. 195. (…)
> I – do empregador, da empresa e da entidade a ela equiparada na forma da lei, incidentes sobre:
> *a*) a folha de salários e demais rendimentos do trabalho pagos ou creditados, a qualquer título, à pessoa física que lhe preste serviço, mesmo sem vínculo empregatício;
> (…)
> II – do trabalhador e dos demais segurados da previdência social, podendo ser adotadas **alíquotas progressivas** de acordo com o valor do salário de contribuição, não incidindo contribuição sobre aposentadoria e pensão concedidas pelo RGPS".

> **MEMORIZE**
> As contribuições sociais devidas pelo empregador, da empresa e da entidade a ela equiparada na forma da lei, incidentes sobre a folha de salários (alínea *a* do inciso I do art. 195), também conhecidas por "cota patronal",

DO FINANCIAMENTO DA SEGURIDADE SOCIAL

> e as contribuições sociais devidas pelo trabalhador e demais segurados da previdência, constantes do inciso II, do art. 195, constituem as **contribuições previdenciárias**, porque, em consonância ao disposto no art. 167, XI, da CF, os recursos provenientes das referidas contribuições sociais são destinados integralmente ao pagamento de benefícios do regime geral de previdência social de que trata o art. 201.

Na legislação ordinária as contribuições previdenciárias correspondem às contribuições:

I – **devidas pelas empresas, incidentes sobre a remuneração** paga, devida ou creditada aos segurados e demais pessoas físicas a seu serviço, mesmo sem vínculo empregatício, arts. 22 e 22-A da Lei n. 8.212;

II – **devidas pelos empregadores domésticos, incidentes sobre o salário de contribuição** dos empregados domésticos a seu serviço, art. 24 da Lei n. 8.212 e **art. 34 da Lei Complementar n. 150**, de 2015;

III – **dos trabalhadores, incidentes sobre seu salário de contribuição**, arts. 20 e 21 da Lei n. 8.212;

IV – **das associações desportivas que mantêm equipe de futebol profissional**[97], incidentes **sobre a receita bruta decorrente dos espetáculos desportivos** de que participem em todo território nacional em qualquer modalidade desportiva, inclusive jogos internacionais, **e de qualquer forma de patrocínio**, licenciamento de uso de marcas e símbolos, publicidade, propaganda e transmissão de espetáculos desportivos, art. 22, §§ 6º ao 9º, da Lei n. 8.212;

V – **incidentes sobre a receita bruta proveniente da comercialização da produção rural**, arts. 25 e 25-A da Lei n. 8.212;

VI – de **Seguro de Acidentes do Trabalho** – SAT (GILRAT), art. 22, II, da Lei n. 8.212/91;

VII – o **adicional destinado ao custeio da aposentadoria especial** (GILRAT), art. 22, II, da Lei n. 8.212/91 e art. 57, §§ 6º e 7º, da Lei n. 8.213/91.

Responda[98]: (Analista-Tributário da Receita Federal do Brasil – ESAF – 2012) É vedada a utilização dos recursos provenientes das contribuições sociais do empregador incidentes sobre a folha de salários para a realização de despesas distintas das enumeradas na Constituição. Entre essas, veda-se a aplicação de recursos dessa origem:

(A) na cobertura dos eventos de doença, invalidez, morte e idade avançada.

(B) na proteção à maternidade, especialmente à gestante, nos termos da legislação pertinente.

---

[97] Equipe de futebol profissional que se organize na forma da Lei n. 9.615, de 24-3-1998.

[98] Resposta: C. Todas as demais alternativas estão previstas como hipótese de proteção previdenciária no art. 201 da CF.

Direito Previdenciário para Concursos

(C) no aporte de recursos à entidade de previdência, tendo em vista as prioridades estabelecidas na lei de diretrizes orçamentárias.

(D) na proteção ao trabalhador em situação de desemprego involuntário, como previsto na legislação respectiva.

(E) no pagamento de salário-família e auxílio-reclusão para os dependentes dos segurados de baixa renda.

2.3.7.1. *Da contribuição da empresa incidente sobre a folha de salários*

A regra matriz de incidência fixada pelo legislador constitucional, em face do empregador, da empresa e da entidade a ela equiparada, está prevista no art. 195, I, *a*, da CF/88.

A contribuição incide sobre a folha de salários e demais rendimentos do trabalho pagos ou creditados, a qualquer título, à pessoa física que preste serviço a empresa, **mesmo sem vínculo** empregatício (prestador de serviço pessoa física, além do empregado, também aquele sem vínculo empregatício: trabalhador avulso e **contribuinte individual**), conforme o escopo constitucional reproduzido acima.

Conhecida por **cota patronal**, a contribuição social da empresa sobre a folha de salários e demais rendimentos pagos no correr do mês encontra as especificações necessárias no art. 22 da Lei n. 8.212 (Lei de Custeio):

"Art. 22. A contribuição a cargo da empresa, destinada à Seguridade Social, além do disposto no art. 23, é de:

I – **vinte por cento** sobre **o total das remunerações** pagas, devidas ou creditadas a qualquer título, durante o mês, **aos segurados empregados e trabalhadores avulsos** que lhe prestem serviços, destinadas a retribuir o trabalho, qualquer que seja a sua forma, **inclusive as gorjetas**, os ganhos habituais sob a forma de utilidades e os adiantamentos decorrentes de reajuste salarial, **quer pelos serviços efetivamente prestados, quer pelo tempo** à **disposição do empregador** ou tomador de serviços, nos termos da lei ou do contrato ou, ainda, de convenção ou acordo coletivo de trabalho ou sentença normativa[99];

II – para o financiamento do benefício previsto nos arts. 57 e 58 da Lei n. 8.213, de 24 de julho de 1991, e daqueles concedidos em razão do **grau de incidência de incapacidade laborativa** decorrente dos **riscos ambientais do trabalho**, sobre o total das remunerações pagas ou creditadas, no decorrer do mês, aos segurados empregados e trabalhadores avulsos[100]:

a) 1% (um por cento) para as empresas em cuja atividade preponderante o **risco de acidentes** do trabalho seja considerado **leve**;

---

[99] Redação alterada pela Lei n. 9.876/99.
[100] Redação alterada pela MP n. 1.729/98 e convertida na Lei n. 9.732.

DO FINANCIAMENTO DA SEGURIDADE SOCIAL

b) 2% (dois por cento) para as empresas em cuja atividade preponderante esse **risco** seja considerado **médio**;

c) 3% (três por cento) para as empresas em cuja atividade preponderante esse **risco** seja considerado **grave**;

III – **vinte por cento** sobre o total das remunerações pagas ou creditadas a qualquer título, no decorrer do mês, **aos segurados contribuintes individuais** que lhe prestem serviços".

2.3.7.2. *Aspecto subjetivo*

2.3.7.2.a. Sujeito ativo da relação tributária

À União é reservada a competência tributária, que é indelegável[101]. A capacidade tributária para exigir o tributo é passível de delegação, fenômeno conhecido por "parafiscalidade". No que se refere às contribuições previdenciárias, até o ano de 2007 esteve delegada a capacidade tributária a outro ente público da Administração Federal, o INSS.

Com o advento da Lei n. 11.457/2007, pôs-se fim à **parafiscalidade** no trato das contribuições previdenciárias. Desde então, o órgão federal responsável por arrecadar, fiscalizar, lançar e normatizar o recolhimento das **contribuições previdenciárias é a Secretaria da Receita Federal do Brasil** (SRFB), órgão da administração direta subordinado ao Ministério da Fazenda.

Atenção A SRFB, por ser um órgão do governo federal, não possui capacidade para estar em juízo, por conseguinte apenas a União deve figurar no polo ativo ou passivo de ações judiciais que envolvam discussão acerca de contribuições previdenciárias.

2.3.7.2.b. Sujeito passivo da exação

A pessoa obrigada ao adimplemento da obrigação tributária, conforme a redação original do art. 195, I, da CF/88, eram os "empregadores".

A EC n. 20/98 atribuiu nova redação ao art. 195, I, *a*, agora temos o obrigado tributário caracterizado como **empregador, a empresa e a entidade a ela equiparada**.

Por força constitucional, tanto o empregador como o não empregador que remunerem pessoa física (prestadora de serviço) são, inquestionavelmente, sujeitos passivos desta contribuição.

A definição legal de "empresa" está contida no art. 15 da Lei n. 8.212, conceituando como firma individual ou a sociedade que assume o risco de atividade econômica urbana ou rural, **com fins lucrativos ou não, bem como os órgãos e entidades da**

---

[101]   CTN: Art. 7º A competência tributária é indelegável, salvo atribuição das funções de arrecadar ou fiscalizar tributos, ou de executar leis, serviços, atos ou decisões administrativas em matéria tributária, conferida por uma pessoa jurídica de direito público a outra, nos termos do § 3º do art. 18 da Constituição.

administração pública direta, indireta ou fundacional. Desse conceito percebe-se que inclusive a União, Estados, DF e Municípios, e as respectivas autarquias e fundações, são caracterizados como empresa, sempre que o ente público remunerar pessoa física enquadrada como segurado no Regime Geral de Previdência Social (como ocorre quando nomeiam pessoa para ocupar cargo exclusivamente em comissão).

O parágrafo único do art. 15 da Lei n. 8.212 **equipara a empresa**, para os efeitos de incidência da contribuição previdenciária:

a) o contribuinte individual em relação a segurado que lhe presta serviço. Exemplificação: advogado que trabalha por conta própria (portanto, contribuinte individual) é equiparado à empresa com relação à sua secretária (categoria: empregado) que possui no seu escritório;

b) **a pessoa física** na condição de **proprietário ou dono de obra** de construção civil, em relação a segurado que lhe presta serviço. Compreende-se como "proprietário" do imóvel, a pessoa física ou jurídica detentora legal da titularidade do imóvel; e por "dono de obra", a pessoa física ou jurídica, **não proprietária do imóvel**, investida na sua posse, na qualidade de promitente-comprador, cessionário ou promitente-cessionário de direitos, locatário, comodatário, arrendatário, enfiteuta, usufrutuário, ou outra forma definida em lei, no qual executa obra de construção civil diretamente ou por meio de terceiros. A pessoa física na qualidade de proprietário ou dono de obra será (por força da Lei n. 13.202) equiparada à empresa com relação aos prestadores de serviço pessoas físicas (trabalhadores contratados para edificação da obra: categoria empregado). O responsável pela obra de construção civil (proprietário ou dono de obra: pessoa física), por ser equiparado a empresa, fica obrigado a reter as contribuições previdenciárias decorrentes do pagamento a ser efetivado aos trabalhadores (segurados) e recolher ao Fisco Previdenciário juntamente com as contribuições a seu cargo (tomador de serviços = empresa), incidentes sobre a remuneração dos segurados utilizados na obra, desde que por ele diretamente contratados e remunerados;

c) bem como a **cooperativa** (cooperativa, tanto de produção como de serviço[102], é o resultado formal da união de diversos contribuintes individuais, com proveito comum, autonomia e autogestão para obterem melhor qualificação, renda, situação socioeconômica e condições gerais de trabalho, como ocorre com taxistas que se unem para formar cooperativa de prestação de serviços);

---

[102] De acordo com a Lei n. 12.690, de 2012, art. 4º, a Cooperativa de Trabalho pode ser:

I – de produção, quando constituída por sócios que contribuem com trabalho para a produção em comum de bens e a cooperativa detém, a qualquer título, os meios de produção; e

II – de serviço, quando constituída por sócios para a prestação de serviços especializados a terceiros, sem a presença dos pressupostos da relação de emprego.

DO FINANCIAMENTO DA SEGURIDADE SOCIAL

d) a associação ou entidade de qualquer natureza ou finalidade (exemplo: **condomínio de apartamentos ou casas**; operador portuário e o Órgão Gestor de Mão de Obra – OGMO);

e) a **missão diplomática** (pode ser temporária: visita de representantes de Estado estrangeiro ao nosso país, ou permanente: embaixadas);

f) e a **repartição consular** (criada para atender a interesses particulares de seus concidadãos em território estrangeiro) de carreira estrangeira.

MEMORIZE	
Empresa (art. 15 da Lei n. 8.212)	**"Equiparado" à empresa** (parágrafo único do art. 15 da Lei n. 8.212, com redação dada pela Lei n. 13.202/2015)
• firma individual ou a sociedade que assume o risco de atividade econômica urbana ou rural, **com fins lucrativos ou não, bem como os órgãos e entidades da administração pública direta, indireta ou fundacional.**	• **contribuinte individual** em relação a segurado que lhe presta serviço; • a pessoa física na condição de **proprietário ou dono de obra** de construção civil, em relação a segurado que lhe presta serviço; • **cooperativa;** • a associação ou entidade de qualquer natureza ou finalidade; • a **missão diplomática;** • **repartição consular.**

Cuidado: Empregador doméstico **não é empresa** nem mesmo é equiparado a empresa!

2.3.7.2.b.1. Contribuinte e responsável tributário

De anotar que o empregador, a empresa e a entidade a ela equiparada, revestem-se da qualidade jurídica de "contribuinte" da cota patronal, e, por força de lei, poderão também assumir a roupagem de "responsável" tributário.

O art. 121 do CTN define por contribuinte: a pessoa que tenha relação pessoal e direta com a situação que constitua o respectivo fato gerador, ao passo que por responsável entende-se a pessoa quando, sem revestir a condição de contribuinte, sua obrigação decorra de disposição expressa de lei.

A responsabilidade tributária deve decorrer de lei. Vamos, neste instante, discorrer sobre as situações legais que revelam a transferência do encargo tributário nas contribuições previdenciárias da pessoa do contribuinte para terceira pessoa, o responsável.

A Lei n. 8.212/91 determina no art. 30, I, *a*, que a empresa é obrigada a arrecadar e a recolher as contribuições previdenciárias devidas pelos segurados empregados e trabalhadores avulsos que lhe prestarem serviço, descontando-as da respectiva remuneração.

DIREITO PREVIDENCIÁRIO PARA CONCURSOS

O art. 33, § 5º, da Lei n. 8.212/91 prevê que o desconto de contribuição e de consignação legalmente autorizadas **sempre se presume feito oportuna e regularmente pela empresa** a isso obrigada, não lhe sendo lícito alegar omissão para se eximir do recolhimento, **ficando diretamente responsável pela importância** que deixou de receber ou arrecadou em desacordo com o disposto na Lei n. 8.212/91.

Logo, não há que se falar em execução fiscal de contribuição previdenciária em face de "empregados e trabalhadores avulsos", porque em caso de eventual inadimplemento da contribuição devida por eles, a lei elege a empresa como responsável tributário. A empresa, deixando de reter (descontar do contribuinte) ou de recolher (repassar ao Fisco Previdenciário) as contribuições previdenciárias devidas pelos empregados e trabalhadores avulsos (contribuintes), torna-se responsável pelo tributo, figurando como sujeito passivo da relação tributária.

As hipóteses de **responsabilidade solidária que merecem especial registro:**

a) nos termos da Lei n. 8.666/93, art. 71, § 2º: "A Administração Pública **responde solidariamente** com o contratado pelos **encargos previdenciários** resultantes da execução do contrato, nos termos do art. 31 da Lei n. 8.212, de 24 de julho de 1991". **Não confundir com as obrigações trabalhistas**, **cujo desfecho é diverso!** O art. 71, § 1º, da Lei n. 8.666 assevera que a **inadimplência do contratado, com referência aos encargos trabalhistas**, fiscais e comerciais, **não transfere à Administração Pública a responsabilidade por seu pagamento**. O TST havia editado o Enunciado n. 331, **que** no item IV **contrariava a lei**, estabelecendo a responsabilidade subsidiária dos órgãos da administração pública direta, das autarquias e das fundações públicas pelos encargos trabalhistas. Em face da postura jurisprudencial trabalhista, houve a interposição de Ação Declaratória de Constitucionalidade (ADCon), de n. 16, perante o STF, tendo a Suprema Corte afirmado, em dezembro de 2010, a constitucionalidade do § 1º do art. 71 da Lei n. 8.666. Ato contínuo, em maio de 2011, o TST deu nova redação à Súmula n. 331, adequando-a ao texto do § 1º do art. 71 da Lei n. 8.666/93;

b) de acordo com os ditames estabelecidos no art. 25-A da Lei n. 8.212/91, equipara-se ao **empregador** rural pessoa física **o consórcio simplificado de produtores rurais**, formado pela união de produtores rurais pessoas físicas, que outorgar a um deles poderes para contratar, gerir e demitir trabalhadores para prestação de serviços, exclusivamente, aos seus integrantes, mediante documento registrado em cartório de títulos e documentos. No § 3º desse art. 25-A verifica-se que os produtores rurais integrantes do **consórcio de empregadores rurais pessoas físicas** serão **responsáveis solidários** em relação às obrigações previdenciárias;

Do Financiamento da Seguridade Social

c) art. 30, IX, da Lei n. 8.212/91: as empresas que integram **grupo econômico** de qualquer natureza **respondem** entre si, **solidariamente**, pelas obrigações decorrentes desta Lei de Custeio;

d) art. 30, VI, da Lei n. 8.212/91: **o proprietário, o incorporador** definido na Lei n. 4.591, de 1964, **o dono da obra** ou condômino **da unidade imobiliária**, qualquer que seja a forma de contratação da construção, reforma ou acréscimo, **são solidários com o construtor**, e estes com a subempreiteira, pelo cumprimento das obrigações para com a Seguridade Social, ressalvado o seu direito regressivo contra o executor ou contratante da obra e admitida a retenção de importância a este devida para garantia do cumprimento dessas obrigações, **não se aplicando**, em qualquer hipótese, **o benefício de ordem**. O art. 30, VII, da Lei n. 8.212/91 **exclui da responsabilidade solidária** perante a Seguridade Social **o adquirente** de prédio ou unidade imobiliária **que realizar a operação com empresa de comercialização ou incorporador** de imóveis, **ficando estes solidariamente responsáveis com o construtor**.

Faz-se necessária a referência a situações de responsabilidade solidária **não mais vigentes**, mas que ainda incidências são lembradas em concursos públicos:

a) **Dizia** o art. 13 da Lei n. 8.620/93: o titular da firma individual e os **sócios das empresas por cotas de responsabilidade limitada respondem solidariamente, com seus bens pessoais**, pelos débitos junto à Seguridade Social. Trata-se de **texto revogado** pela Lei n. 11.941, de 2009. **Não mais vige referida regra**. De ver que, enquanto vigente sempre foi questionada judicialmente, **tendo o STF reconhecido a inconstitucionalidade formal (a matéria é reservada a lei complementar) e material (unificar os patrimônios das pessoas jurídica e física, nesse caso, compromete a garantia constitucional da livre-iniciativa) do art. 13 da Lei n. 8.620/93** na parte em que determinou que os sócios das empresas por cotas de responsabilidade limitada responderiam solidariamente, com seus bens pessoais, pelos débitos junto à Seguridade Social (RE 562.276/PR, Rel. Min. Ellen Gracie, julgado em 3-11-2010).

Fundamentos adotados pelo STF para declarar a inconstitucionalidade formal: "O art. 135, III, do CTN responsabiliza apenas aqueles que estejam na direção, gerência ou representação da pessoa jurídica e tão somente quando pratiquem atos com excesso de poder ou infração à lei, contrato social ou estatutos. Desse modo, apenas o sócio com poderes de gestão ou representação da sociedade é que pode ser responsabilizado, o que resguarda a pessoalidade entre o ilícito (má gestão ou representação) e a consequência de ter de responder pelo tributo devido pela sociedade. O art. 13 da Lei n. 8.620/93 não se limitou a repetir ou detalhar a regra de responsabilidade constante do art. 135 do CTN, tampouco cuidou de uma nova hipótese específica e distinta. Ao vincular à simples condição de sócio a obrigação de responder solidariamente pelos débitos da sociedade limitada perante a Seguridade Social, tratou a mesma situação genérica regulada pelo art. 135, III, do CTN, mas de modo diverso, incorrendo em inconstitucionalidade por violação ao art. 146, III, da CF" (exigência de manejo de lei complementar para dispor acerca de normas gerais de direito tributário).

Fundamentos adotados pelo STF para declarar a inconstitucionalidade material: "não é dado ao legislador estabelecer confusão entre os patrimônios das pessoas física e jurídica, o que, além de impor desconsideração *ex lege* e objetiva da personalidade jurídica, descaracterizando as sociedades limitadas, implica irrazoabilidade e inibe a iniciativa privada, afrontando os arts. 5º, XIII, e 170, parágrafo único, da Constituição".

b) **Dizia** o parágrafo único do art. 13 da Lei n. 8.620/93: os **acionistas controladores, os administradores, os gerentes e os diretores respondem solidariamente e subsidiariamente**, com seus bens pessoais, quanto ao inadimplemento das obrigações para com a Seguridade Social, por dolo ou culpa. Trata-se de **texto revogado** pela Lei n. 11.941, de 2009. Não mais vige referida regra.

2.3.7.3. *Aspecto temporal*

Ao efetuar o pagamento da remuneração devida à pessoa física que lhe presta serviço (empregados e não empregados) a empresa deve reter a contribuição por eles devida e recolhe juntamente com a contribuição social de sua responsabilidade (cota patronal), nos prazos e condições fixados na Lei n. 8.212.

A data de satisfação da obrigação tributária ora em comento, segundo a Lei de Custeio (art. 30, I, *b*, da Lei n. 8.212/91, com redação dada pela Lei n. 11.933/2009), deve ocorrer **até o dia 20 (vinte) do mês subsequente** ao da prestação do serviço.

Atenção Se não houver expediente bancário no dia 20, o recolhimento deverá ser efetuado até o dia útil imediatamente **anterior** (art. 30, § 2º, II, da Lei n. 8.212/91, inciso incluído pela Lei n. 11.933, de 2009).

2.3.7.4. *Fato gerador* in abstracto

O CTN esclarece no art. 114 que fato gerador da obrigação principal é a situação definida em lei como necessária e suficiente à sua ocorrência.

A hipótese de incidência (ou *Tatbestand*, no alemão) nas contribuições previdenciárias é **a prestação de serviço**, não voluntário (ou seja, não gracioso), por pessoa física, mesmo sem vínculo empregatício, à empresa. Esse é o momento no qual se opera o fato gerador desencadeador do crédito do fisco, a prestação do serviço.

Aplica-se à tributação da pessoa jurídica, para as contribuições destinadas ao custeio da seguridade social, calculadas com base na remuneração, o regime de

DO FINANCIAMENTO DA SEGURIDADE SOCIAL

competência. Assim, o tributo incide quando surge a obrigação legal de pagamento, independentemente se este irá ocorrer em oportunidade posterior (STF, RE 419.612 AgR, Rel. Min. Joaquim Barbosa, 2ª Turma, julgado em 1º-3-2011).

Atenção O fato gerador não é "pagar a remuneração" e sim "tomar serviço não gracioso de pessoa física" (regime de competência).

O mesmo raciocínio se aplica nas ações trabalhistas de que resultar o pagamento de direitos sujeitos à incidência de contribuição previdenciária. Nessas ações, **o juiz, sob pena de responsabilidade**, determinará o imediato recolhimento das importâncias devidas à Seguridade Social (art. 43 da Lei n. 8.212/91), considerando-se ocorrido o **fato gerador** das contribuições sociais **na data da prestação do serviço** (conforme § 2º do art. 43, incluído pela Lei n. 11.941, de 2009).

> CF: "Art. 114. Compete à Justiça do Trabalho processar e julgar: (...) VIII a execução, de ofício, das contribuições sociais previstas no art. 195, I, *a*, e II, e seus acréscimos legais, decorrentes das sentenças que proferir; (Incluído pela Emenda Constitucional n. 45, de 2004)".
>
> STF: "Súmula Vinculante n. 53 – A competência da Justiça do Trabalho prevista no art. 114, inciso VIII, da Constituição Federal alcança a execução de ofício das contribuições previdenciárias relativas ao objeto da condenação constante das sentenças que proferir e acordos por ela homologados".

2.3.7.5. *Aspecto espacial*

Como regra a legislação nacional tem aplicação restrita ao território brasileiro.

A prestação de serviço remunerado no Brasil gera a contribuição previdenciária (exação). Cite-se a título de ilustração o art. 12, I, *d*, da Lei n. 8.212/91, que estabelece ser segurado obrigatório, na qualidade de empregado, aquele que presta serviço no Brasil a missão diplomática ou a repartição consular de carreira estrangeira e a órgãos a ela subordinados, ou a membros dessas missões e repartições, **excluídos** o não brasileiro sem residência permanente no Brasil e o brasileiro **amparado pela** legislação **previdenciária do país** da respectiva missão diplomática ou repartição consular. Nessa situação, a missão diplomática ou a repartição consular de carreira estrangeira são equiparadas à empresa (art. 15, parágrafo único, da Lei n. 8.212/91). O mesmo se verifica (art. 12, I, *i*, da Lei n. 8.212/91) com o empregado de organismo oficial internacional ou estrangeiro em funcionamento no Brasil, **salvo** quando coberto por regime próprio de previdência social.

Porém, a Lei de Custeio (Lei n. 8.212/91) prevê hipóteses de extraterritorialidade, fazendo valer a lei brasileira na prestação de serviço que se realiza no exterior:

a) art. 12, I, *c*: "o brasileiro ou estrangeiro domiciliado e contratado no Brasil para trabalhar como empregado em sucursal ou agência de **empresa nacional no exterior**";

DIREITO PREVIDENCIÁRIO PARA CONCURSOS

b) art. 12, I, *e*: "o brasileiro civil que trabalha para a União, **no exterior**, em **organismos oficiais brasileiros** ou internacionais dos quais o Brasil seja membro efetivo, ainda que lá domiciliado e contratado, **salvo se** segurado na forma da legislação vigente do país do domicílio";

c) art. 12, I, *f*: "o brasileiro ou estrangeiro domiciliado e contratado no Brasil para trabalhar como empregado em empresa domiciliada **no exterior**, cuja **maioria do capital** votante **pertença a empresa brasileira** de capital nacional".

2.3.7.6. *Aspecto quantitativo*

2.3.7.6.a. *Base de cálculo*

Por base de cálculo da contribuição social previdenciária entende-se o valor sobre o qual incide a alíquota definida em lei para extração do montante a ser repassado aos cofres públicos.

> **MEMORIZE**
> Sobre as verbas com natureza remuneratória pagas pelas empresas aos empregados, há incidência de contribuição previdenciária. De outro lado, não incide contribuição sobre os valores pagos a título de indenização e de ressarcimento (reembolso de despesas).

Determina o art. 22 da Lei n. 8.212 que a base de cálculo da cota patronal corresponde ao **total das remunerações** pagas, devidas ou creditadas a qualquer título, durante o mês, **aos segurados empregados e trabalhadores avulsos** que lhe prestem serviços, destinadas a retribuir o trabalho, qualquer que seja a sua forma, **inclusive as gorjetas**, os ganhos habituais sob a forma de utilidades e os adiantamentos decorrentes de reajuste salarial, quer pelos serviços efetivamente prestados, quer pelo tempo à disposição do empregador ou tomador de serviços, nos termos da lei ou do contrato ou, ainda, de convenção ou acordo coletivo de trabalho ou sentença normativa.

Atenção "Gorjetas" compreendem-se no termo remuneração, mesmo sendo remuneração paga por terceiro, obriga a empresa a satisfazer a cota patronal sobre referido numerário.

Sobre o total das remunerações é que incide a alíquota contributiva. **A base de cálculo da cota patronal não encontra limitação**, decorre dessa afirmação que se a remuneração do empregado for de 50 mil reais, a contribuição previdenciária **devida pelo tomador de serviço** (empresa) terá por base de cálculo esse montante (a cota patronal que deverá ser recolhida aos cofres públicos será de R$ 10.000, equivalente a 20% de R$ 50.000).

Atenção Conforme será visto em tópico adiante, a base de cálculo da contribuição **devida pelos segurados** da previdência encontra limite máximo (art. 28, § 5º, da Lei n. 8.212). Desse modo, a cota patronal é apurada sem qualquer limitador, ao passo que a empresa ao reter (descontar) do segurado a seu serviço a contribuição previdenciária devida por este (empregado) deverá se atentar ao limite-teto do salário de contribuição.

De importância salutar é a disposição do § 2º do art. 22 da Lei de Custeio, ao dispor que não integram a remuneração as parcelas de que trata o § 9º do art. 28. Ao estudar o art. 28 da Lei n. 8.212/91, constata-se que discorre acerca do **salário de contribuição**, que é detalhado no art. 214 do Decreto Federal n. 3.048/91, dispositivo que apresenta **alto índice de questionamentos em concursos públicos** (*vide*, ainda, os arts. 33 e 34 da Instrução Normativa RFB n. 2.110, de 2022).

Salário de contribuição é a base de cálculo da contribuição previdenciária, que, como regra (esse é o desiderato da legislação tributária), corresponde a todos os valores pagos pela empresa à pessoa física prestadora de serviço.

Quando a admissão, a dispensa, o afastamento ou a falta do empregado **ocorrer no curso do mês**, o salário de contribuição **será proporcional** ao número de dias de trabalho efetivo.

Desse modo, **integram o salário de contribuição** (impõe-se, em decorrência disso, o dever de a empresa pagar a cota patronal sobre essas rubricas):

a) **férias gozadas**, estas correspondem ao período de repouso remunerado dos empregados, trabalhadores avulsos e empregados domésticos, e sobre o valor delas decorrente se faz incidir a contribuição previdenciária, determinação legal ratificada pela Jurisprudência do STJ (AgRg no REsp 1.240.038-PR, Rel. Min. Og Fernandes, julgado em 8-4-2014);

b) **adicional constitucional de férias fruídas**. Estatui o inciso XVII do art. 7º da CF que também é considerado parcela integrante do salário de contribuição. Logo, o empregado descansará 30 dias (férias) e receberá além da sua remuneração o acréscimo de 1/3; sobre esse valor total se fará incidir a contribuição previdenciária (cota patronal por parte da empresa, a contribuição do segurado, a ser descontada da remuneração do empregado pela empresa).

Tema 985/STF. Tese Firmada: É legítima a incidência de contribuição social sobre o valor satisfeito a título de terço constitucional de férias.

Atenção Em se tratando de **Regime Próprio** de Servidores Públicos, a conclusão dada pelo STF é oposta, ou seja, pela não incidência.

Tema 163/STF. Tese Firmada: Não incide contribuição previdenciária sobre verba não incorporável aos proventos de aposentadoria do servidor público, tais como terço de férias, serviços extraordinários, adicional noturno e adicional de insalubridade.

c) a **gratificação natalina** (décimo terceiro salário) integra o salário de contribuição (art. 28, § 7º, da Lei n. 8.212), **exceto para o cálculo do salário de benefício** (art. 29, § 3º, da Lei n. 8.213), sendo devida a contribuição quando do pagamento ou crédito da última parcela ou na rescisão do contrato de

DIREITO PREVIDENCIÁRIO PARA CONCURSOS

trabalho (**Súmula n. 688 STF: É legítima a incidência da contribuição previdenciária sobre o 13º salário**);

d) o valor do benefício de **salário-maternidade, que, aliás**, é o único benefício previdenciário que enseja o pagamento de contribuição previdenciária "**a cargo do segurado**". A questão afeta à incidência de contribuição previdência sobre o salário-maternidade a cargo do segurado teve a repercussão geral reconhecida pelo STF, ainda pendente de julgamento: Tema 1274 – Questão Controvertida: Constitucionalidade da incidência de contribuição previdenciária a cargo da empregada sobre o salário-maternidade pago pela Previdência Social (pendente de julgamento). Assim, enquanto não julgado o Tema 1274, permanece a incidência de contribuição previdenciária devida pelo segurado durante o período de fruição do salário-maternidade. Observação: Não incide "cota patronal" sobre os valores pagos a título de salário-maternidade, por força do entendimento firmado pelo STF no Tema 72 (É inconstitucional a incidência de contribuição previdenciária **a cargo do empregador** sobre o salário-maternidade);

e) **horas extras, adicionais noturno, de insalubridade e periculosidade** por possuírem caráter salarial, conforme sacramentado no Tema 687/STJ. Tese Firmada: As horas extras e seu respectivo adicional constituem verbas de natureza remuneratória, razão pela qual se sujeitam à incidência de contribuição previdenciária. (No mesmo sentido: Enunciado 60/TST[103].)

Esse rol é **meramente exemplificativo**, uma vez que a regra é a de que incide a contribuição previdenciária sobre todas as rubricas de valores pagos pela empresa à pessoa física prestadora de serviço.

Momento de expor algumas das hipóteses de não incidência constantes do art. 214 do Decreto n. 3.048/99, rubricas que não são consideradas base de cálculo, **não integram o salário de contribuição e, por corolário lógico, não repercutem no cálculo da futura aposentadoria do segurado**:

a) o valor dos benefícios pagos pela Previdência Social, exceto, como visto *supra*, o salário-maternidade (este é o único benefício previdenciário que o "segurado" sofre desconto de contribuição previdenciária). Com relação à aposentadoria e à pensão por morte há imunidade (não incidência estabelecida constitucionalmente no art. 195, II, parte final), em prol dos demais benefícios (auxílio-doença; auxílio-acidente; salário-família; auxílio-reclusão) há isenção fixada no art. 28, § 9º, I, da Lei n. 8.212 (por não haver incidência tributária o período de fruição desses benefícios não pode ser aproveitado para efeito de carência);

---

[103] Enunciado 60/TST: "I – O adicional noturno, pago com habitualidade, integra o salário do empregado para todos os efeitos".

DO FINANCIAMENTO DA SEGURIDADE SOCIAL

b) o auxílio-alimentação, inclusive na forma de tíquetes ou congêneres, vedado seu pagamento em dinheiro. Tema 244/TNU. Tese Firmada: I) Anteriormente à vigência da Lei n. 13.416/2017, o auxílio-alimentação, pago em espécie e com habitualidade ou por meio de vale-alimentação/cartão ou tíquete-refeição/alimentação ou equivalente, integra a remuneração, constitui base de incidência da contribuição previdenciária patronal e do segurado, refletindo no cálculo da renda mensal inicial do benefício, esteja a empresa inscrita ou não no Programa de Alimentação do Trabalhador – PAT; II) A partir de 11-11-2017, com a vigência da Lei n. 13.416/2017, que conferiu nova redação ao § 2º do art. 457 da CLT, somente o pagamento do auxílio-alimentação em dinheiro integra a remuneração, constitui base de incidência da contribuição previdenciária patronal e do segurado, refletindo no cálculo da renda mensal inicial do benefício, esteja a empresa inscrita ou não no Programa de Alimentação do Trabalhador – PAT;

c) importâncias recebidas a título de **indenização**. Sobre todos os valores pagos pela empresa sobre a rubrica de "indenização" não incidem contribuição previdenciária. Exemplos: (1) férias **indenizadas e respectivo adicional constitucional**, conforme determina o art. 28, § 9º, *d*, da Lei n. 8.212, inclusive o valor correspondente à dobra da remuneração de férias de que trata o art. 137 da CLT; (2) **indenização** compensatória de 40% do montante depositado no Fundo de Garantia do Tempo de Serviço; (3) **indenização** por tempo de serviço, anterior a 5 de outubro de 1988, do empregado não optante pelo Fundo de Garantia do Tempo de Serviço; (4) **indenização** por despedida sem justa causa do empregado nos contratos por prazo determinado, conforme estabelecido no art. 479 da Consolidação das Leis do Trabalho; (5) licença--prêmio **indenizada**; (6) indenização afeta à estabilidade da gestante, pode ocorrer de antes de a empregada grávida passar a usufruir o salário-maternidade ela seja despedida sem justa causa. Nesta situação, a empresa violou o direito à estabilidade da gestante, constante da alínea *b* do inciso II do art. 10 do ADCT (Ato das Disposições Constitucionais Transitórias). Poderá a empresa ser obrigada (na Justiça do Trabalho) a "indenizar" à ex-empregada todas as remunerações que seriam devidas desde a data da despedida sem justa causa até o quinto mês após o parto. Mesmo que seja decorrente do direito de estabilidade da gestante, esses valores possuem a natureza jurídica de indenização, portanto, não integram o salário de contribuição; (7) **outras indenizações**, desde que **expressamente previstas em lei (única exceção: aviso prévio indenizado**, sobre esse valor, desde a edição do Decreto n. 6.727, em 2009, incide a contribuição previdenciária);

d) a parcela recebida a título de **vale-transporte**, ainda que paga em dinheiro, limitada ao valor equivalente ao necessário para o custeio do deslocamento em transporte coletivo de passageiros (conforme RE 478.410/STF; Solução de Consulta Cosit n. 58, de 2020; Súmula n. 60/AGU: "Não há incidência de contribuição previdenciária sobre o vale-transporte pago em pecúnia, considerando o caráter indenizatório da verba"; Súmula n. 89/CARF: "A contribuição social previdenciária não incide sobre valores pagos a título de vale-transporte, mesmo que em pecúnia";

e) ajuda de custo, **em parcela única, recebida exclusivamente em decorrência de mudança de local de trabalho do empregado**, na forma do art. 470 da Consolidação das Leis do Trabalho;

f) as diárias para viagens (A Lei n. 13.467, de 2017, definiu que a verba "diárias para viagens" não é passível de incidência de contribuição previdenciária, ainda que o seu montante seja excedente a 50% da remuneração mensal do empregado);

g) **participação** do **empregado nos lucros** ou resultados da empresa, **quando paga** ou creditada **de acordo com lei** específica. A Lei n. 10.101, de 2000, é a lei específica, e não legitima essa rubrica se o pagamento não respeitar o disposto no § 2º: É vedado o pagamento de qualquer antecipação ou distribuição de valores a título de participação nos lucros ou resultados da empresa **em mais de 2 (duas) vezes no mesmo ano civil** e em **periodicidade inferior a 1 (um) trimestre civil**. Essa redação da Lei n. 10.101 foi dada pela **Lei n. 12.832, de 2013**, que antes vedava periodicidade inferior a um semestre civil (antes de 2013, distribuição de lucros duas vezes no ano, sendo em janeiro e junho não era possível, agora sim, pois estão em trimestres diferentes). Significa dizer, se houver "distribuição de lucros" todos os meses aos empregados da empresa, estará em desconformidade com a lei, e, por conseguinte, incidirá contribuição previdenciária sobre esse valor;

h) o abono do Programa de Integração Social/Programa de Assistência ao Servidor Público;

i) a importância paga ao empregado **a título de complementação** ao valor do auxílio por incapacidade temporária (antigo auxílio-doença), **desde que esse direito seja extensivo à totalidade dos empregados** da empresa;

j) o valor das contribuições efetivamente pago pela pessoa jurídica relativo a programa de previdência complementar privada, aberta ou fechada, **desde que disponível à totalidade de seus empregados** e dirigentes;

k) o valor relativo à assistência prestada por serviço médico ou odontológico, próprio da empresa ou com ela conveniado, inclusive o reembolso de despesas com medicamentos, óculos, aparelhos ortopédicos, despesas médico-hospitalares e outras similares (A Lei n. 13.467, de 2017, excluiu desta hipótese a ressalva: "**desde que a cobertura abranja a totalidade dos empregados** e

DO FINANCIAMENTO DA SEGURIDADE SOCIAL

dirigentes da empresa", por conseguinte, não haverá incidência de contribuição previdenciária ainda que a assistência prestada pela empresa não abranja a integralidade dos empregados);

l) o valor correspondente a **vestuários, equipamentos** e outros acessórios fornecidos ao empregado e **utilizados no local do trabalho** para prestação dos respectivos serviços;

m) os valores recebidos em decorrência da **cessão de direitos autorais**;

n) o **reembolso creche** pago **em conformidade com a legislação trabalhista**, observado o limite máximo de 5 (cinco) anos e 11 (onze) meses de idade da criança, quando devidamente comprovadas as despesas. Tema 338/STJ. Tese Firmada: O auxílio-creche funciona como indenização, não integrando o salário de contribuição para a Previdência. Inteligência da Súmula 310/STJ;

o) o reembolso-babá, **limitado ao menor salário de contribuição** mensal e **condicionado à comprovação do registro** na Carteira de Trabalho e Previdência Social da empregada, do pagamento da remuneração e do **recolhimento da contribuição previdenciária**, pago **em conformidade com a legislação trabalhista e observado o limite máximo de 5 (cinco) anos e 11 (onze) meses de idade da criança**.

Todas as parcelas supramencionadas, quando pagas ou creditadas **em desacordo com a legislação pertinente, integram o salário de contribuição** para todos os fins e efeitos, sem prejuízo da aplicação das cominações legais cabíveis. Esse é ponto de grande exploração em certames públicos. Por exemplo, os valores referentes à alimentação fornecida ao trabalhador não integram o salário de contribuição, **desde que** esse fornecimento se dê "de acordo" com o programa de alimentação estabelecido na legislação. Muita atenção em questões de concursos públicos, pois o examinador por vezes substitui a expressão "de acordo" por "em desacordo", tornando incorreta a assertiva, porque o fornecimento de, p. ex., alimentação em desconformidade com a lei transforma esses valores em salário de contribuição, fazendo incidir a contribuição previdenciária.

Abono pecuniário (abono de férias, art. 143 CLT). Não integram o salário de contribuição as importâncias recebidas a título de abono de férias consistente na faculdade atribuída ao empregado, pelo art. 143 da CLT, de converter 1/3 (um terço) do período de férias a que tiver direito em **abono pecuniário**, no valor da remuneração que lhe seria devida nos dias correspondentes.

Abono de férias previsto no art. 144 da CLT. Admite o art. 28, § 9º, *e*, item "6", a **não incidência** da contribuição previdenciária sobre os valores relativos ao abono de férias concedido pelo empregador, em virtude de cláusula do contrato de trabalho, do regulamento da empresa, de convenção ou acordo coletivo, **desde que não excedente** a 20 (vinte) dias do salário.

DIREITO PREVIDENCIÁRIO PARA CONCURSOS

Cuidado, sobre o abono de férias previsto no art. 144 da CLT, quando concedido em **valor superior** a 20 dias do salário, haverá a incidência da contribuição previdenciária.

Adicional constitucional de férias fruídas: Sobre o acréscimo de 1/3 sobre férias gozadas (inciso XVII do art. 7º da CF), houve a proclamação de **entendimento pacificado** no STF, STJ e TNU (Turma Nacional de uniformização)[104] no sentido de que nos **regimes próprios** não deve incidir contribuição previdenciária sobre o terço de férias do **servidor público** por se tratar de verba de natureza indenizatória, não extensível aos inativos (aposentados). Em razão desse posicionamento jurisprudencial, houve a edição da Lei n. 12.688, de 18 de julho de 2012, excluindo expressamente a incidência de contribuição previdenciária sobre o adicional de férias fruídas do servidor público integrante de Regime Próprio de Previdência.

No que se refere ao **aviso prévio indenizado**, por ser "indenizado", não integrava o salário de contribuição até o ano de 2009, quando o Poder Executivo mudou sua compreensão sobre essa rubrica (editando o Decreto n. 6.727/2009), passando a considerá-lo como verba passível de incidência de contribuição previdenciária[105]. Dessa mudança de entendimento da Administração Pública resultaram diversas ações judiciais, tendo o STJ no julgamento do REsp 1.230.957, julgado em 2014, na sistemática do art. 543-C do CPC/73 (multiplicidade de recursos), decidido pelo não cabimento da contribuição previdenciária, dando ganho de causa aos contribuintes. Desde então, a Administração Pública considera o aviso prévio indenizado parcela não integrante do SC (Nota PGFN/CRJ n. 485/2016; Parecer SEI n. 15.147/2020/ME; e Despacho n. 42/2021/PGFN-ME).

(Técnico Seguro Social – INSS – CESPE – 2016) Assinale Certo ou Errado:

(106) Bruna, empregada da empresa Vargas & Vargas Cia. Ltda., entrou em gozo de licença-maternidade. Nessa situação, haverá incidência da contribuição previdenciária sobre o valor recebido por Bruna a título de salário-maternidade.

---

104 RE-AgR 545317/DF. Rel: Min. GILMAR MENDES. j. 19-2-2008. Entendimento da TNU mantido por acórdão da 1ª Seção do STJ na PET n. 7.522/SE, Rel. Min. Hamilton Carvalhido, *DJ* 18-5-2010.

105 A justificativa dada pelo governo foi o fato de que a OJ/TST n. 82 assevera que: "A data de saída a ser anotada na CTPS deve corresponder à do término do prazo do aviso prévio", e o art. 487 CLT, § 1º, determina que: "A falta do aviso prévio por parte do empregador dá ao empregado o direito aos salários correspondentes ao prazo do aviso, garantida **sempre** a integração desse período no seu tempo de serviço", por serem considerados os 30 dias de aviso prévio, mesmo que indenizado, tempo de contribuição para efeitos de aposentadoria, deve sofrer a incidência de contribuição previdenciária.

106 Resposta: Certo. Art. 28, § 2º, da Lei n. 8.212/91. Observação: não é devida contribuição por parte dos EMPREGADORES (somente contribuição do empregado), conforme Tema 72/STF: É inconstitucional a incidência de contribuição previdenciária a cargo do empregador sobre o salário-maternidade.

DO FINANCIAMENTO DA SEGURIDADE SOCIAL

2.3.7.6.a.1. Base de cálculo diferenciada (Lei n. 13.202/2015: condutor autônomo de veículo rodoviário)

Dentre os segurados obrigatórios do RGPS, na categoria contribuinte individual, encontram-se as pessoas físicas: condutor autônomo de veículo rodoviário e auxiliares de condutor autônomo.

Conceituação. Por **condutor autônomo de veículo rodoviário** considera-se aquele que exerça atividade profissional **sem vínculo empregatício**, quando proprietário, coproprietário ou promitente comprador de um só veículo. Ele possui a faculdade, nos termos da Lei n. 6.094, de 1974, de ceder seu automóvel, **em regime de colaboração**, a no máximo dois outros profissionais, que serão denominados **auxiliares de condutor autônomo** de veículo rodoviário.

Contribuição previdenciária. À semelhança de todos os demais contribuintes individuais, sempre que o condutor autônomo, ou seus respectivos auxiliares, prestarem serviços a pessoa jurídica haverá a incidência de contribuição previdenciária a ser descontada pela empresa (tomadora de serviço), que deverá recolher aos cofres da Previdência juntamente com a contribuição a seu cargo.

Alíquotas. As alíquotas contributivas são exatamente as mesmas praticáveis em decorrência da prestação de serviço por qualquer contribuinte individual a tomador de serviços qualificado como pessoa jurídica. A empresa contratante do serviço responde por 20%, e deve reter a alíquota de 11%, devida pelo contribuinte individual, mas recolhida pelo tomador de serviço.

Base de cálculo. Este é o grande diferencial em face dos demais contribuintes individuais! O salário de contribuição do condutor autônomo de veículo rodoviário (**inclusive o taxista**), do auxiliar de condutor autônomo e do **operador de máquinas (serviços prestados com a utilização de trator, máquina de terraplenagem, colheitadeira e assemelhados)**, bem como do cooperado filiado a cooperativa de transportadores autônomos, conforme estabelecido no § 4º do art. 201 do Decreto Federal n. 3.048/99, **corresponde a 20% (vinte por cento) do valor bruto auferido pelo frete, carreto, transporte**, não se admitindo a dedução de qualquer valor relativo aos dispêndios com combustível e manutenção do veículo, ainda que parcelas a este título figurem discriminadas no documento fiscal.

A base de cálculo (salário de contribuição) é por regra o valor total da remuneração, no entanto, como exceção, em se tratando justamente de condutor autônomo de veículo rodoviário, e de seu respectivo auxiliar, a base de cálculo é reduzida pela Lei n. 13.202/2015, uma vez que dos valores recebidos, por esses profissionais, boa parte do numerário destina-se a satisfazer despesas com o veículo utilizado para prestação de serviços (combustível e manutenção das peças: pastilhas de freio, embreagem, polia da correia sincronizada, carburador, trocas de óleo e de filtros, pneus etc.). Diante desse contexto, a Lei n. 13.202 considera que do valor total cobrado a título de frete, transporte ou carreto, apenas 20% corresponde à efetiva remuneração pela 'prestação do serviço", tornando-se essa a base de cálculo da contribuição previdenciária.

DIREITO PREVIDENCIÁRIO PARA CONCURSOS

Para não confundir, imagine-se que uma empresa fez duas contratações no mês:

a) a primeira, relativa aos serviços de um advogado (contribuinte individual), para fornecer um parecer jurídico sobre determinada questão de interesse da empresa contratante. O valor cobrado pelo parecer foi de R$ 10.000,00;

b) a segunda contratação foi de um condutor autônomo de veículo rodoviário (contribuinte individual) para transportar os empregados da empresa para local no qual haveria determinada solenidade de premiação. O valor cobrado pelo transporte foi de R$ 10.000,00.

A primeira contratação revela a situação típica (comum, ordinária), na qual toda vez que empresa toma serviço de contribuinte individual, deve contribuir com a alíquota de 20% sobre o **valor total da remuneração** (no exemplo dado, a cota patronal será de R$ 2.000,00, equivalente a 20% dos dez mil reais pagos). Ficará a empresa ainda responsável pela retenção da contribuição devida pelo contribuinte individual, de 11% sobre o valor da remuneração, respeitado o teto máximo contributivo. Assim, deverá descontar no ato do pagamento dos dez mil reais a contribuição devida pelo prestador de serviço, de 11% do teto máximo (em 2016 o valor do teto era de R$ 5.189,82), equivalente a R$ 570,79. Resumo: cota patronal = R$ 2.000,00 e contribuição do CI retida R$ 570,79.

Conquanto se mantenha a relação jurídica de empresa tomando serviços de CI, na segunda contratação há alteração do cenário contributivo. A **base de cálculo** (Lei n. 13.202/2015) deverá corresponder a 20% do valor do transporte (atenção: nesta hipótese a base de cálculo não será o valor total da remuneração!). Assim a base de cálculo será de R$ 2.000,00 (equivalente a 20% de R$ 10.000,00). Definida a base de cálculo, próximo passo é aplicar a alíquota contributiva, que da empresa é de 20% sobre os dois mil reais, que resultará R$ 400,00 a título de cota patronal. No ato do pagamento dos dez mil reais contratados, dever-se-á reter 11% sobre o montante de R$ 2.000,00, tendo por resultado R$ 220,00. Resumo: coata patronal = R$ 400,00 e contribuição do CI retida R$ 220,00.

Em suma, a atenção do candidato deve centrar-se na "base de cálculo", que não corresponde ao valor total da remuneração, mas sim a 20% do valor da nota fiscal, fatura ou recibo, quando esses serviços forem prestados por condutor autônomo de veículo rodoviário, auxiliar de condutor autônomo de veículo rodoviário, bem como por operador de máquinas.

De arremate, anote-se que além da contribuição previdenciária, o condutor autônomo de veículo rodoviário, o auxiliar de condutor autônomo e o cooperado filiado à cooperativa de transportadores autônomos estão sujeitos ao pagamento da contribuição para o Serviço Social do Transporte (Sest) e para o Serviço Nacional de Aprendizagem do Transporte (Senat). Estas (Senat e Sest) trata-se de contribuição social geral (não destinadas à seguridade social).

STF. Tema 1123. Tese Firmada: "São inconstitucionais o Decreto n. 3.048/99 e a Portaria MPAS n. 1.135/01 no que alteraram a base de cálculo da contribuição previdenciária incidente sobre a remuneração paga ou creditada a transportadores autônomos, devendo o reconhecimento da inconstitucionalidade observar os princípios da congruência e da devolutividade".

2.3.7.6.b. Alíquota

A empresa é obrigada a pagar sua contribuição previdenciária conforme as seguintes alíquotas:

I – **Cota patronal:** de 20%, **como regra**, sobre o total das remunerações: (a) pagas, devidas ou creditadas, a qualquer título, no decorrer do mês, aos segurados empregados e trabalhador avulso; (b) ou retribuições pagas ou creditadas no decorrer do mês ao segurado contribuinte individual.

II – **Adicional de cota patronal:** a título de SAT (Seguro Acidente do Trabalho) deve a empresa contribuir (sobre a mesma base de cálculo referida na letra a do item anterior) com a alíquota de 1%, 2% ou 3%, conforme a atividade preponderante da empresa apresente risco de acidentes do trabalho considerado **leve, médio ou grave**, respectivamente. Haverá, ainda, a incidência do Fator Acidentário de Prevenção (FAP), que fará elevar ou reduzir as alíquotas contributivas do SAT.

III – **Adicional de cota patronal:** para **financiamento de aposentadoria especial**, cujas alíquotas serão acrescidas de 12%, 9%, 6%, conforme a atividade exercida pelo segurado a serviço da empresa permita a concessão de aposentadoria especial após 15, 20, ou 25 anos de contribuição, respectivamente. Adicional instituído pela Lei n. 9.732, de 1998.

2.3.7.6.b.1. Instituições financeiras

Exceção ao item I acima, são as instituições financeiras que, além dos 20% devidos pelas empresas em geral, devem satisfazer a alíquota adicional de 2,5%, em atenção ao disposto no art. 22, § 1º, da Lei n. 8.212/91, totalizando sua cota patronal na alíquota de 22,5%:

> "Art. 22. (...)
> § 1º No caso de **bancos** comerciais, bancos de investimentos, bancos de desenvolvimento, **caixas econômicas**, **sociedades de crédito**, financiamento e investimento, sociedades de crédito imobiliário, sociedades corretoras, **distribuidoras de títulos e valores mobiliários**, empresas de **arrendamento mercantil**, cooperativas de créditos, empresas de seguros privados e de capitalização, agentes autônomos de **seguros privados** e de crédito e **entidades de previdência privada abertas e fechadas**, além das contribuições referidas neste artigo e no art. 23, é devida a contribuição **adicional de 2,5%** (dois inteiros e cinco décimos por cento) sobre a base de cálculo definida no inciso I deste artigo".

A alíquota diferenciada é cabível em se tratando de empresa qualificada como "instituição financeira", essa é a regra. No entanto, do § 1º transcrito, verifica-se que as empresas enquadradas como entidades abertas e fechadas de previdência complementar (EAPC e EFPC) também terão de satisfazer a alíquota do tributo (cota patronal) alicerçada em 22,5%.

Em se tratando de EAPC, está em consonância com a regra (instituição financeira), porque as EAPC são constituídas unicamente sob a forma de sociedades anônimas (art. 36 da LC n. 109), visando ao lucro, geralmente bancos ou seguradoras que oferecem tanto planos individuais como coletivos. As EAPC integram o Sistema Financeiro Nacional, e são fiscalizadas pela Superintendência de Seguros Privados (SUSEP), órgão subordinado ao Ministério da Fazenda.

Por outro lado, as EFPC não são instituições financeiras, revestem-se da roupagem de fundação ou de sociedade civil sem fins lucrativos (art. 8º, parágrafo único, da LC n. 108, e art. 31, § 1º, da LC n. 109), abrangem os fundos de pensão que oferecem exclusivamente planos coletivos acessíveis a partir do vínculo empregatício ou associativo. É exceção à regra. Entretanto, o legislador expressamente arrolou as entidades fechadas de previdência privada como empresa que terá a alíquota da cota patronal majorada de 22,5%.

Importante anotar que essa alíquota contributiva diferenciada foi alvo de embates judiciais, que se pacificaram após o Poder Constituinte Derivado Reformador, por intermédio da Emenda Constitucional n. 20/98, ter acrescentado o § 9º ao art. 195, de modo a constitucionalizar a desigualdade de tratamento **em razão** não só **da atividade econômica** (possibilitando o adicional ora em comento em face das instituições financeiras), como também em face da **utilização intensiva de mão de obra**, do **porte da empresa** ou da **condição estrutural do mercado de trabalho**.

Com relação ao período anterior à EC n. 20/98, as instituições financeiras restaram derrotadas no Poder Judiciário em 2018, tendo o STF, ao julgar o Tema n. 470, firmado a Tese de Repercussão Geral: "**É constitucional** a contribuição adicional de 2,5% (dois e meio por cento) sobre a folha de salários instituída **para as instituições financeiras** e assemelhadas pelo art. 3º, § 2º, da Lei 7.787/1989, **mesmo considerado o período anterior à Emenda Constitucional 20/1998**".

2.3.7.6.b.2. Serviços prestados por cooperativa de trabalho

Estava a empresa obrigada, conforme preceitua a Lei de Custeio no art. 22, IV, a contribuir para com a Previdência mediante o recolhimento de **15% sobre o valor bruto da nota fiscal** ou fatura de prestação de serviços, relativamente a serviços que lhe são prestados por cooperados por intermédio de **cooperativas de trabalho**.

Ocorre que o inciso IV do art. 22 da Lei n. 8.212 encontra-se suspenso por força da Resolução n. 10, de 2016, do Senado Federal: "Art. 1º É suspensa, nos termos do art. 52, inciso X, da CF, a execução do inciso IV do art. 22 da Lei n. 8.212, de 1991, declarado inconstitucional por decisão definitiva proferida pelo STF nos autos do Recurso Extraordinário n. 595.838".

Do Financiamento da Seguridade Social

O STF, em 2014, **julgou inconstitucional a contribuição prevista no art. 22, IV, da Lei n. 8.212/91**. A decisão foi tomada no julgamento do RE 595.838, de relatoria do Ministro Dias Toffoli, com repercussão geral reconhecida (vincula a Administração Pública). Entendeu o STF que o inciso IV do art. 22 foi instituído por lei ordinária e que representa nova fonte de custeio (não alicerçada nas hipóteses definidas nos incisos I a IV do art. 195 da CF), sendo certo que somente poderia ter sido instituída por **lei complementar**, com base no art. 195, § 4º, do Texto Constitucional.

> **STF. Tema 166. Tese Firmada:** É inconstitucional a contribuição previdenciária prevista no art. 22, IV, da Lei 8.212/1991, com redação dada pela Lei 9.876/1999, que incide sobre o valor bruto da nota fiscal ou fatura referente a serviços prestados por cooperados por intermédio de cooperativas de trabalho.

Registrada a inconstitucionalidade e consequente suspensão do dispositivo legal (art. 22, IV, da Lei n. 8.212), observe-se a diferenciação entre cooperativa[107] de "trabalho" e de "produção". Por cooperativa de trabalho compreende-se a união firmada entre profissionais liberais (contribuintes individuais – CI) com a finalidade de prestarem serviços a terceiros, sem a presença dos pressupostos da relação de emprego, por exemplo, serviços médicos, taxistas, técnicos de informática. Cooperativa de produção consiste na união estabelecida entre profissionais liberais (CI) com a finalidade de contribuírem com trabalho para a produção em comum de bens e a cooperativa detém, a qualquer título, os meios de produção, por exemplo, cooperativa de marceneiros, de artesãos etc.

A primeira observação que deve captar o leitor é a de que a alíquota de 15% prevista no inciso IV do art. 22 (declarada inconstitucional) somente era devida pela empresa tomadora de serviços quando a pessoa prestadora de serviços fosse cooperativa de **trabalho**.

Caso a empresa adquira produtos de uma cooperativa de produção, não deve pagar nenhum valor a título de cota patronal, porque não incide contribuição previdenciária nessa relação, por dois motivos: (1º) não houve prestação de serviço (a contribuição previdenciária incide apenas em face de remuneração decorrente de prestação de serviço); (2º) não incide contribuição previdenciária na relação jurídica existente entre empresa e outra empresa, a contribuição previdenciária apenas existe se o prestador de serviço for pessoa física (comportava essa regra apenas uma exceção, cuando o prestador de serviço fosse cooperativa de trabalho).

2.3.8. Retenção – Lei n. 9.711/98 – art. 31 da Lei n. 8.212/91

Reafirmando tudo que fora dito, a empresa é obrigada a pagar contribuição previdenciária sempre que tomar serviços (não graciosos) de pessoa física. Desse modo, se uma empresa (tomadora de serviços) contrata outra empresa para prestar serviços,

---

[107] Lei n. 12.690, de 2012.

DIREITO PREVIDENCIÁRIO PARA CONCURSOS

não há incidência de cota patronal, não incide contribuição previdenciária nessa relação. Essa é a regra. Regra que comportava uma exceção, estudada no tópico anterior, quando a empresa prestadora de serviço fosse cooperativa de trabalho, nessa situação a empresa contratante (tomadora de serviço) deveria pagar à Previdência cota patronal de 15% sobre o valor da nota fiscal ou fatura de prestação de serviço. Todavia, o STF declarou inconstitucional a contribuição de 15% prevista no inciso IV do art. 22 da Lei n. 8.212/91 e o Senado Federal suspendeu a eficácia desse inciso IV com a Resolução n. 10, de 2016.

Agora é estudar o fenômeno da terceirização de mão de obra, que consiste justamente na contratação de uma empresa para prestar serviços de limpeza, conservação e zeladoria; vigilância e segurança; empreitada de mão de obra; contratação de trabalho temporário na forma da Lei n. 6.019, de 3-1-1974, entre outros.

Diante do fato de não incidir cota patronal nessa contratação, as empresas (tomadoras de serviço) passaram a não ter empregados nessas atividades (limpeza, conservação, segurança), passaram a optar por terceirizar esses serviços, contratando **empresa cedente de mão de obra**.

Diante desse fenômeno social, a legislação previdenciária foi alterada com o advento da Lei n. 9.711, de 1998, que atribuiu às empresas tomadoras de serviços a responsabilidade de **reter** a contribuição devida pela empresa cedente de mão de obra.

Note-se, a empresa contratante não deve pagar cota patronal, deve, desde a edição da Lei n. 9.711/98, proceder à retenção da contribuição devida pela empresa prestadora de serviços à Previdência. Essa retenção é efetivada pela alíquota de 11%.

Vamos à atual redação do art. 31 da Lei n. 8.212/91:

> "Art. 31. A empresa contratante de serviços executados mediante cessão de mão de obra, inclusive em regime de trabalho temporário, **deverá reter 11%** (onze por cento) do valor bruto da nota fiscal ou fatura de prestação de serviços e recolher, **em nome da empresa cedente da mão de obra**, a importância retida até o dia 20 (vinte) do mês subsequente ao da emissão da respectiva nota fiscal ou fatura, ou até o dia útil imediatamente **anterior** se não houver expediente bancário naquele dia, observado o disposto no § 5º do art. 33 desta Lei." (*Redação dada pela Lei n. 11.933, de 2009.*)

A partir da Lei n. 9.711, atribuiu-se à empresa contratante de serviços executados mediante cessão de mão de obra a obrigação de **reter** 11% (onze por cento) do **valor bruto da nota fiscal** ou fatura de prestação de serviços e recolher a importância retida à Previdência **em nome da empresa cedente da mão de obra**.

Atenção É de crucial importância que o candidato entenda a diferença entre a situação ora tratada em comparação à da empresa que contrate empregados ou contribuintes individuais para prestarem o mesmo serviço (por exemplo, serviço de segurança ou de limpeza):

DO FINANCIAMENTO DA SEGURIDADE SOCIAL

a) a empresa que **contrata empregados ou contribuintes individuais (CI)** para prestar-lhe serviço, mediante o pagamento total de remunerações correspondente ao valor de R$ 100.000,00. A empresa tomadora de serviços deverá pagar contribuição previdenciária em nome próprio (por se tratar de contribuição da empresa tomadora de serviço: cota patronal), no valor total de R$ 20.000,00 (vinte mil reais), equivalente a 20% sobre o total das remunerações feitas a pessoas físicas prestadoras de serviço (art. 22, I e III, da Lei n. 8.212/91). Portanto, os serviços prestados por pessoas físicas sem vínculo com ou sem empregatício custarão para a empresa **R$ 120.000,00** (cento e vinte mil reais), sendo 100 mil a título de remuneração aos empregados ou CI pelo serviço prestado, e 20 mil reais à Previdência (cota patronal);

b) por outro lado, se a empresa **contratar uma pessoa jurídica cedente de mão de obra (terceirização)** para prestar os mesmos serviços, e o total da nota fiscal corresponda ao valor de 100 mil reais. A empresa tomadora de serviços deverá **reter** a alíquota de 11% e recolher essa contribuição em nome da empresa prestadora de serviço (porque se trata de contribuição da empresa cedente de mão de obra), no valor de R$ 11.000,00 (onze mil reais), equivalente a 11% sobre o total da nota fiscal (art. 31 da Lei n. 8.212/91). Portanto, esse serviço prestado pela empresa cedente de mão de obra custará para a empresa tomadora de serviço **R$ 100.000.00** (cem mil reais), sendo R$ 89.000,00 pagos diretamente à empresa cedente de mão de obra pelo serviço prestado e R$ 11.000,00 à Previdência (contribuição da empresa prestadora do serviço).

Em suma, a alíquota de retenção fixada pelo art. 31 da Lei n. 8.212/91 incide sobre o valor bruto da nota fiscal. Deverão os 11% ser destacados na nota fiscal ou fatura de prestação de serviços, e recolhidos pela empresa tomadora do serviço aos cofres públicos **em nome da empresa cedente da mão de obra**.

Obviamente, a empresa cedente de mão de obra (prestadora de serviço) possui empregados, e deverá efetivar sua contabilidade como qualquer outra empresa, e pagar à Previdência a cota patronal devida em face da remuneração que paga aos seus empregados.

Os valores retidos na forma do art. 31 da Lei n. 8.212/91 serão **compensados** pela empresa cedente da mão de obra, quando do recolhimento das contribuições destinadas à Seguridade Social devidas sobre a folha de pagamento dos segurados a seu serviço.

Para melhor compreensão, com base no exemplo dado no item "b" *supra*, a empresa tomadora de serviço foi obrigada a reter 11% do valor da nota. Dos cem mil reais (valor total da nota fiscal) devem ser retidos R$ 11.000,00 (onze mil reais) pela empresa tomadora e serem recolhidos à Previdência Social em nome da empresa prestadora de serviço. Significa dizer que a empresa cedente de mão de obra receberá da tomadora do serviço R$ 89.000,00 (oitenta e nove mil reais). Os onze mil reais foram recolhidos à Previdência em nome da empresa cedente dos serviços de limpeza, que não fica desobrigada de calcular, e compensar, o valor das contribuições destinadas à Seguridade Social, devidas sobre a folha de pagamento dos segurados a seu serviço. Caso a empresa cedente de mão de obra apure o total de R$ 12.000,00 (doze mil reais) como devido à Previdência, ela apenas irá recolher o valor de R$ 1.000,00, pois já houve em seu nome o recolhimento de onze mil reais. De outro lado, caso seja apurado em sua contabilidade que o valor efetivamente devido é de R$ 10.000,00 (dez mil reais), a lei determina que **na impossibilidade de haver compensação integral** na forma do parágrafo anterior, **o saldo remanescente será objeto de restituição** (art. 31, § 2º, da Lei n. 8.212/91).

A jurisprudência do STJ exclui da sistemática da retenção dos 11% (ora estudada, prevista no art. 31 da Lei n. 8.212/91) as empresas optantes do Simples. **Súmula n. 425/STJ:** "A retenção da contribuição para a seguridade social pelo tomador do serviço não se aplica às empresas optantes pelo Simples".

2.3.9. Contribuição do SAT – Seguro de Acidentes do Trabalho (GILRAT/RAT)

Contribuição previdenciária devida pela empresa, enquanto tomadora de serviços de "empregados e de trabalhadores avulsos", o Seguro de Acidentes do Trabalho (SAT) encontra previsão legal no art. 22, II, da Lei n. 8.212/91.

Além da cota patronal, de 20% (como regra, e de 22,5%, exceção, se for instituição financeira), a empresa deve **também** contribuir **com as alíquotas de 1%, 2% ou 3%** sobre o total da **folha de salários** (montante total das remunerações pagas, devidas ou creditadas a empregados e trabalhadores avulsos) para o SAT.

Do inciso II do art. 22 da Lei n. 8.212/91 constava unicamente a contribuição para o SAT, mas referido inciso sofreu alteração, passando a prever ao lado do SAT outra contribuição previdenciária: o adicional para aposentadoria especial. Essas duas contribuições passaram a ser denominadas na doutrina como **GILRAT**, que significa contribuição previdenciária devida em razão do **G**rau de incidência de **I**ncapacidade **L**aborativa decorrente de **R**isco **A**mbiental do **T**rabalho. Outros denominam apenas de **RAT** (contribuições decorrentes do Risco Ambiental do Trabalho).

A contribuição do **SAT é de 1%, 2% ou de 3%**, alíquota definida conforme o **risco de acidentes do trabalho** na atividade desempenhada pela empresa seja **considerado leve, médio ou grave**, respectivamente.

A alíquota do SAT é definida conforme o **CNAE** da empresa: Classificação Nacional de Atividades Econômicas. Por exemplo (a exibição que segue não é para ser decorada, apenas compreendida!): o CNAE: 0133-4/09 corresponde ao cultivo de maracujá, e para essa atividade econômica é estabelecida (pelo Decreto Federal n. 3.048/99) a alíquota de 1%; para a atividade de criação de peixes ornamentais em água salgada e salobra (CNAE: 0321-3/04), a alíquota estabelecida é de 2%; e, ainda para efeito de mera ilustração, a atividade de construção de edifícios (CNAE: 4120-4/00) tem a alíquota de 3%.

DO FINANCIAMENTO DA SEGURIDADE SOCIAL

A empresa deve pagar a contribuição do SAT com base numa **única alíquota**, ainda que desempenhe mais de uma atividade econômica. Toda vez que a empresa desempenhar mais de uma atividade econômica, enquadradas pelo Decreto n. 3.048/99 em alíquotas diferentes, deve se utilizar da alíquota correspondente à **atividade preponderante**.

`Atenção` Considera-se preponderante a atividade que ocupa, na empresa, o **maior número de segurados** empregados e trabalhadores avulsos.

> **MEMORIZE**
>
> Súmula n. 351 do STJ: A alíquota de contribuição para o Seguro de Acidente do Trabalho (SAT) é aferida pelo grau de risco desenvolvido em cada empresa, individualizada pelo seu CNPJ, ou pelo grau de risco da atividade preponderante quando houver apenas um registro.

Conforme visto anteriormente, uma empresa que atue na área de construção de edifícios terá a alíquota de 3% relativa ao SAT, porque o Decreto enquadra essa atividade como de risco grave de acidentes do trabalho. Perceba-se que as empresas que atuem nesse ramo terão a alíquota definida pela atividade (construção de edifícios), pouco importando, para esse enquadramento, se uma suposta empresa "A" faça elevados investimentos na prevenção de acidentes do trabalho (e nunca tenha ocorrido acidentes com seus empregados), e que outra (empresa "B") nada investe em prevenção (e possua índices recordes de acidentes com seus empregados). Ambas são tratadas da mesma forma no enquadramento da alíquota (de 1%, 2% ou de 3%). A subsunção na norma dá-se apenas pela atividade econômica, não pela atuação concreta da empresa.

`Atenção` A atuação (ou inação) da empresa na prevenção de risco de acidente do trabalho é apreciada pelo **Fator Acidentário de Prevenção** (FAP). As alíquotas do SAT (de 1%, 2% ou de 3%) serão reduzidas em até 50% ou aumentadas em até 100%, em razão do **desempenho da empresa** em relação à sua respectiva atividade, aferido pelo FAP.

Portanto, empresas que atuem na atividade de construção de edifícios, terão a alíquota do SAT estabelecida em 3% (risco grave), mas a alíquota para efetivo pagamento sofrerá a relativização do FAP, que poderá reduzi-la **em até** 50% (de 3% para **até** 1,5%), ou elevá-la em até 100% (de 3% até 6%), a depender de desempenho concreto da empresa na prevenção de acidentes do trabalho.

O FAP é apurado conjugando-se os índices de **frequência** (a quantidade de benefícios incapacitantes deferidos a empregados e trabalhadores avulsos da empresa), **gravidade** (a somatória, expressa em dias, da duração do benefício incapacitante. Se o empregado ficou apenas 30 dias afastado do trabalho é menos grave em comparação a acidente no qual o trabalhador veio a óbito) e **custo** (o total da despesa financeira dada à Previdência), segundo metodologia aprovada pelo Conselho Nacional de Previdência Social (CNPS).

DIREITO PREVIDENCIÁRIO PARA CONCURSOS

Atenção A empresa **NÃO** paga SAT sobre a remuneração de **contribuintes individuais**! Mas apenas sobre a remuneração total (sem qualquer limitador-teto) dos empregados e trabalhadores avulsos a seu serviço. E, tratando-se de contribuição da empresa, **nada é descontado (retido) do empregado/trabalhador avulso**.

Seguro de Acidente do Trabalho – SAT		
Base de cálculo: valor total pago, devido ou creditado a título de remuneração a todos os empregados e trabalhadores avulsos da empresa		
Alíquota (%): conforme o risco de acidentes do trabalho seja considerado leve, médio ou grave		
1ª etapa da apuração % com base no CNAE da empresa (anexo V do Decreto Federal n. 3.048/99)	2ª etapa, aplicação do FAP (em razão do desempenho da empresa na prevenção/ocorrência de acidentes de trabalho)	
	redução de até 50%, podendo chegar a:	aumento de até 100%, podendo chegar a:
1% (risco leve)	0,5%	2%
2% (risco médio)	1%	4%
3% (risco grave)	1,5%	6%

2.3.10. Contribuição adicional de aposentadoria especial (GILRAT)

Contribuição previdenciária devida pela empresa, enquanto tomadora de serviços de "empregados e de trabalhadores avulsos". Prevista legalmente no art. 22, II, da Lei n. 8.212/91 e no art. 57, § 6º, da Lei n. 8.213/91, essa contribuição é devida sempre que o empregado/trabalhador avulso trabalhar exposto a agentes físicos, químicos ou biológicos prejudiciais à saúde (ou à integridade física).

Além da cota patronal, de 20% (como regra, e de 22,5%, exceção, se for instituição financeira), a empresa deve **também** contribuir com o SAT (analisado no tópico anterior) sobre o total da **folha de salários** (montante total das remunerações pagas, devidas ou creditadas a empregados e trabalhadores avulsos), e, **AINDA**, com a contribuição previdenciária adicional de aposentadoria especial, **sempre que** tiver empregados ou trabalhadores avulsos que trabalhem em atividades especiais (prejudiciais à saúde).

A exposição do trabalhador a atividades prejudiciais à saúde autoriza, de um lado, o direito ao trabalhador de aposentar-se com menor tempo (que oscila de 25 anos, 20 anos ou 15 anos de atividade); e, de outra toada, impõe o dever tributário de a empresa (tomadora de serviços) pagar a contribuição adicional de **12%, 9% ou 6%**, conforme a atividade exercida pelo segurado a serviço da empresa permita a concessão de **aposentadoria especial após quinze, vinte ou vinte e cinco anos** de contribuição, respectivamente.

Por exemplo, a empresa que expõe seu empregado (ou trabalhador avulso) ao agente agressivo ruído (superior a 85 decibéis) prejudica a saúde do trabalhador (conforme definido no Decreto Federal n. 3.048/99). Este terá direito de se aposentar após

DO FINANCIAMENTO DA SEGURIDADE SOCIAL

25 anos de exercício dessa atividade, e, em contrapartida, quem expôs a saúde do trabalhador (empresa) deverá pagar à Previdência todos os meses 6% sobre o valor da remuneração paga/devida/creditada ao empregado/trabalhador avulso (contribuição adicional de aposentadoria especial).

Atenção A empresa **NÃO** paga esse adicional sobre a remuneração devida a **contribuintes individuais**! Esse acréscimo incide **exclusivamente** sobre a remuneração (sem qualquer limitador-teto) do segurado nas categorias empregado e trabalhador avulso a seu serviço, desde que sujeito às condições especiais. **E, tratando-se de contribuição da empresa, nada é descontado (retido) da remuneração** do empregado/trabalhador avulso.

Exceção: A única exceção trazida na lei refere-se ao contribuinte individual **quando fizer parte de uma cooperativa de trabalho ou de produção**. Além do empregado e do trabalhador avulso **apenas esse contribuinte individual** (que integre cooperativa de trabalho e de produção) possui direito a aposentadoria especial (se trabalhar exposto a agentes prejudiciais à saúde, é claro!). Desse modo, a lei determina que haja contribuição previdenciária (adicional de aposentadoria especial), a ser paga pela empresa, toda vez que remunerar contribuinte individual integrante de cooperativa. A Lei n. 10.666/2003 contempla a **alíquota diferenciada de 9%, 7% ou 5% em se tratando de contribuinte individual que preste serviço por intermédio de cooperativa de trabalho**. Em se tratando de contribuinte individual em cooperativa de produção, a alíquota é a comum: 12%, 9% ou 6%, conforme se assegure o direito à aposentadoria especial aos 15, 20 ou 25 anos de exposição ao agente nocivo à saúde.

2.3.11. Cota patronal substitutiva

Pode-se afirmar, em apertada síntese, que a contribuição previdenciária devida pela empresa consiste:

a) na cota patronal de 20% (como regra, e de 22,5%, exceção, se for instituição financeira) sobre a remuneração paga/devida/creditada a empregados e a trabalhadores avulsos (art. 22, I, Lei n. 8.212/91);

b) no adicional de cota patronal, denominada GILRAT (art. 22, II, Lei n. 8.212/91), **que consiste em duas diferentes contribuições**: (I) do SAT (sempre devida) sobre o total da **folha de salários** (montante total das remunerações pagas, devidas ou creditadas a empregados e trabalhadores avulsos); e, **AINDA**, (II) contribuição previdenciária **adicional de aposentadoria especial, DESDE QUE** tenha empregados ou trabalhadores avulsos que trabalhem em atividades especiais (prejudiciais à saúde);

c) na cota patronal de 20% (como regra, e de 22,5%, exceção, se for instituição financeira) sobre a remuneração paga/devida/creditada a contribuintes individuais (art. 22, III, Lei n. 8.212/91).

Há situações legais, no entanto, em que a lei substitui a contribuição mencionada nos itens "a" e "b" acima (incisos I e II do art. 22 da Lei n. 8.213/91) por outra forma

133

DIREITO PREVIDENCIÁRIO PARA CONCURSOS

de incidência. A cota patronal será paga de outra maneira, uma vez que o legislador encontrou outra forma de melhor garantir o recolhimento da contribuição.

Atenção Não há contribuição substitutiva com relação ao item "c" acima referido (art. 22, III, da Lei n. 8.212/91): remuneração paga/devida/creditada a contribuintes individuais.

A cota patronal substitutiva de maior incidência em concursos públicos é a da **associação desportiva que mantém equipe de futebol profissional**, contida no § 6º do art. 22 da Lei n. 8.212/91.

> **MEMORIZE**
>
> A contribuição empresarial da associação desportiva que **mantém equipe de futebol profissional** destinada à Seguridade Social, **em substituição à prevista nos incisos I e II** do art. 22 da Lei n. 8.212/91, corresponde a **5% da receita bruta, decorrente dos espetáculos desportivos** de que participem em todo território nacional em qualquer modalidade desportiva, inclusive jogos internacionais, **e de qualquer forma de patrocínio**, licenciamento de uso de marcas e símbolos, publicidade, propaganda e de transmissão de espetáculos desportivos.

Primeira observação, a associação desportiva que mantém equipe de futebol profissional **NÃO** paga contribuição previdenciária **sobre a remuneração** de seus empregados e trabalhadores avulsos. O motivo é que essa contribuição foi **SUBSTI-TUÍDA** por outra forma de incidência.

Segunda informação, considera-se **clube de futebol profissional** a associação desportiva que mantenha equipe de futebol profissional, filiada à federação de futebol do respectivo Estado, **ainda que mantenha outras modalidades desportivas**, e que seja organizada na forma da Lei n. 9.615, de 1998.

A cota patronal SUBSTITUTIVA da associação que mantém equipe de futebol profissional é de 5% a incidir sobre:

a) **receita bruta, decorrente dos espetáculos desportivos** de que participem em todo território nacional em qualquer modalidade desportiva, inclusive jogos internacionais;

b) **de qualquer forma de patrocínio**, licenciamento de uso de marcas e símbolos, publicidade, propaganda e de transmissão de espetáculos desportivos.

O dever de recolher essa contribuição não é da associação desportiva. A lei atribui o dever de reter e recolher:

a) **à entidade promotora**, considerada como tal a federação, a confederação ou a liga responsável pela organização do evento, assim entendido o jogo ou a partida, isoladamente considerado;

b) **à empresa ou entidade patrocinadora**, assim considerada aquela que destinar recursos à associação desportiva que mantém equipe de futebol profissional

DO FINANCIAMENTO DA SEGURIDADE SOCIAL

a título de patrocínio, licenciamento de uso de marcas e símbolos, publicidade, propaganda e transmissão de espetáculos desportivos.

Dessa feita, cabe à entidade promotora do espetáculo a responsabilidade de efetuar o desconto de 5% da receita bruta decorrente dos espetáculos desportivos e o respectivo recolhimento à Previdência Social, **no prazo de até dois dias úteis após a realização do evento**.

Sendo, por igual, obrigação da empresa ou entidade patrocinadora proceder à retenção da contribuição previdenciária (5%) no momento de destinar recursos à associação desportiva, e repassar o valor retido à Previdência na mesma data de recolhimento normal de suas contribuições.

Exemplificando: a associação desportiva Santos Futebol Clube mantém equipe de futebol profissional. Essa associação desportiva possui empregados: atletas (do futebol masculino e feminino, e de outras modalidades: vôlei, basquete etc.), treinadores, médicos, auxiliares, pessoal próprio da limpeza, da segurança etc. No final do mês, ao remunerar seus empregados, não irá pagar nada à Previdência a título de cota patronal sobre a remuneração de seus empregados. Deverá, obviamente, reter a contribuição devida pelos seus empregados à Previdência, e recolhê-la ao Fisco. Retornando a cota patronal, em todo e qualquer jogo de futebol em que participar o Santos (tanto a equipe de futebol, como a de vôlei, basquete etc.) sobre o resultado da bilheteria se fará incidir 5%, sendo **o responsável tributário a entidade promotora do evento desportivo**, que deverá recolher esse valor retido ao Fisco Previdenciário no **prazo máximo de dois dias úteis após o evento**. A Associação Desportiva Santos possui patrocinadores, que estampam, por exemplo, o nome de suas marcas nas camisas dos atletas. Muitos jogos nos quais o "peixe" participa são televisionados. A **empresa patrocinadora**, bem como a que adquire os direitos de transmissão, devem reter e recolher ao Fisco a contribuição equivalente a 5% do valor ajustado a título de patrocínio ou de transmissão.

Vamos à próxima hipótese de cota patronal substitutiva, relativa à cota patronal do empregador rural pessoa física.

Do art. 25 da Lei n. 8.212/91 verifica-se que **a contribuição do empregador rural pessoa física**, em **substituição** à contribuição de que tratam os incisos I e II do art. 22 da Lei n. 8.213/91, é de **1,2%** da receita bruta proveniente da comercialização da sua produção (redação dada pela **Lei n. 13.606, de 2018**)[108].

Outra hipótese de substituição prevista na lei que merece destaque é a contribuição devida pela **agroindústria**, definida como tal o produtor rural pessoa jurídica cuja atividade econômica seja a industrialização de produção própria ou de produção própria e adquirida de terceiros. **Em substituição** às contribuições previdenciárias previstas nos incisos I e II do art. 22 da Lei n. 8.212/91, a agroindústria contribuiu da

---

[108] Anote-se que, antes dessa atual redação do art. 25 dada em 2018 pela Lei n. 13.606, o STF, no julgamento do RE 363.852 (decisão proferida pelo Plenário em 3-2-2010), declarou inconstitucional a contribuição substitutiva do empregador rural pessoa física prevista no art. 25 da Lei n. 8.212 **na redação dada pela Lei n. 9.528, de 1997.**

DIREITO PREVIDENCIÁRIO PARA CONCURSOS

seguinte maneira: 2,5% sobre o valor da receita bruta proveniente da comercialização da produção (substitui o inciso I do art. 22 da Lei n. 8.212/91), e de 0,1% sobre a mesma base de cálculo (que substitui a GILRAT: SAT e adicional de aposentadoria especial).

2.3.12. Contribuição devida pelo empregador doméstico

Empregador doméstico é a pessoa ou família que admite sem finalidade lucrativa, no âmbito residencial, pessoa física a seu serviço de forma contínua, subordinada, onerosa e pessoal, **por mais de** 2 (dois) dias por semana.

O empregador doméstico tem o dever, na qualidade de responsável tributário, de reter (descontar) do pagamento do seu empregado doméstico a alíquota de 7,5%, 9%, 12% ou 14% (de contribuição previdenciária, **a cargo do segurado empregado doméstico**, nos termos do art. 28 da EC n. 103/2019) e recolher ao Fisco Previdenciário.

Cabe realçar que o empregador doméstico além de atuar como responsável tributário também é sujeito passivo da contribuição sobre a folha de salário (denominada cota patronal), porém por não ser equiparado à empresa, não contribui com alíquotas e base de cálculos referidas no art. 22 da Lei n. 8.212/91.

O tomador de serviços domésticos tinha até o ano de 2015 sua previsão contributiva prevista unicamente no art. 24 da Lei n. 8.212/91, que **estabelecia** a **alíquota única de 12%** (doze por cento) do salário de contribuição do empregado doméstico a seu serviço.

No ano de 2015 foi editada a Lei Complementar n. 150 com o intento de dar concretude às disposições contidas no parágrafo único do art. 7º da Constituição Federal, na redação atribuída pela Emenda Constitucional n. 72, de 2013, que ampliou direitos trabalhistas e previdenciários em prol dos trabalhadores domésticos.

Desde então, a contribuição previdenciária do empregador doméstico deve seguir a forma estabelecida no art. 34 da Lei Complementar n. 150, de 2015, que trouxe o "simples doméstico", **documento único de arrecadação** pelo qual deverá recolher os valores retidos do seu empregado doméstico juntamente com as contribuições previdenciárias **(cota patronal)** a seu cargo, nos termos do art. 24 da Lei n. 8.212, de 1991, com a redação dada pela Lei n. 13.202, de 2015:

- **8% (oito por cento) de contribuição patronal** previdenciária para a seguridade social, a cargo do empregador doméstico;
- **0,8% (oito décimos por cento)** de contribuição social para financiamento do seguro contra acidentes do trabalho – **SAT**.

Nesse documento único também deverá promover o recolhimento de verbas não previdenciárias: 8% (oito por cento) destinado ao FGTS do trabalhador doméstico; 3,2% (três inteiros e dois décimos por cento), na forma do art. 22 desta LC n. 150 (destinada ao pagamento da indenização compensatória da perda do emprego, sem justa causa ou por culpa do empregador); e imposto sobre a renda retido na fonte de que trata o inciso I do art. 7º da Lei n. 7.713, de 1988, se incidente.

DO FINANCIAMENTO DA SEGURIDADE SOCIAL

Atenção Desde a LC n. 150, de 2015, o empregador doméstico teve a sua alíquota da contribuição previdenciária reduzida de 12% para 8% que deve ser acrescida da **alíquota invariável de 0,8% do SAT** (não se aplicam as alíquotas do inciso II do art. 22, nem mesmo há incidência do fator acidentário de prevenção – FAP, uma vez que, reiterando, empregador doméstico não é equiparado à empresa).

2.3.13. Contribuição devida pelos segurados

É chamado para compor a relação de custeio o segurado da Previdência Social, nos moldes definidos na autorização constitucional, art. 195, II.

Os segurados da previdência dividem-se em **obrigatórios e facultativos**.

Os obrigatórios compreendem cinco categorias: empregado, trabalhador avulso, empregado doméstico, contribuinte individual e segurado especial.

Segurado facultativo é aquele que, não enquadrado no rol de segurados obrigatórios, por livre escolha faz contribuições mensais para o RGPS, com vistas à percepção futura de benefícios previdenciários.

Tendo em vista o **conceito de tributo** ditado no art. 3º do CTN, como toda prestação pecuniária **compulsória**, as contribuições vertidas pelo segurado facultativo não ostentam natureza tributária, uma vez que a contribuição dá-se por liberalidade e conveniência daquele que não é segurado obrigatório. Não existe obrigação legal de contribuir para com o RGPS, desse modo **não configura prestação compulsória** a contribuição **ofertada** pelo segurado facultativo. A natureza jurídica da contribuição previdenciária do segurado facultativa é a de **prêmio de seguro**.

Não está o segurado facultativo sujeito à inscrição em dívida ativa caso não recolha contribuições à previdência, por outro lado, não pode socorrer-se o segurado facultativo do estatuto constitucional de proteção ao contribuinte, consistente na limitação do poder de tributar, arts. 150 a 152.

A reprimenda diante da ausência de contribuição por parte do segurado facultativo é a sua exclusão do RGPS, e consequente perda a futuros direitos de fruição de benefícios da previdência.

No que se refere aos segurados obrigatórios, a contribuição se impõe pelo simples **exercício da atividade remunerada** que o enquadre como segurado obrigatório. Independe da vontade do segurado, trata-se de imposição legal, prestação compulsória, tributo.

2.3.13.1. *Base de cálculo*

A contribuição previdenciária devida pelos segurados é obtida a partir do **salário de contribuição**.

Salário de contribuição é o valor sobre o qual se faz incidir a alíquota contributiva do segurado. É a base de cálculo da contribuição previdenciária.

DIREITO PREVIDENCIÁRIO PARA CONCURSOS

Para o **empregado e trabalhador avulso** o salário de contribuição (SC) consiste na **remuneração** auferida em **uma ou mais** empresas, assim entendida a totalidade dos rendimentos pagos, devidos ou creditados a qualquer título, durante o mês, destinados a retribuir o trabalho, qualquer que seja a sua forma, inclusive as gorjetas, os ganhos habituais sob a forma de utilidades e os adiantamentos decorrentes de reajuste salarial, quer pelos serviços efetivamente prestados, **quer pelo tempo à disposição do empregador** ou tomador de serviços, nos termos da lei ou do contrato ou, ainda, de convenção ou acordo coletivo de trabalho ou sentença normativa.

Para o segurado **empregado doméstico**, o salário de contribuição é a remuneração registrada na Carteira de Trabalho e Previdência Social, observadas as normas a serem estabelecidas em regulamento para comprovação do vínculo empregatício e do valor de remuneração.

Com relação ao **contribuinte individual**, o SC é a remuneração auferida em uma ou mais empresas ou pelo exercício de sua atividade por conta própria prestada a pessoa física, durante o mês.

`Atenção` Sempre que a remuneração auferida pelos segurados acima (empregado, trabalhador avulso, empregado doméstico e contribuinte individual) corresponder a valores superiores ao limite-teto estipulado pela Lei n. 8.212/91, art. 28, § 5º, e legislação ulterior, **o salário de contribuição do segurado equivalerá ao teto máximo de pagamento**. Significa, caso qualquer desses segurados obrigatórios receba remuneração de R$ 10.000,00 por mês, que a contribuição incidirá sobre o valor máximo (fixado, em 2023, em R$ 7.507,49 pela Portaria Interministerial MPS/MF n. 26, de 10-1-2023), e não sobre os R$ 10.000,00!

Para o **segurado facultativo**, o SC é o valor por ele declarado, estabelecido entre o valor mínimo de um salário mínimo e o teto máximo de contribuição.

O contribuinte individual é a atual denominação dos segurados autônomos, empresários e equiparados a autônomo. Os segurados: autônomo, empresário e equiparado a autônomo, bem como o segurado facultativo, segundo a Lei n. 8.212, de 1991, em sua **redação original**, possuíam "**salário-base**", previsto em tabela que era dividida em 10 (dez) classes de contribuição. A Lei n. 9.876, de 1999, que procedeu à fusão das categorias "autônomo, equiparado e empresário" em contribuinte individual, **revogou a tabela de salário-base** para os segurados contribuinte individual e facultativo filiados ao RGPS.

Aos contribuintes individual e facultativo inscritos anteriormente ao advento da Lei n. 9.876, de 1999, o art. 4º da norma determinou a extinção gradativa da tabela. A Medida Provisória n. 83, de 12-12-2002, no art. 9º, convertida na Lei n. 10.666, de 8-5-2003, **extinguiu a escala transitória de salário-base**, utilizada para fins de enquadramento e fixação do SC dos contribuintes individual e facultativo filiados ao RGPS, estabelecida pela Lei n. 9.876, de 1999.

DO FINANCIAMENTO DA SEGURIDADE SOCIAL

Desse modo, não mais existe o "salário-base", todos os contribuintes individuais, independentemente da data de filiação, têm o SC retratado na remuneração auferida em uma ou mais empresas ou pelo exercício de sua atividade por conta própria prestada a pessoa física, durante o mês, observados os limites mínimo e máximo do SC.

O segurado facultativo pode contribuir valendo-se de valor compreendido entre o limite mínimo de um salário mínimo até o limite-teto. O valor sobre o qual escolher para incidência da alíquota contributiva será o seu SC e terá reflexos no cálculo de benefício.

O segurado especial, diversamente do demais segurados, **não possui salário de contribuição (salvo se optar pelo recolhimento facultativo, art. 39, II, da Lei n. 8.213)**. De acordo com o art. 195, § 8º, da CF, o segurado especial tem a sua **base de cálculo** da contribuição previdenciária definida no valor da **receita bruta proveniente da comercialização** da sua produção rural, que, por não ser salário de contribuição, **não fica sujeita à limitação a teto máximo contributivo**.

2.3.13.2. *Alíquota*

Os segurados **empregados, domésticos e avulsos** possuem alíquotas progressivas (quanto maior a base de cálculo, maior a alíquota) correspondentes a 7,5%, 9%, 12% e 14%, aplicadas sobre seu respectivo salário de contribuição conforme o enquadramento em **faixas salariais** estabelecidas no art. 28 da EC n. 103/2019 (Reforma da Previdência), cujos valores são reajustados periodicamente com os mesmos índices de reajustamento dos benefícios previdenciários (INPC-IBGE).

Vigência a partir de 1-5-2023[109]	
SALÁRIO DE CONTRIBUIÇÃO (R$)	ALÍQUOTA INSS
até 1.320,00	7,5%
de 1.320,00 até 2.571,29	9%
de 2.571,30 até 3.856,94	12%
de 3.856,94 até 7.507,49	14%

Com relação ao **contribuinte individual e ao facultativo**, estes possuem **alíquota fixa de 20%**, e estão obrigados a recolher sua contribuição por iniciativa própria, até **o dia quinze do mês seguinte ao da competência**.

Essa alíquota de 20% pode ser reduzida em duas situações:

a) a primeira decorre da opção existente em prol do contribuinte individual e do facultativo de valerem-se de alíquota reduzida de 5% ou de 11% a incidir sobre base contributiva fixa de um salário mínimo, com supedâneo no art.

---

[109] Portaria Interministerial MPS/MF n. 27, de 4-5-2023.

DIREITO PREVIDENCIÁRIO PARA CONCURSOS

21 da Lei n. 8.212/91, que será tratada em tópico adiante (Sistema Especial de Inclusão Previdenciária – SEIPrev);

b) outra situação é a do contribuinte individual que presta serviço a uma ou mais empresas, desde a vigência da Lei n. 10.666/2003, e tendo em vista o disposto no art. 30, § 4º[110], da Lei n. 8.212/91, deve a empresa **reter** da efetiva remuneração **11%**, a título de contribuição do trabalhador individual, e repassá-los aos cofres da previdência.

O recolhimento da contribuição devida pelo empregado, observados os limites mínimo e máximo, **é de responsabilidade do empregador**, devendo a empresa **retê-la** do salário de contribuição do empregado a seu serviço e **repassá-la** aos cofres públicos.

A contribuição a cargo da empresa, como visto em tópico anterior, é de 20%, incidente sobre a totalidade da remuneração do empregado, sem restrição a limite-teto. Deve, ainda, o empregador proceder à retenção da contribuição previdenciária do empregado (e do contribuinte individual que lhe presta serviço) e repassá-la ao Fisco, sendo o exercício da atividade remunerada o fato gerador da tributação, e não o efetivo desembolso.

O trabalhador avulso tem a sua contribuição retida pelo órgão gestor de mão de obra (OGMO, que é, por sua vez, equiparado a empresa), que a repassa à previdência.

A data de satisfação da obrigação pelo responsável tributário (empresa), segundo a Lei de Custeio (art. 30, I, *b*, da Lei n. 8.212/91), deve ocorrer até o dia 20 (vinte) do mês subsequente ao da competência. **Atenção:** se não houver expediente bancário no dia 20, o recolhimento deverá ser efetuado até o dia útil imediatamente **ANTERIOR** (art. 30, § 2º, II, da Lei n. 8.212/91).

O empregador doméstico está obrigado a proceder à **retenção** da contribuição do segurado empregado a seu serviço (alíquota de 7,5%, 9%, 12% e 14%) e a **recolhê-la** ao Fisco Previdenciário, juntamente com a parcela a seu cargo (tomador de serviço, art. 24 da Lei n. 8.212/91), de **8%, acrescida de 0,8% a título de SAT** (seguro de acidentes do trabalho), **até o dia 7 do mês seguinte** ao da competência.

Lei n. 13.202/2015. Caso o dia sete do mês seguinte ao da prestação do serviço remunerado **não seja dia útil** (p. ex., sábado, domingo ou feriado), deverá o empregador doméstico ANTECIPAR o dia do recolhimento para o primeiro dia útil imediatamente **ANTERIOR**.

Atenção I A Lei n. 14.438, de 2022, passou a dispor que o empregador doméstico fica obrigado a arrecadar e a recolher a contribuição do segurado empregado a seu serviço

---

[110] Art. 30. § 4º Na hipótese de o contribuinte individual prestar serviço a uma ou mais empresas, poderá deduzir, da sua contribuição mensal, quarenta e cinco por cento da contribuição da empresa, efetivamente recolhida ou declarada, incidente sobre a remuneração que esta lhe tenha pago ou creditado, limitada a dedução a nove por cento do respectivo salário de contribuição (Parágrafo acrescentado pela Lei n. 9.876, de 26-11-1999).

DO FINANCIAMENTO DA SEGURIDADE SOCIAL

e a parcela a seu cargo, **até o 20º (vigésimo) dia** do mês seguinte ao da competência (essa disposição aguarda regulamentação).

Atenção II Com relação aos segurados: contribuinte individual e facultativo, estes estão obrigados a recolher sua contribuição por iniciativa própria, **até o dia quinze** do mês seguinte ao da competência, no entanto, se não houver expediente bancário, **PRORROGA-SE**, por conseguinte, o recolhimento deverá ser efetuado até o primeiro dia útil imediatamente **POSTERIOR** ao dia 15.

No que tange ao **segurado especial**, a alíquota[111] é de 1,2% e de 0,1% sobre a receita bruta proveniente da comercialização da sua produção (sendo 0,1% para financiamento das prestações por acidente do trabalho), **ficando a empresa adquirente**, consumidora, consignatária ou cooperativa sub-rogadas nas obrigações do segurado especial de recolhimento da contribuição. Esta deve ser recolhida **até o dia 20** do mês subsequente ao do fato gerador (comercialização da produção rural). Caso não seja dia útil, deverá a empresa adquirente ANTECIPAR o recolhimento para o primeiro dia útil imediatamente **ANTERIOR** (art. 30, II, da Lei n. 8.212).

Atenção Por força do § 3º do art. 32-C da Lei n. 8.212, o segurado especial é obrigado a reter a contribuição devida pelo trabalhador a seu serviço (contratado por prazo determinado de até 120 dias), bem como a contribuição incidente sobre a receita bruta quando a comercialização de sua produção rural for feita (1) no exterior; (2) diretamente no varejo, a consumidor pessoa física; (3) a outro segurado especial ou a produtor rural (CI), **até o dia 7** do mês seguinte ao da competência. Caso não haja expediente bancário, o recolhimento deverá ser **antecipado** para o dia útil imediatamente **ANTERIOR**.

A responsabilidade pela **retenção** da contribuição devida pelos segurados da previdência **e repasse** ao Fisco é atribuída, conforme tabela abaixo, **a terceiro**, que se descumprir a norma legal de retenção e repasse à Previdência ficará sujeito, em tese, às penas do crime de apropriação indébita previdenciária, capitulada no art. 168-A do Estatuto de Repressão Penal:

Segurado	Responsabilidade de retenção e repasse ao INSS	Previsão legal	Alíquota
Empregado	Pela empresa	Art. 3º, I, a, da Lei n. 8.212	7,5%; 9%; 12% e 14%
Avulso	Pelo OGMO (equiparada a empresa)	Art. 3º, I, a, da Lei n. 8.212	7,5%; 9%; 12% e 14%
Doméstico	Pelo empregador doméstico	Art. 3º, V, da Lei n. 8.212	7,5%; 9%; 12% e 14%

---

[111] Redação dada pela Lei n. 13.606, de 2018. No ano de 2017, a Presidência da República havia editado a Medida Provisória n. 793, de 2017, para efeito de alterar a alíquota de 2% + 0,1% para 1,2% + 0,1% da receita bruta proveniente da comercialização. No entanto, a MP teve seu prazo de vigência encerrado em 28 de novembro de 2017 por não ter sido votada pelo Congresso Nacional.

DIREITO PREVIDENCIÁRIO PARA CONCURSOS

Segurado	Responsabilidade de retenção e repasse ao INSS	Previsão legal	Alíquota
Contribuinte individual	Pela empresa	Art. 4º, da Lei n. 10.666	11%
Especial	Pelo adquirente da produção	Art. 3º, IV, da Lei n. 8.212	1,2% + 0,1%

Atenção O desconto de contribuição e de consignação legalmente autorizadas **sempre se presume feito** oportuna e regularmente pela empresa a isso obrigada, não lhe sendo lícito alegar omissão para se eximir do recolhimento, ficando diretamente responsável pela importância que deixou de receber ou arrecadou em desacordo com o disposto na tabela *supra*.

Em se tratando de contribuinte individual que preste serviço a pessoa física, a contribuição fica sob sua própria responsabilidade (contribuinte individual) e, como visto acima, a alíquota é de 20%.

2.3.14. Contribuição dos aposentados do RGPS que retornam ou se mantêm em atividade laborativa

Excetua a CF, na parte final do inciso II do art. 195, os benefícios de aposentadoria e de pensão pagos no RGPS da incidência de contribuição para o Sistema Previdenciário.

São os aposentados e pensionistas **imunes** à incidência de contribuição previdenciária com relação ao valor que recebem a título de benefício previdenciário de aposentadoria e de pensão.

A norma constitucional imunizante não abrange a remuneração dos aposentados e pensionistas que continuem trabalhando ou retornem ao labor. Prestado trabalho remunerado, devida a incidência de contribuição previdenciária independentemente de ser o contribuinte aposentado ou pensionista.

Observe a diferença. Aposentado por idade ou por tempo de contribuição recebe R$ 3.000,00 mensais do INSS e por continuar trabalhando recebe mensalmente remuneração de R$ 3.500,00 da empresa. Sobre os proventos de aposentadoria (R$ 3.000,00 mensais recebidos do INSS) não haverá (por vedação constitucional = imunidade) incidência de contribuição previdenciária. Quanto à remuneração recebida da empresa (de R$ 3.500,00) haverá incidência de contribuição previdenciária.

Mas atenção, conquanto o aposentando continue a trabalhar e, por essa razão, contribuindo com a Previdência, diz o art. 18, § 2º, da Lei n. 8.213/91, que o aposentado pelo RGPS que permanecer em atividade sujeita a este Regime, ou a ele retornar, **não fará jus a prestação alguma** da Previdência Social em decorrência do exercício dessa atividade, **exceto ao salário-família e** à **reabilitação profissional, quando empregado**.

Esse cenário repercutiu na tese denominada **DESAPOSENTAÇÃO**, que decorre justamente da insatisfação dos aposentados pelo fato de serem obrigados a

DO FINANCIAMENTO DA SEGURIDADE SOCIAL

pagar contribuição previdenciária sobre os valores recebidos pela prestação de serviços remunerados sem que o ordenamento jurídico assegure direito a novo benefício (por força dos arts. 18, § 2º, e 124 da Lei n. 8.213), buscou-se perante o Poder Judiciário a melhoria no valor de sua aposentadoria, mediante o incremento da vida contributiva pós-aposentadoria. Submetida a questão ao STF, o Guardião da Constituição firmou posição em desfavor dos aposentados, desacolhendo a tese da desaposentação.

> **STF. Tema de Repercussão Geral n. 503.** (RE 661.256). Tese Firmada: No âmbito do Regime Geral de Previdência Social – RGPS, somente lei pode criar benefícios e vantagens previdenciárias, não havendo, por ora, previsão legal do direito à "desaposentação" ou à "reaposentação", sendo constitucional a regra do art. 18, § 2º, da Lei n. 8.213/91 (26-10-2016).

2.3.15. Contribuição – contribuinte individual e segurado facultativo – alíquota especial de 5% e de 11% – SEIPrev

O Sistema Especial de Inclusão Previdenciária (SEIPrev) possui previsão constitucional nos §§ 12 e 13 do art. 201. Referidos parágrafos sofreram alteração na Reforma da Previdência (EC n. 103, de 2019), passando a dispor:

> **Redação atual:** CF. Art. 201. (...)
>
> § 12. Lei instituirá sistema especial de inclusão previdenciária, com alíquotas diferenciadas, para atender aos **trabalhadores de baixa renda, inclusive os que se encontram em situação de informalidade**, e àqueles sem renda própria que se dediquem exclusivamente ao trabalho doméstico no âmbito de sua residência, desde que pertencentes a **famílias de baixa renda**.
>
> § 13. A aposentadoria concedida ao segurado de que trata o § 12 **terá valor de 1 (um) salário mínimo**.

Foi a EC n. 41, de 2003, que promoveu o acréscimo do § 12 ao art. 201 da Carta Suprema, trazendo a permissão para criação de um Sistema Especial de Inclusão Previdenciária (SEIPrev) para trabalhadores de baixa renda, garantindo-lhes acesso a **benefícios de valor igual a um salário mínimo**. A EC n. 47, de 2005, deu nova redação ao § 12 do art. 201, e inseriu o § 13 ao mesmo artigo constitucional, atribuindo maiores contornos ao SEIPrev.

A barreira contributiva (20% sobre o salário de contribuição) sempre se demonstrou obstáculo à inserção de contribuintes individuais (CI) de baixa renda (tais como vendedores ambulantes: camelôs) e segurados facultativos de baixa renda no RGPS.

Com vistas a proporcionar proteção social àqueles que exercem atividades de autônomo (CI) com baixo retorno financeiro e àqueles que não exercem atividade laborativa (donas de casa e estudantes, por exemplo), e em atenção ao comando constitucional trazido pela EC n. 41 e pela EC n. 47 (redação atual dada pela EC n. 103), procedeu-se à criação da **primeira versão** do SEIPrev com a promulgação da Lei Complementar n. 123, com o incremento e alterações no art. 21 da Lei n. 8.212, **fixando alíquota reduzida de 11%** (onze por cento) sobre o valor correspondente ao limite mínimo mensal do salário de contribuição (um salário mínimo) a alíquota de contribuição do segurado CI que trabalhe por conta própria, **sem relação de trabalho com empresa** ou equiparado, e do segurado facultativo, **desde que optem pela exclusão do direito ao benefício de aposentadoria por tempo de contribuição**.

A Lei Complementar n. 123 criou alíquota contributiva menor, correspondente a 11%, **que incidirá sobre o valor mínimo mensal do salário de contribuição**, noutras palavras, sobre o valor de um salário mínimo, para os contribuintes individuais e segurados facultativos **que optarem pela exclusão do benefício de aposentadoria por tempo de contribuição** do rol de benefícios a que poderão fazer jus no RGPS.

No ano de 2011 foi editada a **segunda versão** (atual) do SEIPrev, por intermédio da edição da Lei n. 12.470. O art. 21 da Lei n. 8.212 teve nova redação, mantendo a alíquota de 11% sobre o menor SC, e, ainda, criando **NOVA** alíquota contributiva ainda menor, **de 5%, a incidir também sobre o menor salário de contribuição**.

A **alíquota de 5% somente** é passível de manejo restrito a uma espécie de CI e de segurado facultativo:

- CI, apenas o caracterizado por Microempreendedor Individual (**MEI**). O MEI é capitulado no art. 18-A da LC n. 123, que o define como **empresário individual** a que se refere o art. 966 da Lei n. 10.406, de 2002 (Código Civil), que tenha auferido receita bruta, no ano-calendário anterior, de até R$ 36.000,00[112] (trinta e seis mil reais), e **seja optante pelo Simples Nacional**;

- **segurado facultativo**, pessoa física sem renda própria que se **dedique exclusivamente ao trabalho doméstico no âmbito de sua residência, desde que pertencente a família de baixa renda**. Considera-se de baixa renda, para os fins do SEIPrev, **a família inscrita** no Cadastro Único para Programas Sociais do Governo Federal (**CadÚnico**) cuja renda mensal **seja de até 2 (dois) salários mínimos**. Nos termos do Decreto Federal n. 6.135, de 2007, art. 6º, o cadastramento das famílias ao CadÚnico será realizado pelos Municípios, nos termos estabelecidos pelo atual Ministério da Cidadania.

Passaram a coexistir duas espécies de contribuintes individuais e de segurados facultativos:

a) as figuras do contribuinte individual e do segurado facultativo "pleno", que contribuem mensalmente com a alíquota de 20% sobre o salário de contribuição (salário de contribuição = base de cálculo desde um salário mínimo

---

[112] Para ser um microempreendedor individual no ano de 2018, é necessário faturar no **máximo até R$ 81.000,00** por ano e não ter participação em outra empresa como sócio ou titular.

DO FINANCIAMENTO DA SEGURIDADE SOCIAL

até o teto máximo contributivo) e fazem jus a benefícios previdenciários: auxílio-doença, aposentadoria por invalidez (**esta espécie de aposentadoria teve sua nomenclatura alterada pela Reforma da Previdência: aposentadoria por incapacidade permanente**), aposentadoria por idade, **aposentadoria por tempo de contribuição (esta espécie de aposentadoria ficou atrelada à idade mínima após a Reforma da Previdência**), salário-maternidade, em valor a ser calculado com base na sua média contributiva, podendo a renda mensal, desse modo, alcançar até o valor-teto do RGPS; e

b) o contribuinte individual e o segurado facultativo **integrantes do SEIPrev não detentores de direito à aposentadoria por tempo de contribuição**, que contribuirão à Previdência Social com alíquota reduzida sobre a menor base de cálculo (de 5% ou de 11% de um salário mínimo), e farão jus a benefício **apenas no valor exato de um salário mínimo**.

O CI e o segurado facultativo que contribuem com alíquota reduzida (de 5% ou de 11%) poderão **readquirir o direito à aposentadoria por tempo de contribuição**, bem como o **direito à contagem recíproca** (significa dizer, aproveitar esse tempo de contribuição no RPPS, quando aprovados em concurso público) desde que sejam as contribuições feitas durante o período de SEIPrev **complementadas** mediante o **recolhimento da diferença entre o percentual pago e o de 20%, acrescido dos juros moratórios**.

Em suma, caso de um estudante de Direito, segurado facultativo, que tenha feito a opção pelo SEIPrev, recolhendo mensalmente 11% sobre o menor salário de contribuição durante três anos, e, agora, aprovado em concurso público no cargo de Procurador da Fazenda Nacional, por exemplo, não poderá migrar o tempo contributivo de SEIPrev feito ao RGPS para o seu prontuário no serviço público. Caso queira aproveitar esses três anos no Regime Próprio de Servidor Público Federal, bastará complementar os 9% (diferença entre a alíquota "normal" de 20% e a paga de 11%) relativos aos 36 meses contribuídos no SEIprev (três anos) acrescidos de juros de mora. No mesmo diapasão, se tivermos uma dona de casa que havia contribuído durante 29 anos com a alíquota de 20% sobre o teto máximo da Previdência e, diante de toda a publicidade feita com a edição da Lei n. 12.470, no ano de 2011, aderiu à alíquota modesta de 5% sobre um salário mínimo (porque sua família estava inscrita no CadÚnico), e no ano de 2012, ao completar os 30 anos de tempo de contribuição, é surpreendida com a noticia de que a adesão feita ao SEIPrev implica exclusão do direito à aposentadoria por tempo de contribuição. Nessa situação, a lei (art. 21 da Lei n. 8.212/91) admite que possa essa dona de casa complementar a diferença de 15% (diferença entre a alíquota "normal" de 20% e a alíquota paga de 5%) relativa aos 12 meses que contribuiu ao SEIPrev, acrescido de juros de mora, para resgatar o direito à aposentadoria por tempo de contribuição, benefício a ser calculado conforme a média aritmética simples dos 80% maiores salário de contribuição (desde julho de 1994) multiplicado pelo fator previdenciário.

2.3.16. Recolhimento fora do prazo: juros, multa e atualização monetária

A Reforma da Presidência de 2019 proibiu o Poder Público de conceder **moratória** no campo das contribuições previdenciárias (art. 195, § 11, da CF), desse modo, é vedado ao Poder Público conceder dilação de prazo para pagamento do tributo. Não satisfeito o pagamento da contribuição previdenciária na data limite fixada na legislação, será cabível a incidência de juros e de multa.

De acordo com o art. 35 da Lei n. 8.212, os débitos com a União decorrentes das contribuições sociais destinadas à Previdência (tanto as devidas na qualidade de contribuinte quanto as devidas como responsável tributário) não pagos nos prazos previstos em legislação serão acrescidos de **multa de mora e juros de mora**, nos termos do art. 61 da Lei n. 9.430/96.

Determina, ainda, o art. 35 da Lei n. 8.212 que o regramento de incidência de juros de mora e de multa também é aplicável com relação às contribuições devidas a terceiros arrecadadas pela Secretaria da Receita Federal do Brasil (assim entendidas outras entidades e fundos, a exemplo do salário-educação, devidas ao FNDE: Fundo Nacional de Desenvolvimento da Educação; as contribuições devidas ao Serviço Social Autônomo, também conhecido como Sistema "S": Sesc, Sesi, Senac, Senai, Sest, Senat, Senar etc.).

O art. 27 da Lei n. 8.212 estabelece que constituem **outras receitas** da Seguridade Social as multas e os juros moratórios.

Multa de mora. O art. 61 da Lei n. 9.430/96 estabelece que os débitos para com a União, decorrentes de tributos e contribuições administrados pela Secretaria da Receita Federal do Brasil (SRFB), cujos fatos geradores ocorrerem a partir de 1º de janeiro de 1997, não pagos nos prazos previstos na legislação específica, serão acrescidos de multa de mora, calculada à taxa de 0,33%, por dia de atraso.

A multa moratória ostenta caráter sancionatório, punitivo (de reprimenda), e seu ponto de partida dá-se a contar do primeiro dia subsequente ao do vencimento do prazo para recolhimento do tributo. Assim, deve-se por primeiro identificar a data fixada na legislação previdenciária como data-limite para pagamento de contribuições. Para tanto observe-se o quadro síntese:

Data de recolhimento da contribuição previdenciária	DIA	SE NÃO FOR DIA ÚTIL
EMPRESA (na qualidade de contribuinte)	20	ANTECIPA
EMPRESA (na qualidade de responsável tributário)	20	ANTECIPA
ENTIDADE PROMOTORA (Lei n. 8.212, art. 22, § 7º)	de até 2 dias úteis após a realização do evento	
Segurado Especial (comercialize a sua produção no exterior ou diretamente pessoa física)	20	ANTECIPA

Do Financiamento da Seguridade Social

Data de recolhimento da contribuição previdenciária	DIA	SE NÃO FOR DIA ÚTIL
Segurado Especial (que contratar trabalhadores)	7	ANTECIPA
Empregador doméstico (na qualidade de contribuinte)	7	ANTECIPA
Empregador doméstico (na qualidade de responsável tributário)	Era dia 7. A Lei n. 14.438, de 2022, **alterou para dia 20**, mas dependente de regulamentação.	ANTECIPA
Segurado Facultativo	15	PRORROGA
Contribuinte individual (presta serviço para pessoas físicas)	15	PRORROGA

A multa de mora será calculada a partir do primeiro dia subsequente ao do vencimento do prazo previsto para o pagamento do tributo ou da contribuição até o dia em que ocorrer o seu pagamento. No entanto, o percentual de multa de mora a ser aplicado fica limitado a 20% (vinte por cento).

Para ilustrar, imagine-se a situação hipotética: contribuinte individual, que trabalha por conta própria sem relação com empresa, deixou de recolher a sua contribuição previdenciária relativa à competência de janeiro de 2016, e pretende pagá-la em 10-6-2016. Calcule o montante de multa de mora cabível dessa contribuição pendente de pagamento. Considere que o salário de contribuição fosse de R$ 1.000,00, portanto, o valor da contribuição que deveria ter sido recolhida até a data-limite de 15-2-2016 era de R$ 200,00 (alíquota de 20%), passando a incidir multa diária de 0,33%, a contar, inclusive, de 16-2-2016, resultando no montante de R$ 0,66 ao dia. Do dia 16-2-2016 até 10-6-2016 são 115 dias de atraso: considerando a cifra de R$ 0,66 ao dia, o resultado seria R$ 75,90. No entanto, o § 2º do art. 61 da Lei n. 9.430/96 limita o percentual de multa a 20% (vinte por cento). Logo, o máximo de multa a ser pago por esse CI em 10-6-2016 será de R$ 40,00 (20% sobre o valor da contribuição de R$ 200,00).

A multa de mora definida na situação acima (de 0,33% ao dia limitado ao máximo de 20%) é para a hipótese de a apuração e o recolhimento serem efetivados pelo próprio contribuinte. Diversa a situação quando a autoridade fiscal (SRFB) constata a ocorrência do fato gerador e a ausência do pagamento, e faz o lançamento de ofício, com multas mais pesadas, previstas no art. 44 da Lei n. 9.430/96, correspondentes a 75% (setenta e cinco por cento) sobre a totalidade ou diferença da contribuição nos casos de falta de pagamento ou recolhimento, de falta de declaração e nos de declaração inexata.

DIREITO PREVIDENCIÁRIO PARA CONCURSOS

Caso a SRFB conclua, ao final do procedimento administrativo, ter ocorrido sonegação, fraude ou conluio[113], a multa será elevada ao dobro (150%).

Juros de mora. Além da multa de mora (apresentada acima), sobre os débitos também incidirão **juros de mora** calculados à **taxa SELIC** (Sistema Especial de Liquidação e Custódia), e de um por cento no mês de pagamento **a partir do primeiro dia do mês subsequente ao vencimento do prazo até o mês anterior ao do pagamento**.

Atenção Não há cobrança de juros de mora para pagamentos feitos dentro do próprio mês de vencimento. Exemplo: tributo vence em 15-11, mas, se for pago até 30-11, não há incidência de juros de mora, apenas da multa de mora.

Retomando a situação hipotética do Contribuinte Individual que deixou de recolher no dia 15-2-2016 a contribuição referente a janeiro de 2016. O montante de juros de mora para pagamento em 10-6-2016 será assim apurado: no mês do vencimento (fevereiro de 2016) não haverá incidência de juros; entre março e maio de 2016 haverá incidência de juros idênticos aos apurados pela taxa SELIC, e no mês do pagamento (não importando o dia) incidirá 1%.

Por fim, atualização monetária significa corrigir monetariamente o débito, mas, após o advento do Plano Real, essa mecânica foi extinta (a partir de janeiro de 1995), de tal sorte que (como visto) sobre os débitos tributários da União incidem apenas multa de mora e juros de mora.

2.4. DEMAIS CONTRIBUIÇÕES DE SEGURIDADE SOCIAL

Muitas questões da área de custeio buscam do candidato o apontamento de quais contribuições sociais são (a) gerais e quais são (b) de Seguridade Social. E, conforme já estudado, existem:

a) Contribuições sociais gerais: Salário-educação (devidas ao FNDE: Fundo Nacional Desenvolvimento Educação); as contribuições devidas ao Serviço Social Autônomo, também conhecido pelo Sistema "S": SESC, SESI, SENAC, SENAI, SEST, SENAT, SENAR etc.; e a contribuição inaugurada pela LC n. 110, sobre o valor do depósito do FGTS.

b) Contribuições sociais de Seguridade Social (art. 195 da CF/88): (I) previdenciárias (devidas pelo tomador de serviço, denominada de cota patronal, e a devida pela pessoa física prestadora de serviço); (II) sobre a receita e o

---

[113] Lei n. 4.502/64: Art. 71. Sonegação é toda ação ou omissão dolosa tendente a impedir ou retardar, total ou parcialmente, o conhecimento por parte da autoridade fazendária: I – da ocorrência do fato gerador da obrigação tributária principal, sua natureza ou circunstâncias materiais; II – das condições pessoais de contribuinte, suscetíveis de afetar a obrigação tributária principal ou o crédito tributário correspondente. Art. 72. Fraude é toda ação ou omissão dolosa tendente a impedir ou retardar, total ou parcialmente, a ocorrência do fato gerador da obrigação tributária principal, ou a excluir ou modificar as suas características essenciais, de modo a reduzir o montante do imposto devido a evitar ou diferir o seu pagamento. Art. 73. Conluio é o ajuste doloso entre duas ou mais pessoas naturais ou jurídicas, visando qualquer dos efeitos referidos nos arts. 71 e 72.

DO FINANCIAMENTO DA SEGURIDADE SOCIAL

faturamento (COFINS e PIS/PASEP); (III) sobre o lucro (CSLL); (IV) sobre a receita de concursos de prognósticos; (V) do importador de bens ou serviços do exterior, ou de quem a lei a ele equiparar; (VI) contribuições residuais.

Já foram apresentadas as contribuições previdenciárias, agora convém traçar apenas os principais aspectos acerca das demais contribuições sociais de Seguridade Social.

2.4.1. Contribuição sobre a receita e o faturamento (COFINS e PIS/PASEP)

A Contribuição para Financiamento da Seguridade Social (**COFINS**) e a contribuição do **PIS/PASEP** (Programa de Integração Social/Programa de Formação do Patrimônio do Servidor Público), referida no art. 239 da CF/88, têm idêntica base de cálculo (receita ou faturamento). Isso fez com que restasse questionada, judicialmente, a dupla exação sobre a mesma base.

A incidência simultânea do PIS e COFINS **sobre a mesma base de cálculo**, segundo o STF (ADIn 1417-0 DF), **não ofende o disposto no art. 154, I**, da Carta Maior, pela razão de que o referido artigo se refere apenas a **impostos** criados com base na competência residual da União, o que não ocorre com a COFINS nem o PIS, que ostentam a natureza de "contribuição" (que não se confunde com impostos), e possuem base de cálculo assegurada constitucionalmente (arts. 195. I, e 239).

A previsão constitucional constante do art. 195. redação original da CF, tinha por base de cálculo apenas "o faturamento", tendo a EC n. 20/98 ampliado essa base para "receita ou faturamento".

A COFINS foi criada pela Lei Complementar n. 70/91, com a previsão de incidência apenas sobre o "faturamento" da empresa. O STF consagrou a constitucionalidade desse tributo na ADC 1-1/DF, esclarecendo que a despeito de a espécie normativa utilizada ter sido lei complementar, a LC n. 70/91 era **materialmente lei ordinária**, uma vez que apenas contribuições residuais é que exigem a edição de lei complementar (veja o tópico 2.3.4.2, Princípio da Legalidade, deste Capítulo).

Tanto isso é verdadeiro que a **Lei Ordinária** n. 9.430/96, pelo art. 56, **revogou a isenção da COFINS** estabelecida no art. 6º, II, da LC n. 70/91, que isentava as sociedades civis de prestação de serviços profissionais relativos ao exercício de profissão legalmente regulamentadas.

O Superior Tribunal de Justiça, no primeiro momento, editou **Súmula n. 276, cancelada em 2008**[114], que se baseava na hierarquia de lei complementar sobre lei ordinária, de modo a não admitir referida revogação do art. 6º, II, da LC n. 70/91 pela Lei Ordinária n. 9.430/96. No entanto, o STF reafirmou que não existe hierarquia entre

---

[114] Em 2008, a Primeira Seção do STJ deliberou pelo CANCELAMENTO da Súmula n. 276. No ano de 2014 o STJ publicou nova Súmula em sintonia com o entendimento firmado pelo STF. SÚMULA N. 508: "A isenção da Cofins concedida pelo art. 6º, II, da LC n. 70/1991 às sociedades civis de prestação de serviços profissionais foi revogada pelo art. 56 da Lei n. 9.430/1996".

referidas espécies normativas, mas sim esferas de incidência diferentes, de modo que, por ser a LC n. 70/91 tão só formalmente complementar, a matéria (contribuição social de Seguridade Social expressamente prevista na CF/88) é da alçada de lei ordinária, por conseguinte admissível a revogação operada pela Lei n. 9.430 (STF, Reclamação n. 2.620, e RE 381.964/MG).

No dia 27 de novembro de 1998 foi publicada a Lei n. 9.718 **ampliando a base de cálculo** da COFINS, para prever, além do "faturamento", também a **"receita"**, expressão mais ampla que faturamento.

A Lei n. 9.718 foi editada dias antes da promulgação da EC n. 20, realizada em 15 de dezembro de 1998. Tendo em vista que somente com a publicação da EC n. 20 houve ampliação no Texto Constitucional da base de cálculo da COFINS, para **receita** ou faturamento, o STF, no julgamento do RE 357.950/RS e RE 390.840/MG, **declarou inconstitucional a ampliação trazida pela Lei n. 9.718**, porque, à época que editada essa lei ordinária, não havia respaldo constitucional para tributar a "receita". Obrigando ao Poder Público a editar nova lei ordinária, após a EC n. 20/98, em sintonia com a nova base de cálculo constitucional de receita e faturamento.

Com o surgimento das Leis ns. 10.637/2002 e 10.833/2003 a contribuição para o **PIS e a COFINS** passaram a ter **incidência não cumulativa**, em atenção ao mandamento constitucional anotado no art. 195, § 12, estatuindo a norma que lei definirá os setores de atividade econômica para os quais as contribuições sociais de seguridade social incidentes sobre a receita ou o faturamento (e do importador de bens ou serviços do exterior, ou de quem a lei a ele equiparar) serão não cumulativas.

Atenção Coexistem as duas formas de incidência, a cumulativa e a não cumulativa, apresentando alíquotas diferentes, mas ambos os regimes de incidência possuem a mesma base de cálculo.

No ano de 2014 o Plenário do STF, ao apreciar o Recurso Extraordinário 240.785, estabeleceu ser **indevida a inclusão do ICMS na base de cálculo da COFINS e da contribuição ao PIS**. Saiu-se vencedor o contribuinte, entendeu o STF que: "não bastasse a ordem natural das coisas, o arcabouço jurídico constitucional inviabiliza a tomada de valor alusivo a certo tributo como base de incidência de outro". No tema imunidade, o art. 149, § 2º, I, da CF/88, ao dispor que as **contribuições sociais** (e as contribuições de intervenção no domínio econômico) **não incidirão sobre as receitas** decorrentes **de exportação**, esse termo "receitas" faz com que **apenas**[115] estejam

---

[115] As empresas-contribuintes pleitearam no Judiciário que a imunidade prevista no art. 149, § 2º, I, da CF/88 também afastasse a incidência da Contribuição Social sobre o Lucro Líquido (CSLL) e da Contribuição Provisória sobre Movimentação Financeira (CPMF) em **exportações**. Aos 12 de agosto de 2010, o STF, pelo seu plenário, apreciou em sede de repercussão geral os Recursos Extraordinários representativos da controvérsia acerca da exoneração tributária: REs 474.132, 564.413 e 566.259, entendendo o guardião da constituição que a imunidade sobre receitas decorrentes de exportação **não abrange a CSLL e a CPMF**.

Do Financiamento da Seguridade Social

abrangidas pela **imunidade** as contribuições sociais de seguridade social **da COFINS e do PIS**, uma vez que calcadas no signo "receita" (arts. 195, I, *b*, e 239 da CF/88).

JURISPRUDÊNCIA:

STF. Tema de Repercussão Geral n. 69 (RE 574.706). **Tese Firmada:** O ICMS não compõe a base de cálculo para a incidência do PIS e da COFINS.

STF. Tema de Repercussão Geral n. 87 (RE 586.482). **Tese Firmada:** As vendas inadimplidas não podem ser excluídas da base de cálculo da contribuição ao PIS e da COFINS, visto que integram a receita da pessoa jurídica.

STF. Tema de Repercussão Geral n. 95 (RE 527.602). **Tese Firmada:** É constitucional a majoração da alíquota da Cofins de 2% para 3%, instituída no artigo 8º da Lei n. 9.718/1998.

STF. Tema de Repercussão Geral n. 110 (RE 585.235). **Tese Firmada:** É inconstitucional a ampliação da base de cálculo da contribuição ao PIS e da COFINS prevista no art. 3º, § 1º, da Lei 9.718/98.

STF. Tema de Repercussão Geral n. 177 (RE 598.085). **Tese Firmada:** São legítimas as alterações introduzidas pela Medida Provisória 1.858/1999, no que revogou a isenção da COFINS e da contribuição para o PIS concedidas às sociedades cooperativas.

STF. Tema de Repercussão Geral n. 263 (RE 606.107). **Tese Firmada:** É inconstitucional a incidência da contribuição ao PIS e da COFINS não cumulativas sobre os valores recebidos por empresa exportadora em razão da transferência a terceiros de créditos de ICMS.

STF. Tema de Repercussão Geral n. 329 (RE 627.815). **Tese Firmada:** É inconstitucional a incidência da contribuição ao PIS e da COFINS sobre a receita decorrente da variação cambial positiva obtida nas operações de exportação de produtos.

STF. Tema de Repercussão Geral n. 415 (RE 1.053.574). **Tese Firmada:** Não há reserva de lei complementar para o repasse do PIS e COFINS ao usuário de serviços públicos concedidos, tais como telefonia e energia elétrica, cobrado nas respectivas faturas.

STF. Tema de Repercussão Geral n. 515 (RE 656.089). **Tese Firmada:** É constitucional a majoração diferenciada de alíquotas em relação às contribuições sociais incidentes sobre o faturamento ou a receita de instituições financeiras ou de entidades a elas legalmente equiparáveis.

STF. Tema de Repercussão Geral n. 573 (RE 640.905). **Tese Firmada:** Não viola o princípio da isonomia e o livre acesso à jurisdição a restrição de ingresso no parcelamento de dívida relativa à Contribuição para Financiamento da Seguridade Social – COFINS, instituída pela Portaria n. 655/93, dos contribuintes que questionaram o tributo em juízo com depósito judicial dos débitos tributários.

STJ. Súmula n. 423. A Contribuição para Financiamento da Seguridade Social (Cofins) incide sobre as receitas provenientes das operações de locação de bens móveis.

STJ. Súmula n. 508. A isenção da Cofins concedida pelo art. 6º, II, da LC n. 70/1991 às sociedades civis de prestação de serviços profissionais foi revogada pelo art. 56 da Lei n. 9.430/1996.

STJ. Súmula n. 584. As sociedades corretoras de seguros, que não se confundem com as sociedades de valores mobiliários ou com os agentes autônomos de seguro privado, estão fora do rol de entidades constantes do art. 22, § 1º, da Lei n. 8.212/1991, não se sujeitando à majoração da alíquota da Cofins prevista no art. 18 da Lei n. 10.684/2003.

2.4.2. Contribuição Social sobre o Lucro Líquido (CSLL)

Prevista constitucionalmente no art. 195, I, *c*, a base de cálculo da contribuição social ora em estudo é o "lucro", idêntica base de cálculo do imposto de renda, mas, a despeito disso, afirmou o STF, no RE 146.733/SP, que não se trata a CSLL de adicional de imposto de renda, a exação é constitucional e são tributos diversos.

Observe-se que, a bem da verdade, a base de cálculo da CSLL é o lucro contábil **antes da provisão** do IRPJ. Além do que a CSLL é tributo que possui referibilidade, existe destino específico à aplicação das receitas obtidas com esta contribuição social, os recursos devem, necessariamente, ser endereçados à Seguridade Social.

JURISPRUDÊNCIA:

STF. Tema de Repercussão Geral n. 8. (RE 564.413). **Tese Firmada:** A Contribuição Social sobre o Lucro Líquido – CSLL incide sobre o lucro decorrente das exportações. A imunidade prevista no artigo 149, § 2º, inciso I, da Constituição Federal, com a redação dada pela Emenda Constitucional nº 33/2001, não o alcança.

STF. Tema de Repercussão Geral n. 75. (RE 582.525). **Tese Firmada:** É constitucional a proibição de deduzir-se o valor da Contribuição Social sobre o Lucro Líquido – CSLL do montante apurado como lucro real, que constitui a base de cálculo do Imposto de Renda de Pessoa Jurídica – IRPJ.

2.4.3. Receita de concursos de prognósticos

Bem detalhada no art. 212 do Decreto Federal n. 3.048, de 1999, a contribuição prevista no art. 195, III, da CF/88 constitui receita da seguridade social, consistente na **renda líquida** dos concursos de prognósticos, **excetuando-se** os valores **destinados ao Programa de Crédito Educativo**.

Consideram-se concurso de prognósticos todo e qualquer concurso de sorteio de números ou quaisquer outros símbolos, loterias e apostas de qualquer natureza no âmbito federal, estadual, do Distrito Federal ou municipal, promovidos por órgãos do Poder Público *ou por sociedades comerciais ou civis.*

A contribuição a incidir sobre o concurso de prognósticos constitui-se de:

I – **renda líquida** dos concursos de prognósticos **realizados pelos órgãos do Poder Público** destinada à seguridade social de sua esfera de governo;

DO FINANCIAMENTO DA SEGURIDADE SOCIAL

II – **cinco por cento** sobre o **movimento global** de apostas **em prado de corridas**, e sobre **o movimento global** de **sorteio** de números ou de quaisquer modalidades de símbolos, **sempre que realizados pela iniciativa privada**.

Por renda líquida compreende-se **o total da arrecadação**, deduzidos os valores destinados ao pagamento de prêmios, de tributos outros e de despesas com administração.

Ao passo que por **movimento global das apostas** entende-se o total das importâncias relativas às várias modalidades de jogos, inclusive o de acumulada, apregoadas para o público no prado de corrida, subsede ou outra dependência da entidade.

E, finalmente, **movimento global de sorteio** de números é o total da **receita bruta, apurada com a venda de cartelas, cartões** ou quaisquer outras modalidades, para sorteio realizado em qualquer condição.

A Presidência da República havia editado a Medida Provisória n. 841, de 11 de junho de 2018, para efeito de alterar a destinação do produto da arrecadação das loterias para o Fundo Nacional de Segurança Pública. No entanto, referida MP teve seu prazo de vigência encerrado no dia 23 de outubro de 2018 por não ter sido votada pelo Congresso Nacional.

A Lei n. 13.756, de 2018, fruto da conversão da Medida Provisória n. 846, de 2018, ao dispor sobre o Fundo Nacional de Segurança Pública (FNSP), formulou nova divisão dos valores decorrentes do produto da arrecadação obtida por meio da captação de apostas ou da venda de bilhetes de loterias, em meio físico ou virtual, da seguinte maneira:

Espécie de concurso de prognóstico	Percentil devido à Seguridade Social e ao Fundo Nacional de Segurança Pública (FNSP)
I – loteria federal (espécie passiva): loteria em que o apostador adquire bilhete já numerado, em meio físico (impresso) ou virtual (eletrônico);	a) 17,04% (dezessete inteiros e quatro centésimos por cento) para a seguridade social; d) 2,22% (dois inteiros e vinte e dois centésimos por cento) para o FNSP;
II – loteria de prognósticos numéricos: loteria em que o apostador tenta prever quais serão os números sorteados no concurso;	a) 17,32% (dezessete inteiros e trinta e dois centésimos por cento) para a seguridade social; d) 6,8% (seis inteiros e oito décimos por cento) para o FNSP;
III – loteria de prognóstico específico: loteria instituída pela Lei n. 11.345, de 14 de setembro de 2006;	a) 1% (um por cento) para a seguridade social; d) 3% (três por cento) para o FNSP;
IV – loteria de prognósticos esportivos: loteria em que o apostador tenta prever o resultado de eventos esportivos; e	a) 7,61% (sete inteiros e sessenta e um centésimos por cento) para a seguridade social; c) 2% (dois por cento) para o FNSP;
V – loteria instantânea exclusiva (Lotex): loteria que apresenta, de imediato, se o apostador foi ou não agraciado com alguma premiação.	I – 0,4% (quatro décimos por cento) para a seguridade social; II – 13% (treze por cento) para o FNSP;

(Técnico Seguro Social – INSS – CESPE – 2016) Assinale Certo ou Errado:

[116] Parte dos valores arrecadados com concurso de prognósticos promovidos por órgãos do poder público ou por sociedades comerciais ou civis dentro do território nacional é destinada ao custeio da seguridade social.

2.4.4. Contribuição do importador de bens ou serviços do exterior, ou de quem a lei a ele equiparar

A previsão constitucional está no art. 195, IV, e no art. 149, § 2º, II, admitindo a incidência de contribuição social, destinada à Seguridade Social, a importação de bens e serviços do exterior.

A legislação ordinária manejou essa hipótese constitucional por meio do PIS/COFINS-importação, tratada na Lei n. 10.865, de 2004.

2.4.5. Contribuições residuais

A CF/88 admite no art. 195, § 4º, a competência da União de promover a instituição de nova contribuição social à seguridade social, além das hipóteses expressamente referidas no Texto Supremo, basta tão só observar o manejo de lei complementar.

Para criar a contribuição sobre hipótese nominada na CF/88, por exemplo, "folha de salários" (art. 195, I, *a*), exigível do empregador, empresa ou entidade equiparada, **basta a edição de lei ordinária**. Reservada à lei complementar estará somente a criação de contribuição de seguridade social não referida nos incisos I a IV do art. 195 do Texto Constitucional, **contribuição inédita**, que o legislador é livre para criar, desde que respeite a espécie normativa de mais dificultosa aprovação: lei complementar.

Para evitar repetição, *vide* o tópico 2.3.4.2, Princípio da Legalidade, deste Capítulo.

2.5. REFORMA DA PREVIDÊNCIA. DESVINCULAÇÃO DE RECEITAS DA UNIÃO – DRU

A Desvinculação de Receitas da União, conhecida como DRU, era um dos grandes vilões que contribuíam para o *deficit* na Seguridade Social.

A DRU foi criada em 1994, sob a alcunha de **Fundo Social de Emergência – FSE**, pela EC de Revisão n. 1, de 1994. Possuía caracter transitório e finalidade nobre, pois tinha por objetivo o saneamento financeiro da Fazenda Pública Federal e de estabilização econômica, cujos recursos seriam aplicados no custeio das ações dos sistemas de saúde e educação, benefícios previdenciários e auxílios assistenciais de prestação continuada, inclusive liquidação de passivo previdenciário, e outros programas de relevante interesse econômico e social.

---

116 Certo. Art. 212 do Decreto Federal n. 3.048/99.

Do Financiamento da Seguridade Social

O FSE foi rebatizado como Fundo de Estabilização Fiscal – FEF a partir do início do exercício financeiro de 1996, por força da EC n. 10, de 1996, e da EC n. 17, de 1997.

No ano de 2000, a EC n. 27 instituiu a desvinculação de 20% (vinte por cento) da arrecadação de impostos e contribuições sociais da União, mediante o acréscimo do art. 76 ao Ato das Disposições Constitucionais Transitórias (ADCT) para o período de 2000 a 2003.

Desde então, o mecanismo constiticional foi reiteradamente recriado, permitindo o desatrelamento da destinação de receitas da União, dentre elas as contribuições sociais, dos fins assegurados no corpo permanente da constituição para serem os seus recursos financeiros aplicados em outra destinação.

A EC n. 42, de 2003, deu nova redação ao art. 76 do ADCT, autorizando a desvinculação de órgão, fundo ou despesa, no período de 2003 a 2007, o montante de 20% (vinte por cento) da arrecadação da União de impostos, contribuições sociais e de intervenção no domínio econômico, já instituídos ou que vierem a ser criados no referido período, seus adicionais e respectivos acréscimos legais.

A EC n. 56, de 2007, prorrogou a DRU até 31 de dezembro de 2011, e a EC n. 68, de 2011, prorrogou a DRU até 31 de dezembro de 2015.

Depois de expirado o prazo da DRU previsto na EC n. 68, houve a promulgação da EC n. 93, de 2016, **criando nova DRU até 31 de dezembro de 2023, elevando o percentil da desvinculação para 30%**. Dentre as contribuições de seguridade, somente as contribuições previdenciárias ficaram livres da mordida da DRU.

Calha recordar que o art. 195 da CF traz inúmeras receitas destinadas à Seguridade Social, no entanto, à exceção das contribuições incidentes sobre a folha de salários, as demais sofriam a incidência da DRU, de modo que 30% da arrecadação eram retirados dos cofres da Seguridade e deslocados, a critério da União, para outros fins (diversos de Previdência, Assistência e Saúde).

O esvaziamento de recusos da Seguridade pela DRU impactava diretamente a Previdência, na medida em que deixava o Seguro Social de receber recursos que deveriam ser integrantes do orçamento da Seguridade Social.

De forma coerente, a Reforma da Previdência de 2019 excetuou da desvinculação das receitas da União todas as contribuições sociais destinadas ao financiamento da seguridade social:

> ADCT. Art. 76. (...) § 4º A desvinculação de que trata o caput não se aplica às receitas **das contribuições sociais destinadas ao custeio da seguridade social.** (Redação dada pela EC n. 103, de 2019.)

É merecedora de elogios a novel disposição alocada no § 4º do art. 76 do ADCT, em decorrência da qual a totalidade das receitas das contribuições sociais da Seguridade

DIREITO PREVIDENCIÁRIO PARA CONCURSOS

Social será vinculada (como sempre deveria ter sido) ao custeio das ações de Saúde, Previdência e Assistência Social.

2.6. REGRAS CONSTITUCIONAIS DO ART. 195 DA CF

CF. Art. 195. A seguridade social será financiada por toda a sociedade, de forma direta e indireta, nos termos da lei, mediante recursos provenientes dos orçamentos da União, dos Estados, do Distrito Federal e dos Municípios, e das seguintes contribuições sociais:

I – do empregador, da empresa e da entidade a ela equiparada na forma da lei, incidentes sobre:

a) a folha de salários e demais rendimentos do trabalho pagos ou creditados, a qualquer título, à pessoa física que lhe preste serviço, mesmo sem vínculo empregatício;

b) a receita ou o faturamento;

c) o lucro.

II – do trabalhador e dos demais segurados da previdência social, podendo ser adotadas alíquotas progressivas de acordo com o valor do salário de contribuição, não incidindo contribuição sobre aposentadoria e pensão concedidas pelo Regime Geral de Previdência Social; (Redação dada pela EC n. 103, de 2019)

III – sobre a receita de concursos de prognósticos;

IV – do importador de bens ou serviços do exterior, ou de quem a lei a ele equiparar.

§ 1º As receitas dos Estados, do Distrito Federal e dos Municípios destinadas à seguridade social constarão dos respectivos orçamentos, não integrando o orçamento da União.

§ 2º A proposta de orçamento da seguridade social será elaborada de forma integrada pelos órgãos responsáveis pela saúde, previdência social e assistência social, tendo em vista as metas e prioridades estabelecidas na lei de diretrizes orçamentárias, assegurada a cada área a gestão de seus recursos.

§ 3º A pessoa jurídica em débito com o sistema da seguridade social, como estabelecido em lei, não poderá contratar com o Poder Público nem dele receber benefícios ou incentivos fiscais ou creditícios.

§ 4º A lei poderá instituir outras fontes destinadas a garantir a manutenção ou expansão da seguridade social, obedecido o disposto no art. 154, I.

§ 5º Nenhum benefício ou serviço da seguridade social poderá ser criado, majorado ou estendido sem a correspondente fonte de custeio total.

§ 6º As contribuições sociais de que trata este artigo só poderão ser exigidas após decorridos noventa dias da data da publicação da lei que as houver instituído ou modificado, não se lhes aplicando o disposto no art. 150, III, "b".

Do Financiamento da Seguridade Social

§ 7º São isentas de contribuição para a seguridade social as entidades beneficentes de assistência social que atendam às exigências estabelecidas em lei.

§ 8º O produtor, o parceiro, o meeiro e o arrendatário rurais e o pescador artesanal, bem como os respectivos cônjuges, que exerçam suas atividades em regime de economia familiar, sem empregados permanentes, contribuirão para a seguridade social mediante a aplicação de uma alíquota sobre o resultado da comercialização da produção e farão jus aos benefícios nos termos da lei.

§ 9º As contribuições sociais previstas no inciso I do *caput* deste artigo poderão ter alíquotas diferenciadas em razão da atividade econômica, da utilização intensiva de mão de obra, do porte da empresa ou da condição estrutural do mercado de trabalho, sendo também autorizada a adoção de bases de cálculo diferenciadas apenas no caso das alíneas "b" e "c" do inciso I do *caput*. (Redação dada pela EC n. 103, de 2019)

§ 10. A lei definirá os critérios de transferência de recursos para o sistema único de saúde e ações de assistência social da União para os Estados, o Distrito Federal e os Municípios, e dos Estados para os Municípios, observada a respectiva contrapartida de recursos.

§ 11. São vedados a moratória e o parcelamento em prazo superior a 60 (sessenta) meses e, na forma de lei complementar, a remissão e a anistia das contribuições sociais de que tratam a alínea "a" do inciso I e o inciso II do *caput*. (Redação dada pela EC n. 103, de 2019)

§ 12. A lei definirá os setores de atividade econômica para os quais as contribuições incidentes na forma dos incisos I, *b*; e IV do *caput*, serão não cumulativas.

§ 13. (Revogado pela EC n. 103, de 2019)

§ 14. O segurado somente terá reconhecida como tempo de contribuição ao Regime Geral de Previdência Social a competência cuja contribuição seja igual ou superior à contribuição mínima mensal exigida para sua categoria, assegurado o agrupamento de contribuições. (Incluído pela EC n. 103, de 2019)

BENEFÍCIOS PREVIDENCIÁRIOS

3.1. PROTEÇÃO SOCIAL

A Previdência Social, mediante contribuição, tem por fim assegurar aos seus **beneficiários do RGPS** (segurados e respectivos dependentes) meios indispensáveis de manutenção, **por motivo de perda ou redução de rendimentos** decorrentes de:

- **incapacidade para o trabalho** (proteção previdenciária cabível: aposentadoria por incapacidade permanente, auxílio por incapacidade temporária, auxílio-acidente);
- **desemprego involuntário** (por exemplo: seguro-desemprego ao pescador artesanal, administrado pelo INSS – art. 2º da Lei n. 10.779, de 2003);
- **idade avançada** (por exemplo, aposentadoria por idade ao trabalhador rural);
- **tempo de contribuição** (desde a Reforma da Previdência de 2019 – Emenda Constitucional n. 103 –, além de tempo de contribuição, a aposentadoria programável exige requisito etário: idade mínima);
- **exposição do trabalhador a agentes prejudiciais à saúde** (desde a Reforma da Previdência de 2019 – Emenda Constitucional n. 103 –, além **da comprovação de exposição do trabalhador a agentes prejudiciais à saúde**, a aposentadoria especial exige requisito etário: idade mínima);
- **encargos familiares** (proteção previdenciária cabível: salário-família);
- **maternidade** (salário-maternidade: parto ou adoção).

O RGPS também protege os familiares do segurado, denominados de "dependentes", nas situações de:

- **prisão** do segurado (proteção previdenciária devida ao dependente: auxílio-reclusão); ou
- **óbito do segurado** (proteção previdenciária devida ao dependente: pensão por morte).

A pessoa física pode ser segurado **obrigatório** ou **facultativo**.

Por segurado obrigatório compreende-se toda e qualquer pessoa física que exerça atividade remunerada, enquadrável em uma dentre as cinco categorias relacionadas no art. 11 da **Lei de Benefícios** da Previdência Social – Lei n. 8.213, de 1991:

1. empregado;
2. trabalhador avulso;

DIREITO PREVIDENCIÁRIO PARA CONCURSOS

3. empregado doméstico;

4. contribuinte individual; e

5. segurado especial.

Por exclusão, todos aqueles que não exerçam atividade remunerada poderão, por livre escolha, ingressar no RGPS, na qualidade de Segurado Facultativo.

Atenção O exercício de atividade prestada de forma gratuita (graciosa ou voluntária) **não gera filiação obrigatória** à Previdência Social.

O segurado que exercer mais de uma atividade remunerada é filiado, obrigatoriamente, à Previdência Social, em relação a todas as atividades, obedecidas as disposições referentes ao limite máximo do salário de contribuição e da renda mensal inicial.

Dependentes são aqueles que guardam vínculo familiar, afetivo ou conjugal, com o segurado da previdência, previstos no **rol taxativo** do art. 16 da Lei de Benefícios.

A CF/88, alterada pela EC n. 20 no ano de 1998, proíbe (art. 7º, XXXIII) o desempenho de qualquer trabalho **a menores de dezesseis anos**, **salvo na condição de aprendiz, a partir de quatorze anos**.

> **MEMORIZE**
>
> O **limite mínimo de idade para ingresso no RGPS** quer na qualidade de segurado obrigatório, quer na de segurado facultativo, é **de 16 anos.** Desde a alteração do art. 7º, XXXIII, da CF/88, ocorrida no ano de 1998, à **exceção do menor aprendiz (admissível a filiação como segurado obrigatório desde os 14 anos),** nenhuma pessoa física pode filiar-se ao RGPS antes dos 16 anos de idade, nem mesmo como facultativo.

O tema idade mínima para filiação do Regime Geral merece atenção redobrada em concursos públicos, pelo motivo de as Leis ns. 8.212 e 8.213 terem sido editadas no ano de 1991, antes da alteração constitucional promovida pela EC/98. Essas duas leis, ao tratarem de idade mínima para filiação, possuem texto em sintonia com a redação **original** do art. 7º, XXXIII, da CF, que vedava o exercício de qualquer trabalho **aos menores de 14 anos de idade**. As Leis ns. 8.212 e 8.213 continuam com a redação desatualizada, assim dispondo:

> Lei n. 8.212/91. Art. 14. É **segurado facultativo o maior de 14 (quatorze) anos de idade** que se filiar ao Regime Geral de Previdência Social, mediante contribuição, na forma do art. 21, desde que não incluído nas disposições do art. 12.
>
> Lei n. 8.213/91. Art. 13. É **segurado facultativo o maior de 14 (quatorze) anos** que se filiar ao Regime Geral de Previdência Social, mediante contribuição, desde que não incluído nas disposições do art. 11.

Por outro lado, confira a redação do Decreto Federal n. 3.048, editado no ano de 1999, após a alteração do art. 7º, XXXIII, pela EC n. 20/98: "Art. 11. É segurado

BENEFÍCIOS PREVIDENCIÁRIOS

facultativo *o maior de dezesseis anos* de idade que se filiar ao Regime Geral de Previdência Social, mediante contribuição, na forma do art. 199, desde que não esteja exercendo atividade remunerada que o enquadre como segurado obrigatório da previdência social". Da mesma forma dispõe a Instrução Normativa n. 77 do INSS/Pres, de 2015, no art. 55: "Podem filiar-se na qualidade de facultativo os maiores de **dezesseis anos**, ...". *Vide* art. 5º, IV, da IN PRES/INSS n. 128, de 2022.

Os arts. 14 e 13, respectivamente das Leis ns. 8.212 e 8.213, não foram recepcionados pela EC n. 20/98, válido é o art. 11 do Decreto n. 3.048, que fixa a idade mínima para filiação a partir dos 16 anos de idade.

Para gabaritar, tome nota:

a) a idade mínima para filiação ao RGPS desde a Reforma da Previdência, que ocorreu no ano de 1998 (Emenda Constitucional n. 20), é de 16 anos (exceto menor aprendiz aos 14 anos, como segurado obrigatório);

b) as Leis ns. 8.212 e 8.213 que são do ano de 1991 ainda não foram atualizadas, estão com a redação original (que não tem mais valia), e permitem a filiação como segurado facultativo a partir dos 14 anos de idade;

c) o candidato deve ter atenção nas questões que digam "de acordo com a Lei n. 8.212/91", ou "em conformidade com a Lei n. 8.213/91", situação na qual o examinador quer a redação da lei, mesmo que desatualizada, devendo ser dada a resposta desatualizada de 14 anos de idade;

d) não havendo referência às Leis ns. 8.212 e 8.213, é 16 anos de idade a idade mínima para se filiar quer como obrigatório (salvo o aprendiz aos 14 anos), quer como segurado facultativo.

Idade mínima categoria: empregado doméstico. É vedada a contratação de menor de 18 (dezoito) anos para desempenho de trabalho doméstico (Lei Complementar n. 150, de 2015).

JURISPRUDÊNCIA:

"Em face da decisão judicial proferida na Ação Civil Pública-ACP n. 5017267-34.2013.4.04.7100, determinou-se ao INSS que passe a aceitar, como tempo de contribuição, o trabalho **comprovadamente exercido** na categoria de **segurado obrigatório de qualquer idade**, exceto o segurado facultativo, bem como, devem ser aceitos os mesmos meios de prova exigidos para o trabalho exercido com a idade permitida". Fundamento: a exigência de idade mínima poderia resultar em dupla punição: (a) perda de sua infância em razão do trabalho; e (b) não reconhecimento desse período de trabalho para fins de aposentadoria.

Participações artísticas de menores:

a) No campo artístico há possibilidade de atuações de criança e de adolescente desde que tenha autorização judicial (necessária a expedição de alvará, para autorizar a participação de menores em espetáculos artísticos), e não se trate de "trabalho" propriamente dito.

b) Assentou o STF, na medida cautelar na Ação Direta de Inconstitucionalidade 5.326, que, ausente controvérsia a envolver relação de trabalho, **compete ao Juízo da Infância e da Juventude**, inserido no âmbito da Justiça Comum, apreciar, no campo da jurisdição voluntária, pedido de autorização visando a participação de crianças e adolescentes em eventos de caráter artístico.

Atenção **Não há limite máximo** de idade para o ingresso de segurado no RGPS.

O RGPS compreende as seguintes prestações, expressas em benefícios (obrigação de dar) e serviços (obrigação de fazer).

MEMORIZE

O SEGURADO tem direito a duas espécies de aposentadorias:

(a) aposentadoria por incapacidade permanente (nominada na Lei n. 8.213/91 como aposentadoria por invalidez. Nomenclatura alterada pela Reforma da Previdência de 2019 – EC n. 103);

(b) aposentadoria programável, ou simplesmente "aposentadoria voluntária" (depois da EC n. 103, de 2019, há exigência de comprovação de idade mínima somada ao requisito de tempo de contribuição);

(c) aposentadoria especial (depois da EC n. 103, de 2019, há exigência de comprovação de idade mínima somada a requisito da comprovação de exposição do trabalhador a agentes prejudiciais à saúde);

(d) aposentadoria por idade ao trabalhador rural;

(e) aposentadoria do segurado pessoa com deficiência (a Lei Complementar n. 142/2013 prevê aposentadoria em duas situações: tempo de contribuição reduzido ou com idade reduzida).

- Duas espécies de auxílio: (a) auxílio por incapacidade temporária (também nominado de auxílio-doença); (b) auxílio-acidente.
- Duas espécies de salário: (a) salário-família; (b) salário-maternidade.

O DEPENDENTE faz jus apenas a dois benefícios previdenciários: (a) pensão por morte; e (b) auxílio-reclusão.

E ambos (SEGURADO E DEPENDENTE) têm direito aos dois serviços que existem na Previdência: Serviço Social e de Reabilitação Profissional (Atenção: a MP n. 905, de 2019, havia excluído o serviço social do rol protetivo da Previdência. No entanto, referida MP n. 905 foi revogada pela MP n. 955, de 2020).

3.2. FILIAÇÃO E INSCRIÇÃO

Filiação é a relação jurídica estabelecida entre a Previdência Social e o Segurado, outorgando direitos e obrigações recíprocos.

Por força constitucional (art. 201), a **filiação é obrigatória**, importa dizer, **não existe opção** por parte do trabalhador em integrar ou não o RGPS.

Somente pode ser **filiado** aquele que se relaciona com a Previdência Social na qualidade de segurado obrigatório ou facultativo, mediante contribuição. **Cuidado**: (1) dependentes e tomadores de serviço NÃO se filiam ao RGPS; (2) "filiação" é termo técnico de uso privativo da Previdência, inexistente no ramo da Saúde e da Assistência Social.

A filiação dá-se de duas formas distintas:

a) **Filiação automática:** decorre do exercício de atividade remunerada **para os segurados obrigatórios**.

b) **Filiação condicionada:** mediante prévia inscrição, formalizada com o pagamento da primeira contribuição **para o segurado facultativo**.

Atenção Nesse caminhar, ainda que a empresa não faça o registro do seu empregado (o que tipifica, em tese, crime de **Sonegação de contribuição previdenciária**, previsto no art. 337-A do Código Penal. Figura típica: suprimir ou reduzir contribuição social previdenciária e qualquer acessório, mediante a conduta de **omitir** de folha de pagamento da empresa ou de documento de informações previsto pela legislação previdenciária **segurados**: empregado, empresário, trabalhador avulso ou trabalhador autônomo ou a este equiparado **que lhe prestem serviços**), desde o primeiro dia do trabalho, ainda que sem registro em CTPS, é filiado ao RGPS, na categoria de segurado obrigatório do INSS, possuindo direitos previdenciários, porque a filiação decorre do **singelo exercício da atividade remunerada**, pouco importando a data da formalização do vínculo.

Percebe-se que coisa diversa é a formalização da situação jurídica perante o banco de dados da Previdência Social; este ato se denomina "inscrição".

Filiação x Inscrição	
Filiação	É a relação jurídica estabelecida entre a Previdência Social e a pessoa física contribuinte na qualidade **de segurado**, outorgando direitos e obrigações recíprocos.
Inscrição	É o cadastro **de pessoa** (sentido amplo: física ou jurídica; tomadora ou prestadora de serviço; segurado ou dependente) perante o Cadastro Nacional de Informações Sociais (CNIS).

A inscrição de segurado dá-se pelo Número de Identificação do Trabalhador (NIT). Enquanto que o tomador de serviço deve efetivar sua **matrícula** (inscrição de tomador de serviço) mediante a utilização:

a) do CNPJ para empresas e equiparados a ele obrigados; ou

b) Cadastro Específico do INSS (CEI) para equiparados à empresa, mas desobrigados da inscrição no CNPJ, exemplos: obra de construção civil; produtor rural contribuinte individual que comercialize sua produção diretamente a consumidor pessoa física; consórcio de produtores rurais; o titular de cartório, sendo a matrícula emitida no nome do titular, ainda que a respectiva serventia seja registrada no CNPJ.

Presentes os pressupostos da filiação, **admite-se** a inscrição *post mortem* do segurado especial, desde que obedecidas as condições para sua caracterização.

Atenção A Lei n. 13.846, de 2019, incluiu o § 7º no art. 17 da Lei n. 8.213: "Não **será admitida** a inscrição *post mortem* de segurado contribuinte individual e de segurado facultativo".

Inscrição *post mortem*	
Admite-se	Não será admitida
do segurado especial	do segurado contribuinte individual e de segurado facultativo

A Lei n. 8.213 (art. 17, § 1º) determina que incumbe ao dependente promover a sua inscrição **quando do requerimento do benefício** a que estiver habilitado. A inscrição do dependente não é prévia! Os dependentes apenas se apresentam ao INSS quando forem requerer o benefício (de pensão por morte ou de auxílio-reclusão).

3.3. RELAÇÃO JURÍDICA DE PROTEÇÃO. TEORIA UNITÁRIA E ESCISIONISTA

De caráter cogente, a relação jurídica de benefício e de serviços no Regime Geral de Previdência Social é entabulada, de um lado, pelos segurados obrigatórios, revestidos da roupagem de sujeito ativo, e, na outra extremidade, pela Previdência Social, simbolizada pelo INSS, na qualidade de sujeito passivo.

Dessa relação jurídica decorre em prol do sujeito ativo o direito público subjetivo de exigir do INSS amparo previdenciário sempre que comprovada a situação de necessidade contemplada na lei, que repercuta, como regra, na redução (ou perda) de rendimentos ou aumento das despesas no seio familiar.

Duas são as teorias que explicam o fenômeno da cobertura previdenciária. A primeira, denominada **unitária**, é a que atribui direito à percepção de benefícios no RGPS àqueles que se revestem da situação jurídica de contribuintes. Diante do caráter contributivo exigido constitucionalmente (art. 201), apenas podem se valer de benefícios os que mantenham a regularidade contributiva ao subsistema da Previdência. Trata-se de relação una, indissociável, contemplando na posição de domínio e de contradomínio, a um só tempo, o ente público, com direito subjetivo a exigir tributo do sujeito passivo,

BENEFÍCIOS PREVIDENCIÁRIOS

e o segurado, com direito subjetivo a benefícios e serviços em face do INSS. Em virtude do sinalagma imanente à **teoria unitária**, não satisfeita a via contributiva (dever), resta inviabilizada a proteção previdenciária (direitos).

A relação jurídica firmada com o segurado facultativo é calcada na teoria unitária, logo, a cobertura previdenciária decorre da imprescindível regularidade contributiva.

De outra margem, a **teoria escisionista**[1] **(separatista)** baseia-se na independência das relações jurídicas. Segundo se dessume dessa teoria, a situação jurídica de "segurado obrigatório" decorre do singelo exercício do trabalho remunerado. O empregado, o trabalhador avulso, o empregado doméstico, o segurado especial e o contribuinte individual são segurados obrigatórios da Previdência desde o primeiro dia que realizam o fato social "trabalho remunerado", e desde esse marco estão protegidos pela apólice constitucional previdenciária. A relação de custeio é diversa e não se confunde com a de benefício. Aquela é afeta ao Ministério da Fazenda (contribuição previdenciária), enquanto esta ao Ministério responsável pela Previdência (benefícios e serviços).

Na conjuntura atual do Seguro Social, a teoria escisionista (separatista) é acolhida de forma nítida em dois institutos, a saber, **automaticidade das prestações** e **período de graça**.

Os segurados empregado e avulso, com fulcro no princípio da automaticidade das prestações, têm a garantia de fruição de benefício **ainda que o responsável tributário** não tenha satisfeito a relação de custeio (arts. 34, I, e 35 da Lei n. 8.213/91). É de se ressaltar que esses segurados obrigatórios não são responsáveis pelo recolhimento de sua contribuição previdenciária. Para esses, a relação de custeio é integrada por terceira pessoa, denominado responsável tributário, o empregador ou o órgão gestor de mão de obra.

Outra nota quanto à adoção da doutrina escisionista que merece destaque é o art. 15 da Lei n. 8.213, ao assegurar *status* de segurado **(período de graça)**, durante certo lapso temporal, com direito à percepção de benefícios previdenciários, **àquele que não mais verte contribuições** ao regime de previdência. Veja a cabeça do dispositivo, que evidencia o desatrelamento da roupagem jurídica de segurado da compulsoriedade das contribuições previdenciárias: "Mantém a qualidade de segurado, independentemente de contribuições".

3.4. SEGURADOS OBRIGATÓRIOS

Por segurados obrigatórios compreendem-se todos aqueles que exercem atividade remunerada. Portanto, o marco fundador da proteção social é exercício de trabalho remunerado.

---

[1] BERBEL, Fábio Lopes Vilela. *Teoria geral da previdência social.* São Paulo: Quartier Latin, 2005, p. 119 e s.

DIREITO PREVIDENCIÁRIO PARA CONCURSOS

A pessoa física prestadora de serviço, desde que exerça atividade remunerada, ressalvado tão só o servidor público detentor de regime próprio de previdência, é segurado obrigatório do RGPS.

Extremamente recomendada a leitura dos arts. 11, 12 e 13 da Lei n. 8.213 e arts. 9º ao 11 do Decreto Federal n. 3.048/99.

3.4.1. Empregado

É aquele que presta serviço de natureza urbana ou rural **a tomador de serviço caracterizado, ou equiparado, à empresa**, em caráter não eventual, sob subordinação jurídica e mediante remuneração, **inclusive como diretor-empregado**. Considera-se diretor-empregado aquele que, participando ou não do risco econômico do empreendimento, seja contratado ou promovido para cargo de direção das sociedades anônimas, mantendo as características inerentes à relação de emprego.

Subordinação, habitualidade e remuneração são as características exigidas pelo art. 3º da CLT à definição de empregado[2].

Note-se que somente pessoa física prestadora de serviço pode ser enquadrada como empregado, ao passo que, na outra extremidade, o tomador de serviço será enquadrado sempre como "empresa", que, segundo a dicção do art. 14 da Lei n. 8.213/91, compreende: a firma individual ou sociedade que assume o risco de atividade econômica urbana ou rural, com **fins lucrativos ou não (por exemplo, uma entidade beneficente de assistência a crianças com câncer é empresa. Quem prestar serviços não voluntários a essa entidade sem fins lucrativos será segurado obrigatório, na categoria de empregado)**, bem como os **órgãos e entidades da administração pública direta, indireta e fundacional**.

Equipara-se a empresa, para os efeitos previdenciários:

a) **o contribuinte individual em relação a segurado que lhe presta serviço** (por exemplo, advogado ou engenheiro que possuam secretária são equiparados a empresa. Por conseguinte, a secretária que lhes presta serviço com habitualidade, subordinação jurídica e remuneração é segurada obrigatória, na categoria de empregado);

b) a **cooperativa**. A definição de cooperativa encontra-se na Lei n. 12.690, de 2012: "Art. 2º Considera-se Cooperativa de Trabalho a sociedade constituída por trabalhadores para o exercício de suas atividades laborativas ou profissionais com proveito comum, autonomia e autogestão para obterem melhor qualificação, renda, situação socioeconômica e condições gerais de trabalho". Por cooperativa compreende-se o resultado formal da união jurídica de contribuintes individuais, quer para prestar serviços, quer para

---

[2]   CLT, art. 3º – "Considera-se empregado toda pessoa física que prestar serviços de natureza não eventual a empregador, sob a dependência deste e mediante salário".

BENEFÍCIOS PREVIDENCIÁRIOS

fabricar produtos (art. 4º da Lei n. 12.690). **Os cooperados da cooperativa não são empregados**, são contribuintes individuais. Todavia, a cooperativa equipara-se a empresa e, por essa razão, pode ter empregados, por exemplo secretária;

c) a associação ou entidade de qualquer natureza ou finalidade, a missão diplomática e a repartição consular de carreira estrangeiras;

d) **a pessoa física na condição de proprietário** ou dono de **obra de construção civil**, em relação a segurado que lhe presta serviço (redação dada pela Lei n. 13.202, de 2015).

A Lei n. 8.213/91 (art. 12) veda, expressamente, a filiação ao RGPS dos servidores públicos, ocupantes de cargo efetivo, da União, dos Estados, do Distrito Federal e dos Municípios, bem como das respectivas autarquias e fundações, **desde que amparado** por Regime Próprio de Previdência.

Atenção A Reforma da Previdência de 2019 **vedou a instituição de novos** regimes próprios de previdência social (art. 40, § 22, da CF).

A título de exceção, não tendo a pessoa de direito público interno criado regime previdenciário próprio aos seus servidores, como ainda ocorre com muitos Municípios em nosso País, tornar-se-ão os respectivos servidores públicos segurados obrigatórios do RGPS, na qualidade de "empregado".

Atenção No caso de extinção de regime próprio municipal de previdência social, o Município assumirá integralmente a responsabilidade pelo pagamento dos benefícios concedidos durante a sua vigência, bem como daqueles benefícios cujos requisitos necessários a sua concessão foram implementados anteriormente à extinção do regime próprio de previdência social (art. 34 da EC n. 103, de 2019, e art. 10 da Lei n. 9.717, de 1997).

MEMORIZE

A Lei n. 8.213 enquadra, entre outros, na categoria empregado:

- trabalhador temporário, aquele que presta serviço a uma empresa, para atender à **necessidade transitória** de substituição de seu pessoal regular e permanente ou para atender a **acréscimo extraordinário** de serviço, usando a intermediação de empresa locadora de mão de obra temporária;
- menor aprendiz (a partir dos 14 anos de idade, sujeito à formação profissional metódica do ofício em que exerça o seu trabalho);
- ocupante de cargo exclusivamente em comissão;
- cargo temporário;
- emprego público;
- servidor público **desde que** não amparado por regime próprio;
- detentor de mandato eletivo federal, estadual ou municipal **desde que** não amparado por regime próprio.

DIREITO PREVIDENCIÁRIO PARA CONCURSOS

Responda[3]: (Analista Judiciário – Área Judiciária – TRT 15ª Região – FCC – 2013) É segurado obrigatório, no Regime Geral da Previdência Social, como empregado:

(A) o exercente de mandato eletivo federal, estadual ou municipal, desde que não vinculado a regime próprio de previdência social.

(B) aquele que presta serviço de natureza contínua a pessoa ou família, no âmbito residencial desta, em atividades sem fins lucrativos.

(C) aquele que presta serviço de natureza urbana ou rural à empresa, em caráter não eventual, sob sua subordinação e mediante remuneração, excluídos quaisquer diretores.

(D) o servidor público ocupante de cargo em comissão, com vínculo efetivo com a União, autarquias e fundações públicas federais.

(E) o ministro de confissão religiosa e o membro de instituto de vida consagrada, de congregação ou de ordem religiosa.

3.4.1.a. *Territorialidade*

Não importa tratar-se de nacional (nato ou naturalizado), ou de estrangeiro, todo aquele que exercer atividade remunerada dentro do perímetro de compreensão do solo brasileiro, mediante subordinação jurídica e habitualidade, a tomador de serviço, é caracterizado, obrigatoriamente, como segurado obrigatório, na categoria de empregado.

O art. 15, parágrafo único, da Lei n. 8.212, de 1991, arrola como "equiparado a empresa", além das duas figuras referidas no tópico adrede:

I – a associação ou entidade de qualquer natureza ou finalidade (p. ex., organismo oficial internacional ou estrangeiro em funcionamento no Brasil);

II – a missão diplomática; e

III – a repartição consular de carreiras estrangeiras.

Em havendo, p. ex., uma unidade da ONU (Organização das Nações Unidas) ou da OMS (Organização Mundial da Saúde) em funcionamento no Brasil, esse organismo oficial é equiparado a empresa. Da mesma forma, uma repartição consular (Consulado da França, da Espanha, do Canadá etc.). E, ainda, a visita oficial do Presidente dos Estados Unidos da América ao Brasil trata-se de missão diplomática temporária, ou de uma embaixada (missão diplomática permanente). Segundo apregoa o art. 11, I, *d* e *i*, da Lei n. 8.213/91, caso qualquer deles venha a contratar um motorista[4], uma cozinheira, uma secretária (com habitualidade, subordinação e remuneração), em território

---

3   Resposta: A.
4   Note-se, se contratarem um serviço de um taxista, este é contribuinte individual, pois não possui habitualidade, nem subordinação jurídica.

BENEFÍCIOS PREVIDENCIÁRIOS

brasileiro, essa pessoa física prestadora de serviço será **segurado obrigatório do RGPS, na categoria de empregado**.

Atenção **Exceção à filiação obrigatória**. Estão **excluídas do RGPS** as pessoas físicas contratadas para prestação de serviço no território nacional:

a) pelo organismo oficial internacional ou estrangeiro em funcionamento no Brasil **quando cobertas por regime próprio** de previdência social;

b) **o brasileiro amparado pela legislação previdenciária do país da respectiva missão diplomática ou repartição consular**;

c) o **não brasileiro sem residência permanente no Brasil** que prestar serviços a **missão diplomática ou repartição consular**.

3.4.1.b. *Extraterritorialidade*

A prestação de serviços em outros países, como regra, não gera filiação à Previdência Social Brasileira. Trabalhadores, p. ex., em fábricas no Japão, ou em restaurantes nos Estados Unidos, ainda que brasileiros, não são segurados obrigatórios do INSS.

Como exceção à regra, as Leis ns. 8.212 (art. 12, I, *c*, *e*, e *f*) e 8.213 (art 11, I, *c*, *e*, e *f*) admitem a filiação obrigatória, na categoria de segurado empregado, de pessoa física prestadora de serviço remunerado em território estrangeiro, unicamente se o tomador de serviço for: (a) **a União**; (b) **empresa brasileira**; (c) empresa domiciliada no exterior, cuja **maioria do capital votante pertença a empresa brasileira de capital nacional**.

> **MEMORIZE**
> São segurados obrigatórios, na categoria de empregado:
> - o brasileiro ou estrangeiro **domiciliado e contratado no Brasil** para trabalhar **como empregado em sucursal ou agência de empresa nacional no exterior**;
> - **o brasileiro civil** que **trabalha para a União, no exterior,** em organismos oficiais brasileiros ou internacionais dos quais o Brasil seja membro efetivo, **ainda que lá domiciliado e contratado, salvo se segurado** na forma da legislação vigente do país do domicílio;
> - o brasileiro ou estrangeiro domiciliado e contratado no Brasil **para trabalhar como empregado em empresa domiciliada no exterior,** cuja maior a do capital votante pertença a empresa brasileira de capital nacional.

3.4.2. Trabalhador avulso

É aquele que, sindicalizado ou não, presta serviço de natureza urbana ou rural a diversas empresas, **sem vínculo empregatício**, **com intermediação obrigatória** do órgão gestor de mão de obra (OGMO), nos termos da Lei n. 8.630, de 1993, ou sindicato da categoria.

Enquanto a habitualidade caracteriza o empregado, a eventualidade define o trabalhador avulso.

Exemplos de trabalhadores avulsos são aqueles que exercem atividade portuária de capatazia, estiva, conferência e conserto de carga, vigilância de embarcação e bloco; trabalhadores de estiva de mercadorias de qualquer natureza, inclusive carvão e minério; os **trabalhadores em alvarenga** (embarcação para carga e descarga de navios); os amarradores de embarcação; os ensacadores de café, cacau, sal e similares; os trabalhadores na indústria de extração de sal; os carregadores de bagagem em porto.

Em atenção ao comando constitucional do art. 7º, XXXIV, a Lei n. 8.213/91 assegura ao trabalhador avulso os mesmos direitos existentes ao segurado na categoria empregado. Anote, todos os benefícios e serviços previdenciários são alcançáveis pelo segurado incluso na categoria de empregado ou na de trabalhador avulso. Todas as outras categorias de segurados possuem restrições de direitos previdenciários. Por exemplo, qual categoria de segurado faz jus a auxílio-acidente? Qualquer resposta que não inclua o empregado e o trabalhador avulso estará incorreta.

Sobre o auxílio-acidente, diz o art. 18, § 1º, da Lei n. 8.213/91, que somente poderão beneficiar-se desse benefício o segurado na categoria: empregado; empregado doméstico; trabalhador avulso, e segurado especial (a inclusão do empregado doméstico entre os beneficiários de auxílio-acidente é novidade trazida pela Lei Complementar n. 150, de 2015).

3.4.3. Empregado doméstico

O prestador de serviço de natureza contínua à pessoa ou família, empregado doméstico, tornou-se segurado obrigatório da Previdência Social a partir da competência abril de 1973, vigência do Decreto n. 71.885, que regulamentou a Lei n. 5.859, de 1972.

Com o advento da Emenda Constitucional n. 72, de 2013, que deu nova redação ao parágrafo único do art. 7º da CF, aos trabalhadores domésticos foram assegurados novos direitos, desde que atendidas as condições estabelecidas em lei e observada a simplificação do cumprimento das obrigações tributárias, principais e acessórias, decorrentes da relação de trabalho e suas peculiaridades. Dentre os direitos previstos no art. 7º da CF, estão, entre outros: II (seguro-desemprego, em caso de desemprego involuntário); III (FGTS); XII (salário-família pago em razão do dependente do trabalhador de baixa renda), e XXVIII (seguro contra acidentes de trabalho, a cargo do empregador), bem como a sua integração à previdência social.

No ano de 2015 foi editada a Lei Complementar n. 150 com o intento de dar concretude às disposições contidas no parágrafo único do art. 7º da Constituição Federal, na redação atribuída pela Emenda Constitucional n. 72, de 2013, que ampliou direitos trabalhistas e previdenciários dos trabalhadores domésticos.

BENEFÍCIOS PREVIDENCIÁRIOS

A LC n. 150 conceituou o empregado doméstico como aquele que presta serviços de forma contínua, subordinada, onerosa e pessoal e de finalidade não lucrativa à pessoa ou à família, no âmbito residencial destas, **por mais de** 2 (dois) dias por semana.

São considerados domésticos, dentre outros, motorista particular; a cozinheira; a lavadeira; o jardineiro; a babá; a copeira; o caseiro de sítio de veraneio e de casa de praia; a governanta; a passadeira; o mordomo etc.

Atenção **Idade mínima.** É vedada a contratação de menor de 18 (dezoito) anos para desempenho de trabalho doméstico (categoria: empregado doméstico), e acordo com a Convenção n. 182, de 1999, da Organização Internacional do Trabalho (OIT).

De observar que os serviços prestados pelo empregado doméstico não podem gerar lucro ao empregador doméstico. Caso haja fins lucrativos por parte do tomador de serviço, aquele que presta serviço será enquadrado como empregado, e não empregado doméstico.

Novidade: no ritmo de ampliação de direitos, com o advento da LC n. 150 o segurado na categoria empregado doméstico passou a ter direito:

- a proteção em decorrência de **acidente de trabalho** (bem como doença relacionada ao ambiente do trabalho), ante a nova redação do art. 19 da Lei n. 8.213/91;
- ao benefício **auxílio-acidente** (por causa relacionada ou não ao trabalho), ante a nova redação do art. 18, § 1º, da Lei n. 8.213/91;
- ao benefício de **salário-família**, nova redação art. 65 da Lei n. 8.213/91;
- a seguro-desemprego, na situação de desemprego involuntário, no valor de 1 (um) salário mínimo, por período máximo de 3 (três) meses, por força do art. 26 da LC n. 150.

O empregador doméstico é obrigado a arrecadar e recolher a contribuição do segurado empregado a seu serviço nas alíquotas de 7,5%, 9%, 12% ou 14%, conforme enquadramento em faixas salariais definidas a partir de 1º de maio de 2023 pela Portaria Interministerial MPS/MF n. 27, de 4 de maio de 2023:

SALÁRIO DE CONTRIBUIÇÃO (R$)	ALÍQUOTA INSS
até 1.320,00	7,5%
de 1.302,01 até 2.571,29	9%
de 2.571,30 até 3.856,94	12%
de 3.856,95 até 7.507,49	14%

O empregador doméstico também fica obrigado a recolher a parcela a seu cargo (tomador de serviço: alíquota de 8% + 0,8% a título de SAT), ambas (contribuição própria e a de seu empregado doméstico) **até o dia 7** do mês seguinte ao da competência.

DIREITO PREVIDENCIÁRIO PARA CONCURSOS

Atenção Se dia 7 não for dia útil, **o vencimento é "antecipado"** para o primeiro dia útil imediatamente anterior.

Sobre a data do recolhimento, a redação do inciso V do art. 30 da Lei n. 8.212 foi alterada pela Lei n. 14.438, de 2022, que estabelece nova data para recolhimento para o empregador doméstico arrecadar e recolher a contribuição do segurado empregado a seu serviço e a parcela a seu cargo, até o vigésimo dia do mês seguinte ao da competência, porém esse novo regramento depende de regulamentação.

A nova redação do art. 34, I, da Lei n. 8.213/91 determina que no cálculo do valor da renda mensal do benefício do empregado doméstico, inclusive o decorrente de acidente do trabalho, serão computados os salários de contribuição referentes aos meses de contribuições devidas, **ainda que não recolhidas** pelo empregador doméstico.

3.4.4. **Contribuinte individual**

Os segurados denominados na redação original da Lei de Benefícios como "empresário", "trabalhador autônomo" e "equiparado a trabalhador autônomo", a partir de 29-11-1999, com a Lei n. 9.876, foram agrupados em uma única categoria com a denominação de "contribuinte individual".

O contribuinte individual (CI), ao exercer atividade remunerada, é considerado segurado obrigatório perante o RGPS, devendo proceder à sua própria inscrição.

Consideram-se contribuintes individuais, entre outros:

- **profissional liberal**, que exerce atividade de natureza urbana ou rural, em caráter eventual, a uma ou mais empresas sem relação de emprego (*Atividade em caráter eventual é atividade prestada de forma não contínua e esporádica, sem subordinação jurídica*);
- a pessoa física que exerce, por conta própria, atividade econômica de natureza urbana, com fins lucrativos ou não;
- titular de firma individual de natureza urbana ou rural;
- diretor não empregado e o membro do conselho de administração da Sociedade Anônima;
- os sócios nas sociedades em nome coletivo;
- o sócio-gerente e o sócio cotista **que recebam remuneração** decorrente de seu trabalho na sociedade por cotas de responsabilidade limitada, urbana ou rural;
- o associado eleito para cargo de direção na cooperativa, associação ou entidade de qualquer natureza ou finalidade;
- o síndico ou administrador eleito para exercer atividade de direção condominial, **desde que recebam remuneração, ou que estejam isentos** da taxa de condomínio;
- pintores, eletricistas, encanadores e outros que prestam serviços em âmbito residencial, de forma não contínua, sem vínculo empregatício;

BENEFÍCIOS PREVIDENCIÁRIOS

- cabeleireiro, manicure, esteticista e profissionais congêneres, quando exercerem suas atividades em salão de beleza, por conta própria;
- o comerciante ambulante (camelô);
- o membro de conselho fiscal de sociedade anônima;
- o trabalhador associado à cooperativa de trabalho que, por intermédio desta, presta serviços a terceiros;
- o **trabalhador diarista** que presta serviços de natureza não contínua na residência de pessoa ou família, **por até 2 (dois) dias na semana**, em atividade doméstica que não enseja lucro ao tomador de serviço;
- o feirante-comerciante que compra para revender produtos hortifrutigranjeiros e assemelhados;
- médico residente; árbitros de jogos desportivos, notários e tabeliães.

Para o CI classificado como (microempreendedor individual (MEI) a inscrição se dá por meio do Portal do Empreendedor, no sítio <www.portaldoempreendedor.gov.br>, sendo os dados enviados eletronicamente ao CNIS.

Merece especial destaque o ministro de confissão religiosa e o **membro de instituto de vida consagrada, de congregação ou de ordem religiosa**, considerados como tais aqueles que fizeram votos temporários ou perpétuos ou compromissos equivalentes que os habilitem ao exercício estável da atividade religiosa, **a exemplo do padre, freira, bispo, madre**. A Lei n. 8.213 os enquadra como segurados obrigatórios, na categoria de contribuinte individual.

Atenção O Brasil é Estado laico, leigo, não há religião oficial, por conseguinte, independentemente da crença praticada, o membro da confissão religiosa será obrigatoriamente segurado do RGPS, na categoria contribuinte individual, devendo contribuir mensalmente com a Previdência Social, na forma disposta no art. 21 da Lei n. 8.212, de 1991.

Observe-se, entretanto, que **não se consideram como remuneração** direta ou indireta, para fins previdenciários, os valores despendidos pelas entidades religiosas e instituições de ensino vocacional com ministro de confissão religiosa, membros de instituto de vida consagrada, de congregação ou de ordem religiosa em face do seu mister religioso ou para sua subsistência (**côngrua, prebenda**), desde que fornecidos em condições que independam da natureza e da quantidade do trabalho executado.

A Lei n. 13.137, de 2015, estabeleceu que os critérios informadores dos valores despendidos pelas entidades religiosas e instituições de ensino vocacional **aos ministros de confissão religiosa, membros de vida consagrada**, de congregação ou de ordem religiosa **não são taxativos e sim exemplificativos**. Pontuou-se, ainda, que os valores despendidos, **ainda que pagos de forma e montante diferenciados**, em pecúnia ou a título de ajuda de custo de moradia, transporte, formação educacional, vinculados exclusivamente à atividade religiosa **não configuram remuneração direta ou indireta**.

3.4.4.a. *Extraterritorialidade*

No item 3.4.1.b vimos que a prestação de serviços em outros países, como regra, não gera filiação à Previdência Social brasileira.

A título de exceção citamos as situações nas quais a lei admite a filiação à Previdência brasileira, qualificando o prestador de serviço como segurado obrigatório na categoria de empregado.

As Leis ns. 8.212 (art. 12, V, *e*) e 8.213 (art. 11, V, *e*) admitem **apenas uma situação** de serviço prestado por pessoa física em território estrangeiro que gera filiação à nossa previdência na **categoria de "contribuinte individual"**.

Somente o brasileiro civil que trabalha **no exterior para organismo oficial** internacional do qual **o Brasil é membro efetivo**, **ainda que lá domiciliado e contratado**, salvo quando coberto por regime próprio de previdência social.

Note-se a diferença com essa outra situação que gera filiação obrigatória na categoria de "empregado", estudada no item 3.4.1.b: brasileiro civil **que trabalha para a União**, **no exterior**, **em organismos oficiais** brasileiros ou internacionais dos quais o Brasil seja membro efetivo, ainda que lá domiciliado e contratado, salvo se segurado na forma da legislação vigente do país do domicílio.

Atenção Se o brasileiro civil for contratado diretamente pelo organismo oficial será "contribuinte individual". Caso seja contrato pela União (Governo Brasileiro) para trabalhar no organismo oficial será "empregado".

3.4.5. Segurado especial

São o produtor, o parceiro, o meeiro e o arrendatário rurais, o pescador artesanal e seus assemelhados, que exerçam essas atividades individualmente ou em regime de economia familiar, **admitido o auxílio eventual de terceiros**, significa dizer, permitida a contratação episódica de mão de obra assalariada, desde que por menos de 120 dias no ano civil, em períodos corridos ou intercalados.

Entende-se como regime de economia familiar a atividade em que o trabalho dos membros da família é indispensável à própria subsistência e ao desenvolvimento socioeconômico do núcleo familiar e é exercido em condições de mútua dependência e colaboração, **sem a utilização de empregados permanentes**.

Todos os membros da família (cônjuges ou companheiros e **filhos maiores de 16 anos de idade** ou a eles equiparados) que trabalham na atividade rural, no próprio grupo familiar, são considerados segurados especiais.

A inscrição de segurado especial e dos membros do respectivo grupo familiar deverá ser efetuada, preferencialmente, pelo membro da família que detiver a condição de proprietário, posseiro, parceiro, meeiro, comodatário ou arrendatário rurais, pescador artesanal ou assemelhado.

BENEFÍCIOS PREVIDENCIÁRIOS

A Lei de Benefícios garantiu aos segurados especiais a percepção de alguns benefícios, conforme o art. 39, I e II (**aposentadoria por idade ou por invalidez, auxílio-doença, e, aos dependentes, auxílio-reclusão e pensão**), todos no valor de um salário mínimo. Fazem jus, também, ao **auxílio-acidente**, conforme a previsão constante dos arts. 39, I (redação dada pela Lei n. 12.873, de 2013), e 18, § 1º, da Lei n. 8.213/91, no **valor de meio** salário mínimo.

`Atenção` O segurado especial não tem direito a aposentadoria por tempo de contribuição (essa modalidade de aposentadoria foi modificada pela Reforma da Previdência de 2019, ficando atrelada a requisito etário).

Caso queira ter direito aos demais benefícios (como aposentadoria por tempo de contribuição espécie adstrita a requisito etário após a EC n. 103, de 2019) ou benefícios com valor superior a um salário mínimo, o segurado especial **deve também contribuir** como segurado facultativo e cumprir a carência exigida para o benefício. Matéria, inclusive, sumulada pelo Superior Tribunal de Justiça: Súmula n. 272: O trabalhador rural, na condição de segurado especial, sujeito à contribuição obrigatória sobre a produção rural comercializada, somente faz jus à aposentadoria por tempo de serviço, se recolher contribuições facultativas.

São caracterizados como segurados especiais, desde que não tenham empregados permanentes: PARCEIRO: aquele que, comprovadamente, tem contrato de parceria com o proprietário da terra, desenvolve atividade agrícola, pastoril ou hortifrutigranjeira, partilhando os lucros, conforme pactuado; MEEIRO: aquele que, comprovadamente, tem contrato com o proprietário da terra, exerce atividade agrícola, pastoril ou hortifrutigranjeira, dividindo os rendimentos obtidos; ARRENDATÁRIO: aquele que, comprovadamente, utiliza a terra, mediante pagamento de aluguel ao proprietário do imóvel rural, para desenvolver atividade agrícola, pastoril ou hortifrutigranjeira; COMODATÁRIO: aquele que, comprovadamente, explora a terra pertencente a outra pessoa, por empréstimo gratuito, por tempo determinado ou não, para desenvolver atividade agrícola, pastoril ou hortifrutigranjeira; CONDÔMINO: aquele que se qualifica individualmente como explorador de áreas de propriedades definidas em percentuais; **PESCADOR ARTESANAL** é aquele que, individualmente ou em regime de economia familiar, faz da pesca sua profissão habitual ou principal meio de vida, desde que **não utilize embarcação ou utilize embarcação de pequeno porte** (quando possui arqueação bruta – AB igual ou menor que 20), e é **assemelhado ao pescador artesanal** aquele que realiza atividade de apoio à pesca artesanal, exercendo trabalhos de confecção e de reparos de artes e petrechos de pesca e de reparos em embarcações de pequeno porte ou atuando no processamento do produto da pesca artesanal. São considerados pescadores artesanais, também, os mariscadores, caranguejeiros, catadores de algas, observadores de cardumes, entre outros que exerçam as atividades de forma similar.

`Atenção` A Lei n. 11.718, de 2008, trouxe algumas definições importantes sobre o segurado especial:

a) Pequena propriedade rural, é aquela cujo tamanho não excede a **4** (**quatro**) módulos **fiscais**.

DIREITO PREVIDENCIÁRIO PARA CONCURSOS

b) Pode utilizar excepcionalmente de empregados, em épocas de colheita (poderá realizar contratação de trabalhador rural **por prazo determinado** por pequeno prazo para o exercício de atividades de natureza temporária, **em épocas de safra**), limitada a contratação até 120 pessoas no prazo máximo de 120 dias no ano[5].

c) **Não descaracteriza a condição de segurado especial**:

I – a outorga, por meio de contrato escrito de parceria, meação ou comodato, de até 50% (cinquenta por cento) de imóvel rural cuja área total **não seja superior a 4 (quatro) módulos fiscais,** desde que outorgante e outorgado **continuem a exercer a respectiva atividade, individualmente ou em regime de economia familiar**;

II – a exploração da **atividade turística da propriedade rural**, inclusive com hospedagem, **por não mais de 120 (cento e vinte) dias** ao ano;

III – a **participação em plano de previdência complementar** instituído por entidade classista a que seja associado **em razão da condição de trabalhador rural ou de produtor rural em regime de economia familiar**;

IV – ser beneficiário ou fazer parte de grupo familiar que tem **algum componente que seja beneficiário de programa assistencial** oficial de governo;

V – a **utilização pelo próprio grupo familiar**, na exploração da atividade, de processo de beneficiamento ou industrialização **artesanal** (Considera-se processo de beneficiamento ou industrialização artesanal aquele realizado diretamente pelo próprio produtor rural pessoa física, desde que **não esteja sujeito à incidência** do Imposto Sobre Produtos Industrializados – IPI);

VI – a associação em cooperativa agropecuária ou de crédito rural (Lei n. 13.183, de 2015);

VII – a incidência do Imposto Sobre Produtos Industrializados – IPI sobre o produto das atividades desenvolvidas quando houver a **participação do segurado especial em sociedade empresária, em sociedade simples, como empresário individual ou como titular de empresa individual de responsabilidade limitada** de objeto ou âmbito **agrícola, agroindustrial ou agroturístico**, considerada microempresa nos termos da Lei Complementar n. 123, de 2006, **não o exclui de tal categoria previdenciária, desde que, mantido o exercício da sua atividade rural** em que o trabalho dos membros da família é indispensável à própria subsistência e ao desenvolvimento socioeconômico do núcleo familiar, e que **a pessoa jurídica componha-se apenas de segurados**

---

[5] Lei n. 8.213, de 1991, art. 11, § 7º, com redação atribuída pela Lei n. 11.718, de 2008: "O grupo familiar poderá utilizar-se de empregados contratados por **prazo determinado** ou de trabalhador de que trata a alínea *g* do inciso V do *caput* deste artigo, **em épocas de safra**, à razão de, no máximo, 120 (cento e vinte) pessoas/dia no ano civil, em períodos corridos ou intercalados ou, ainda, por tempo equivalente em horas de trabalho".

BENEFÍCIOS PREVIDENCIÁRIOS

de igual natureza e sedie-se no mesmo Município ou em Município limítrofe àquele em que eles desenvolvam suas atividades rurais.

d) **Não** é **segurado especial** o membro de grupo familiar **que possuir outra fonte de rendimento, exceto** se decorrente de:

I – benefício de pensão por morte, auxílio-acidente ou auxílio-reclusão, **cujo valor não supere o do menor benefício de prestação continuada** da Previdência Social;

II – benefício previdenciário pela **participação em plano de previdência complementar** instituído por entidade classista a **que seja associado** em razão da condição de trabalhador rural ou de produtor rural em regime de economia familiar;

III – exercício de **atividade remunerada em período não superior a 120 (cento e vinte) dias**, corridos ou intercalados, no ano civil, observado que não é dispensado do recolhimento da contribuição devida em relação ao exercício dessa atividade remunerada (a permissão refere-se ao período entressafra, no qual, por não haver trabalho na área rural, admite-se exercício de labor na área urbana por até 120 dias);

IV – exercício de **mandato eletivo de dirigente sindical** de organização da categoria de **trabalhadores rurais**;

V – exercício de **mandato de vereador do Município em que desenvolve a atividade rural** ou de **dirigente de cooperativa rural constituída, exclusivamente, por segurados especiais**, observado que não é dispensado do recolhimento da contribuição devida em relação ao exercício dessas atividades remuneradas;

VI – **parceria ou meação** outorgada, por meio de contrato escrito de parceria, meação ou comodato, de até 50% (cinquenta por cento) de imóvel rural **cuja área total não seja superior a 4 (quatro) módulos fiscais**, desde que outorgante e outorgado continuem a exercer a respectiva atividade, individualmente ou em regime de economia familiar;

VII – **atividade artesanal** desenvolvida com matéria-prima produzida pelo respectivo grupo familiar, podendo ser utilizada matéria-prima de outra origem, **desde que a renda mensal obtida na atividade não exceda ao menor benefício** de prestação continuada da Previdência Social (ou seja, de até 1 salário mínimo); e

VIII – **atividade artística**, desde que em valor mensal inferior ao menor benefício de prestação continuada da Previdência Social (ou seja, de até 1 salário mínimo).

Atenção O "índio" será segurado especial se exercer atividade rural em regime de economia familiar. Nesse exato sentido determina a Instrução Normativa n. 77, do INSS/Pres, de 2015, no art. 39: § 4º Enquadra-se como segurado especial o indígena reconhecido pela Fundação Nacional do Índio – FUNAI, inclusive o artesão que utilize matéria-prima proveniente de extrativismo vegetal, independentemente do local onde resida ou exerça suas atividades, sendo irrelevante a definição de indígena aldeado, não-aldeado, em vias de integração, isolado ou integrado, **desde que exerça a atividade rural individualmente ou em regime de economia familiar e faça dessas atividades o principal meio de vida e de sustento**.

Novidade. A Lei n. 13.846, de 2019, estabeleceu que:

- a inscrição do segurado especial será feita de forma a vinculá-lo ao respectivo grupo familiar e conterá, além das informações pessoais, a identificação da propriedade em que desenvolve a atividade e a que título, se nela reside ou o Município onde reside e, quando for o caso, a identificação e a inscrição da pessoa responsável pelo grupo familiar;
- o segurado especial integrante de grupo familiar que **não seja proprietário** ou dono do imóvel rural em que desenvolve sua atividade deverá informar, no ato da inscrição, conforme o caso, o nome do parceiro ou meeiro outorgante, arrendador, comodante ou assemelhado;
- o Ministério da Previdência Social (Lei n. 14.600/2023) manterá **sistema de cadastro dos segurados especiais** no CNIS, e poderá firmar acordo de cooperação com o Ministério da Agricultura, Pecuária e Abastecimento e com outros órgãos da administração pública federal, estadual, distrital e municipal para a manutenção e a gestão do sistema de cadastro.

A Emenda Constitucional n. 103, de 2019, dispôs que o INSS somente utilizará as informações constantes do **cadastro de segurados especiais** a cargo do Ministério da Previdência Social (Lei n. 14.600/2023) quando o CNIS atingir a cobertura mínima de 50% (cinquenta por cento) dos trabalhadores rurais em regime de economia familiar, apurada conforme quantitativo da Pesquisa Nacional por Amostra de Domicílios Contínua (Pnad).

3.4.6. Segurados facultativos

A legislação permite a filiação facultativa das pessoas físicas que não exerçam atividade remunerada, **vedada**, portanto, a filiação de pessoa:

a) **enquadrada na norma previdenciária como segurado obrigatório** do Regime Geral;

b) que **esteja coberta por Regime Próprio** de Servidor Público.

Os segurados facultativos, como regra, são os que desenvolvem atividade prestada de forma gratuita ou voluntária. Atividade é utilizada aqui em sentido amplo, admitindo:

a) atividades de longa duração, tais como síndico de condomínio (desde que não remunerado, quer de forma direta, quer indireta: isenção da cota condominial); estudante; o responsável pelos afazeres domésticos em sua própria residência (dona de casa);

BENEFÍCIOS PREVIDENCIÁRIOS

b) atividades de curto prazo: jurados do tribunal do júri; mesários convocados pela Justiça Eleitoral, entre outros particulares não remunerados que atuem em colaboração com a Administração Pública.

Todos aqueles que auferem rendimentos **não derivados do exercício de atividade laborativa**, desde que respeitada a premissa de não estarem enquadrados como segurados obrigatórios do RGPS nem de RPPS, podem filiar-se como segurado facultativo ao RGPS. São exemplos: locadores de imóveis; herdeiros, ganhadores de concursos de prognósticos; **sócios que não recebem** *pro labore*, **apenas auferem parcelas atinentes** à **participação nos lucros da sociedade** etc.

Importante ler o Decreto Federal n. 3.048/99, que, em seu art. 11, § 1º, traz exemplificação de pessoas que podem filiar-se facultativamente ao RGPS:

- o brasileiro que acompanha cônjuge que presta serviço no exterior;
- aquele que deixou de ser segurado obrigatório da previdência social;
- o membro de conselho tutelar de que trata o art. 132 da Lei n. 8.069, de 1990, **quando não esteja vinculado a qualquer regime** de previdência social;
- o bolsista e o estagiário que prestam serviços a empresa **de acordo** com a Lei n. 6.494, de 1977;
- o bolsista que se dedique em tempo integral a pesquisa, curso de especialização, pós-graduação, mestrado ou doutorado, no Brasil ou no exterior, **desde que não esteja vinculado** a qualquer regime de previdência social;
- o presidiário que **não exerce atividade remunerada** nem esteja vinculado a qualquer regime de previdência social, e o **segurado recolhido à prisão** sob regime fechado ou semiaberto, que, nesta condição, **preste serviço**, dentro ou fora da unidade penal, a uma ou mais empresas, com ou sem intermediação da organização carcerária ou entidade afim, ou que **exerce atividade artesanal por conta própria**.

Não se esqueça a idade mínima para filiação ao RGPS desde a Reforma da Previdência que ocorreu no ano de 1998 (EC n. 20/98) é de 16 anos (exceto menor aprendiz aos 14 anos, como segurado obrigatório). As Leis ns. 8.212 e 8.213 que são do ano de 1991 ainda não foram atualizadas, estão com a redação original (que não tem mais valia), e permitem a filiação como segurado facultativo a partir dos 14 anos de idade. O candidato deve ter cuidado nas questões que digam "de acordo com a Lei n. 8.212/91", ou "de acordo com a Lei n. 8.213/91", situação na qual o examinador quer a redação da lei, mesmo que desatualizada, devendo ser dada a resposta desatualizada de 14 anos de idade. Não havendo na questão referência às Leis ns. 8.212 8.213, pode filiar-se ao RGPS como segurado facultativo a pessoa **maior de dezesseis anos** de idade, que não exerça atividade remunerada que a enquadre como segurado obrigatório da previdência social.

DIREITO PREVIDENCIÁRIO PARA CONCURSOS

Responda[6]: (Analista – INSS – FUNRIO – 2014) O Regime Geral de Previdência Social, nos termos da Lei n. 8.212/91, reconhece como segurado facultativo:

(A) o maior de 16 (dezesseis) anos de idade que se filiar ao Regime Geral de Previdência Social, mediante contribuição.

(B) o maior de 18 (dezoito) anos de idade que se filiar ao Regime Geral de Previdência Social, mediante contribuição.

(C) o maior de 14 (quatorze) anos de idade que se filiar ao Regime Geral de Previdência Social, mediante contribuição.

(D) aquele que, independentemente da idade, se filiar ao Regime Geral de Previdência Social, mediante contribuição.

(E) o maior de 12 (doze) anos de idade que se filiar ao Regime Geral de Previdência Social, mediante contribuição.

Responda[7]: (Juiz Federal Substituto – XIV Concurso – TRF 2ª Região – CESPE – 2013) A Lei n. 8.212/1991 prevê que tem a faculdade, e não a obrigatoriedade, de ser segurado da previdência social

(A) o maior de quatorze anos de idade que se filiar ao RGPS mediante contribuição desde que não incluído em uma das hipóteses de segurado obrigatório.

(B) o estrangeiro domiciliado e contratado no Brasil para trabalhar como empregado em sucursal ou agência de empresa nacional no exterior.

(C) o estrangeiro que, com residência permanente no Brasil, preste serviço no Brasil a missão diplomática estrangeira.

(D) o brasileiro civil domiciliado e contratado no exterior que trabalhe para a União, em organismos oficiais brasileiros localizados no exterior, e que não seja segurado na forma da legislação vigente do país do domicílio.

(E) o empregado doméstico.

(Defensor Público da União – DPU – CESPE – 2007) Assinale certo ou errado:

([8]) A idade mínima para filiação ao RGPS é de 16 anos, ressalvados os contratos especiais com idade limite inicial de 14 anos, ajustados nos termos da legislação trabalhista, de forma escrita e por prazo determinado, assegurando ao menor e ao aprendiz um programa de aprendizagem e formação técnico-profissional metódica compatível com o seu desenvolvimento físico, moral e psicológico.

Nas duas primeiras questões a resposta deve dar-se com base no texto contido na Lei n. 8.212/91, que fixa a idade mínima de 14 anos. Ao passo que a última, por não haver qualquer referência às Leis ns. 8.212 ou 8.213, deve ser assinalada como CERTA.

O segurado facultativo pode filiar-se à Previdência Social por sua própria vontade (filiação condicionada), o que só gerará efeitos a partir da inscrição (**condicionada ao**

---

[6] Resposta: C.
[7] Resposta: A.
[8] Resposta: Certo.

recolhimento da primeira contribuição), não podendo a filiação retroagir e não sendo permitido o pagamento de contribuições relativas a meses anteriores à data da inscrição.

Após a inscrição, o segurado facultativo **somente** pode **recolher contribuições em atraso enquanto não tiver ocorrido perda da qualidade de segurado** (a PQS ocorre após decorridos 6 meses da cessação da contribuição. Art. 15, VI, Lei n. 8.213, 1991).

Atenção O Texto Constitucional veda (art. 201, § 5º), expressamente, **a filiação ao RGPS na qualidade de segurado facultativo dos que são participantes de "Regime Próprio de Previdência"**, que são os servidores públicos da União, dos Estados, do Distrito Federal e dos Municípios, bem como das respectivas autarquias e fundações.

Dentre os segurados obrigatórios do RGPS somente o segurado especial é que possui permissão legal (art. 39, II, da Lei n. 8.213/91) para **também** contribuir como segurado facultativo. A norma permite a ele a filiação para que possa receber benefício de valor superior ao salário mínimo e faça jus a aposentadoria por tempo de contribuição.

De observar que a doutrina previdenciária diverge sobre o enquadramento previsto no art. 39, II, da Lei n. 8.213/91, que possibilita ao Segurado Especial também (por opção) "contribuir facultativamente". Nosso posicionamento é no sentido de que dentre os segurados obrigatórios do RGPS somente o segurado especial é que possui permissão legal para **também** contribuir como segurado facultativo. A norma permite a ele a filiação para que possa receber benefício de valor superior ao salário mínimo e faça jus a aposentadoria por tempo de contribuição.

A Lei n. 8.212, de 1991, preceitua no art. 25, § 1º, que: "O segurado especial de que trata este artigo, além da contribuição obrigatória referida no *caput*, poderá contribuir, facultativamente, na forma do art. 21 desta Lei". O art. 21, por sua vez, trata do segurado contribuinte individual e do segurado facultativo.

Para muitos doutrinadores o segurado especial terá direito à aposentadoria por tempo de contribuição desde que inscrito facultativamente como contribuinte individual.

Divergimos dessa conclusão porque, a nosso ver, apresenta contradição em seus próprios termos, afinal, não é possível ser "facultativamente" um segurado obrigatório (contribuinte individual)!

Mais correta, em nossa análise, é ser "facultada" a inscrição como segurado facultativo. A lei trouxe a faculdade, exclusiva ao segurado especial, de também poder se inscrever como segurado facultativo. **Hipótese não atribuída às outras categorias de segurados da Previdência**.

Em apoio ao nosso pensar, temos os contornos acerca da conceituação do segurado especial dada pelo Texto Maior, art. 195, § 8º, e pela Lei n. 11.718, de 2008, que consideram como segurado especial todos os membros da família (cônjuges ou companheiros e filhos ou equiparados maiores de 16 anos de idade) que trabalham na atividade rural.

Assim, a filha, o filho, a esposa e o marido, segurados especiais, **poderão cada um deles**, ou todos, inscrever-se como facultativo no INSS, e recolher contribuições

DIREITO PREVIDENCIÁRIO PARA CONCURSOS

previdenciárias mensais em tal categoria e, em razão disso, aqueles que contribuírem como segurado facultativo poderão auferir benefícios previdenciários calculados com base nas contribuições realizadas, os que assim não procederem farão jus apenas a alguns benefícios previdenciários que serão de valor mínimo (um salário mínimo).

Aliás, o entendimento contrário ao nosso inclui-se no campo da ilegalidade desde o advento da Lei n. 11.718, porque esta norma determina a exclusão do segurado especial dessa categoria (segurado especial) **a contar do primeiro dia do mês em que se enquadrar em qualquer outra categoria de segurado obrigatório do RGPS**. Por corolário lógico, o segurado especial não pode contribuir facultativamente como contribuinte individual (art. 11, § 10, I, *b*, da Lei n. 8.213/91).

O tema é bastante interessante e repousa pendente de definição no campo doutrinário. Malgrado isso, em concursos públicos, os examinadores têm considerado os dizeres legais "contribuir facultativamente" como sinônimo de segurado facultativo. Como exemplo, citem-se as questões a seguir:

Responda[9]: (Magistratura do Trabalho – 11ª Região – FCC – 2007) Podem contribuir facultativamente para o regime geral de previdência social:

(A) a dona de casa, o estudante a partir dos dezesseis anos de idade e o servidor público sem regime próprio;

(B) a dona de casa, o estudante a partir dos dezesseis anos de idade e o servidor público com regime próprio e que não exerce atividade vinculada ao regime geral de previdência social;

(C) o trabalhador eventual, o estudante a partir dos dezesseis anos de idade e a trabalhadora doméstica diarista;

(D) a dona de casa, o advogado profissional liberal e o brasileiro contratado no Brasil para trabalhar em filial de empresa brasileira no exterior;

(E) o segurado especial, o estagiário regular, maior de dezesseis anos, e o brasileiro que acompanha cônjuge que presta serviço no exterior.

Responda[10]: (12º Concurso Público – Procurador do Trabalho – MPT – 2006) Com relação ao custeio da Seguridade Social, é CORRETO afirmar que:

(A) a lei federal que dispõe sobre os benefícios do Regime Geral de Previdência Social também regula o custeio da previdência social;

(B) o segurado especial, além da sua contribuição obrigatória, pode contribuir como segurado facultativo;

(C) todo contribuinte da Previdência Social é, por tal motivo, segurado do sistema previdenciário em razão de seu caráter contributivo;

---

[9] Resposta: E.
[10] Resposta: B.

BENEFÍCIOS PREVIDENCIÁRIOS

(D) na jurisprudência do Supremo Tribunal Federal, para efeito de base de cálculo de contribuições para a seguridade social, a expressão "folha de salários" sempre foi interpretada no sentido de alcançar todos os rendimentos pagos pela empresa à pessoa física que lhe preste serviços, mesmo sem vínculo empregatício;

(E) não respondida.

O enquadramento do segurado especial como contribuinte individual quando recolhe contribuições facultativas, conquanto minoritária, e mais rara, já foi considerada correta em certame público:

(Analista do Seguro Social – INSS – CESPE – 2008) Assinale Certo ou Errado:

( ) Germano, segurado especial do regime geral, contribui para o sistema na proporção do resultado da comercialização de sua produção. Nessa situação, Germano somente terá direito à aposentadoria por contribuição caso promova, pelo prazo legal, os devidos recolhimentos na qualidade de contribuinte individual.

O gabarito oficial registrou como CERTA a assertiva acima, apesar de essa resposta não encontrar abrigo na legislação, decorrendo unicamente de interpretação da expressão "contribuam facultativamente", constante do art. 39, II, da Lei n. 8.213/91. De rigor anotar o cabimento de recurso em questão deste jaez, inclusive fundamentado nos dizeres da Instrução Normativa n. 45 INSS/Pres, que determina no art. 66, § 2º, que as contribuições efetuadas pelo segurado especial migrarão para os sistemas de benefícios com a categoria de contribuinte individual, **cabendo ao servidor a alteração para a categoria de segurado especial que contribui facultativamente**, se comprovada esta condição. Em outras palavras, uma vez comprovado tratar-se de segurado especial contribuindo facultativamente, não pode permanecer na categoria de contribuinte individual.

3.5. DEPENDENTES

Os dependentes do segurado são aqueles estabelecidos **em lei, não havendo no atual ordenamento jurídico a figura da pessoa designada** (pessoa que o segurado indicava como seu dependente).

As pessoas qualificadas pela lei como dependentes farão jus apenas aos benefícios previdenciários de: (a) pensão por morte; e (b) auxílio-reclusão, e aos serviços: (a) social (esse serviço havia sido excluído pela Medida Provisória n. 905, de 2019. No entanto, referida MP n. 905 foi revogada pela MP n. 955, de 2020); e de (b) reabilitação profissional.

Traz o art. 16 da Lei n. 8.213/91 o **rol taxativo** de dependentes, divididos em três classes:

- CLASSE I. (Redação dada pela Lei n. 13.146, de 2015): o cônjuge, a companheira, o companheiro e o filho **não emancipado**, de qualquer condição, menor de 21 (vinte e um) anos ou inválido ou que tenha deficiência intelectual ou mental ou deficiência grave.

DIREITO PREVIDENCIÁRIO PARA CONCURSOS

- CLASSE II: os pais.
- CLASSE III. (Redação dada pela Lei n. 13.146, de 2015): o irmão não **emancipado**, de qualquer condição, menor de 21 (vinte e um) anos ou inválido ou que tenha deficiência intelectual ou mental ou **deficiência grave**.

Classe anterior exclui a classe posterior. Para fins de percepção de benefício, havendo dependentes na classe I, não haverá direito em prol dos integrantes das classes II e III.

Somente na ausência de pessoas capituladas na classe I (cônjuge, companheira, companheiro, filho não emancipado, de qualquer condição, menor de 21 anos ou inválido), **terão vez os dependentes da classe II**.

Nesse enredo, a classe III apenas será contemplada com benefício previdenciário de pensão por morte ou de auxílio-reclusão caso inexistam dependentes das classes I e II.

Por essa razão, os pais e irmãos (classes II e III) deverão, para fins de concessão de benefícios, **comprovar a inexistência de dependentes preferenciais (inclusos nas classes anteriores)**, mediante declaração firmada perante o INSS.

Atenção Apenas as pessoas da classe I possuem **a dependência econômica presumida** por lei, incumbindo aos integrantes das demais classes comprová-la. Portanto, os pais (quando inexistentes dependentes da classe I), e os irmãos (se não existirem dependentes das classes I e II), devem comprovar a dependência econômica conforme os meios admitidos em direito (ex.: constar como dependente do imposto de renda do segurado; demonstrar que o segurado é quem pagava as despesas de aluguel, plano de saúde etc.).

Novidade. Com o advento da Lei n. 13.846, de 2019, as provas **de dependência econômica** exigem **início de prova material contemporânea** dos fatos, produzido em período não superior a 24 (vinte e quatro) meses anterior à data do óbito ou do recolhimento à prisão do segurado, **não admitida a prova exclusivamente testemunhal**, exceto na ocorrência de motivo de força maior ou caso fortuito, conforme disposto no regulamento.

A dependência econômica do cônjuge, companheiro(a) e filhos é presumida pela lei. Cabendo anotar que em se tratando de **cônjuge divorciado ou separado** judicialmente ou de fato **deve comprovar que recebia pensão de alimentos** para concorrer em igualdade de condições com os demais integrantes da classe I.

Atenção De acordo com a jurisprudência (Súmula n. 336 do STJ), a mulher que **renunciou aos alimentos na separação judicial** tem direito à pensão previdenciária por morte do ex-marido, comprovada a necessidade econômica superveniente à separação do casal.

O **cônjuge ausente** não exclui do direito à pensão por morte o companheiro ou a companheira, que somente fará jus ao benefício a partir da data de sua habilitação e **mediante prova de dependência econômica**. O "cônjuge ausente" somente terá direito a pensão a partir do seu requerimento (habilitação, sem qualquer efeito retroativo) e ele (cônjuge ausente) precisa comprovar dependência econômica. Portanto, o cônjuge quando ausente deixa de figurar na classe I. A base legal está no art. 76, § 1º, da Lei n. 8.213/91.

Na expressão "cônjuge" contemplam-se o marido e a esposa, por conseguinte, falecendo a esposa (segurada da Previdência) o marido fará jus a pensão por morte, sem que haja necessidade de comprovar dependência econômica.

O termo "companheiro" é aquele que advém da união estável declarada no art. 226, § 3º, da CF/88. Considera-se companheira ou companheiro a pessoa que, **sem ser casada**, mantém união estável com o segurado ou com a segurada.

O companheirismo decorrente de relações homoafetivas **não possui previsão legal**, decorre de determinação judicial[11], permitida a caracterização como união estável a título jurisprudencial. O reconhecimento do companheirismo homossexual como beneficiário da Previdência Social decorreu das disposições contidas na decisão proferida nos autos da Ação Civil Pública ACP n. 2000.71.00.009347-0/RS, decisório com abrangência nacional. Assim, o companheiro ou a companheira do mesmo sexo de segurado inscrito no RGPS **integra o rol dos dependentes** e, desde que comprovada a vida em comum, concorre em igualdade de condições, para fins de pensão por morte e de auxílio-reclusão, com os dependentes preferenciais da **classe I**.

Pergunta: É possível a caracterização de **união estável** de homem com a mãe da ex-esposa **(sogra)**? Os arts. 1.521 c/c 1.723 do Código Civil não permitem a constituição de união estável (e, por conseguinte, não gera direitos previdenciários, de pensão por morte ou auxílio-reclusão) a relação entre: I – os ascendentes com os descendentes; II – os afins em linha reta (exemplo: sogra/sogro); III – o adotante com quem foi cônjuge do adotado e o adotado com quem o foi do adotante; IV – os irmãos; V – o adotado com o filho do adotante; VI – as pessoas casadas (salvo se a pessoa casada se achar separada de fato, judicial ou extrajudicialmente); VII – o cônjuge sobrevivente com o condenado por homicídio ou tentativa de homicídio contra o seu consorte.

Novidade. A Lei n. 13.846, de 2019, estabeleceu que, para provar **união, exige-se início de prova material contemporânea** aos fatos, **não admitida a prova exclusivamente testemunhal**, exceto na ocorrência de motivo de força maior ou caso fortuito, conforme disposto em regulamento.

Ainda no que se refere aos integrantes da classe I, os **"filhos de qualquer condição"** são aqueles havidos ou não da relação de casamento, ou adotados, que possuem

---

[11] Anote-se que por força do PARECER n. 038/2009/DENOR/CGU/AGU, de 26 de abril de 2009, aprovado pelo DESPACHO do Advogado-Geral da União, de 1º de junho de 2010, nos autos do Processo n. 00407.006409/2009-11, a Administração Pública deve interpretar, no âmbito do Regime Geral de Previdência Social – Lei n. 8.213, e do Regime Próprio de Servidor Público Federal, Lei n. 8.112/90, os dispositivos que tratam de dependentes para fins previdenciários **de forma a abranger a união estável entre pessoas do mesmo sexo**. Em decorrência disso, foi editada a PORTARIA n. 513, 9-12-2010, pelo Ministro de Estado da Previdência Social, determinando ao INSS a adoção das providências necessárias à observância da nova interpretação da Administração Pública.

DIREITO PREVIDENCIÁRIO PARA CONCURSOS

os mesmos direitos e qualificações dos demais, proibidas quaisquer designações discriminatórias relativas à filiação. O tratamento jurídico igualitário dos descendentes preconizado na norma previdenciária advém do comando inserto no art. 227, § 6º[12], da Norma Suprema. A Lei n. 8.560, de 1992, que regulamenta a investigação de paternidade dos filhos havidos fora do casamento, determina que, nos casos de registro de nascimento de menor apenas com a maternidade estabelecida, deverá o oficial do cartório remeter ao juiz os dados obtidos sobre a identidade e residência do suposto pai, independentemente de seu estado civil, para que se manifeste sobre a paternidade que lhe é atribuída.

Os nascidos dentro dos 300 dias subsequentes à dissolução da sociedade conjugal **por morte** são considerados **filhos concebidos na constância do casamento**, gerando direito desse filho à pensão por morte. Fora desse lapso temporal, serão considerados filhos (com direito à pensão por morte) **os não concebidos naturalmente**, havidos por fecundação artificial, mesmo que falecido o marido, nas situações descritas no art. 1.597 do Código Civil.

A norma legal afirma que perde o direito à qualidade jurídica de dependente o filho que passar à condição de **emancipado**.

Verificada a emancipação, desaparece a qualidade de dependente do filho (o mesmo ocorre com relação ao irmão, inciso III do art. 16 da Lei n. 8.213). Cessam, por conseguinte, os direitos previdenciários à percepção de pensão por morte e auxílio-reclusão.

A emancipação do **menor que possuir 16 anos completos** dá-se, segundo o art. 5º, parágrafo único, da Lei n. 10.406, de 10 de janeiro de 2002 (Código Civil):

- Inciso I: pela concessão dos pais, ou de um deles na falta do outro, mediante instrumento público, lavrado em livro próprio do 1º Ofício do Registro Civil[13] da comarca do domicílio do menor, independentemente de homologação judicial, ou mediante sentença, em se tratando de menor tutelado.
- Inciso II: do matrimônio resulta emancipação do contraente menor. Neste campo, o saudoso Mestre Washington de Barros Monteiro[14] nos ensina: "Não é plausível realmente fique sob a autoridade de outrem, pai, mãe ou tutor, quem reúna condições para casar e assim constituir a própria família. Embora haja sido contraído antes da idade nupcial, o matrimônio atribui ao nubente plena capacidade civil. Sua subsequente anulação, ou simples separação judicial do casal, não implica retorno do emancipado à situação de incapaz".

---

[12] CF. Art. 227, § 6º: Os filhos, havidos ou não da relação do casamento, ou por adoção, terão os mesmos direitos e qualificações, proibidas quaisquer designações discriminatórias relativas à filiação.

[13] Lei n. 6.015/73 – Art. 89. No cartório do 1º Ofício ou da 1ª subdivisão judiciária de cada comarca serão registrados, em livro especial, as sentenças de emancipação, bem como os atos dos pais que a concederem, em relação aos menores nela domiciliados.

[14] *Curso de direito civil:* parte geral. 33. ed. 1995. v. 1, p. 67.

BENEFÍCIOS PREVIDENCIÁRIOS

- Inciso III: o novo Código Civil manteve o exercício de emprego público em caráter efetivo como circunstância emancipadora do indivíduo de idade inferior a 18 (dezoito) anos. Essa hipótese, entretanto, é de impossível ocorrência no serviço público federal. A Lei n. 8.112, de 1990, que dispõe sobre o regime jurídico dos servidores públicos civis da União, das autarquias e das fundações públicas federais, impõe no art. 5º: "São requisitos básicos para investidura em cargo público (…)", inciso V: "(…) a idade mínima de dezoito anos (…)". O ingresso no serviço público federal somente é permitido a quem já ostente 18 anos de idade, e o implemento dos 18 anos, por si só, opera de pleno direito a cessação da menoridade.
- Inciso IV: colação de grau em curso de ensino superior também era prevista no Código de Clóvis Beviláqua, de 1916. A conclusão de curso de ensino superior é de rara ocorrência, no entanto, factível.
- Inciso V: a emancipação é obtida pelo menor de 16 anos toda vez que gerir estabelecimento de natureza civil ou comercial que lhe resulte economia própria. Ao lado dessa hipótese, o Código Civil inovou ao considerar emancipado o menor que fizer parte de relação empregatícia que, por igual, lhe dê ensejo à economia própria. Esclareça-se que a contratação de jovens de 16 a 18 anos não gera, por si só, a emancipação do menor. Imprescindível a percepção de salário em montante tal a torná-lo autossuficiente perante os demais membros familiares.

O art. 16 da Lei n. 8.213, de 1991, esclarece, no inciso I, que dependente para fins previdenciários é "(…) o filho (…) **menor de 21 anos** (…)". No inciso III faz referência ao "irmão (…) **menor de 21 anos** (…)". O regramento era reiterado no art. 77, § 2º, da Lei de Benefícios. Esses dispositivos foram elaborados tendo por base o Código Civil de 1916 que, em seu art. 9º, somente considerava plenamente capaz o indivíduo com 21 anos completos.

A ordem jurídica foi inovada e o atual Código Civil (2002), no art. 5º, diz, peremptoriamente, que "**a menoridade cessa aos dezoito anos completos**, quando a pessoa fica habilitada à prática de todos os atos da vida civil".

Situação curiosa passou a existir: o art. 16 da Lei n. 8.213/91 afasta, expressamente, os filhos e irmãos "emancipados", porque possuem capacidade plena e, ao mesmo tempo, considera, consoante o novo Código Civil, como **dependente o absolutamente capaz** com idade entre 18 e 21 anos!

Não resta dúvida, mesmo tornando-se plenamente capaz ao completar 18 anos, o filho (e o irmão) **permanece na condição de dependente**, para fins previdenciários, **até os 21 anos**.

A Lei n. 8.213/91 é lei especial, que não é atingida pela disposição de outras leis, quer pelo Novo Código Civil que, como visto, reduziu a idade da maioridade de 21 para 18 anos, nem pela legislação do Imposto de Renda que, ao reverso, estatui a dependência econômica do filho até 24 anos, quando cursa ensino superior.

DIREITO PREVIDENCIÁRIO PARA CONCURSOS

Impõe a Lei n. 8.213 (art. 77[15], § 2º, II) a perda da qualidade de dependente daquele que completa 21 anos, excetuando-se, tão só, o inválido ou com deficiência.

Atenção Com relação ao implemento de uma das condições capazes de gerar a emancipação do menor, previstas no art. 5º, parágrafo único, I a V, do Código Civil, indaga-se: **jovem com 19 anos de idade que contrair matrimônio permanece com a qualidade de dependente perante a Previdência Social?**

A resposta deve ser afirmativa, porque **as hipóteses de emancipação não incidem em face de quem já é plenamente capaz** perante a legislação civil pátria. Diversa será a solução se se tratar de adolescente de 17 anos, que ao contrair núpcias faz com que se opere a respectiva emancipação, e, por conseguinte, faz cessar os direitos previdenciários (a título de dependente).

Dos 18 aos 21 anos os filhos são considerados plenamente capazes, e, mesmo assim, permanecem enquadrados no rol de dependentes previdenciários, cuja presunção é absoluta.

> **MEMORIZE**
> As hipóteses de emancipação somente se aplicam a quem apresente idade inferior a 18 anos, porque não faz sentido falar-se em emancipação de indivíduo maior e capaz. *Vide* art. 5º, parágrafo único, do Código Civil, que arrola as causas de emancipação para "menores".

A **união estável** do filho (classe I) ou do irmão (classe III) após os 16 e antes dos 18 anos de idade **não constitui causa de emancipação**.

O **enteado e o menor tutelado** equiparam-se a filho mediante declaração do segurado e desde que comprovada a dependência econômica. Satisfeitos os requisitos, tornam-se dependentes do segurado, com direito a benefícios previdenciários (de pensão por morte e de auxílio-reclusão).

Já o **menor sob guarda** foi excluído do rol de dependentes em 1998, decorrendo, a partir de então, enorme debate judicial diante de alteração legislativa.

A Lei de Benefícios, em sua redação original de 1991 (art. 16, § 2º), equiparava a filho, mediante declaração do segurado, o menor que, por determinação judicial, estivesse sob a sua guarda e não possuísse condições suficientes para o próprio sustento e educação.

Ocorre que a Lei n. 9.528, de 1998, "excluiu" da Lei n. 8.213 a proteção ao menor sob guarda, que deixou de integrar a relação de dependentes para os fins previstos no RGPS. Assim, o INSS deixou de conceder benefício de pensão por morte quando o óbito de segurado, que seja guardião de menor, for posterior a 1998.

---

[15] Artigo, parágrafos e incisos com a redação dada pela Lei n. 9.032, de 28-4-1995.

Porém, desde 1990 há outro diploma normativo, o Estatuto da Criança e do Adolescente (ECA) – Lei n. 8.069 –, que, no seu art. 33, em cumprimento ao mandamento previsto no art. 227 da CF, prevê expressamente que a guarda confere à criança ou adolescente a condição de dependente, para todos os fins e efeitos de direito, "inclusive previdenciários".

A questão afeta a revogação do permissivo constante da Lei de Benefícios e a permanência do art. 33 do ECA foi levada ao STJ, que apreciou a temática em sede de recurso especial repetitivo:

> **Tema Repetitivo n. 732/STJ. Tese Firmada:** "O menor sob guarda tem direito à concessão do benefício de pensão por morte do seu mantenedor, comprovada sua dependência econômica, nos termos do art. 33, § 3º do Estatuto da Criança e do Adolescente, ainda que o óbito do instituidor da pensão seja posterior à vigência da Medida Provisória 1.523/96, reeditada e convertida na Lei 9.528/97. Funda-se essa conclusão na qualidade de lei especial do Estatuto da Criança e do Adolescente (8.069/90), frente à legislação previdenciária".

Essa matéria foi levada ao STF nas ADIs 4.878 e 5.083, que restaram apreciadas em conjunto no ano de 2021, tendo o STF, na mesma linha traçada pelo STJ, adotado a doutrina da proteção integral à criança, enaltecendo o princípio da prioridade absoluta, nos termos do art. 227 da CF.

Reforma da Previdência de 2019. A despeito de apreciada a questão pelo STJ e ratificada pelo STF, a temática ainda não está sepultada, haja vista que a EC n. 103, de 2019, enfatizou no § 6º do seu art. 23 a exclusão do menor sob guarda do rol de dependentes:

> Art. 23. (…) § 6º Equiparam-se a filho, para fins de recebimento da pensão por morte, exclusivamente o enteado e o menor tutelado, desde que comprovada a dependência econômica.

A diferença entre a redação constitucional acima e o texto excludente existente desde 1998 no § 2º do art. 16 da Lei n. 8.213, está no acréscimo constitucional do advérbio "exclusivamente".

O desiderato do Constituinte Derivado Reformador foi o de afastar a jurisprudência firmada no STJ, acerca da proteção ao "menor sob guarda" (Tema Repetitivo n. 732/STJ), para efeito de excluir a proteção previdenciária.

Em face do julgamento no STF das ADIs 4.878 e 5.083 (supramencionadas), ocorrido em 2021, foram apresentados embargos de declaração (ED) justamente para que o STF enfrentasse a disposição constitucional do art. 23, § 6º, da EC n. 103/2019.

Ainda no ano de 2021, o STF apreciou os ED, aduzindo que a nova questão constitucional não foi contemplada no julgamento das ADIs 4.878 e 5.083 (porque o ajuizamento das ADIs é anterior à Reforma da Previdência), razão pela qual não se procedeu à verificação da constitucionalidade do art. 23, § 6º, da EC n. 103/2019, em homenagem ao princípio da demanda.

Diante desse contexto, para período posterior à EC n. 103, ainda caberá ao STF a missão de confirmar (ou não) a constitucionalidade da exclusão do menor sob guarda pelo emprego do advérbio "exclusivamente", diante da norma também de índole constitucional alocada no art. 227, § 3º, II. *Vide* Tema 1271 do STF.

3.6. COMPETÊNCIA PARA APRECIAR AÇÕES JUDICIAIS

Conforme decidido em 2014 pelo STF (Recurso Extraordinário n. 631.240, com repercussão geral reconhecida), o segurado (ou dependente) somente poderá ingressar com ação judicial contra o INSS se antes tiver efetivado o **prévio requerimento administrativo** perante uma das agências da Previdência Social. A prévia postulação administrativa é uma das condições da ação: o interesse processual. Em seu voto, o ministro Relator enfatiza: "Não há como caracterizar lesão ou ameaça de direito sem que tenha havido um prévio requerimento do segurado. O INSS não tem o dever de conceder o benefício de ofício. Para que a parte possa alegar que seu direito foi desrespeitado é preciso que o segurado vá ao INSS e apresente seu pedido".

Atenção Não há exigência de esgotamento da via administrativa. Diante da primeira negativa de concessão do benefício pela agência do seguro social, ou ausência de resposta por mais de 45 dias, poderá o segurado ajuizar ação contra o INSS.

Quanto à competência para apreciação no âmbito judicial, nos termos do art. 109 da Constituição Federal, **compete à Justiça Federal** apreciar a matéria previdenciária, sempre que o INSS for parte interessada na condição de autora, ré, assistente ou oponente, ao passo que as causas de benefícios fundados em **acidente do trabalho são da competência da Justiça Estadual**.

As ações judiciais nas quais o autor postule benefício previdenciário de aposentadoria por tempo de contribuição; aposentadoria especial; aposentadoria por idade; salário-família; salário-maternidade e auxílio-reclusão (depois de satisfeito o prévio requerimento administrativo) será da alçada da Justiça Federal Comum, admitida a competência delegada prevista nos §§ 3º e 4º do art. 109 da CF (*vide* Lei n. 13.876, de 2019).

Existem também benefícios previdenciários **por incapacidade laborativa**, nominados de auxílio-acidente; auxílio-doença (auxílio por incapacidade temporária); aposentadoria por incapacidade permanente e, no caso de morte do segurado, pensão por morte. Esses benefícios são deferidos quer sejam decorrentes ou não de acidente ou doença **relacionada com o ambiente de trabalho**. Caso a doença ou acidente que fundamente a incapacidade (ou morte) não tiver liame causal com o trabalho os benefícios serão nominados de **previdenciários em sentido estrito**. De outra toada, serão chamados de **benefícios acidentários** aqueles nos quais a causa da incapacidade (ou morte) do segurado possua nexo causal com o ambiente de trabalho.

BENEFÍCIOS PREVIDENCIÁRIOS

Competência – Regra 1: Ações previdenciárias em sentido estrito (significa dizer, sem qualquer relação com acidente ou doença relacionada com o ambiente de trabalho). Competência: **Justiça Federal**, salvo se, quando a Comarca de domicílio do segurado estiver localizada a mais de 70 km de Município sede de Vara Federal, regramento estabelecido pela Lei n. 13.876, de 2019 (que deu nova redação à Lei n. 5.010, de 1966). Nesse caso, a competência para apreciação do feito, a teor do art. 109, § 3º, será da Justiça Estadual (**denominada competência delegada**). Essa disposição do art. 109, § 3º, **apenas** permite que **a competência em primeiro grau de jurisdição** seja delegada para a Justiça Estadual. A apreciação de recurso voluntário, ou de remessa obrigatória (reexame necessário: art. 496 do CPC/2015), deverá ser **sempre efetuada pelo Tribunal Regional Federal**, e não pelo Tribunal Estadual local.

Competência – Regra 2: Ações pleiteando proteção previdenciária tendo como causa de pedir a ocorrência de **Acidente do Trabalho**. Competência: Justiça Estadual. **Atenção:** Recurso voluntário ou reexame necessário sempre para o Tribunal de Justiça.

A existência de relação causal com o labor produz efeitos, o primeiro deles é a respeito da competência jurisdicional; se se tratar de benefício acidentário (regra 2) o juiz federal será absolutamente incompetente para processar e julgar a ação, sendo competente o juiz estadual (de primeira e segunda instância). Tratando-se de benefício estritamente previdenciário (regra 1) a competência será do juiz federal, admitindo a CF a delegação (apenas em primeira instância) dessa competência ao juiz estadual do foro de domicílio do segurado (desde que a Comarca de domicílio do segurado esteja localizada a mais de 70 km de Município sede de Vara Federal – Lei n. 13.876, de 2019). A competência delegada existe para facilitar o acesso à jurisdição.

Nas ações previdenciárias *stricto sensu*, conforme orientação sumular do STF, n. 689, o segurado pode ajuizar ação contra a instituição previdenciária perante o juízo federal do seu domicílio ou nas varas federais da capital do estado-membro.

Atenção Proposta a demanda previdenciária em subseção diversa da do domicílio do segurado ou da subseção da capital, **é defeso ao magistrado federal, de ofício, declinar a competência**, nos moldes da Súmula n. 23 do E. TRF da 3ª Região: É territorial e não funcional a divisão da **Seção Judiciária** de São Paulo **em Subseções. Sendo territorial, a competência é relativa**, não podendo ser declinada de ofício, conforme dispõe o art. 112 do CPC e Súmula n. 33 do STJ.

A título de exceção, nas comarcas que não sejam sede de Vara Federal, os beneficiários[16] da previdência (segurados[17] e dependentes) poderão (trata-se de faculdade colocada à disposição do beneficiário da Previdência Social) ajuizar as demandas

---

[16] Súmula n. 22 do TRF – 3ª Região (PRSU 2005.03.00.021046-4): "É extensível aos beneficiários da Assistência Social (inciso V do art. 203 da CF) a regra de delegação de competência do § 3º do art. 109 da Constituição Federal, sendo exclusiva a legitimidade passiva do INSS".

[17] Súmula n. 20 do TRF – 3ª Região (PRSU 2002.03.00.052631-4): "A regra do § 3º do art. 109 da Constituição Federal abrange não só os segurados e beneficiários da Previdência Social, como também aqueles que pretendem ver declarada tal condição".

DIREITO PREVIDENCIÁRIO PARA CONCURSOS

previdenciárias na Justiça Estadual contra o INSS (competência delegada) sempre que a Comarca de domicílio do segurado estiver localizada a mais de 70 km de Município sede de Vara Federal (Lei n. 13.876, de 2019).

Registre-se que no âmbito da Justiça Federal as ações previdenciárias em sentido estrito cujo valor da causa seja de até 60 salários mínimos terão curso perante o Juizado Especial Federal[18], hipótese inocorrente na Justiça Estadual, uma vez que a Lei n. 9.099[19] expressamente excluiu as causas de acidente de trabalho da Justiça Especial Estadual.

O INSS possui prazo em dobro para todas as suas manifestações processuais, cuja contagem terá início a partir da intimação pessoal (art. 183 do CPC).

A intimação da Autarquia Previdenciária será realizada perante o órgão de Advocacia Pública responsável por sua representação judicial: Procuradoria Federal, órgão integrante da Advocacia-Geral da União (art. 269, § 3º, do CPC).

Tanto na Justiça Estadual quanto na Federal, os prazos recursais do INSS têm início com a **intimação pessoal de seus procuradores federais**[20], em consonância com o art. 17 da Lei n. 10.910, de 2004.

Com relação aos processos em meio físico, ocorrida a intimação pessoal, o prazo recursal passa a fluir a partir do momento **da juntada do mandado** devidamente cumprido aos autos. A questão jurídica em debate foi pacificada pela Corte Especial do E. STJ, por maioria, em 2005, no julgamento do EREsp 601.682/RJ, da relatoria do Ministro José Delgado.

Com o advento dos processos digitais, considera-se como data de publicação o primeiro dia útil seguinte ao da disponibilização da informação no *Diário da Justiça Eletrônico*.

A competência da Justiça Estadual para apreciar as ações de acidente do trabalho, fundadas no direito especial (Lei n. 8.213/91), propostas em face da autarquia federal (INSS) não sofreu abalo com a vinda da Emenda Constitucional n. 45. Referida emenda deslocou à Justiça do Trabalho as ações de indenização por dano moral ou patrimonial, decorrentes da relação de trabalho (**reclamatórias trabalhistas**), ajuizadas pelo (ex) empregado-acidentado em face do (ex)empregador (reclamação trabalhista, art. 114, VI[21], da CF, e Súmula Vinculante n. 22: "A Justiça do Trabalho é competente para

---

[18]   Lei n. 10.259/2001.

[19]   Art. 3º (...)
        § 2º Ficam excluídas da competência do Juizado Especial as causas de natureza alimentar, falimentar, fiscal e de interesse da Fazenda Pública, e também as relativas a acidentes de trabalho, a resíduos e ao estado e capacidade das pessoas, ainda que de cunho patrimonial.

[20]   Por força da Lei n. 9.469/97, art. 9º, a representação judicial das autarquias e fundações públicas por seus procuradores federais, ocupantes de cargos efetivos dos respectivos quadros, independe da apresentação do instrumento de mandato. **Súmula n. 644/STF: Ao procurador autárquico não é exigível a apresentação de instrumento de mandato para representá-la em juízo.**

[21]   Art. 114. Compete à Justiça do Trabalho processar e julgar: (...) VI. as ações de indenização por dano moral ou patrimonial, decorrentes da relação de trabalho; (...).

BENEFÍCIOS PREVIDENCIÁRIOS

processar e julgar as ações de indenização por danos morais e patrimoniais decorrentes de acidente de trabalho propostas por empregado contra empregador").

Competência	Justiça Estadual (art. 109, I, da CF)	Justiça do Trabalho (art. 114, VI, da CF)
Parte	Autor: segurado	Autor: (ex)empregado
	Réu: INSS	Réu: (ex)empregador
Causa de pedir	Incapacidade decorrente de acidente ou doença relacionada com o trabalho	
Pedido	Benefício previdenciário	Indenização
Legislação	Art. 201, I, da CF Lei n. 8.213, de 1991	Art. 7º, XXVII, da CF Art. 927 do CC

Atenção A competência nas ações de mandado de segurança não é aferida em razão da matéria, mas em atenção à pessoa da autoridade citada como coatora. Desse modo, qualquer mandado de segurança impetrado em face de autoridade administrativa do INSS a competência é da justiça federal, ainda que verse sobre benefício decorrente de acidente do trabalho.

Subsiste, por fim, a ação regressiva acidentária, alicerçada no art. 120 da Lei n. 8.213, estabelecendo o cabimento: (1) nos casos de negligência quanto às normas padrão de segurança e higiene do trabalho indicados para a proteção individual e coletiva, a Previdência Social proporá ação regressiva contra os responsáveis; e (2) violência doméstica e familiar contra a mulher, nos termos da Lei n. 11.340, de 7 de agosto de 2006 (**novidade trazida pela Lei n. 13.846, de 2019**). É dever do INSS propor ação regressiva acidentária sempre que constatar conduta culposa do empregador na ocorrência do acidente demonstração da conduta dolosa do agressor. Nessa ação o INSS será autor, enquanto que a empresa-empregadora (e o homem agressor) será parte ré, o pedido é de ser condenada a empresa-ré a ressarcir aos cofres públicos todos os valores pagos e aqueles que o INSS ainda pagará ao segurado a título de benefício (sem prejuízo da continuidade dos pagamentos mensais do benefício pelo INSS ao segurado). A justiça competente[22] para processar e julgar a ação regressiva é **a Justiça Federal**.

Para melhor compreensão:

1. Empregado perde a mão ou braço na prensa da fábrica durante o horário de trabalho; nesta situação fará jus a benefício acidentário (poderá ser auxílio--acidente; auxílio-doença ou aposentadoria por invalidez e, no caso de morte do segurado, o dependente fará jus a pensão por morte). Caso o INSS negue a concessão do benefício (prévio requerimento), haverá interesse de agir, significa

---

[22] A matéria é pacífica perante o STJ (*vide* Conflito de Competência n. 140.071: ação regressiva ajuizada pelo INSS. Art. 120 da Lei n. 8.213/91. Competência da Justiça Federal). Perante o STF há Recurso Extraordinário com repercussão geral reconhecida ainda pendente de julgamento.

DIREITO PREVIDENCIÁRIO PARA CONCURSOS

dizer, poderá o segurado ajuizar ação perante a **Justiça Estadual** contra o INSS para obter o **benefício acidentário** (Regra 2, conforme exceção prevista no inciso I do art. 109 da CF).

2. O pagamento, pela Previdência Social, das prestações por acidente do trabalho não exclui a responsabilidade civil da empresa (art. 121 da Lei n. 8.213). Esse mesmo empregado acidentado, caso o acidente tenha decorrido de culpa do empregador (p. ex. não fornecimento de curso de capacitação para o empregado operar o maquinário), poderá ajuizar ação para obter **indenização** por danos morais e materiais contra a empresa-empregadora; nesta hipótese a ação deverá ser proposta perante a **Justiça do Trabalho**.

3. Ao verificar que o acidente com a prensa da fábrica decorreu de conduta culposa do empregador, deverá o INSS propor ação regressiva acidentária contra a empresa perante a **Justiça Federal**.

Novidade. A Lei n. 13.846, de 2019, possibilitou ao INSS ajuizar **ação regressiva contra o titular do Cartório de Registro Civil de Pessoas Naturais** que descumprir a obrigação de remeter (ou fornecer informação inexata) ao INSS, **em até 1 (um) dia útil**, pelo Sistema Nacional de Informações de Registro Civil (Sirc), a relação dos nascimentos, dos natimortos, dos casamentos, dos óbitos, das averbações, das anotações e das retificações registradas na serventia. Nessa ação regressiva o notário/tabelião deverá ressarcir os danos sofridos pelo INSS. Exemplo: o cartório descumpriu a obrigação legal de comunicar a ocorrência de óbito, o INSS, sem essa informação, continuou efetivando o pagamento de benefício por mais três meses além do falecimento, e o valor depositado entre o óbito e a efetiva cessação foi "sacado" por pessoa não identificada que possuía cartão bancário e senha do falecido. Esse prejuízo poderá ser exigido pelo INSS, em ação regressiva, do titular do Cartório de Registro Civil de Pessoas Naturais.

3.7. BENEFÍCIOS DECORRENTES DE ACIDENTE DO TRABALHO

Conforme adrede anunciado, os benefícios previdenciários **por incapacidade laborativa** dividem-se em **previdenciários em sentido estrito** e **benefícios acidentários**. A classificação dá-se a depender da existência, ou não, de relação entre a causa incapacitante e o trabalho desenvolvido pelo segurado.

No ato de concessão dos benefícios de auxílio-acidente; auxílio-doença (auxílio por incapacidade temporária); aposentadoria por incapacidade permanente (e, no caso de morte do segurado, pensão por morte em prol dos dependentes) a Autarquia Previdenciária deverá discriminá-los em estritamente previdenciário ou acidentário, o enquadramento oportunizará diversos efeitos jurídicos, dentre eles, a competência jurisdicional analisada no tópico anterior: benefícios acidentários serão apreciados sempre na justiça estadual. Subsistem outros reflexos como o direito a **estabilidade** no emprego após o término de fruição do benefício acidentário (art. 118 da Lei n. 8.213); obrigatoriedade de o empregador dar continuidade nos depósitos mensais de FGTS durante o período de afastamento por motivo de gozo de benefício acidentário; entre outros que serão estudados adiante.

Segundo o disposto no art. 19 da Lei n. 8.213, de 1991, **acidente do trabalho é o que ocorre pelo exercício do trabalho a serviço da empresa ou de empregador doméstico**, em se tratando de segurado empregado, empregado doméstico, avulso e segurado especial, **provocando lesão corporal ou perturbação funcional que cause a morte ou a perda ou redução**, permanente ou temporária, **da capacidade para o trabalho**.

Dessa definição legal extraem-se três requisitos para a caracterização do acidente do trabalho:

1. evento danoso (infortúnio);

2. sequelas incapacitantes ou morte (consequencial);

3. que o evento lesivo tenha sido ocasionado em decorrência da prestação do labor (nexo causal).

Assim, não basta a simples verificação do infortúnio, necessário se faz a efetiva redução da capacidade laboral, e ainda que o evento danoso tenha se produzido ao tempo do exercício profissional.

Anote-se que acidente é todo evento previsível, mas não previsto no caso concreto, abrupto e perfeitamente delineável no tempo. Como exemplo, denomina-se acidente do trabalho a perda de uma das mãos durante a operacionalização de uma máquina industrial.

Denomina-se, por outro lado, **doença** todo mal insidioso que se protrai na linha do tempo de modo a não ser possível precisar a data da eclosão.

Na área da infortunística, a lei equipara "doença" a "acidente". Não se pode olvidar, portanto, que se encontram acobertadas pela norma acidentária as denominadas entidades mórbidas, ou seja, doenças de origem ocupacional, que se subdividem em **doenças profissionais (tecnopatias)** e **doenças do trabalho (mesopatias)**.

Por **doença profissional** (doenças típicas da profissão), segundo o art. 20, I, da Lei n. 8.213, **entende-se a produzida ou desencadeada pelo exercício do trabalho peculiar a determinada atividade**.

Doença do trabalho (doenças atípicas), por sua vez (a teor do inciso II do aludido art. 20), **é aquela adquirida ou desencadeada em função de condições especiais em que o trabalho é desempenhado e com ele se relacione diretamente**.

De extrema importância a diferenciação acima referida, uma vez que em se tratando de doenças típicas (tecnopatias), **dispensável é a demonstração do nexo de causalidade**, porque se presume oriunda da atividade profissional (conforme visto *supra*, é o nexo causal um dos requisitos necessários à configuração do acidente do trabalho); já com relação às mesopatias (doença do trabalho) não ocorre a mesma presunção, havendo a necessidade de que seja comprovado que a entidade mórbida adquirida é decorrência lógica do trabalho realizado pelo obreiro.

Doença profissional	Doença do trabalho
Doenças típicas da profissão	Doenças atípicas
Tecnopatias	Mesopatias
Exemplo: silicose é uma doença típica de quem trabalha com poeira de sílica. Quem é acometido de silicose certamente exerce atividade na Mineração (minas e pedreiras), na Construção Civil (perfuração de túneis e poços, corte de azulejos), entre outras similares.	Exemplo: a perda da sensibilidade auditiva "pode" ser decorrente do trabalho, como também pode não ter relação com o ambiente de labor. Precisa de prova de nexo causal. Prova de que não se trata de, por exemplo, uma inflamação (otite), mas, sim, de exposição prolongada a ruído ocupacional acima dos limites de tolerância.

No art. 21, IV, da Lei n. 8.213, de 1991, efetua a **norma a extensão da proteção acidentária**, para o fim de alcançar acidente que tenha ocorrido **fora do local e horário de trabalho:**

a) na execução de ordem ou na realização de serviço sob a autoridade da empresa;

b) na prestação espontânea de qualquer serviço à empresa para lhe evitar prejuízo ou proporcionar proveito;

c) em viagem a serviço da empresa, inclusive para estudo quando financiada por esta, dentro de seus planos para melhor capacitação da mão de obra, independentemente do meio de locomoção utilizado, inclusive veículo de propriedade do segurado;

d) **no percurso da residência para o local de trabalho** ou deste para aquela, qualquer que seja o meio de locomoção, inclusive veículo de propriedade do segurado (esta hipótese, conhecida como acidente *in itinere*, havia sido revogada pela Medida Provisória n. 905, de 2019. No entanto, referida MP n. 905 foi revogada pela MP n. 955, de 2020).

Tem-se por acidente do trabalho por **equiparação legal**, denominado **causalidade indireta**, os casos de o segurado-obreiro no local e horário de trabalho ser vítima de:

a) ato de agressão, sabotagem ou terrorismo praticado por terceiro ou companheiro de trabalho;

b) ofensa física intencional, inclusive de terceiro, por motivo de disputa relacionada ao trabalho;

c) ato de imprudência, de negligência ou de imperícia de terceiro ou de companheiro de trabalho;

BENEFÍCIOS PREVIDENCIÁRIOS

d) ato de pessoa privada do uso da razão;

e) desabamento, inundação, incêndio e outros **casos fortuitos ou decorrentes de força maior**.

A Lei n. 11.430, de 2006, acrescenta o art. 21-A à Lei n. 8.213/91, estabelecendo que a perícia médica do INSS considerará caracterizada a natureza acidentária da incapacidade quando constatar ocorrência de **nexo técnico epidemiológico** entre o trabalho e o agravo.

Atenção O Nexo Técnico Epidemiológico (**NTEP**) é decorrente da **relevância estatística** verificada entre a Classificação Nacional de Atividade Econômica da Empresa (**CNAE**) e a entidade mórbida motivadora da incapacidade elencada na Classificação Internacional de Doenças (**CID**).

Trata-se de cruzamento de dados relativos ao Cadastro Nacional de Atividade Empresarial (CNAE) e a relação de benefícios por incapacidade concedidos pelo INSS aos empregados, separados por ramo de atividade econômica, de modo a constatar, **de maneira objetiva**, que determinado seguimento econômico gera determinada enfermidade em seus empregados. Admite a lei que o resultado dessa comparação de CNAE e CID possibilite **a presunção de nexo causal** entre o mal de que está acometido o trabalhador e o trabalho.

Antes da vigência da Lei n. 9.032, de 28 de abril de 1995, era de grande importância a distinção entre benefícios acidentários (decorrentes de acidente do trabalho) e previdenciários *stricto sensu*.

Hoje, todavia, **a relevância restou diminuída**, uma vez que **os porcentuais e a forma de cálculo dos benefícios foram igualados**.

A Lei de Benefícios contempla, a partir da Lei n. 9.032, de 1995, os benefícios, quer decorrentes de acidente de trabalho, quer não, da seguinte forma:

1. auxílio-doença, **91%** do salário de benefício[23];

2. auxílio-acidente, **50%** salário de benefício (após 28-4-1995 também é devido em decorrência de acidente que não guarde relação com o trabalho)[24];

3. aposentadoria por invalidez, **100%** do salário de benefício[25], podendo ser acrescido de 25% se o segurado necessitar de auxílio constante de outra pessoa[26];

4. pensão por morte, **100%** da aposentadoria que o segurado recebia ou daquela a que teria direito se estivesse aposentado por invalidez na data de seu falecimento[27].

---

[23] Art. 61 da Lei de Benefícios, com redação dada pela Lei n. 9.032, de 28-4-1995.

[24] Art. 86, § 1º, da LB.

[25] Art. 44 da LB, com redação dada pela Lei n. 9.032, de 28-4-1995.

[26] Art. 45 da LB.

[27] Art. 75 da LB, com redação dada pela Lei n. 9.528, de 10-12-1997.

DIREITO PREVIDENCIÁRIO PARA CONCURSOS

A partir da Reforma da Previdência de 2019, a aposentadoria por invalidez passou a ser denominada de "aposentadoria por incapacidade permanente" e a apresentar coeficiente de cálculo diferente, sendo:

Aposentadoria por incapacidade permanente após 12-11-2019	
Quando decorrer de acidente de trabalho, de doença profissional e de doença do trabalho	Quando a causa da incapacidade não tiver relação com o ambiente de trabalho
Coeficiente de cálculo: Único de 100%	**Coeficiente de cálculo:** 60% Acréscimo de 2% a cada ano que ultrapassar os: a) 20 anos de tempo de contribuição, para homens; b) 15 anos de tempo de contribuição, para mulheres.
Base de cálculo (idêntica): a média aritmética simples dos salários de contribuição, atualizados monetariamente, correspondentes a 100% (cem por cento) do período contributivo desde a competência julho de 1994 ou desde o início da contribuição, se posterior àquela competência.	

Na Reforma da Previdência não houve alteração dos percentis dos benefícios de auxílio-acidente e de auxílio-doença, que permaneceram de 50% e de 91%, respectivamente.

Com relação ao auxílio-acidente, houve a publicação da Medida Provisória n. 905, alterando a base de cálculo desse benefício, que deixaria de ser 50% do salário de benefício para ser de 50% (cinquenta por cento) do benefício de "aposentadoria por invalidez" a que o segurado teria direito. A MP n. 905 colimava, portanto, a modificação da base de cálculo do benefício. No entanto, **referida MP n. 905 foi revogada pela MP n. 955, de 2020**.

Exemplificando. Para compreender a alteração que o governo pretendia com a revogada MP n. 905, imagine-se segurado, cuja **média dos seus salários de contribuição seja (a) de 5 mil reais**, que venha a ter direito a auxílio-acidente:

Sem a MP n. 905/2019	Com a MP n. 905/2019 (revogada)
50% do salário de benefício 50% de R$ 5.000,00 (a) Renda mensal inicial de R$ 2.500,00	Será necessário primeiro apurar quanto ele receberia a título de aposentadoria por invalidez (como visto, 60% + 2% para cada ano que superar 15 ou 20 anos de tempo de contribuição, se mulher ou homem, respectivamente). Considerando tratar-se de segurado que tenha contribuído tão só por 10 anos (não haverá acréscimo dos 2%), será a base de cálculo do auxílio-acidente de R$ 3.000,00 = 60% dos R$ 5.000,00 (a). Agora, a próxima etapa é apurar os 50% da aposentadoria por invalidez que teria direito: 50% de R$ 3.000,00 = R$ 1.500,00.

BENEFÍCIOS PREVIDENCIÁRIOS

Portanto, o valor do benefício não é alterado em razão da origem da incapacidade (ou morte) do segurado, mas subsistem outras importantes diferenças que são frequentemente indagadas em concursos públicos, e que serão analisadas nos tópicos que seguem.

3.7.1. Segurados – acidente do trabalho

Outra diferença importante (além da competência jurisdicional estudada) diz com relação aos segurados abrangidos pela cobertura de acidente do trabalho.

A teor do disposto no art. 19 da Lei de Benefícios, apenas alguns dos segurados obrigatórios da Previdência têm direito aos benefícios do âmbito da infortunística.

A atual Carta Magna, art. 7º, XXVIII[28], garante ao **segurado empregado** a proteção acidentária. Tanto o trabalhador urbano quanto o rural fazem jus à proteção decorrente de acidente do trabalho.

Por extensão constitucional, o **trabalhador avulso** também deve auferir os mesmos benefícios do segurado empregado (art. 7º, XXXIV, da CF/88 – igualdade de direitos entre o trabalhador com vínculo empregatício permanente e o trabalhador avulso).

Novidade. A Lei Complementar n. 150, de 2015, deu concretude ao parágrafo único do art. 7º da CF (que teve por sua vez a redação modificada pela EC n. 72, de 2013), incluindo o empregado doméstico no rol do art. 19 da Lei n. 8.213, de modo que a partir de então faz jus não apenas a benefícios estritamente previdenciários, mas também aos acidentários. Extremamente recomendada é a leitura dos arts. 19, 21-A e 22 da Lei n. 8.213, com a redação dada pela LC n. 150, de 2015.

Por fim, está acobertado, no âmbito infortunístico, o **segurado especial**, em face da expressa referência constante do art. 19 da Lei de Benefícios.

`Atenção` **Afastados**, por outro lado, da norma acidentária, **o contribuinte individual** e o **facultativo**, caso estes segurados sofram incapacidade laborativa, farão jus aos benefícios previdenciários em sentido estrito, que ostentam, como visto acima, após a Lei n. 9.032, de 1995, os mesmos valores dos benefícios decorrentes de acidente do trabalho, não se encontrando, assim, ao desamparo perante o Órgão Segurador.

3.7.2. Carência – acidente do trabalho

Em prol dos benefícios decorrentes de males relacionados a acidente do trabalho permanecem os privilégios da **isenção de carência**, **da estabilidade de emprego** e da **competência para apreciação no âmbito judicial**.

Os benefícios acidentários **estão sempre dispensados** da comprovação de carência. Quer se trate de acidente do trabalho (art. 19 da Lei n. 8.213/91), ou de doença

---

[28] Art. 7º São direitos dos trabalhadores urbanos e rurais, além de outros que visem à melhoria de sua condição social: (…) XXVIII. Seguro contra acidentes de trabalho, a cargo do empregador, sem excluir a indenização a que este está obrigado, quando incorrer em dolo ou culpa.

DIREITO PREVIDENCIÁRIO PARA CONCURSOS

profissional ou do trabalho (art. 20, I e II, da Lei n. 8.213/91), ainda que a caracterização se dê em decorrência de equiparação legal ou de norma de extensão (art. 21 da Lei n. 8.213/91) ou de NTEP (art. 21-A da Lei n. 8.213/91), **sempre está o segurado empregado, empregado doméstico, trabalhador avulso e especial dispensado de comprovação de carência**.

Convém anotar que, tratando-se dos benefícios de **auxílio-acidente e de pensão por morte**, não há necessidade de comprovação de carência, **quer sejam de origem acidentária, quer não** (art. 26, I, da Lei de Benefícios).

Com relação à aposentadoria por invalidez (atual "aposentadoria por incapacidade permanente") e ao auxílio-doença (benefício por incapacidade temporária) decorrentes de "*acidente de qualquer natureza*", que englobam as causas laborais ou extralaborais, também está afastada a exigência de comprovação de carência (art. 26, II, da Lei de Benefícios).

3.7.3. Estabilidade no emprego – acidente do trabalho

No que se refere à estabilidade de emprego, nos exatos termos trazidos pelo art. 118 da Lei n. 8.213, de 1991, o segurado que sofreu acidente do trabalho tem garantido, pelo prazo **mínimo** de doze meses, o seu contrato de trabalho junto **à empresa**, após a cessação do auxílio-doença acidentário, independentemente de percepção de auxílio-acidente.

Essa é, sem dúvida, uma garantia de relevo destacada pela lei em prol dos segurados enquadrados na categoria **EMPREGADO** que tenham sofrido acidentes laborais.

Atenção O direito à estabilidade no emprego não restou estendido ao trabalhador na categoria **EMPREGADO DOMÉSTICO**, uma vez que que a LC n. 150, de 2015, não alterou a redação do art. 118, que ainda mantém sua redação original, atribuindo obrigação a ser suportada unicamente pela "empresa", sem referência a empregador doméstico.

Dentre as Orientações Jurisprudenciais da SDI do Egrégio Tribunal Superior do Trabalho, a de n. 230 explicita:

> Estabilidade. Lei n. 8.213/1991. Art. 118 c/c art. 59. O afastamento do trabalho por prazo superior a 15 dias e a consequente percepção do auxílio-doença acidentário constituem pressupostos para o direito à estabilidade prevista no art. 118 da Lei n. 8.213/1991, assegurada por período de 12 meses, após a cessação do auxílio-doença.

À guisa de arremate, o Plenário do Supremo Tribunal Federal considerou constitucional, em 2-6-2005, o *caput* do art. 118 da Lei n. 8.213/91, ao apreciar a Ação Direta de Inconstitucionalidade n. 639, ajuizada pela Confederação Nacional da Indústria (CNI).

Observação: Uma vez caracterizado **acidente do trabalho** pelo INSS, **a empresa continua obrigada** a efetivar os depósitos mensais do **FGTS** enquanto o empregado usufruir de benefício acidentário: art. 15, § 5º, da Lei n. 8.036, de 1990, e art. 23 do Decreto n. 99.684/90.

3.8. DAS DISPOSIÇÕES COMUNS AOS BENEFÍCIOS PREVIDENCIÁRIOS

A Previdência Social destaca-se dos demais campos da Seguridade Social pela exigência de contraprestatividade, contribuição previdenciária.

Assim, para fins de auferimento de benefício previdenciário, impõe-se:

1. seja o requerente segurado (ou dependente de segurado) da previdência;
2. a comprovação de recolhimento de um número mínimo de contribuições previdenciárias, essa exigência denomina-se carência;
3. o preenchimento de requisitos específicos, que se diferenciam conforme o benefício pleiteado.

A qualidade de segurado e a carência serão analisadas nesta oportunidade porque comuns a todos os benefícios previdenciários. Os requisitos específicos receberão a devida anotação durante a apresentação de cada um dos benefícios previdenciários.

Tem-se que a Previdência Social é a seguradora pública responsável pela **cobertura dos riscos sociais** previstos na apólice constitucional, art. 201: doença, invalidez, morte, idade avançada, maternidade, desemprego involuntário, salário-família e auxílio-reclusão.

Deve o requerente de benefícios previdenciários demonstrar a sua qualidade de segurado (obrigatório ou facultativo) da Previdência Social, bem como o cumprimento do número mínimo de contribuições exigidas para o benefício postulado (carência), requisitos que passaremos a expor.

3.8.1. Manutenção e perda da qualidade de segurado

Como regra, a qualidade de segurado é mantida enquanto exista contribuição para a Previdência. Malgrado isso, a Lei de Benefícios concede em prol do segurado que deixa de contribuir para a previdência o *período de graça*, que se constitui em norma de extensão do amparo previdenciário.

No **período de graça não há contribuições** para a previdência, mas remanesce a qualidade de segurado, por ficção legal, pelo lapso de tempo previsto no art. 15 da Lei n. 8.213/91.

A ocorrência de riscos sociais durante o período de graça gera o direito de percepção do benefício respectivo.

Resta óbvio que a rescisão do contrato de trabalho não gera a desvinculação imediata do segurado junto a Previdência Social. O ex-empregado remanescerá com direito potencial à percepção de benefícios (período de graça) por pelo menos mais 12 meses (extensível nas hipóteses ventiladas no art. 15). Transcorrido o período de graça haverá a "perda da qualidade de segurado" (**PQS**).

DIREITO PREVIDENCIÁRIO PARA CONCURSOS

De importância salutar a transcrição do art. 15 da LB, porque se o fato gerador do benefício se originar na constância do período de graça, ainda que se requeira o benefício posteriormente aos referidos prazos, o benefício deve ser concedido (observada, evidentemente, a prescrição das prestações):

"Art. 15. Mantém a qualidade de segurado, independentemente de contribuições:

I – sem limite de prazo, quem está em gozo de benefício, **exceto do auxílio-acidente**; (Redação dada pela Lei n. 13.846, de 2019)

II – até 12 (doze) meses após a cessação das contribuições, o segurado que deixar de exercer atividade remunerada abrangida pela Previdência Social ou estiver suspenso ou licenciado sem remuneração;

III – até 12 (doze) meses após cessar a segregação, o segurado acometido de doença de segregação compulsória;

IV – até 12 (doze) meses após o livramento, o segurado retido ou recluso;

V – até 3 (três) meses após o licenciamento, o segurado incorporado às Forças Armadas para prestar serviço militar;

VI – até 6 (seis) meses após a cessação das contribuições, o segurado facultativo".

Em se tratando de segurado obrigatório que deixa de exercer atividade remunerada, determina o inciso II do art. 15, que permanecerá atrelado à Previdência por mais 12 meses. Importa dizer, que se ficar inválido (de forma total e permanente) durante o período de graça fará jus a aposentadoria por invalidez; e se falecer no período de graça seus dependentes receberão pensão por morte.

Dispõe o § 1º do art. 15 que o prazo do inciso II (segurado obrigatório que deixa de exercer atividade remunerada) será prorrogado para até 24 (vinte e quatro) meses se o segurado já tiver pago **mais** de 120 (cento e vinte) contribuições mensais sem interrupção que acarrete a perda da qualidade de segurado.

O § 2º do art. 15 aduz que os prazos do inciso II ou do § 1º serão acrescidos de mais 12 (doze) meses para o **segurado desempregado, desde que comprovada essa situação pelo registro no órgão próprio** do Ministério do Trabalho e Emprego.

Atenção Em conformidade com a orientação pacificada pela **Terceira Seção do STJ**, o registro no Ministério do Trabalho **não deve ser tido como o único meio de prova da condição de desempregado** do segurado, especialmente considerando que, em âmbito judicial, prevalece o livre convencimento motivado do Juiz e não o sistema de tarifação legal de provas. Assim, o registro perante o Ministério do Trabalho e da Previdência Social poderá ser suprido quando for comprovada tal situação por outras provas constantes dos autos, **inclusive a testemunhal** (Pet 7.115/PR, 3ª Seção, STJ, *DJe* 6-4-2010). No mesmo diapasão é a Súmula n. 27 da TNU: A ausência de registro em órgão do Ministério do Trabalho não impede a comprovação do desemprego por outros meios admitidos em Direito.

BENEFÍCIOS PREVIDENCIÁRIOS

Desse contexto constata-se que o prazo de período de graça do segurado obrigatório é de:

a) 36 meses na seguinte situação: segurado obrigatório por mais de 10 anos sem interrupção que acarrete a PQS (mais de 120 contribuições faz jus a 24 meses de período de graça), e consiga comprovar situação de desemprego perante o órgão competente (acréscimo de mais 12 meses de período de graça);

b) 24 meses: **segurado obrigatório** por mais de 10 anos sem interrupção que acarrete a PQS, e não consiga comprovar a situação de desemprego;

c) 24 meses: **segurado obrigatório** por menos de 10 anos (menos de 120 contribuições), despedido do emprego comprova a situação de desemprego perante o órgão competente;

d) 12 meses: **segurado obrigatório** por menos de 10 anos (menos de 120 contribuições), despedido do emprego não consegue comprovar a situação de desemprego.

Do § 3º do art. 15 afirma-se que, durante o período de graça, **o segurado conserva todos os seus direitos perante a Previdência Social**. Em outras palavras, se vier a óbito seus dependentes farão jus a pensão por morte, ou se ficar inválido terá direito a benefício previdenciário por incapacidade, não sendo de nenhum relevo o fato de o segurado não contribuir à Previdência há meses.

Por outro lado, quando ultrapassado o prazo do período de graça sem retorno à vida contributiva ocorre a Perda da Qualidade de Segurado (PQS).

O art. 102 da Lei n. 8.213, de 1991, traz a seguinte redação que é altamente indagada em certames públicos:

"Art. 102. A perda da qualidade de segurado **importa em caducidade dos direitos** inerentes a essa qualidade.

§ 1º A perda da qualidade de segurado **não prejudica o direito à aposentadoria** para cuja concessão **tenham sido preenchidos todos os requisitos**, segundo a legislação em vigor à época em que estes requisitos foram atendidos.

§ 2º Não será concedida pensão por morte aos dependentes do segurado que **falecer após a perda desta qualidade**, nos termos do art. 15 desta Lei, **salvo se preenchidos os requisitos para obtenção da aposentadoria na forma do parágrafo anterior**".

Como qualquer direito, a pessoa pode ou não o exercer, preenchidos os requisitos para obtenção de uma aposentadoria no RGPS ainda que não requeira a concessão do benefício, e mesmo deixando de contribuir à Previdência, fato este que acarreta a perda da qualidade de segurado, poderá esse ex-segurado a qualquer tempo requerer a concessão da aposentadoria, porque integra seu patrimônio jurídico (direito adquirido).

Indevida a concessão de pensão por morte aos dependentes daquele que falecer após ter deixado a qualidade de segurado da previdência, exceto no caso de o falecido

DIREITO PREVIDENCIÁRIO PARA CONCURSOS

ter, em vida, adquirido o direito a uma das aposentadorias da Previdência (o fato de não ter exercido o direito não retira o direito dos dependentes à pensão por morte).

Atenção Súmula n. 416/STJ: "É devida a pensão por morte aos dependentes do segurado que, apesar de ter perdido essa qualidade, preencheu os requisitos legais para a obtenção de aposentadoria **até a data do seu óbito**".

A qualidade de segurado é referida na Lei n. 10.666, de 2003:

> "Art. 3º A **perda da qualidade de segurado não será** considerada para a concessão das aposentadorias por tempo de contribuição e especial.
>
> § 1º Na hipótese de **aposentadoria por idade, a perda da qualidade de segurado não será considerada** para a concessão desse benefício, **desde que o segurado conte com, no mínimo, o tempo de contribuição correspondente ao exigido para efeito de carência** na data do requerimento do benefício".

Atenção Desde a Lei n. 10.666, ultrapassado o período de graça, normalmente entre 12, 24 ou 36 meses (conforme disposto no art. 15, II, §§ 1º e 2º, da Lei de Benefícios), ocorre a Perda da Qualidade de Segurado (PQS), mas por ocasião do adimplemento futuro do requisito etário, desde que satisfeita a carência (de 180 meses = 15 anos) em qualquer época da vida, irá gerar direito à aposentadoria por idade. **Por exemplo**, Fulano trabalhou como empregado na mesma empresa por quinze anos consecutivos (desde os seus 20 anos de idade, sendo dispensado quando completou 35 anos de idade). Mesmo que nunca mais recolha contribuições previdenciárias na vida, terá direito à aposentadoria por idade quando completar 65 anos de idade, pois serão preenchidos os dois únicos requisitos: carência (180 contribuições) e idade (65 anos de idade para homem), dispensada, assim, a "qualidade de segurado" quando implementar a idade. O exemplo dado continua válido mesmo após a Reforma da Previdência (art. 201, § 7º, da CF combinado com o art. 18 da EC n. 103, de 2019).

Diz a norma também que a PQS não será considerada para a concessão da aposentadoria por tempo de contribuição e especial (essas duas espécies foram transformadas em aposentadoria voluntária atrelada a idade mínima desde o advento da EC n. 103/2019). Ocorre que a única aplicabilidade prática da referida outorga legal é com relação à derrogação **do hoje revogado** parágrafo único do art. 24 da Lei n. 8.213, de 1991.

O parágrafo único do art. 24 foi revogado em 2017, pela Lei n. 13.457, mas quando vigente dizia que: "Havendo perda da qualidade de segurado, as contribuições anteriores a essa data só serão computadas para efeito de carência depois que o segurado contar, a partir da nova filiação à Previdência Social, com, no mínimo, 1/3 (um terço) do número de contribuições exigidas para o cumprimento da carência definida para o benefício a ser requerido". Essa regra do parágrafo único do art. 24 não era aplicável à aposentadoria por idade, tempo de contribuição e aposentadoria especial.

A Lei n. 13.457 introduziu o art. 27-A na Lei n. 8.213, alterando a quantidade de 1/3 (um terço), estabelecida no revogado parágrafo único do art. 24, para (novidade)

BENEFÍCIOS PREVIDENCIÁRIOS

"metade" do número de contribuições exigidas para o cumprimento da carência definida **unicamente** para os benefícios de aposentadoria por invalidez, auxílio-doença e de salário-maternidade (excluídas, dessa regra, as aposentadorias "programáveis", quais sejam: por idade, tempo de contribuição e aposentadoria especial).

Atualmente, o art. 27-A da Lei n. 8.213 possui nova redação dada pela Lei n. 13.846, de 2019, que inclui o "auxílio-reclusão":

> Art. 27-A. Na hipótese de perda da qualidade de segurado, para fins da concessão dos benefícios de auxílio-doença, de aposentadoria por invalidez, de salário-maternidade e de auxílio-reclusão, o segurado deverá contar, a partir da data da nova filiação à Previdência Social, com metade dos períodos previstos nos incisos I, III e IV do *caput* do art. 25 desta Lei.

Exemplificando, ocorrida a PQS depois de ter contribuído por 33 anos, é possível ao ex-segurado filiar-se novamente à previdência, contribuir por apenas 2 anos (para atingir 35 anos de contribuição) e ter direito à aposentadoria por tempo de contribuição (que, após a EC n. 103/2019, exige também requisito etário).

Em síntese, aquele que perder a qualidade de segurado poderá voltar a contribuir à previdência para fins de adimplir o tempo necessário à aposentação, por exemplo, no caso de aposentadoria por tempo de contribuição (35 anos se homem e 30 anos, se mulher, observada a idade mínima exigida desde a Reforma da Previdência de 2019), **não ficando obrigado** a satisfazer o limite mínimo de 1/3 (um terço) da carência (180 : 3 = 60 meses = 5 anos) que era previsto no revogado parágrafo único do art. 24 da LB, nem mesmo a "metade da carência" (180 : 2 = 90 meses) prevista na regra atual do art. 27-A da Lei n. 8.213, pois esta é restrita a aposentadoria por invalidez, auxílio-doença, auxílio-reclusão e salário-maternidade.

3.8.2. Carência

Para que o segurado possa ser contemplado com um dos benefícios previdenciários, deve satisfazer o requisito, quando for o caso, da **CARÊNCIA** exigida para o benefício pretendido.

Período de carência é o número mínimo de contribuições mensais **indispensáveis para que o beneficiário faça jus ao benefício**, consideradas a partir do transcurso do **primeiro dia dos meses de suas competências**.

`Atenção` Um dia de trabalho no mês vale como contribuição (carência) para aquele mês, para qualquer categoria de segurado obrigatório. Portanto, segurado empregado teve por primeiro dia de trabalho o dia 29 de janeiro de 2015, e foi demitido em 3 de dezembro de 2015. Para efeito de carência, ele possui 12 contribuições (de janeiro a dezembro), pouco importando que tenha contribuído proporcionalmente a poucos dias em janeiro (contratação) e dezembro (demissão).

DIREITO PREVIDENCIÁRIO PARA CONCURSOS

Novidade. A Reforma da Previdência de 2019 introduziu o § 14 ao art. 195 da CF: "O segurado **somente** terá reconhecida como tempo de contribuição ao RGPS a competência cuja contribuição **seja igual ou superior** à contribuição **mínima mensal** exigida para sua categoria, assegurado o agrupamento de contribuições".

O § 14 do art. 195 deve gerar **efeito prospectivo**, ou seja, não pode trazer restrição ao uso dos lapsos temporais anteriores a novembro de 2019 (promulgação da EC n. 103).

O alcance exato do § 14 ainda não está definido, mas intepretação mais plausível é no sentido de que os meses a partir da publicação da Reforma da Previdência recolhidos sobre base de cálculo inferior a 1 salário mínimo não serão considerados para efeito de obtenção de aposentadoria voluntária, mas serão considerados para os efeitos de comprovação do requisito carência, mantendo hígido o art. 24 da Lei n. 8.213.

Atenção I Para efeito de carência, considera-se **presumido o recolhimento** das contribuições **do segurado empregado, do empregado doméstico e do trabalhador avulso** desde a data da filiação.

Atenção II No art. 25 da Lei n. 8.213/91 consta a carência a ser demonstrada pelo segurado. É de **12 contribuições mensais, nos casos de auxílio-doença e da aposentadoria por invalidez**. Tratando-se de **aposentadoria por idade, por tempo de contribuição, e especial a carência corresponde a 180 contribuições mensais**.

O salário-maternidade, após a Lei n. 9.876, de 1999, exige comprovação de carência em se tratando de segurada especial, facultativa e contribuinte individual, equivalente a **10 (dez) contribuições**[29]. Em caso de **parto antecipado**, o período de **carência será reduzido em número de contribuições equivalente ao número de meses em que o parto foi antecipado**.

Novidade. A partir da Lei n. 13.846, de 2019, o **auxílio-reclusão** passou a exigir a satisfação de **24 meses de contribuição** a título de carência.

> **MEMORIZE**
> A Lei n. 8.213, de 1991, art. 26, dispensa o requisito da carência nos casos de: (1) pensão por morte; (2) salário-família; (3) auxílio-acidente; (4) serviço social; (5) reabilitação profissional; (6) salário-maternidade, para as seguradas: empregada, trabalhadora avulsa e empregada doméstica.

Com relação à aposentadoria por invalidez (aposentadoria por incapacidade permanente) e ao auxílio-doença decorrentes de **"acidente de qualquer natureza"**, que englobam as causas de acidente do trabalho e as extralaborais, também está afastada a exigência de comprovação de carência (art. 26, II, da Lei n. 8.213/91).

Caso a incapacidade apresentada pelo segurado decorra de "doença" ligada ao trabalho, por igual estará dispensada a comprovação de carência, uma vez que,

---

[29] Art. 25, III, da Lei de Benefícios. Inciso acrescentado pela Lei n. 9.876, de 26-11-1999.

conforme visto em tópico precedente, para o âmbito do acidente do trabalho, o art. 20 da Lei n. 8.213/91 equipara as **tecnopatias** e **mesopatias** a acidente.

Doenças não oriundas do ambiente de trabalho que tornem o segurado totalmente incapacitado, para que seja deferido o benefício de auxílio-doença (incapacidade temporária), ou da aposentadoria por invalidez (incapacidade permanente), **como regra**, necessita da demonstração de **12 contribuições para fins de carência** (art. 25, I, da Lei de Benefícios).

Mas, há exceção, dispensado estará o requisito de carência quando estiver o segurado acometido de um dos males relacionados na lista elaborada pelos Ministérios da Saúde e da Previdência, a que faz alusão o art. 26, II, da Lei n. 8.213, de 1991, **atualizada a cada 3 (três) anos**, de acordo com os **critérios de estigma, deformação, mutilação, deficiência** ou outro fator que lhe confira especificidade e gravidade que mereçam tratamento particularizado (Redação dada pela Lei n. 13.135, de 2015).

Enquanto não elaborada a lista de doenças mencionadas no inciso II do art. 26, o art. 151 da Lei n. 8.213, de 1991, traz rol de moléstias que dispensam a carência: tuberculose ativa, hanseníase, alienação mental, **esclerose múltipla (novidade), hepatopatia grave (novidade), neoplasia maligna (câncer), cegueira,** paralisia irreversível e incapacitante, cardiopatia grave, doença de Parkinson, espondiloartrose anquilosante, nefropatia grave, estado avançado da doença de Paget (osteíte deformante), síndrome da deficiência imunológica adquirida (**AIDS**) ou contaminação por radiação, com base em conclusão da medicina especializada.

A Lei n. 13.457 introduziu o art. 27-A na Lei n. 8.213, atualmente com redação dada pela Lei n. 13.846, de 2019, trazendo regra de aplicação exclusiva aos benefícios de aposentadoria por invalidez, auxílio-doença, auxílio-reclusão e salário-maternidade.

Preceitua o novel regramento (art. 27-A) que, havendo **perda da qualidade de segurado**, as contribuições anteriores a essa data só serão computadas para efeito de carência depois que o segurado contar, a partir da nova filiação à Previdência Social, com, no mínimo, "metade" do número de contribuições exigidas para o cumprimento da carência.

Havendo Perda da Qualidade de Segurado (PQS), ao retornar ao Subsistema Previdenciário a pessoa poderá usufruir imediatamente qualquer benefício que dispense carência (*v.g.*, auxílio-acidente e salário-família; caso venha a falecer após se refiliar ao RGPS, haverá direito a pensão por morte aos seus respectivos dependentes). Situação diversa ocorre com relação aos benefícios previdenciários de aposentadoria por incapacidade permanente, auxílio-doença, salário-maternidade (quando exigirem carência) e auxílio-reclusão (que sempre exige o requisito carência). De modo que, para obtenção de aposentadoria por incapacidade permanente e auxílio-doença, será necessário que, após o retorno ao RGPS da pessoa que havia perdido a qualidade de segurado, contribua por 6 meses para que possa utilizar, a partir de então, as contribuições anteriores à PQS para que, somadas, atinjam as 12 contribuições exigidas para efeito de carência.

A carência do salário-maternidade corresponde a 10 meses para as seguradas contribuintes individual e facultativa. Ocorrida a PQS, o resgate das contribuições anteriores a essa perda somente será possível, para efeito de carência, depois que a segurada contar, após a nova filiação ao RGPS, com, no mínimo, **5** contribuições.

Por fim, após a refiliação, somente se o segurado tiver recolhido 12 contribuições (metade de 24 exigidas para o auxílio-reclusão) poderá resgatar o passado contributivo para efeito de gerar direito aos seus dependentes a benefício caso ocorra sua prisão.

Exemplificando: a segurada facultativa que tenha contribuído por 5 anos entre 2010 e 2015, mas que por problemas financeiros tenha ficado 2 anos sem contribuir à Previdência, tendo ocorrido a PQS após expirado o prazo previsto no art. 15 da Lei n. 8.213, ao se filiar novamente ao RGPS em janeiro de 2018 com o pagamento da primeira contribuição, será novamente segurada, tendo a título de saldo para fins de carência apenas esta única contribuição de 2018. Apenas quando atingir 5 contribuições poderá RESGATAR o seu passado contributivo para fins de obtenção de salário-maternidade, de modo que, se a partir da 5ª contribuição der à luz, fará jus ao salário-maternidade, pois: a) será segurada (facultativa); b) possuirá o requisito de carência (de 10 contribuições, consideradas as 5 contribuições após a nova filiação + os 5 anos anteriores à PQS); c) requisito específico do benefício (maternidade).

Mantida a ilustração acima, caso ao pagar a 5ª contribuição após refiliar-se, em vez de tornar-se mãe, venha a ficar inválida por motivo de doença, não terá direito a auxílio-doença, nem mesmo à aposentadoria por invalidez, porque não atendeu ao requisito de carência, pois ainda não poderá computar seu passado contributivo (aqueles 5 anos). O resgate de seu período contributivo anterior à PQS somente será admissível depois de pagar a 6ª contribuição (metade da carência e 12 meses).

A regra do art. 27-A é inaplicável caso pretenda aposentar-se voluntariamente (antes denominadas aposentadoria por idade, aposentadoria por tempo de contribuição e aposentadoria especial. Após a Reforma da Previdência de 2019, a aposentadoria voluntária está necessariamente atrelada ao requisito etário).

`Atenção` **Não pode ser computado para efeito de carência:** o tempo de trabalho rural anterior ao ano de 1991 (art. 55, § 3º, da Lei n. 8.213); o tempo de serviço militar, obrigatório ou voluntário; o período no qual esteve o segurado em gozo de auxílio-acidente, auxílio-doença, aposentadoria por invalidez, intercalados ou não com período contributivo. **Não podem ser utilizados para fins de carência** porque nesses interregnos não houve incidência de contribuição previdenciária, e a caracterização da carência tem por pressuposto justamente um "número mínimo de **contribuições mensais**", razão pela qual o período de percepção de **salário-maternidade é considerado como carência**, por ser este o único benefício previdenciário no qual incide contribuição previdenciária (art. 28, § 2º, da Lei n. 8.212).

Jurisprudência. O STJ, no Recurso Especial n. 1.414.439-RS, firmou entendimento diverso do preconizado pela Administração Pública (INSS), no sentido de que é possível considerar o período em que o segurado esteve no gozo de benefício por incapacidade (**auxílio-doença ou aposentadoria por invalidez**) para fins de carência, **desde que intercalados com períodos contributivos.** A decisão esclarece que, se o período em que o segurado esteve no gozo de benefício por incapacidade é excepcionalmente considerado como tempo ficto de contribuição (art. 55, II, da Lei n. 8.213), **não se justifica interpretar a norma de maneira distinta para fins de carência,** desde que intercalado com atividade laborativa.

3.8.3. Reforma da Previdência. Cálculo da renda mensal

A **Renda Mensal Inicial** (RMI) é o valor do primeiro pagamento de benefício recebido pelo beneficiário da Previdência.

A RMI é obtida pela aplicação de um percentil sobre o **salário de benefício**. Cada benefício tem um percentil, por exemplo: auxílio-acidente é 50%; auxílio-doença é de 91% etc.

O salário de benefício (SB) corresponde à **média aritmética simples de determinado número de salários de contribuição.**

Salário de contribuição (SC), por sua vez, corresponde ao valor sobre o qual se fez incidir a alíquota contributiva do segurado, equivale, *grosso modo*, à remuneração do segurado, limitado ao valor-teto.

Atenção O salário de contribuição é a base de cálculo do tributo que fundamenta a relação de custeio, enquanto o salário de benefício é a base de apuração da prestação previdenciária, garantidora da proteção social.

Da média dos salários de contribuição obtém-se o salário de benefício, que, por sua vez, é o valor sobre o qual se faz incidir o coeficiente de cálculo do benefício previdenciário. Assim, de posse dos valores dos salários de contribuição do segurado, procede-se à aplicação da **correção monetária** a cada um deles. Correção monetária impõe-se aos salários de contribuição que integram o **Período Básico de Cálculo** (PBC), no momento da apuração do salário de benefício.

Aplicada a **correção monetária** aos salários de contribuição, devem ser todos somados. Ato contínuo, divide-se o resultado obtido pelo número de salários de contribuição somados. Assim, ter-se-á a média aritmética simples, a cujo resultado dar-se-á o nome de salário de benefício.

Os benefícios previdenciários concedidos **após** a CF/88 terão todos os salários de contribuição, integrantes do período básico de cálculo (PBC), corrigidos monetariamente (art. 201, § 3º, da CF).

Atenção Súmula n. 456 do STJ: **Incabível a correção monetária** dos salários de contribuição considerados no cálculo do salário de benefício de auxílio-doença,

DIREITO PREVIDENCIÁRIO PARA CONCURSOS

aposentadoria por invalidez, pensão ou auxílio-reclusão **concedidos antes** da vigência da CF/88.

Após a fixação da RMI, o beneficiário perceberá a renda fixada inicialmente até a data do primeiro **reajuste** (art. 201, § 4º, da CF/88).

Todos os benefícios previdenciários são reajustados periodicamente. A regra tem sido reajuste anual (cf. art. 41-A da LB) por ocasião do reajustamento do salário mínimo. **Índices de reajustamento, também nominados de índices previdenciários, incidem sobre a renda mensal do benefício.**

O atual critério de cálculo, estabelecido pela Reforma da Previdência de 2019, deve dar-se na forma ditada no art. 26 da EC n. 103, de 2019, que consagra duas etapas:

Etapa 1 (Salário de benefício – SB): média aritmética simples dos salários de contribuição (SC), atualizados monetariamente, correspondentes a **100%** (cem por cento) do período contributivo **desde a competência julho de 1994** (quando a moeda em nosso País se tornou o "Real") ou desde o início da contribuição, se posterior àquela competência.

Etapa 2 (Renda Mensal Inicial – RMI): aplicar o coeficiente de cálculo sobre o SB, conforme a espécie de benefício:

- auxílio-acidente: 50% do SB;
- auxílio-doença: 91% do SB;
- aposentadoria (regra) **corresponderá a 60% (sessenta por cento)** da média aritmética definida na Etapa 1, **com acréscimo de 2% (dois por cento)** para cada ano de contribuição que exceder o tempo de 20 (vinte) anos de contribuição, se homem; se mulher, o acréscimo de 2% será computado a partir do 15º ano contributivo;.
- aposentadoria por incapacidade permanente (exceção): será de 100% do salário de benefício, **quando decorrer de acidente de trabalho, de doença profissional e de doença do trabalho.**

Na apuração do SB das **aposentadorias programáveis**, o § 6º do art. 26 da Emenda da Reforma **permite a exclusão de quaisquer contribuições** que resultem **em redução** do valor do benefício, **desde que** mantido o tempo mínimo de contribuição exigido (inclusive a quantidade de contribuições equivalentes ao período de carência).

Atenção **É vedada a utilização do tempo excluído** para qualquer finalidade, inclusive para:

a) **o acréscimo do percentual da renda mensal, de 2% ao ano** (visto anteriormente);

b) a averbação em outro regime previdenciário;

c) a obtenção dos proventos de inatividade das atividades de que tratam os arts. 42 (dos militares dos Estados, do Distrito Federal e dos Territórios) e 142 (das Forças Armadas) da CF;

d) o somatório de pontos das aposentadorias por tempo de contribuição e especial;

e) o atingimento do período adicional exigido para as aposentadorias por tempo de contribuição.

3.8.3.1. *Benefícios não calculados com base no salário de benefício*

O salário de benefício corresponde à média aritmética dos salários de contribuição.

Como esclarecido, o salário de contribuição é a base de cálculo do tributo que fundamenta a relação de custeio, enquanto o salário de benefício é a base de apuração da prestação previdenciária, garantidora da proteção social.

Ocorre que, a título de exceção, há benefícios previdenciários que não são calculados com base no salário de benefício, são eles:

I – **a pensão por morte (art. 23 da EC n. 103, de 2019)**, que consiste em cota familiar fixa de 50% acrescida de cota individual de 10% por dependente (limitado a 100%) a incidir sobre o valor **(a) da aposentadoria** que o segurado recebia ou **(b) daquela a que teria direito** se estivesse aposentado por incapacidade permanente na data de seu falecimento;

II – **auxílio-reclusão (art. 27, § 1º, da EC n. 103, de 2019)**, que será calculado na **forma daquele aplicável à pensão por morte, não podendo exceder o valor de 1 (um) salário mínimo**;

III – **salário-família (art. 27, § 2º, da EC n. 103, de 2019)**, que equivale a cota de valor fixo, que, a partir de 1º de janeiro de 2020, passou a ser de R$ 48,62 (quarenta e oito reais e sessenta e dois centavos) para o segurado de "baixa renda", considerado como tal aquele com remuneração mensal não superior a R$ 1.425,56 (um mil, quatrocentos e vinte e cinco reais e cinquenta e seis centavos). Valores definidos na Portaria n. 3.659, de 10-2-2020, da Secretaria Especial de Previdência e Trabalho do Ministério da Economia;

IV – **salário-maternidade**. A renda mensal do salário-maternidade, que nunca será inferior ao salário mínimo, será equivalente:

a) à **remuneração integral** para a segurada empregada e para a segurada trabalhadora avulsa[30];

b) ao valor correspondente ao do **último salário de contribuição**, para a segurada empregada doméstica;

c) a **um doze avos da soma dos doze últimos salários de contribuição**, apurados em um período não superior a quinze meses, para as demais seguradas, **inclusive para a desempregada** que der à luz no período de graça (Lei n. 13.845, de 2019).

V – **segurado especial**, para ela é assegurado pelo art. 39 da Lei n. 8.213/91 benefícios de valor fixo de **um salário mínimo**.

---

[30] Art. 72 da Lei de Benefícios, com a redação dada pela Lei n. 9.876, de 26-11-1999.

3.8.3.2. *Salário de benefício após a Lei n. 9.876. Regramento anterior à Reforma da Previdência de 2019*

Antes da Lei n. 9.876, de 1999, era o salário de benefício obtido pela média aritmética simples dos 36 últimos salários de contribuição (art. 29, *caput*, da Lei de Benefícios – redação original).

Atenção Consoante os termos do art. 29 da Lei n. 8.213, de 1991, com a redação ofertada pela Lei n. 9.876, de 1999, o cálculo a ser elaborado, para fins de obtenção do salário de benefício dos benefícios previdenciários, deverá ser feito com base na **média aritmética simples dos maiores salários de contribuição correspondente a 80% de todo o período contributivo**.

Em relação ao art. 3º da Lei n. 9.876/99, norma transitória, há determinação para que os salários de contribuição a integrar o cálculo do salário de benefício sejam **posteriores à competência de julho de 1994** (momento a partir do qual a moeda Real restou efetivamente implantada em nosso país). *Vide* Tema 1102 do STF.

Como visto, no regramento atual, trazido pela EC n. 103, de 2019, o SB é média aritmética simples dos SC, atualizados monetariamente, **correspondentes a 100% (cem por cento) do período contributivo** desde a competência julho de 1994 ou desde o início da contribuição, se posterior àquela competência.

3.8.3.3. *Fator previdenciário*

Atente-se que o fator previdenciário após a EC n. 103, de 2019, é aplicável apenas a título de exceção:

a) facultativamente, na aposentadoria diferenciada de pessoa com deficiência, prevista na Lei Complementar n. 142, recepcionada expressamente pela EC n. 103;

b) no cálculo da aposentadoria em prol do "direito iminente" prevista no art. 17 da EC n. 103, de 2019 (em prol do segurado a quem, na data da publicação da EC n. 103, de 2019, restava menos de 2 anos para preencher o requisito tempo de contribuição segundo as regras anteriores à Reforma).

Criado em novembro de 1999 pela Lei n. 9.876, o denominado fator previdenciário é uma equação a ser aplicada (antes da EC n. 103, de 2019) sobre o resultado da média aritmética simples dos salários de contribuição dos benefícios previdenciários de aposentadoria por tempo de contribuição e de aposentadoria por idade.

O intuito do fator é proporcionar aposentadoria **com valores maiores conforme seja maior a idade e o tempo de contribuição do segurado e baixa a expectativa de sobrevida**. Ao reverso (e, como regra, era isso o que realmente ocorria), **reduz o valor da aposentadoria se: (a) de pouca idade o segurado; (b) com elevada expectativa de sobrevida; (c) e se contribuiu à Previdência apenas pelo tempo mínimo necessário à obtenção do benefício**.

Atenção O fator previdenciário se fazia incidir, **obrigatoriamente**, no cálculo de aposentadoria por tempo de contribuição (inclusive na aposentadoria por tempo de

Benefícios Previdenciários

contribuição de professor), e, **facultativamente**, no cálculo de: a) aposentadoria por tempo de contribuição prevista na Lei Complementar n. 142, de 2013, em prol do segurado considerado pessoa com deficiência (PcD); b) de aposentadoria por idade prevista na Lei n. 8.213/91 (inclusive à devida em favor do segurado PcD nos termos do art. 9º, I, da LC n. 142). **Nenhum outro benefício** previdenciário é **calculado** mediante a **aplicação** do **fator previdenciário**!

Aplicação facultativa do fator previdenciário significa dizer que somente incidirá se resultar mais vantajoso financeiramente ao segurado.

> **MEMORIZE**
> O fator previdenciário conjuga FATORES VARIÁVEIS: (a) idade; (b) expectativa de sobrevida; e (c) tempo de contribuição do segurado. E FATORES INVARIÁVEIS: coeficiente fixo de 0,31.

Eis a fórmula matemática que representa o fator previdenciário:

$$f = \frac{TC \times a}{ES} \times \left[\frac{1 + (Id + TC \times a)}{100} \right]$$

Onde:

f = fator previdenciário;

ES = expectativa de sobrevida no momento da aposentadoria;

Tc = tempo de contribuição até o momento da aposentadoria;

Id = idade no momento da aposentadoria;

a = alíquota de contribuição correspondente a 0,31.

A expectativa de sobrevida é obtida a partir da tábua completa de mortalidade construída pela Fundação Instituto Brasileiro de Geografia e Estatística (IBGE). Exemplo (esta tabela não está completa, e não é para ser decorada, apenas compreendida!):

Idade	Expectativa de Sobrevida	Idade	Expectativa de Sobrevida	Idade	Expectativa de Sobrevida
42	35,8	56	24,3	70	14,6
43	34,9	57	23,5	71	14,0
44	34,1	58	22,7	72	13,4
45	33,2	59	22,0	73	12,9
51	28,2	65	17,8	79	10,0
52	27,4	66	17,1	80+	9,6

Agora fica nítida a diferença entre "expectativa de sobrevida" e "expectativa de vida". Esta (expectativa de vida) é uma só para toda a população brasileira, fixada pelo

DIREITO PREVIDENCIÁRIO PARA CONCURSOS

IBGE em 73,5 anos. Ao passo que a expectativa de sobrevida oscila conforme a idade da pessoa – como visto no quadro acima, aos 73 anos de idade estimam-se mais 12,9 anos de vida.

Depois da apuração do salário de benefício (que equivale à média aritmética simples dos salários de contribuição correspondentes a 100% de todo o período contributivo após a EC n. 103, de 2019) multiplica-se o resultado pelo fator previdenciário.

Atenção Para efeito da aplicação do fator previdenciário, ao tempo de contribuição do segurado serão adicionados:

1. **cinco anos**, quando se tratar de **mulher**;

2. **cinco anos**, quando se tratar de **professor** que comprove exclusivamente tempo de efetivo exercício das funções de magistério na educação infantil e no ensino fundamental médio;

3. **10 anos**, quando se tratar de **professora** que comprove exclusivamente tempo de efetivo exercício das funções de magistério na educação infantil e no ensino fundamental médio.

Atenção: a mulher, para aposentar-se por tempo de contribuição, precisa contribuir por 30 (trinta) anos à Previdência. No ato de cálculo do benefício, na apuração do fator previdenciário será considerado, fictamente, que ela possui 35 anos de tempo de contribuição (30 anos efetivos + 5 anos de bônus). Para a mulher o bônus é sempre de 5 anos, assim, se, por exemplo, ela tenha trabalhado (e contribuído) por 41 anos, no cálculo do fator será considerado 46 anos de tempo de contribuição (41 + 5 anos). O mesmo ocorre com o professor (bônus de 5 anos) e com a professora (bônus de 10 anos). Note que o homem (não professor) não possui bônus no cálculo do fator previdenciário (se contribuiu 35 anos, será 35 anos; se contribuiu por 40 anos, será 40 anos!).

Importante ressaltar que a Corte Constitucional Brasileira entendeu inexistente qualquer incompatibilidade vertical da Lei n. 9.876 em face do Texto Maior ao apreciar a Medida Cautelar apresentada na ADIn n. 2.111. Mantida, portanto, a presunção de constitucionalidade da norma legal criadora do fator previdenciário.

Em novembro de 2015 houve a publicação da Lei n. 13.183, que é **fruto da conversão, com alterações, da Medida Provisória n. 676**. Traz ao Direito Previdenciário a **Fórmula progressiva 85 (a 90) para mulheres e 95 (a 100) para homens**. Essa fórmula quando preenchida permite que no cálculo da **aposentadoria por tempo de contribuição** (inclusive a APTC de professor) haja a **exclusão do fator previdenciário (FP), quando maléfico**.

Para concursos públicos o candidato deve saber que antes da Reforma da Previdência de 2019:

1. A fórmula 95 para homens e 85 mulheres **somente** se aplica na **aposentadoria por tempo de contribuição (APTC)**, em nenhum outro benefício utiliza-se a fórmula trazida pela Lei n. 13.183, de observar também que referida fórmula

não afasta o requisito de tempo de contribuição (TC) para concessão desse benefício, qual seja:

1.a) homens, no mínimo de 35 anos de TC;

1.b) mulheres, no mínimo de 30 anos de TC;

1.c) professor que exerça exclusivamente durante no mínimo 30 anos as funções de magistério no ensino infantil, fundamental e médio;

1.d) professora que exerça exclusivamente durante no mínimo 25 anos as funções de magistério no ensino infantil, fundamental e médio.

2. O que é **fórmula 95** para segurados do sexo masculino? Resposta: corresponde à permissão prevista na Lei n. 13.183, para **afastar a incidência do FP** no cálculo da **APTC** para **os requerimentos de concessão de aposentadoria protocolizados** a partir de 18 de junho de 2015 (data da publicação da MP 676, posteriormente convertida na Lei n. 13.183) até 30 de dezembro de 2018. Para preencher a fórmula 95, o segurado deve comprovar ter **contribuído por pelo menos 35 anos** à **Previdência (TC)** e ter idade que somada ao TC resulte em 95 (ou mais). Exemplo. Segurado que contribuiu exatos 35 anos (TC 35) e tenha em 2016 (data do requerimento da APTC) 60 anos de idade, a soma do critério etário (60 anos) com o de TC (35 anos) resulta 95, por essa razão nominar-se Fórmula 95 para homens. Nesta situação haverá direito ao afastamento do fator previdenciário sempre que o FP se revelar redutor da renda.

3. A APTC ficou atrelada à idade mínima de 60 anos para homens com o advento da Lei n. 13.183, de 2015? Resposta: **Não**. Antes da EC n. 103, de 2019, o segurado do INSS que tivesse contribuído por no mínimo 35 anos teria direito constitucional à aposentadoria por tempo por contribuição (art. 201, § 7º, II, da CF), pouco importando a idade para efeito de obtenção do direito ao benefício de APTC, assim, se, por exemplo, estivesse com apenas 51 anos de idade e comprovasse 35 anos de TC, poderia se aposentar, nesta situação, e, por não atendida a fórmula 95 (51 de idade + 35 de TC resultam menos de 95), haveria incidência obrigatória do FP na apuração de sua renda mensal (terá nesta situação de amargar uma renda mensal menor, por força da redução ocasionada pelo FP). Atente-se que, após a Reforma da Previdência de 2019, a aposentadoria voluntária exige requisito etário.

4. O que é fórmula 85 para mulheres? Resposta: a mesma lógica desenhada para o segurado do sexo masculino aplica-se à segurada do INSS, modificando-se apenas o tempo de contribuição mínimo que é de 30 anos, e desde que somado à idade da mulher resulte 85 haverá direito à exclusão do FP no cálculo de seu benefício, p. ex. mulher com 55 anos de idade e 30 anos de TC.

Atenção Não confundir o acréscimo fictício que possui a mulher no cálculo do fator previdenciário com a fórmula 85!

DIREITO PREVIDENCIÁRIO PARA CONCURSOS

Primeiro procede-se à análise do direito à APTC (antes da EC n. 103, de 2019): para ter direito a segurada deve provar ter efetivamente contribuído por 30 anos, caso não possua 30 anos de contribuição não haverá direito a APTC, e encerra-se o assunto. Por outro lado, caso a mulher possua 30 anos de trabalho anotados em CTPS, haverá direito a APTC.

Próximo passo, depois comprovado o direito a APTC, é o de saber se o fator previdenciário **para ela** será aplicado obrigatoriamente ou se será facultativo, ou seja, se há o preenchimento ou não da fórmula 85. Pergunta-se, então, a idade da segurada, se ela tiver apenas 46 anos de idade (**situação "A"**), **haverá incidência obrigatória do FP**, pois a soma 30TC + 46id não atinge 85! Note-se que não é feito nenhum acréscimo fictício de TC, porque a fórmula é diferente entre homens (95) e mulheres (85)! Em outra ilustração (**situação "B"**), considere que ela possua na data do requerimento da APTC 55 anos de idade. Haverá direito à exclusão do FP, pois 30 anos de TC + 55 anos de idade resultam 85, portanto atendida a fórmula 85.

5. E para segurados que tiverem contribuído anos além do TC mínimo? A fórmula exige, sempre, o tempo mínimo de 35 anos de TC para homens e 30 anos de TC para mulheres, já com relação ao fator etário esse se ajusta ao resultado 95 ao sexo masculino e 85 ao feminino, de tal sorte que se o segurado tiver contribuído com 1 ano além dos 35 de TC, terá direito a exclusão do FP se tiver a idade de 59 anos, pois 36 de TC com 59 de idade, resulta 95, tornando evidente que haverá direito à exclusão do FP com tantos anos a menos de 60 quantos forem os anos contribuídos além dos 35 de TC; a mesma lógica ocorre em prol da segurada do INSS.

Atenção No regramento anterior à Reforma da Previdência de 2019, o professor e a professora possuem, para apuração da fórmula progressiva 95 para homens e 85 para mulheres, **o acréscimo de 5 anos**! O **tempo mínimo de contribuição** do professor e da professora que comprovarem exclusivamente tempo de efetivo exercício de magistério na educação infantil e no ensino fundamental e médio será de, respectivamente, **trinta e vinte e cinco anos**, e serão **acrescidos cinco pontos** à **soma da idade com o tempo de contribuição, para efeito de verificação de atingimento da fórmula**. Observe-se, assim, que tendo uma professora trabalhado 26 (vinte e seis) anos no ensino fundamental, para verificar o atingimento da fórmula progressiva 85, dever-se-á acrescer mais 5 anos, ou seja, na realidade ela trabalhou 26 anos, no entanto, deve-se considerar ficticamente 31 anos trabalhados, que serão somados à idade dela no momento da aposentação, por conseguinte, se ela possuir 54 anos de idade será afastado o fator previdenciário. Por outro lado, caso possua apenas 52 anos de idade, será aplicado necessariamente o FP, lembrando no cálculo do FP a professora possui sempre o tempo fictício de 10 anos (não confundir o art. 29, § 9º, com a disposição nova contida no § 3º do art. 29-C, ambos da Lei n. 8.213).

6. E para os requerimentos de APTC apresentados a partir de 31 de dezembro de 2018? Resposta: a Lei n. 13.183 prevê a **fórmula progressiva**, iniciando-se

BENEFÍCIOS PREVIDENCIÁRIOS

com 95 para homens e 85 para mulheres, válida somente até 30 de dezembro de 2018, em 31 de dezembro de 2018 haverá o acréscimo de mais 1 ano, tornando-se **fórmula 96** para homens e **86 para mulheres**. A regra será modificada em 31 de dezembro de 2020 (**fórmula 97** para homens e **87 para mulheres**); nova modificação em 31 de dezembro de 2022 e em 31 de dezembro de 2024; e finalmente a partir de 31 de dezembro de 2026 será **fórmula 100 para homem, e fator 90 para mulheres**.

Requerimentos de APTC apresentados a partir de 18-6-2015 (data da publicação da MP 676, convertida na Lei n. 13.183) até 30-12-2018		
Aposentadoria por tempo de contribuição		**Fator Previdenciário**
Homem com 35 anos de TC	Idade de 52 anos	Regra: incidência **obrigatória** do Fator Previdenciário
Homem com 35 anos de TC	Idade de 60 anos	Lei n. 13.183: atendida fórmula 95. **Opção pela exclusão** do Fator Previdenciário, caso prejudicial
Homem com 36 anos de TC	Idade de 59 anos	Lei n. 13.183: atendida fórmula 95. Opção pela exclusão do Fator Previdenciário, caso prejudicial
Homem com 37 anos de TC	Idade de 58 anos	Lei n. 13.183: atendida fórmula 95. Opção pela exclusão do Fator Previdenciário, caso prejudicial
Mulher com 30 anos de TC	Idade de 47 anos	Lei n. 13.183: incidência **obrigatória** do Fator Previdenciário
Mulher com 30 anos de TC	Idade de 55 anos	Lei n. 13.183: atendida fórmula 85. Opção pela exclusão do Fator Previdenciário, caso prejudicial
Mulher com 31 anos de TC	Idade de 54 anos	Lei n. 13.183: atendida fórmula 85. Opção pela exclusão do Fator Previdenciário, caso prejudicial
Mulher com 32 anos de TC	Idade de 53 anos	Lei n. 13.183: atendida fórmula 85. Opção pela exclusão do Fator Previdenciário, caso prejudicial

3.8.3.4. *Renda Mensal Inicial (RMI)*

Obtido o valor do salário de benefício procede-se, na sequência, à aplicação do percentual correspondente ao benefício, percentil a ser decorado.

Antes da EC n. 103/2019:

- aposentadoria por invalidez – 100% do salário de benefício;
- aposentadoria por tempo de contribuição: 100% do salário de benefício (obs. Aplica-se fator previdenciário, **obrigatoriamente, ainda que prejudique o**

segurado, caso não seja atendida a fórmula progressiva 95/100 para segurados e 85/90 para seguradas);

- aposentadoria por tempo de contribuição prevista na Lei Complementar n. 142, de 2013, em prol do segurado considerado pessoa com deficiência (PcD): 100% do salário de benefício (obs.: Aplica-se fator previdenciário, **facultativamente, ou seja, apenas se benéfico ao segurado**);
- aposentadoria especial – 100% do salário de benefício;
- aposentadoria por idade – 70% do salário de benefício, mais 1% deste por grupo de doze contribuições mensais, até o máximo de 30% (obs.: Aplica-se fator previdenciário, **facultativamente, ou seja, apenas se benéfico ao segurado**).

Depois da Reforma da Previdência de 2019:

- aposentadoria (regra) corresponderá a 60% (sessenta por cento) do salário de benefício (da média aritmética dos 100% dos SC desde julho de 1994), com acréscimo de 2% (dois por cento) para cada ano de contribuição que exceder o tempo de 20 (vinte) anos de contribuição, se homem; se mulher, o acréscimo de 2% será computado a partir do 15º ano contributivo;
- aposentadoria por incapacidade permanente (exceção): será de 100% do salário de benefício, **quando decorrer de acidente de trabalho, de doença profissional e de doença do trabalho**.

Antes e depois da EC n. 103/2019:

- auxílio-acidente – 50% do salário de benefício;
- auxílio-doença – 91% do salário de benefício.

3.8.3.5. *Reajuste da renda mensal*

Depois de apurado o valor da Renda Mensal Inicial (RMI), procede-se à implantação do benefício. A renda mensal do benefício permanecerá a mesma até a data do reajuste dos benefícios da Previdência Social.

O reajustamento decorre da determinação constitucional contida no art. 201, § 4º, que trata do **princípio constitucional da manutenção do valor real do benefício**. Trata-se da recomposição da perda inflacionária, e a periodicidade é anual.

Em razão do preceito contido no art. 41 da Lei n. 8.213, redação original, **o primeiro índice de reajuste deverá ser proporcional** (*pro rata*), os subsequentes serão índices integrais.

> **MEMORIZE**
> Periodicidade anual (todo mês de janeiro). A recomposição das aposentadorias e pensões será com base no indexador INPC (Índice Nacional de Preços ao Consumidor).

BENEFÍCIOS PREVIDENCIÁRIOS

3.8.3.5.a. Limite mínimo do valor dos benefícios previdenciários

A Constituição Federal de 1988, no art. 201, § 5º, redação original, dispôs que: "Nenhum benefício que substitua o salário de contribuição ou o rendimento do trabalho do segurado terá valor mensal inferior ao salário mínimo"[31].

Atenção O limite mínimo de um salário mínimo deverá ser observado **apenas** nos benefícios que **"substituam"** a renda do trabalho, quais sejam: aposentadorias; auxílio-doença; salário-maternidade; e (devido aos dependentes) a pensão por morte e o auxílio-reclusão.

Por outro lado, podem ser pagos em valor inferior ao salário mínimo, porque não substituem a renda do trabalho (complementam os rendimentos do trabalho), os benefícios: **salário-família e auxílio-acidente**.

3.8.3.5.b. Limite máximo do valor dos benefícios previdenciários

Enquanto o limite mínimo encontrava respaldo constitucional, o limite-teto **era** previsto tão só na legislação ordinária.

Nos termos do art. 28, § 5º[32], da Lei n. 8.212/91 (Lei de Custeio), o **salário de contribuição**, enquanto base de cálculo da contribuição previdenciária dos segurados, **está sujeito a limite máximo**.

O art. 29, § 2º, da Lei n. 8.213/91 estipula que o valor do **salário de benefício não será superior ao do limite máximo do salário de contribuição. E o art. 33 da Lei n. 8.213/91 determina que** na data de início do benefício a renda mensal inicial do benefício de prestação continuada **não terá valor superior ao do limite máximo do salário de contribuição**.

Somente com a Emenda Constitucional n. 20, de 1998, é que o limite-teto da previdência deixou de constar tão só em normas ordinárias.

O art. 14 da EC n. 20 estabelece limite-teto para os benefícios previdenciários: o limite máximo para o valor dos benefícios do Regime Geral de Previdência Social de que trata o art. 201 da Constituição Federal é fixado em R$ 1.200,00 (um mil e duzentos reais), devendo, a partir da data da publicação desta Emenda, **ser reajustado** de forma a **preservar, em caráter permanente, seu valor real**, atualizado **pelos mesmos índices aplicados aos benefícios** do Regime Geral de Previdência Social.

Em 2023, o limite-teto foi fixado em R$ 7.507,49 pela Portaria Interministerial MPS/MF n. 26, de 10 de janeiro de 2023.

---

[31] Esse dispositivo, após a Emenda Constitucional n. 20, de 15-12-1998, está situado no § 2º do art. 201 da CF/88.

[32] Art. 28, § 5º, da Lei n. 8.212/91, situado no Capítulo IX, "Do salário de contribuição", consta que: "§ 5º O limite máximo do salário de contribuição é de Cr$ 170.000,00 (cento e setenta mil cruzeiros), reajustado a partir da data da entrada em vigor desta Lei, na mesma época e com os mesmos índices que os do reajustamento dos benefícios de prestação continuada da Previdência Social".

DIREITO PREVIDENCIÁRIO PARA CONCURSOS

> **MEMORIZE**
>
> Todos os benefícios previdenciários devem respeitar o limite-teto de pagamento de benefícios, à exceção tão só de dois benefícios:
>
> a) salário-maternidade, em se tratando de segurada empregada e trabalhadora avulsa (art. 72 da Lei n. 8.213/91). Dessa feita, se a segurada empregada recebe R$ 10.000,00 por mês, durante a fruição do salário-maternidade o benefício será no valor da remuneração, ainda que superior ao teto legal;
>
> b) aposentadoria por incapacidade permanente, sempre que o inválido precisar, de forma constante, de auxílio de terceira pessoa (art. 45 da Lei n. 8.213/91). Nesta hipótese será devido um acréscimo de 25%, ainda que o valor resultante supere o limite máximo legal.

O art. 248 da Constituição Federal foi acrescentado pela Emenda Constitucional n. 20, e afirma que "benefícios pagos, a qualquer título, pelo órgão responsável pelo **Regime Geral de Previdência Social**, ainda que à conta do Tesouro Nacional, e **os não sujeitos ao limite máximo** de valor fixado para os benefícios concedidos por esse regime **observarão os limites fixados no art. 37, XI**".

Atenção Esse regramento constitucional prevê a necessidade de limitação máxima dos benefícios previdenciários "não sujeitos ao limite máximo" ordinário existente no RGPS, devendo observar, entretanto, o limite-teto fixado no art. 37, XI[33], da Carta Suprema, que por sua vez traz previsão de limite-teto no âmbito do serviço público. O art. 248 da CF/88 abrange justamente a exceção apontada na letra "a" acima (salário-maternidade), significa dizer que a segurada empregada (e a trabalhadora avulsa) receberá o salário-maternidade no exato valor de sua remuneração, salvo se sua remuneração **exceder ao subsídio de ministro do STF** (art. 37, XI, da CF/88).

Em síntese, persistem **dois limites-teto** na esfera previdenciária. O primeiro é o **teto de cunho ordinário**, previsto nos arts. 29, § 2º, 33 e 135 da Lei n. 8.213, **aplicável a todos os benefícios** da Previdência Social. O segundo é o **teto extraordinário**, de **aplicação restrita ao salário-maternidade** e benefícios de legislação especial, que se subsome ao art. 248 da Constituição Federal.

3.8.4. Abono anual

A gratificação natalina somente é devida ao segurado e ao dependente que, durante o ano, receba ou tenha recebido: **aposentadorias (voluntária ou por incapacidade**

---

[33] XI – a remuneração e o subsídio dos ocupantes de cargos, funções e empregos públicos da administração direta, autárquica e fundacional, dos membros de qualquer dos Poderes da União, dos Estados, do Distrito Federal e dos Municípios, dos detentores de mandato eletivo e dos demais agentes políticos e os proventos, pensões ou outra espécie remuneratória, percebidos cumulativamente ou não, incluídas as vantagens pessoais ou de qualquer outra natureza, não poderão exceder o subsídio mensal, em espécie, dos Ministros do Supremo Tribunal Federal, (...).

BENEFÍCIOS PREVIDENCIÁRIOS

permanente); auxílio-doença; auxílio-acidente; salário-maternidade; e os devidos aos dependentes: pensão por morte e auxílio-reclusão.

`Atenção` Benefícios outros como salário-família e também o Benefício Assistencial devido ao idoso e ao deficiente (art. 203, V, da CF e art. 20 da Lei n. 8.742/93) **não permitem a percepção do abono anual**.

Determina a Constituição Federal, em seu art. 201, § 6º, que a gratificação natalina dos aposentados e pensionistas **terá por base o valor dos proventos do mês de dezembro** de cada ano (quando o benefício foi recebido no ano todo).

O recebimento de benefício por período inferior a 12 meses determina o cálculo do abono anual de forma *proporcional*, devendo ser considerado como mês integral o período, dentro do mês, igual ou superior a 15 dias, observando-se como base a última renda mensal.

3.9. BENEFÍCIOS PREVIDENCIÁRIOS

3.9.1. Benefícios por incapacidade para o trabalho

O segurado do INSS (inclusive aquele no período de graça, art. 15 da Lei n. 8.213/91), após cumprir a carência (quando a lei exigir, arts. 24 a 27 da Lei n. 8.213), que ficar incapacitado para o trabalho, poderá fazer jus a:

- **Aposentadoria por incapacidade permanente** (nomenclatura anterior: aposentadoria por invalidez). Art. 201, I, da CF; art. 26 da EC n. 103, de 2019; arts. 42 a 47 da Lei n. 8.213; arts. 43 a 50 do Decreto Federal n. 3.048;
- **Auxílio por incapacidade temporária** (nomenclatura anterior: auxílio-doença). Art. 201, I, da CF; art. 26 da EC n. 103, de 2019; arts. 59 a 63 da Lei n. 8.213; arts. 71 a 80 do Decreto Federal n. 3.048;
- **Auxílio-acidente.** Art. 201, I, da CF; art. 26 da EC n. 103, de 2019; art. 86 da Lei n. 8.213; art. 104 do Decreto Federal n. 3.048.

Beneficiário: aposentadoria por incapacidade permanente e auxílio-doença são alcançáveis por todos os segurados da previdência (obrigatórios e facultativos). Já o auxílio-acidente apresenta restrição prevista no art. 18, § 1º; somente dele poderão beneficiar-se os segurados empregado, **empregado doméstico** (novidade trazida pela LC n. 150, de 2015), trabalhador avulso e segurado especial.

`Atenção` O fato de o segurado estar doente ou ter sofrido acidente não é suficiente à concessão de benefício de aposentadoria por incapacidade permanente, auxílio-doença ou auxílio-acidente, o **fato gerador** desses benefícios é a comprovação de **incapacidade para o trabalho**. Exemplo: Segurado sofre acidente gravíssimo de carro, que a despeito da destruição total do veículo, escapa ileso, sem um único arranhão. Conquanto vítima de terrível acidente, não fará jus a nenhum dos benefícios previdenciários por inexistir incapacidade laborativa.

DIREITO PREVIDENCIÁRIO PARA CONCURSOS

A definição do benefício cabível depende do **grau e da duração** da incapacidade laborativa. **Grau**. Tratando-se **de incapacidade total** para o trabalho, ou para as atividades habituais, abrem-se duas possibilidades: percepção de aposentadoria por incapacidade permanente ou auxílio-doença. **Duração**. Se a incapacidade total verificada for definitiva para todas[34] as atividades desenvolvidas pelo segurado[35], o benefício será "aposentadoria por incapacidade permanente"[36]; ao reverso, tratando-se de incapacidade temporária, por período superior a **15 (quinze)**[37] **dias consecutivos**, fará jus a "auxílio-doença"[38].

Ficar o segurado desprovido totalmente de capacidade laborativa para o seu trabalho é o pressuposto necessário à concessão de auxílio-doença e da aposentadoria por invalidez, ao passo que o auxílio-acidente é reservado unicamente aos segurados **parcial e definitivamente** incapacitados ao trabalho. O segurado em gozo de auxílio-doença e de aposentadoria por incapacidade permanente é proibido[39] de exercer atividade remunerada, vedação inexistente ao beneficiário de auxílio-acidente (a incapacidade por ser parcial possibilita a continuidade do trabalho). O art. 86 da Lei n. 8.213/91 afirma que o auxílio-acidente é concedido como **indenização** (natureza indenizatória).

Benefício	Grau de Incapacidade	Duração
Aposentadoria por incapacidade permanente	Total	Definitiva (permanente)
Auxílio por incapacidade temporári (auxílio-doença)	Total	Temporária
Auxílio-acidente	Parcial	Definitiva (permanente)

Comprovação da incapacidade para o trabalho: através de exame realizado pela perícia médica do INSS. A empresa que dispuser de serviço médico, próprio ou em convênio, terá a seu cargo o exame médico e o abono das faltas correspondentes aos

---

[34]   Decreto n. 3.048: "Art. 44. § 3º A concessão de aposentadoria por invalidez, inclusive mediante transformação de auxílio-doença concedido na forma do art. 73, está condicionada ao afastamento de todas as atividades".

[35]   Decreto n. 3.048: "Art. 74. Quando o segurado que exercer mais de uma atividade se incapacitar definitivamente para uma delas, deverá o auxílio-doença ser mantido indefinidamente, não cabendo sua transformação em aposentadoria por invalidez, enquanto essa incapacidade não se estender às demais atividades".

[36]   Art. 42 da Lei de Benefícios.

[37]   Aos 31 de dezembro de 2014 houve a publicação da Medida Provisória 664 que alterava o prazo de 15 para 30 dias, para efeito de percepção de auxílio-doença, entretanto referida alteração foi rejeitada pelo Congresso Nacional.

[38]   Art. 59 da Lei de Benefícios.

[39]   Lei n. 8.213: Art. 46. O aposentado por invalidez que retornar voluntariamente à atividade terá sua aposentadoria automaticamente cancelada, a partir da data do retorno. Art. 60, § 6º O segurado que durante o gozo do auxílio-doença vier a exercer atividade que lhe garanta subsistência poderá ter o benefício cancelado a partir do retorno à atividade. (Incluído pela Lei n. 13.135, de 2015.)

BENEFÍCIOS PREVIDENCIÁRIOS

primeiros 15 dias, somente devendo encaminhar o segurado à perícia médica da Previdência Social quando a incapacidade ultrapassar 15 (quinze) dias.

Cuidado. Insta assinalar que tecnicamente não se mostra apropriada a nomenclatura "auxílio-doença" e "auxílio-acidente". A terminologia atrelada a "doença" e a "acidente" é interpretada, com frequência, de forma incorreta pelos neófitos no estudo da matéria e pelos segurados da Previdência. A confusão se estabelece pela ideia errônea que os nomes sugerem: "auxílio-doença" para segurados acometidos de doença e de "auxílio-acidente" para segurados vitimados por acidente. O auxílio-doença é devido a segurados total e temporariamente incapacitados para o trabalho, quer por motivo de doença, quer de acidente. O auxílio-acidente, por sua vez, é devido a segurados que estejam "parcialmente" incapacitados, em caráter definitivo, em decorrência de acidente de qualquer natureza (laboral ou sem relação com o ambiente de trabalho) e, inclusive, de doenças profissionais ou do trabalho.

Para ilustrar, tenha-se em mente a figura de empregado na atividade de *motoboy*, que, em decorrência de acidente de trânsito durante seu trabalho (ou jogando futebol entre amigos no final de semana), tenha seu braço direito fraturado. Nessa situação há incapacidade total para o trabalho, pois a imobilização do seu braço direito o impede de exercer sua atividade (conduzir motocicleta). A incapacidade a despeito de total (motivo pelo qual será afastado do trabalho = licenciado[40], diz a lei) não é definitiva, pois provavelmente de 3 a 6 meses irá recuperar a capacidade para o trabalho. A despeito de ter sido vítima de **acidente** fará jus a auxílio-doença, pois constatada a incapacidade total e temporária. Outra exemplificação: empregado que trabalhe exposto a ruídos excessivos durante muitos anos, vindo a padecer de perda auditiva induzida por ruído (PAIR)[41], denominada disacusia[42], conquanto se trate de doença, se resultar incapacidade parcial terá direito ao percebimento de auxílio-acidente.

Doença preexistente à filiação: não será concedido auxílio-doença nem aposentadoria por incapacidade permanente ao segurado quando, ao filiar-se no Regime Geral de Previdência Social, já era portador da doença ou da lesão que geraria o benefício, **salvo se** a incapacidade decorrer de progressão ou de agravamento dessa doença ou lesão[43].

---

[40] Lei n. 8.213. Art. 63. O segurado empregado, inclusive o doméstico, em gozo de auxílio-doença será considerado pela empresa e pelo empregador doméstico como licenciado. (Redação dada pela Lei Complementar n. 150, de 2015.)

[41] Lei n. 8.213: Art. 86. § 4º A perda da audição, em qualquer grau, somente proporcionará a concessão do auxílio-acidente, quando, além do reconhecimento de causalidade entre o trabalho e a doença, resultar, comprovadamente, na redução ou perda da capacidade para o trabalho que habitualmente exercia.

[42] STJ. Súmula n. 44: A definição, em ato regulamentar, de grau mínimo de disacusia, não exclui, por si só, a concessão do benefício previdenciário.

[43] Art. 42, § 2º, e art. 59, parágrafo único, da Lei de Benefícios.

DIREITO PREVIDENCIÁRIO PARA CONCURSOS

Data de Início do Benefício (DIB):

- ao **segurado empregado** a partir do 16º dia de afastamento da atividade. Durante os primeiros 15 dias de afastamento da atividade, por motivo de incapacidade, caberá à empresa pagar ao segurado-empregado o seu salário integral (arts. 43, § 2º, e 60, § 3º, da Lei n. 8.213/91);
- aos demais segurados a partir da **data do início da incapacidade (DII)**;
- todos os segurados, inclusive o empregado, a partir da **data da entrada do requerimento (DER)**, quando for requerido junto ao INSS após o 30º dia do afastamento da atividade.

De se atentar para a ordem natural da concessão dos benefícios por incapacidade, sendo de costume a concessão prévia de auxílio-doença antes da concessão de aposentadoria por invalidez[44] ou de auxílio-acidente[45]. Um operário que sofre a perda das pernas ao operar determinado maquinário, será levado ao hospital, permanecerá internado recebendo cuidados médicos provavelmente de 30 a 90 dias, ficando durante esse lapso afastado do trabalho, neste primeiro momento fará jus a auxílio-doença junto ao INSS. Com a alta hospitalar será submetido à perícia médica no INSS e, confirmada a incapacidade total e definitiva, será aposentado por invalidez a partir do dia imediatamente posterior ao da cessação do auxílio-doença. Agora, suponha-se que ao invés das pernas tenha perdido o trabalhador 3 dedos da mão direita, por igual deverá ser conduzido ao hospital, provavelmente deverá ficar 30 a 60 dias afastado do trabalho, após esse lapso a lesão estará consolidada, e poderá retornar ao trabalho. Primeiro receberá auxílio-doença, ficando licenciado da empresa, sem remuneração. Ocorre que a perda dos 3 dedos irá lhe reduzir a capacidade para o trabalho (incapacidade parcial e definitiva), ensejando a concessão de auxílio-acidente (a partir do dia imediatamente posterior ao da cessação do auxílio-doença). Usufruirá o benefício de auxílio-acidente, pago mensalmente pelo INSS (que cessará somente com o óbito do titular ou com a concessão de qualquer aposentadoria), concomitante à remuneração pelo trabalho desenvolvido junto ao empregador.

Valor do benefício:

- **Aposentadoria por incapacidade permanente** (regra trazida pela EC n. 103, de 2019) corresponderá a 60% (sessenta por cento) do salário de benefício (da média aritmética dos 100% dos SC desde julho de 1994), com acréscimo de 2% (dois por cento) para cada ano de contribuição que exceder o tempo de 20 (vinte) anos de contribuição, se homem; se mulher, o acréscimo de 2% será computado a partir do 15º ano contributivo.

---

[44] Lei n. 8.213. Art. 43. A aposentadoria por invalidez será devida a partir do dia imediato ao da cessação do auxílio-doença, ressalvado o disposto nos §§ 1º, 2º e 3º deste artigo.

[45] Lei n. 8.213. Art. 86. § 2º O auxílio-acidente será devido a partir do dia seguinte ao da cessação do auxílio-doença, independentemente de qualquer remuneração ou rendimento auferido pelo acidentado, vedada sua acumulação com qualquer aposentadoria.

BENEFÍCIOS PREVIDENCIÁRIOS

- Aposentadoria por incapacidade permanente (exceção trazida pela EC n. 103, de 2019): será de 100% do salário de benefício, **quando decorrer de acidente de trabalho, de doença profissional e de doença do trabalho**.

- Aposentadoria por incapacidade permanente: acréscimo de 25% (art. 45 da Lei n. 8.213). A título de exceção, pode ocorrer o acréscimo de 25% na hipótese da chamada **grande invalidez** (também conhecida como aposentadoria valetudinária). **Sempre que comprovada a necessidade da assistência permanente de outra pessoa**, terá direito ao acréscimo **ainda que a soma ultrapasse o limite máximo** legal de pagamento de benefício previdenciário. Exemplo de hipótese de acréscimo de 25%: **Cegueira total**[46].

- Auxílio-doença corresponde a 91% do salário de benefício. Com a Reforma da Previdência de 2019 passou a existir situação de incoerência na determinação do valor dos benefícios por incapacidade, porque a EC n. 103, de 2019, alterou o coeficiente de cálculo apenas das aposentadorias. Antes da Reforma, a aposentadoria por invalidez era de 100%, depois da EC n. 103 passou a ser, como visto *supra*, de 60% com acréscimo de 2% somente após o 20º contributivo aos segurados do sexo masculino. Já o auxílio por incapacidade temporária permaneceu de 91% da média aritmética simples dos salários de contribuição. Agora, aquele que é segurado há menos de 20 anos, e que tenha uma média contributiva de R$ 5.000,00, se ficar incapacitado temporariamente, receberá R$ 4.550,00 (91% do salário de benefício), mas, se for constatado que está incapacitado de forma permanente, receberá R$ 3.000,00 (60% do SB).

Observação. Em se tratando de segurado "empregado", na seara trabalhista, a empresa que por convenção coletiva garantir **licença remunerada** ficará obrigada a pagar ao seu empregado durante o período de fruição de auxílio-doença **a eventual diferença** entre o valor do benefício previdenciário e a importância garantida pela licença.

- Auxílio-acidente: 50% do salário de benefício. **A concessão de auxílio-acidente não importa afastamento do ambiente de trabalho**. Além da percepção do auxílio-acidente, o segurado pode permanecer recebendo sua remuneração em face do empregador. **Por não possuir caráter substitutivo da renda do trabalho, este benefício pode ser concedido em valor inferior ao salário mínimo**. Cabe reafirmar a incoerência lógica que existe desde a EC n. 103, de 2019. Aposentadoria por incapacidade permanente apresenta valor de 60% da média, ao passo que auxílio-acidente, cabível quando a incapacidade for parcial, será de 50% da

---

[46] Outras situações previstas no Decreto n. 3.048, porém de menor exigência em concurso: Perda de nove ou mais dedos das mãos; Paralisia dos dois membros superiores ou inferiores; Perda dos membros inferiores, acima dos pés, quando a prótese for impossível; Perda de uma das mãos e de dois pés, ainda que a prótese seja possível; Perda de um membro superior e outro inferior, quando a prótese for impossível; Alteração das faculdades mentais com grave perturbação da vida orgânica e social; Doença que exija permanência contínua no leito; Incapacidade permanente para as atividades da vida diária.

média contributiva. **Obviamente será editada lei em futuro breve para reduzir o percentil do auxílio-doença e do auxílio-acidente**.

Subteto – Auxílio-doença. Em 2014, houve a edição da Medida Provisória n. 664, convertida na Lei n. 13.135, de 2015, estabelecendo no § 10 do art. 29 da Lei n. 8.213 que o auxílio-doença não poderá exceder a média aritmética simples dos últimos 12 (doze) salários de contribuição (**SC**). Por força dessa nova disposição, o empregado que desde o ano de 1994 tenha remuneração equivalente ao teto máximo contributivo da Previdência e demitido em abril de 2014 comece a trabalhar em novo emprego, recebendo apenas 1 salário mínimo (**sm**) mensal, e, transcorrido 1 ano nesse novo emprego (em maio de 2015), venha a ficar incapacitado para o trabalho por mais de 15 dias, fará jus ao auxílio-doença que será calculado da seguinte maneira: 1. apura-se a média aritmética simples dos 80% maiores SC, que diante do ótimo panorama contributivo (de 1994 a 2014 sempre contribuiu com base no teto máximo) equivalerá a valor próximo ao teto (em 2016 era equivalente a R$ 5.189,82), aplicando-se sobre esse salário de benefício o coeficiente de cálculo 91%; 2. Somente receberá o valor apurado no item "1" caso não supere o **subteto** (novo teto limitador do benefício), diante da nova regra alocada no § 10 do art. 29 deve-se fazer a média contributiva do segurado nos últimos 12 meses, neste exemplo, no último ano sua contribuição mensal é com base em 1 sm, por conseguinte, a média dos últimos 12 SC será 1 sm. A renda mensal do auxílio-doença não poderá ultrapassar essa média de 12 SC (art. 29, § 10), conhecida por subteto, receberá, portanto, 1 sm, a despeito de sua média contributiva na forma do *caput* do art. 29 da Lei n. 8.213 (item 1 *supra*) seja igual ou próxima ao teto máximo da Previdência (em 2018 fixado em R$ 5.645,80). **Essa regra continua válida mesmo após a Reforma da Previdência de 2019**.

Estipulação prévia da duração do auxílio-doença. No ano de 2017 houve a inclusão dos §§ 8º e 9º no art. 60 da Lei n. 8.213 pela Lei n. 13.457, que estabeleceu que "sempre que possível, o ato de concessão ou de reativação de auxílio-doença, judicial ou administrativo, deverá fixar o prazo estimado para a duração do benefício". Assim, o benefício de auxílio-doença deve ter sua duração definida (quando possível) no momento do deferimento. Exemplo, segurado fica inválido em decorrência de queda que resultou na quebra de seu braço direito. O médico-perito do INSS, ao concluir pela existência de incapacidade total e temporária, irá estabelecer que este segurado deve ficar em gozo de auxílio-doença por "x" meses. Ao ser cientificado da concessão do benefício, saberá o segurado o tempo pelo qual o INSS irá pagar o benefício. Ultrapassado o prazo de duração previamente estabelecido, o benefício será cessado, podendo o segurado retornar ao trabalho. Na eventualidade de o segurado ainda estar incapacitado, deverá apresentar pedido de "prorrogação" junto ao INSS, situação na qual será submetido a nova perícia médica que irá estabelecer (caso reconheça que realmente permanece a incapacidade total) nova duração do auxílio-doença.

Na ausência de fixação do prazo, o benefício cessará após 120 (cento e vinte) dias, contados da data da concessão do auxílio-doença (podendo o segurado, ao final dos 120 dias, requerer a prorrogação perante o INSS).

Atendimento domiciliar. A Lei n. 13.457, de 2017, incluiu o § 5º no art. 101 da Lei n. 8.213, assegurando atendimento domiciliar e hospitalar pela perícia médica e social do INSS ao segurado com dificuldades de locomoção, quando seu deslocamento, em razão de sua limitação funcional e de condições de acessibilidade, imponha-lhe ônus desproporcional e indevido, nos termos do regulamento.

Na mesma esteira determina o Estatuto do Idoso (Lei n. 10.741, de 2003) no art. 15:

> § 6º: É assegurado ao idoso enfermo o atendimento domiciliar pela perícia médica do INSS, pelo serviço público de saúde ou pelo serviço privado de saúde, contratado ou conveniado, que integre o Sistema Único de Saúde – SUS, para expedição do laudo de saúde necessário ao exercício de seus direitos sociais e de isenção tributária. (Incluído pela Lei n. 12.896, de 2013.)
>
> § 7º. Em todo atendimento de saúde, os maiores de oitenta anos terão preferência especial sobre os demais idosos, exceto em caso de emergência. (Incluído pela Lei n. 13.466, de 2017.)

Idêntica permissão é estabelecida no Estatuto da Pessoa com Deficiência, Lei n. 13.146, de 2015, que no art. 95 preceitua:

> Art. 95. Parágrafo único. É assegurado à **pessoa com deficiência** atendimento domiciliar pela perícia médica e social do Instituto Nacional do Seguro Social (INSS), pelo serviço público de saúde ou pelo serviço privado de saúde, contratado ou conveniado, que integre o SUS e pelas entidades da rede socioassistencial integrantes do SUAS, quando seu deslocamento, em razão de sua limitação funcional e de condições de acessibilidade, imponha-lhe ônus desproporcional e indevido.

Carência: Aposentadoria por incapacidade permanente e auxílio-doença, **regra: 12 contribuições mensais**; exceção: art. 26, II, c/c art. 151, ambos da Lei n. 8.213/91: nos casos de acidente de qualquer natureza ou causa e de doença profissional ou do trabalho, bem como nos casos de segurado que, após filiar-se ao RGPS, for acometido de alguma das doenças e afecções especificadas em lista elaborada pelo Ministério da Saúde em conjunto com o ministério responsável pela Previdência, atualizada a cada 3 (três) anos, de acordo com os critérios de estigma, deformação, mutilação, deficiência ou outro fator que lhe confira especificidade e gravidade que mereçam tratamento particularizado.

Atenção **Para o auxílio-acidente não há exigência de carência**.

Revisão periódica. Conquanto o mal se apresentasse como definitivo por ocasião da concessão do benefício de aposentadoria, pode ocorrer no futuro a recuperação da capacidade laborativa. Por exemplo, trabalhador aos 40 anos de idade fica cego, será

DIREITO PREVIDENCIÁRIO PARA CONCURSOS

aposentado por invalidez (terá ainda o acréscimo de 25% previsto no art. 45 da Lei n. 8.213), passados alguns anos é submetido à cirurgia bem-sucedida de transplante de córneas, recuperando totalmente a visão. Constatada a recuperação da capacidade para o trabalho, o benefício será cessado na forma prevista no art. 47 da Lei n. 8.213. Por essa razão, o segurado aposentado por invalidez e aquele em gozo de auxílio-doença ficam obrigados a cada dois anos, **sob pena de suspensão** do benefício, a submeter-se a exame médico a cargo da Previdência Social, bem como a submeter-se a processo de reabilitação profissional por ela prescrito e custeado e tratamento dispensado gratuitamente, **exceto o cirúrgico e a transfusão de sangue**, que são facultativos[47].

O § 1º do art. 101 da Lei n. 8.213 foi alterado no ano de 2017 pela Lei n. 13.457, para efeito de estabelecer presunção legal da definitividade da invalidez e dispensar o aposentado por invalidez da submissão ao exame médico periódico de constatação de permanência da incapacidade (realizado pelo médico-perito do INSS) quando verificada uma dentre duas situações:

a) após completarem **55 anos** ou mais de idade **e quando decorridos 15 anos** da data da concessão da aposentadoria por invalidez ou do auxílio-doença que a precedeu (dois são os requisitos: ter no mínimo 55 anos e já ter usufruído benefício por incapacidade por pelo menos 15 anos);

b) após completar **60 anos** de idade. Esta hipótese é também válida pera dispensar o pensionista inválido de se submeter ao exame médico periódico.

De forma correta, o § 2º do art. 101 da Lei n. 8.213, com a redação dada pela Lei n. 13.063, de 2014, trouxe a possibilidade de submissão ao exame médico pericial unicamente a **pedido expresso do idoso** para favorecê-lo, quando o exame tiver as seguintes finalidades:

I – verificar a necessidade de assistência permanente de outra pessoa para a concessão do acréscimo de 25% (vinte e cinco por cento) sobre o valor do benefício, conforme dispõe o art. 45 da Lei n. 8.213/91;

II – verificar a recuperação da capacidade de trabalho, mediante solicitação do aposentado ou pensionista que se julgar apto;

III – subsidiar autoridade judiciária na concessão de curatela.

Observações. O segurado em gozo de auxílio-doença fica obrigado à submissão à perícia periódica mesmo após o implemento dos 60 anos de idade. Diferentemente do que ocorre com a aposentadoria por invalidez e com o auxílio-doença, o beneficiário de auxílio-acidente não fica sujeito à reavaliação administrativa de sua capacidade laborativa; uma vez concedido o auxílio-acidente será mantido até a ocorrência de óbito ou pela concessão de aposentadoria.

---

[47] Art. 101 da Lei de Benefícios.

Cessação:

- **Aposentadoria por incapacidade permanente** cessará de quatro maneiras:

1. **automaticamente**, na eventualidade de o segurado retornar de forma voluntária à atividade laborativa[48]. Esta hipótese é considerada uma sanção;

2. **de imediato** para o segurado empregado[49], após ser verificada a **recuperação total de sua capacidade laborativa**, desde que atendidos, cumulativamente, aos seguintes requisitos:

I – a recuperação total tenha ocorrido **dentro de cinco** (5) anos, contados da data do início da aposentadoria por invalidez, ou do auxílio-doença imediatamente antecedente;

II – tenha direito o segurado a **retornar à função que desempenhava na empresa quando se aposentou** por invalidez, na forma da legislação trabalhista (**Enunciado n. 160/TST:** Aposentadoria por Invalidez – Retorno ao Emprego – Indenização. Cancelada a aposentadoria por invalidez, mesmo após 5 anos, o trabalhador terá direito de retornar ao emprego, facultado, porém, ao empregador, indenizá-lo na forma da lei), valendo como documento, para tal fim, o certificado de capacidade fornecido pela Previdência Social;

3. **após tantos meses quantos forem os anos** de duração da aposentadoria por invalidez[50], à exceção do segurado empregado acobertado pela regra anterior, após ser verificada a recuperação total da capacidade laborativa, **e desde que ocorrida dentro de cinco (5) anos**, contados da data do início da aposentadoria por invalidez, ou do auxílio-doença que a antecedeu sem interrupção;

4. **progressivamente**[51], nos casos de:

I – recuperação parcial;

II – recuperação total constatada após o prazo de um lustro (5 anos) indicado acima;

III – o segurado ser declarado apto para o exercício de trabalho diverso do qual habitualmente exercia.

Nesta situação, terá direito o segurado aposentado por invalidez a **receber uma mensalidade de recuperação pelo prazo de 1 ano e meio, da seguinte maneira**:

a) **pelo valor integral da aposentadoria, durante seis meses contados da data em que for verificada a recuperação da capacidade**;

b) **com redução de cinquenta por cento, no período seguinte de seis meses; e**

c) **com redução de 75%, também por igual período de seis meses, ao término do qual cessará definitivamente.**

---

[48] Art. 46 da Lei de Benefícios.

[49] Conforme dispõe o art. 47, I, *a*.

[50] Conforme dispõe o art. 47, I, *b*.

[51] Conforme dispõe o art. 47, II.

DIREITO PREVIDENCIÁRIO PARA CONCURSOS

- Auxílio-doença: (1) morte do segurado; (2) pela recuperação da capacidade laborativa; ou (3) pela transformação em outro benefício: aposentadoria por incapacidade permanente (uma vez constatada incapacidade definitiva), ou auxílio-acidente (decorrente de acidente de qualquer natureza), se restar sequela definitiva que implique redução parcial da capacidade laborativa. O segurado em gozo de auxílio-doença, insusceptível de recuperação para sua atividade habitual, deverá submeter-se a processo de reabilitação profissional para o exercício de outra atividade. Não cessará o benefício até que seja dado como habilitado para o desempenho de nova atividade que lhe garanta a subsistência ou, quando considerado não recuperável, for aposentado por invalidez.
- Auxílio-acidente, nos termos da redação original da Lei n. 8.213, cessava (*vide* Lei n. 14.331) unicamente com a verificação do óbito do segurado ou pela percepção de qualquer aposentadoria. Segundo preceitua o art. 129 do Decreto n. 3.048, o beneficiário de auxílio-acidente que seja aprovado em concurso público e requeira ao INSS a emissão de CTC para averbá-la em seu prontuário para fins de futura obtenção de aposentadoria no Regime Próprio terá seu benefício encerrado na data da emissão da certidão. A hipótese contida no Decreto n. 3.048, por não guardar paralelo com a lei, é majoritariamente afastada pela jurisprudência.

Novidade. A Lei n. 14.441, de 2022, deu nova redação ao art. 101 da Lei n. 8.213, para obrigar o segurado em gozo de **auxílio-acidente**, cujo benefício tenha sido concedido tanto judicial como administrativamente, sob pena de suspensão do benefício, **a submeter-se a exame médico a cargo da Previdência Social** para avaliação das condições que ensejaram sua concessão ou manutenção. Desse modo, desde 2022, o auxílio-acidente, à semelhança do auxílio por incapacidade temporária e da aposentadoria por incapacidade permanente, também poderá ser cessado pela comprovação da recuperação da capacidade para o labor.

Atenção! O art. 31 da Lei n. 8.213 estabelece que o valor mensal do auxílio-acidente integra o salário de contribuição, **para fins de cálculo do salário de benefício de qualquer aposentadoria**. Significa dizer: (1) o auxílio-acidente cessa no momento de concessão de "qualquer" aposentadoria no RGPS; (2) o valor que era recebido a título de auxílio-acidente será somado, mês a mês, aos valores do salário de contribuição do segurado UNICAMENTE para cálculo dos valores da aposentadoria (não há incidência de contribuição sobre o benefício de auxílio-acidente); (3) a soma do valor recebido a título de auxílio-acidente com o valor do salário de contribuição mensal do segurado não pode em hipótese alguma superar o teto máximo contributivo do mês a que se referir. Em suma, o auxílio-acidente desaparece quando o beneficiário se torna aposentado, mas seu valor poderá refletir para assegurar renda mensal maior em sua aposentadoria, porque integra a base de cálculo do benefício, salvo se era segurado que já contribuía com base no teto máximo.

BENEFÍCIOS PREVIDENCIÁRIOS

Atenção II Segurado especial que recebe auxílio-acidente terá o benefício cessado quando se aposentar por invalidez ou por idade (duas únicas aposentadorias a que possui direito, art. 39, I, da Lei n. 8.213). Nessa situação, o valor da aposentadoria será de 1 salário mínimo e meio, porque haverá o acréscimo do auxílio-acidente.

Competência: art. 109, I, §§ 3º e 4º, da CF. No âmbito judicial será competente a Justiça Federal Comum, observando-se que se o valor da causa for inferior a 60 sm a competência será do Juizado Especial Federal. Exceção: I) a comarca onde esteja domiciliado o segurado não seja sede de Vara Federal (competência delegada), será competente a Justiça Estadual; II) caso a doença ou acidente tenha relação com o ambiente de trabalho, será competente a Justiça Estadual com recurso e reexame necessário ao Tribunal de Justiça. Não admite trâmite perante o Juizado Especial Estadual.

Como última nota, tenha-se que os benefícios por incapacidade podem ser de aposentadoria por incapacidade permanente, auxílio-doença e auxílio-acidente estritamente previdenciários ou acidentários, conforme a causa da incapacidade esteja ou não relacionada com o ambiente de trabalho. A existência de nexo causal entre a incapacidade e o ambiente de trabalho (benefício acidentário) trará as consequências já estudadas no item 3.7: competência da Justiça Estadual; Estabilidade no Emprego (art. 118 da Lei n. 8.213/91); obrigatoriedade da continuidade dos depósitos de FGTS na conta vinculada do trabalhador.

3.9.2. Aposentadoria programável após a Reforma da Previdência de 2019

Promulgada a Emenda Constitucional da Reforma da Previdência, com vigência a partir da data de sua publicação, ocorrida em 13 de novembro de 2019, a Emenda Constitucional n. 103 é o mais importante marco do Seguro Social no século XXI, por alterar, drasticamente, os requisitos e critérios não só para obtenção de aposentadoria e pensão, mas também dos parâmetros de apuração da renda mensal.

Antes da EC n. 103 havia 4 (quatro) espécie de aposentadorias:

a) aposentaria por invalidez;

b) aposentadoria por tempo de contribuição;

c) aposentadoria por idade;

d) aposentadoria especial.

A aposentadoria não programável é a aposentadoria por invalidez que já foi estudada e, como visto, a EC n. 103 promoveu, basicamente, duas alterações:

a) nova nomenclatura, passando a ser chamada de "aposentadoria por incapacidade permanente", podendo ser concedida nas modalidades previdenciária e acidentária;

b) critério de cálculo. Deixou de ser 100% do SB para iniciar em 60% do SB, salvo se se tratar de incapacidade decorrente de causa relacionada ao ambiente de trabalho, que é de 100% do SB.

Com relação às outras espécies, foram transformadas em aposentadoria programável (aposentadoria voluntária), exigindo, necessariamente, o requisito idade mínima.

Com a vigência da EC n. 103, de 2019, as aposentadorias por idade e por tempo de contribuição foram substituídas por uma única espécie, a aposentadoria programada. Serão desdobramentos dessa aposentadoria voluntária atrelada à idade mínima: a aposentadoria especial e a aposentadoria diferenciada do professor.

Atrelamento a idade mínima. A redação original da Constituição Federal de 1988 exigia tão só o implemento de 35 anos de tempo de serviço para o homem, e de 30 anos de tempo de serviço para a mulher (art. 202, II, redação original da CF) para que fizesse o segurado jus à aposentadoria por tempo de serviço integral. Não havia vinculação a limite mínimo de idade para a aposentadoria por tempo de serviço, bastava o implemento relativo ao tempo de serviço para assegurar o direito à aposentadoria.

Por ocasião da Primeira Reforma da Previdência, em 1998, o Governo pretendeu justamente impor na CF a exigência de requisito etário para obtenção de aposentadoria voluntária, mas não obteve êxito junto ao Congresso Nacional, tendo a Emenda Constitucional n. 20, de 1998, alterado o corpo permanente da CF apenas para substituir o requisito tempo "de serviço" para "de contribuição", sem exigir idade mínima.

Agora, com a Reforma de 2019, o Poder Executivo logrou êxito, tornando impositiva a comprovação de idade mínima para obtenção de aposentadoria programável.

Unicamente duas espécies de aposentadoria não sofreram alteração na Reforma da Previdência de 2019:

- a **aposentadoria por idade rural**, devida ao **trabalhador rural**; e
- a **aposentadoria da pessoa com deficiência** da Lei Complementar n. 142, de 2013.

Esclareça-se, também, que o requisito carência não sofreu alteração, mantendo-se, assim, a exigência de 180 (cento e oitenta) contribuições mensais para as aposentadorias programáveis e de 12 (doze) contribuições para a aposentadoria por incapacidade permanente previdenciária.

3.9.2.a. *Aposentadoria por idade após a EC n. 103/2019*

O inciso I do art. 201 garante proteção à idade avançada (origem biológica). Importante o registro quanto à nomenclatura contida na redação original do art. 201, antes da EC n. 20 a proteção recaía sobre a "velhice". O signo "velhice" está intimamente atrelado à ideia de senilidade, degeneração progressiva das faculdades físicas e psíquicas decorrentes do transcurso do tempo. O estigma da senilidade está associado à perda da capacidade laborativa, atraindo a presunção de invalidez. De outra margem, a expressão idade avançada atrai nova concepção do fenômeno em face da esperança de vida atual (a última etapa do ciclo vital situa-se na fase seguinte, a quarta idade), lastreado no conceito de ancianidade (este signo avoca experiência, não incapacidade), o intento constitucional é garantir o direito ao descanso.

BENEFÍCIOS PREVIDENCIÁRIOS

Natureza jurídica da aposentadoria por idade é de benefício previdenciário de prestação continuada, administrado pelo INSS.

A periodicidade é mensal e a hipótese de concessão é adimplir o requisito etário fixado em lei.

Beneficiário(s): todos os segurados (obrigatórios e facultativos).

A aposentadoria por idade foi pouco impactada pelas alterações constitucionais, antes da Reforma de 2019 era obtida quando o segurado preenchesse os requisitos:

- 65 anos, se homem, e 60 anos, se mulher;
- carência de 180 contribuições.

Agora, o inciso I do § 7º do art. 201 da CF traz a aposentaria programada ao segurado que comprove 65 (sessenta e cinco) anos de idade, se homem, **e 62 (sessenta e dois) anos de idade**, se mulher, observado tempo mínimo de contribuição a ser previsto em lei.

Houve gravame à mulher, pela elevação da idade mínima de 60 para 62 anos.

Com relação ao tempo de contribuição necessário, a CF estabeleceu que essa exigência deverá ser prevista "em lei", mas, "até que lei disponha sobre o requisito tempo de contribuição", a própria EC n. 103 trouxe dois artigos de transição: o art. 19, endereçado aos novos filiados, e o art. 18, aos antigos filiados.

O art. 19 da EC n. 103 permite a concessão de aposentadoria programável (antiga aposentadoria por idade) aos NOVOS FILIADOS (segurados filiados ao RGPS a partir de 13-11-2019), desde que preencham cumulativamente os seguintes requisitos:

I – IDADE: 62 (sessenta e dois) anos, se mulher, e 65 (sessenta e cinco) anos, se homem;

II – TEMPO DE CONTRIBUIÇÃO: 15 (quinze) anos, se mulher, e 20 (vinte) anos, se homem; e

III – CARÊNCIA: 180 (cento e oitenta) meses.

Para os ANTIGOS FILIADOS (segurados que se filiaram até 13-11-2019), o art. 18 da EC n. 103 possibilita a concessão quando atendidos, cumulativamente, os requisitos:

I – IDADE: 60 (sessenta) anos, se mulher, e 65 (sessenta e cinco), se homem;

II – TEMPO DE CONTRIBUIÇÃO: 15 (quinze) anos; e

III – CARÊNCIA: 180 (cento e oitenta) meses.

Duas observações: (a) o tempo de contribuição é de 15 anos, independentemente do gênero; (b) a idade para a segurada é menor do que a prevista no inciso I do § 7º do art. 201 da CF, mas a idade mínima exigida das mulheres será acrescida de 6 (seis) meses a cada ano, aplicando-se o primeiro acréscimo a partir de janeiro de 2020, até que se atinja 62 (sessenta e dois) anos.

Início (inclusive)	Fim (inclusive)	Sexo feminino	Sexo masculino
Da EC n. 103/2019	31-12-2019	60	65
1-1-2020	31-12-2020	60,5	65
1-1-2021	31-12-2021	61	65
1-1-2022	31-12-2022	61,5	65
1-1-2023	31-12-2023	62	65

Atenção Perda da qualidade de segurado (PQS). Após a edição da Lei n. 10.666 (art. 3º, § 1º, da Lei n. 10.666), o benefício de aposentadoria por idade **também** pode ser concedido **a quem não ostenta a qualidade de segurado** da previdência, desde que possua tempo de contribuição suficiente à comprovação da carência exigida para a aposentadoria por idade (que até a EC n. 103 era de 180 meses).

Data de Início do Benefício (DIB): empregado regido pela CLT, na data do desligamento do emprego, se requerida até 90 dias da **data da entrada do requerimento**, quando não houver desligamento do emprego ou se for requerida após 90 dias do desligamento.

Atenção **Aposentadoria por idade compulsória**: espécie extraordinária de aposentadoria por idade, cabível apenas quando requerida pela empresa (é opção do empregador), e, desde que o segurado empregado tenha cumprido a carência necessária e completado **70 (setenta) anos, se homem, ou 65 anos, se mulher**, a aposentadoria por idade será compulsória[52] para o segurado. A aposentadoria por idade, **uma vez requerida pela empresa, torna-se compulsória, não havendo como o empregado recusá-la**; gera, entretanto, em prol do segurado o direito à indenização prevista na legislação trabalhista. E considera-se como data da rescisão do contrato de trabalho a imediatamente anterior à do início da aposentadoria. Observação: esta aposentadoria por idade compulsória não se confunde com a aposentadoria compulsória do Regime Próprio de Previdência dos Servidores Públicos (art. 40, § 1º, II, da CF/88), que se opera de pleno direito mediante o implemento do requisito idade de **75 (setenta e cinco)** anos, independentemente do sexo do servidor público, por força da Lei Complementar n. 152, de 2015.

3.9.2.b. *Aposentadoria por tempo de contribuição após a EC n. 103/2019*

A aposentadoria por tempo de contribuição, ressalvado o direito adquirido, poderá ser concedida aos antigos filiados (segurados filiados ao RGPS até 13-11-2019), mediante os requisitos fixados em quatro regras distintas de transição da EC n. 103, de 2019:

I – art. 15: aposentadoria por tempo de contribuição com idade mínima **redutível**. Aposentadoria de pontos (TC + id);

---

[52] Art. 51 da Lei n. 8.213, de 1991.

BENEFÍCIOS PREVIDENCIÁRIOS

II – art. 16: aposentadoria por tempo de contribuição com idade mínima **progressiva**;

III – art. 17: **proteção ao direito iminente** à aposentadoria (há menos de 2 anos). Aposentadoria sem atrelamento à idade mínima **(pedágio) de 50%**; e

IV – art. 20: aposentadoria por tempo de contribuição com idade mínima e período adicional **(pedágio) de 100%**.

Essas modalidades (itens I a IV) serão analisadas nos subitens que seguem, mas convém pontuar que, como regra, todos os segurados (obrigatórios e facultativos) possuem direito, **à exceção**:

a) do segurado especial. O Superior Tribunal de Justiça emitiu a Súmula n. 272 sobre a questão: "O trabalhador rural, na condição de segurado especial, sujeito à contribuição obrigatória sobre a produção rural comercializada, somente faz jus à aposentadoria por tempo de serviço, se recolher contribuições facultativas";

b) do segurado **contribuinte individual**, que trabalhe por conta própria, sem relação de trabalho com empresa ou equiparado, e do **segurado facultativo**, que aderir à alíquota reduzida de 11% prevista no art. 21, § 2º, da Lei n. 8.212/91. E, ainda, os autorizados a contribuir com a alíquota de 5% do salário mínimo: o contribuinte individual capitulado como MEI (microempreendedor individual) e o segurado facultativo que se dedique exclusivamente ao trabalho doméstico em sua residência e seja integrante de família de baixa renda. Trata-se do Sistema Especial de Inclusão Previdenciária **(SEIPrev)**, previsto constitucionalmente no art. 201, §§ 12 e 13, e regulamentado pela Lei Complementar n. 123, que incluiu o § 3º ao art. 18 da Lei n. 8.213/91, e a Lei n. 12.470, de 2011, que deu nova redação ao art. 21 da Lei n. 8.212/91.

Idade mínima: não havia qualquer vinculação à idade, conforme se depreende do art. 201, § 7º, da CF, na redação anterior à EC n. 103/2019.

Carência: regra – 180 contribuições; exceção: tabela progressiva do art. 142 da LB, trata-se de regra de transição aplicável àqueles que estavam inscritos na Previdência por ocasião da publicação da Lei n. 8.213/91 (24-7-1991).

Data de Início do Benefício (DIB): para o segurado empregado, inclusive o doméstico, a partir da **data do desligamento** do emprego, quando requerida até 90 dias após o desligamento. Para os demais segurados, a partir **da data da entrada do requerimento (DER)**.

Tempo de contribuição: a constituinte de 1988 exigia mero tempo de serviço para fins de aposentadoria. Com o advento da Emenda Constitucional n. 20, tornou-se o tempo de serviço insuficiente à concessão do benefício em testilha. Exige-se tempo de "contribuição". A Lei Complementar n. 123, de 2006, promoveu a alteração da alínea c do item I do art. 18 da Lei de Benefícios, substituindo a nomenclatura da aposentadoria de "tempo de serviço" para "aposentadoria por tempo de contribuição".

A Previdência Social possui acervo de dados denominado Cadastro Nacional de Informações Sociais, conhecido pela sigla CNIS. De acordo com o art. 29-A da Lei n. 8.213/91, o INSS utilizará as informações constantes no CNIS sobre os vínculos e as remunerações dos segurados, **para fins** de cálculo do salário de benefício, **comprovação de filiação ao Regime Geral de Previdência Social, tempo de contribuição e relação de emprego**. Esse acervo objetiva tornar a contagem de tempo mais prática e rápida, a garantir o sistema contra fraudes (adulteração ou preenchimento falso de CTPS, autenticação falsa de comprovantes de pagamentos, entre outros fatores).

Ao segurado empregado, a anotação na Carteira Profissional[53] vale para todos os efeitos como prova de filiação à Previdência Social, relação de emprego, tempo de serviço ou de contribuição e salários de contribuição e, quando for o caso, relação de emprego. Pode, em caso de dúvida, ser exigida pelo INSS a apresentação dos documentos que serviram de base à anotação (ficha de registro de empregado, por exemplo).

Ao segurado empregado rural pode ser computado o tempo de serviço rural anterior à competência julho de 1991, desde que amparado por início de prova material, independentemente de pagamento de qualquer contribuição, em face da isenção contida no art. 55, § 2º, da Lei n. 8.213, de 1991. Para comprovação do trabalho rural, segundo a Súmula n. 149 do Superior Tribunal de Justiça, **não basta a prova exclusivamente testemunhal**, para efeito de obtenção de benefício previdenciário. Imprescindível a apresentação de início de prova material.

Considera-se também tempo de contribuição:

1. período em que a segurada esteve recebendo salário-maternidade (razão pela qual incide, sobre o valor do benefício, contribuição previdenciária – § 2º do art. 28 da Lei n. 8.212/91: "§ 2º O salário-maternidade é considerado salário de contribuição");
2. o tempo de serviço público prestado à administração federal direta e autarquias federais, bem como às estaduais, do Distrito Federal e municipais, quando aplicada a legislação que autorizou a **contagem recíproca de tempo de contribuição**.

JURISPRUDÊNCIA:

TNU. Tema 216. Tese Firmada: Para fins previdenciários, o cômputo do tempo de serviço **prestado como aluno-aprendiz** exige a comprovação de que, durante o período de aprendizado, houve simultaneamente: (i) retribuição consubstanciada em prestação pecuniária ou em auxílios materiais; (ii) à conta do Orçamento; (iii) a título de contraprestação por labor; (iv) na execução de bens e serviços destinados a terceiros (PEDILEF 0525048-76.2017.4.05.8100/CE, julgado em 14-2-2020).

---

[53] Súmula n. 225 do STF: "Não é absoluto o valor probatório das anotações da carteira profissional".

BENEFÍCIOS PREVIDENCIÁRIOS

3.9.2.b.1. Reafirmação da DER

Tema que tem constado de alguns editais[54] é o da orientação administrativa firmada pelo INSS sob a alcunha "Reafirmação da DER".

Por vezes, o INSS, ao analisar o requerimento de aposentadoria, constata que o segurado não possuía direito ao benefício no dia da Data da Entrada do Requerimento (DER), no entanto, observando o servidor público que os requisitos necessários foram satisfeitos até a data da final da análise administrativa, é possível, mediante a expressa concordância do segurado, alterar o termo de início da concessão do benefício da DER para a data do implemento das condições necessárias.

Esta é a normatização prevista no art. 577, II, da Instrução Normativa PRES/INSS n. 128, de 2022:

> Art. 577. Por ocasião da decisão, em se tratando de requerimento de benefício, deverá o INSS:
>
> I – (...)
>
> II – verificar se, não satisfeito os requisitos para o reconhecimento do direito na data de entrada do requerimento do benefício, se estes foram implementados em momento posterior, antes da decisão do INSS, caso em que o requerimento poderá ser reafirmado para a data em que satisfizer os requisitos, exigindo-se, para tanto, a concordância formal do interessado, admitida a sua manifestação de vontade por meio eletrônico.

Para melhor elucidar, considere que João, segurado do INSS, acredita, pelas suas contas, que já tinha contribuído por 35 anos para a Previdência, e, em razão disso, deu entrada no seu requerimento de aposentadoria por tempo de contribuição em 1º de fevereiro de 2017. O INSS leva 4 meses para analisar o pedido, e constata que o Sr. João possuía apenas 34 anos e 10 meses na DER (data de entrada do requerimento). A conclusão da análise administrativa deveria ser pelo indeferimento, no entanto, por força do art. 690 da IN n. 77 vigente à época (atual art. 577, II, da IN n. 128), o servidor do INSS, constatando que o segurado continua contribuindo mensalmente e que, portanto, em abril de 2017, ele preencheu o requisito de 35 anos de tempo de contribuição, deverá cientificar o segurado de que na DER (1º-2-2017) ele não possuía o tempo necessário, mas em 1º de abril de 2017 é possível, mediante sua concordância, conceder a aposentadoria. Esse procedimento denomina-se "reafirmação da DER".

JURISPRUDÊNCIA:

STJ. Tema 955. É possível a reafirmação da DER (Data de Entrada do Requerimento) para o momento em que implementados os requisitos para a concessão do benefício, mesmo que isso se dê no interstício entre o ajuizamento da ação e a entrega da prestação jurisdicional nas instâncias ordinárias, nos termos dos arts. 493 e 933 do CPC/2015, observada a causa de pedir.

---

[54] Citem-se como exemplos os editais do ano de 2017 para provimento do cargo de Juiz Federal Substituto dos TRFs da 2ª e da 5ª Região.

DIREITO PREVIDENCIÁRIO PARA CONCURSOS

3.9.2.b.2. Aposentadoria por tempo de contribuição com idade mínima redutível. Aposentadoria de pontos (TC + id). Art. 15 da EC n. 103/2019

Por esta regra, o segurado do sexo masculino poderá se aposentar antes dos 65 anos previstos no inciso I do § 7º do art. 201 e nos artigos. 18 e 19 da EC n. 103/2019, estudados no tópico anterior.

A concessão de aposentadoria por tempo de contribuição com pontuação obedece ao somatório da idade (id) do requerente com o tempo de contribuição (TC), apurados na Data de Entrada do Requerimento – DER, sendo exigidos, cumulativamente:

I – Tempo de contribuição: 30 (trinta) anos de tempo de contribuição, se mulher, e 35 (trinta e cinco) anos, se homem; e

II – Pontos: 86 (oitenta e seis) pontos, se mulher, e 96 (noventa e seis) pontos, se homem.

A pontuação exigida será acrescida de um ponto a cada ano, aplicando-se o primeiro acréscimo a partir de janeiro de 2020, até que se atinjam 100 (cem) pontos para a mulher e 105 (cento e cinco) pontos para o homem.

Requisitos – previsão normativa	Aposentadoria por tempo de contribuição com idade mínima redutível Previsão constitucional			
	Idade (id)		Tempo de Contribuição (TC)	
	Homem	Mulher	Homem	Mulher
Art. 15 da EC n. 103/2019 ao segurado filia-do até a data de entrada em vigor da EC n. 103/2019	Somatório da idade e do tem-po de contribui-ção, incluídas as frações, equivalente a **96 (noventa e seis) pontos**	Somatório da idade e do tempo de contribuição, incluídas as fra-ções, equivalente a **86 (oitenta e seis) pontos**	No mínimo 35 anos de TC	No mínimo 30 anos de TC
	Por exemplo: 61 anos de id + 35 anos de TC; 60 anos de id + 36 anos de TC; 59 anos de id + 37 anos de TC	Por exemplo: 56 anos de id + 30 anos de TC; 55 anos de id + 31 anos de TC; 54 anos de id + 32 anos de TC		
	A partir de 1º de janeiro de 2020, a pontuação será acrescida a cada ano de 1 (um) ponto, até atingir o limite de 100 (cem) pon-tos, se mulher, e de 105 (cento e cinco) pontos, se homem.			

Requisitos – previsão normativa	Aposentadoria por tempo de contribuição com idade mínima redutível Previsão constitucional		
Art. 15 da EC n. 103/2019 ao segurado filiado até a data de entrada em vigor da EC n. 103/2019	2020 = 97 pontos 2021 = 98 pontos 2022 = 99 pontos 2023 = 100 pontos 2023 = 101 pontos **2024 = 102 pontos** **2025 = 103 pontos** **2026 = 104 pontos** **2028 = 105 pontos**	2020 = 87 pontos 2021 = 88 pontos 2022 = 89 pontos 2023 = 90 pontos **2024 = 91 pontos** **2025 = 92 pontos** **2026 = 93 pontos** **2027 = 94 pontos** **2028 = 95 pontos** **2029 = 96 pontos** **2030 = 97 pontos** **2031 = 98 pontos** **2032 = 99 pontos** **2033 = 100 pontos**	
O valor da aposentadoria concedida nos termos do disposto neste artigo **será apurado na forma da lei.**			

3.9.2.b.3. Aposentadoria por tempo de contribuição com idade mínima progressiva. Art. 16 da EC n. 103/2019

Ao segurado filiado ao RGPS até a data de entrada em vigor da EC n. 103/2019, foi assegurado o direito à aposentadoria por tempo de contribuição com atrelamento à idade mínima progressiva no tempo.

O segurado que venha a implementar os exatos 35 anos de TC, se homem, e 30 anos de TC, se mulher, somente poderá se aposentar se possuir a idade válida para o ano de 2019 de 61 anos de idade, se homem, e de 56 anos, se mulher.

Bem se observa que o requisito etário exigido pelo art. 16 é inferior ao fixado no inciso I do § 7º do art. 201 e nos arts. 18 e 19 da EC n. 103/2019. De outra monta, o art. 16 exige maior número de contribuições previdenciárias (35 anos de TC, se homem, e 30 anos de TC, se mulher).

DIREITO PREVIDENCIÁRIO PARA CONCURSOS

Requisitos – previsão normativa	Aposentadoria por tempo de contribuição com idade mínima progressiva Previsão constitucional			
	Idade (id)		Tempo de Contribuição (TC)	
	Homem	Mulher	Homem	Mulher
Art. 16 da EC n. 103/2019 ao segurado filiado até a data de entrada em vigor da EC n. 103/2019	61 anos	56 anos	35 anos	30 anos
	A partir de 1º de janeiro de 2020, a idade será acrescida de 6 (seis) meses a cada ano, até atingir 62 (sessenta e dois) anos de idade, se mulher, e 65 (sessenta e cinco) anos de idade, se homem			
	2020 = 61 anos e 6 meses	2020 = 56 anos e 6 meses		
	2021 = 62 anos	2021 = 57 anos		
	2022 = 62 anos e 6 meses	2022 = 57 anos e 6 meses		
	2023 = 63 anos	2023 = 58 anos		
	2024 = 63 anos e 6 meses	2024 = 58 anos e 6 meses		
	2025 = 64 anos	2025 = 59 anos		
	2026 = 64 anos e 6 meses	2026 = 59 anos e 6 meses		
	2027 = 65 anos	2027 = 60 anos		
		2028 = 60 anos e 6 meses		
		2029 = 61 anos		
		2030 = 61 anos e 6 meses		
		2031 = 62 anos		
O valor da aposentadoria concedida nos termos do disposto neste artigo **será apurado na forma da lei.**				

3.9.2.b.4. *Proteção ao direito iminente à aposentadoria (há menos de dois anos). Aposentadoria sem atrelamento à idade mínima. Pedágio de 50%. Filiado antigo. Art. 17 da EC n. 103/2019*

Esta regra tem como público os segurados que estão na iminência de se aposentar por tempo de contribuição quando promulgada a EC n. 103, de 2019, compreendidos como tais aqueles que já tenham contribuído por mais de 33 anos de tempo de contribuição, se homem, ou por mais de 28 anos de tempo de contribuição, se mulher.

Direito expectado. O foco deste artigo é amenizar o impacto das regras novas aos que tinham legítima expectativa de direito melhor, quer dizer, o segurado que

BENEFÍCIOS PREVIDENCIÁRIOS

ainda não tenha implementado todas as condições necessárias à obtenção do benefício de aposentadoria por tempo de contribuição na data da vigência da EC n. 103/2019.

Para amenizar o impacto severo da legislação nova, é praxe, a despeito de não estar o legislador a isso obrigado, a criação de regras de transição, com o desiderato de criar situação intermediária em prol dos antigos segurados.

A regra de transição torna-se terceira regra de aplicação restrita aos filiados antes da nova norma. A norma do art. 17 da EC n. 103/2019 não é tão boa quanto a que foi revogada (inciso I do § 7º do art. 201, na redação anterior à EC n. 103/2019), mas, por outro lado, não será tão severa como a recém-editada.

Não se exige o requisito etário, necessária a comprovação do tempo de contribuição que era exigido na redação anterior do inciso I do § 7º do art. 201: trinta e cinco anos de contribuição, se homem, e trinta anos de contribuição, se mulher.

Pedágio de 50%, significa dizer, além do tempo mínimo de contribuição necessário (art. 201, § 7º, I, da CF), deverá trabalhar/contribuir por mais 50% do tempo que na data da publicação da EC n. 103/2019 faltava para atingir os 35 anos, se homem, e os 30, se mulher.

Art. 17 da EC n. 103/2019	Segurado	Segurada
TC completo na data da vigência da EC n. 103/2019	33 anos de TC e 1 dia	28 anos de TC e 1 dia
TC faltante na data da vigência da EC n. 103/2019	2 anos	2 anos
TC faltante com pedágio	3 anos	3 anos
TC total necessário para o B/42	36 anos de TC	31 anos de TC

Art. 17 da EC n. 103/2019	Segurado	Segurada
TC completo na data da vigência da EC n. 103/2019	34 anos de TC	29 anos de TC
TC faltante na data da vigência da EC n. 103/2019	1 ano	1 ano
TC faltante com pedágio	1 ano e 6 meses	1 ano e 6 meses
TC total necessário para o B/42	35 anos e 6 meses de TC	30 anos e 6 meses de TC

Com relação ao cálculo, o art. 17 afirma que o benefício terá seu valor apurado de acordo com a média aritmética simples dos salários de contribuição e das remunerações calculada **na forma da lei**, multiplicada pelo **fator previdenciário**, calculado na forma do disposto nos §§ 7º a 9º do art. 29 da Lei n. 8.213, de 24 de julho de 1991.

Requisitos – previsão normativa	aposentadoria sem atrelamento a idade mínima Previsão constitucional			
	Homem	Mulher	Tempo de Contribuição	
			Homem	Mulher
Art. 17 da EC n. 103/2019 ao segurado filiado até a data de entrada em vigor da EC n. 103/2019	Desde que até a data de entrada em vigor da EC n. 103/2019 conte com mais 33 (trinta e três) anos de contribuição, se homem	Desde que até a data de entrada em vigor da EC n. 103/2019 conte com mais de 28 (vinte e oito) anos de contribuição, se mulher	35 anos de TC + Pedágio	30 anos de TC + Pedágio
			Pedágio de 50% (cinquenta por cento) do tempo que, na data de entrada em vigor da EC n. 103/2019, faltaria para atingir 35 (trinta e cinco) anos de contribuição, se homem	Pedágio de 50% (cinquenta por cento) do tempo que, na data de entrada em vigor da EC n. 103/2019, faltaria para atingir 30 (trinta) anos de contribuição, se mulher
O benefício terá seu valor apurado de acordo com a média aritmética simples dos salários de contribuição e das remunerações calculada **na forma da lei**, multiplicada pelo **fator previdenciário**, calculado na forma do disposto nos §§ 7º a 9º do art. 29 da Lei n. 8.213, de 24 de julho de 1991.				

3.9.2.b.5. *Aposentadoria por tempo de contribuição com idade mínima e período adicional de 100% (cem por cento). Art. 20 da EC n. 103/2019*

Esta regra é de aplicação restrita ao "antigo filiado", aquele que ingressou no RGPS antes da publicação da EC n. 102/2019. Exige-se:

a) IDADE: 60 anos, se homem, e 57 anos, se mulher;

b) TEMPO DE CONTRIBUIÇÃO: 35 anos, se homem, e 30 anos, se mulher;

c) PEDÁGIO: equivalente a **100% do tempo faltante** na data da publicação da EC n. 103/2019.

Regra de transição bastante gravosa, máxime quando comparada com as regras de transição fixadas aos detentores de mandato eletivo, para os quais o generoso art. 14 da EC n. 103/2019 estabelece período adicional (pedágio) correspondente a **30% (trinta por cento)** do tempo de contribuição que faltaria para aquisição do direito à aposentadoria na data de entrada em vigor da EC n. 103/2019.

Ao segurado do RGPS que ainda faltasse, na data de publicação da EC n. 103/2019, prazo de dois anos ou mais para obtenção de sua aposentadoria (ou seja, não incluído na regra do art. 17 da EC n. 103/2019), deverá contribuir pelo dobro do prazo faltante, e ainda deverá atender ao requisito etário.

Imagine-se segurado do RGPS que, na data da publicação da EC n. 103/2019, faltasse quatro anos para atingir os 35 anos de TC; além desses quatro anos faltantes, deverá contribuir mais quatro anos a título de pedágio, portanto, TC + pedágio = 39 anos de TC, além do atendimento ao requisito etário (60 anos de idade, se homem, e 57 anos de idade, se mulher).

Requisitos – previsão normativa	Aposentadoria B/42 com pedágio de 100% e idade mínima (menor) Previsão constitucional			
	Idade (id)		Tempo de Contribuição (TC)	
	Homem	Mulher	Homem	Mulher
Art. 20 da EC n. 103/2019 ao segurado **filiado até a data de entrada em vigor** da EC n. 103/2019	60 anos	57 anos	35 anos	30 anos
			+ pedágio	
			Pedágio correspondente a 100% do tempo que, na data de entrada em vigor da EC n. 103/2019, falta para atingir o tempo mínimo de contribuição de 35 anos de TC para homem e de 30 anos de TC para mulher	
O valor da aposentadoria será apurado **na forma da lei.**				

Outra importante diferença em prol da **aposentadoria com pedágio de 100% e idade mínima** (menor) (art. 20 da EC n. 103/2019) diz referência ao valor do benefício, **que será de 100% do salário de benefício**, ainda que tenha menos de 40 anos de TC, por força do art. 26, § 3º, da EC n. 103/2019.

3.9.2.c. *Aposentadoria especial após a EC n. 103/2019*

A natureza jurídica da aposentadoria especial é de benefício previdenciário de periodicidade mensal, administrado pelo INSS, tendo por hipótese de concessão: exercer durante 15, 20 ou 25 anos atividade laborativa sujeita a condições especiais, de forma permanente, não ocasional **nem intermitente**, que prejudique a saúde ou a integridade física do trabalhador.

Atenção Aposentadoria especial não traz diferenças em razão do gênero. Independentemente de ser homem ou mulher, o segurado que exerça atividades de mineração de forma permanente no subterrâneo em frente de produção faz jus à aposentadoria com 15 anos de labor nessas condições prejudiciais à saúde. O trabalhado com exposição ao agente químico asbesto garante direito à aposentadoria após 20 anos. Tem direito a aposentadoria especial o trabalhador exposto durante 25 anos a níveis de ruídos ocupacionais superiores a 85 dB(A).

Beneficiário(s): segurados: empregado, trabalhador avulso e contribuinte individual, este somente quando filiado à cooperativa de trabalho ou de produção (e para períodos posteriores à Lei n. 10.666, de 2003, que trouxe a permissão legal) que tenha trabalhado mediante exposição a agentes físicos, químicos ou biológicos prejudiciais à saúde ou à integridade física, durante pelo menos 15, 20 ou 25 anos.

Atividade especial: considera-se aquela na qual o trabalhador está efetivamente exposto, de forma permanente, não ocasional nem intermitente, a agentes nocivos químicos, físicos ou biológicos ou associação de agentes prejudiciais à saúde ou à integridade física.

São considerados como período de trabalho sob condições especiais, para fins de benefícios do RGPS, o período de férias, bem como o de benefício por incapacidade acidentária (auxílio-doença e aposentadoria por invalidez) e o de percepção de salário-maternidade, desde que, à data do afastamento, o segurado estivesse exercendo atividade considerada especial.

A comprovação do exercício de atividade especial será feita pelo Perfil Profissiográfico Previdenciário (PPP), emitido pela empresa com base em Laudo Técnico de Condições Ambientais de Trabalho (LTCAT) expedido por médico do trabalho ou engenheiro de segurança do trabalho.

Trabalho permanente: compreende-se aquele em que o segurado, no exercício de todas as suas funções, **esteve efetivamente exposto a agentes nocivos** físicos, químicos, biológicos ou associação de agentes.

Trabalho não ocasional **nem intermitente**: é aquele em que, na jornada de trabalho, **não houve interrupção ou suspensão do exercício de atividade com exposição aos agentes nocivos**, ou seja, não foi exercida, de forma alternada, atividade comum e especial.

Por agentes nocivos: entendem-se aqueles que possam trazer ou ocasionar danos à saúde ou à integridade física do trabalhador nos ambientes de trabalho, em função de natureza, concentração, intensidade e fator de exposição.

Agentes físicos: são os ruídos, as vibrações, o calor, o frio, a umidade, a eletricidade, as pressões anormais, as radiações ionizantes, as radiações não ionizantes, entre outros.

Agentes químicos: são os manifestados por névoas, neblinas, poeiras, fumos, gases, vapores de substâncias nocivas presentes no ambiente de trabalho, absorvidos pela via respiratória, bem como aqueles que forem passíveis de absorção por meio de outras vias.

Agentes biológicos: são os micro-organismos, como bactérias, fungos, parasitas, bacilos, vírus e rickettsias, entre outros.

Atenção Para efeito de equilíbrio financeiro e atuarial, a exposição a agentes prejudiciais à saúde caracteriza a um só tempo direito em prol do segurado de aposentar-se com menor tempo de contribuição, bem como se constitui fato gerador do denominado adicional de aposentadoria especial, dever tributário do tomador de serviço. A cota patronal do tomador de serviços será acrescida da alíquota de 12%, 9% ou 6%, conforme a atividade exercida pelo segurado a serviço da empresa permita a concessão de aposentadoria especial após 15, 20 ou 25 anos de contribuição, respectivamente.

Exposição a agentes prejudiciais à saúde caracteriza:	
Direito ao segurado de aposentar-se:	Dever do tomador de serviço de contribuir sobre o valor da remuneração do trabalhador:
25 anos de atividade especial	6%
20 anos de atividade especial	9%
15 anos de atividade especial	12%

A correlação entre benefício e custeio faz surgir interesses opostos no trato do tema equipamento de proteção individual (EPI). O empregador fornece EPI para efeito de neutralizar o agente agressivo, de modo a não mais ser obrigado a contribuir com o adicional de 6%, 9% ou 12%; por outro lado, confirmada a eficácia do EPI, o trabalhador não mais terá direito a aposentar-se com tempo reduzido, ficando sujeito à aposentadoria comum (35 anos de TC, se homem, e 30 anos de TC, se mulher).

Sobre essa temática, o Supremo Tribunal Federal proferiu julgamento[55] sintetizado em duas premissas, a primeira (denominada premissa maior) afasta direito a aposentadoria especial se o EPI **for realmente** eficaz; a segunda (premissa menor) **não admite EPI eficaz** para o agente físico **ruído** (firmando direito à aposentadoria e o dever de a empresa contribuir):

> Premissa maior: "O direito à aposentadoria especial pressupõe a efetiva exposição do trabalhador a agente nocivo a sua saúde, de modo que se o Equipamento de Proteção Individual (EPI) for realmente capaz de neutralizar a nocividade, não haverá respaldo à concessão constitucional de aposentadoria especial".
>
> Premissa menor: "Na hipótese de exposição do trabalhador a ruído acima dos limites legais de tolerância, a declaração do empregador no âmbito do Perfil Profissiográfico Previdenciário (PPP), no sentido da eficácia do Equipamento de Proteção Individual (EPI), não descaracteriza o tempo de serviço especial para a aposentadoria".

---

[55] Recurso Extraordinário com Agravo (ARE) n. 664.335, com repercussão geral reconhecida.

A **EC n. 103/2019**, em sintonia com o novo regramento constitucional por ela trazido de atrelamento ao requisito etário para obtenção de aposentadoria programável, traz o § 1º permissão para que lei complementar possa estipular requisito de idade e de tempo de contribuição distintos daqueles fixados no § 7º do art. 201 aos demais segurados do RGPS, apenas em se tratando das duas exceções contempladas.

De acordo com o art. 201, § 7º, I, a aposentadoria programável será alcançada aos 65 (sessenta e cinco) anos de idade, se homem, e 62 (sessenta e dois) anos de idade, se mulher, observado tempo mínimo de contribuição a ser fixado por lei, **portanto norma de eficácia limitada**.

O § 1º do art. 201 admite que lei complementar, **portanto norma de eficácia limitada**, estabeleça requisito etário e de tempo de contribuição diferenciado para a aposentadoria conhecida como APOSENTADORIA ESPECIAL ao segurado cujas atividades sejam exercidas com **efetiva exposição** a agentes químicos, físicos e biológicos **prejudiciais à saúde**, ou associação desses agentes, vedada caracterização por categoria profissional ou ocupação.

Até que seja editada a lei exigida, a EC n. 103 permite a concessão dessa modalidade de aposentadoria em prol do NOVO FILIADO quando preenchidos os requisitos exigidos no art. 19, § 1º, e para o ANTIGO FILIADO na forma do art. 21 da Emenda.

O art. 19, § 1º, da EC n. 103/2019 garante ao filiado, após a data de entrada em vigor da EC n. 103/2019, o direito à APOSENTADORIA ESPECIAL com requisito etário inferior ao estabelecido na norma permanente (art. 201, § 7º, I), **fixando idade** de 55, 58 ou 60 anos aos que, na forma da Lei n. 8.213, tiverem direito, respectivamente, à aposentadoria especial aos 15, 20 ou 25 anos de atividade especial.

Há, ainda, o art. 21 da EC n. 103/2019, assegurando ao filiado antigo, considerado como tal aquele que ingressou no RGPS até a data de entrada em vigor da EC n. 103/2019, o direito à APOSENTADORIA ESPECIAL, quando o total da soma resultante da idade do segurado com o seu tempo de contribuição **atingir pontuação** de 66, 76 e 86 aos que, na forma da Lei n. 8.213, tiverem direito, respectivamente, à aposentadoria especial aos 15, 20 ou 25 anos de atividade especial.

Requisitos – previsão normativa	Aposentadoria especial com idade fixa Previsão constitucional
Art. 19, § 1º, da EC n. 103/2019 ao segurado **filiado após** a entrada em vigor da EC n. 103/2019	Até que lei complementar disponha sobre a redução de idade mínima ou tempo de contribuição prevista no § 1º do art. 201 da Constituição Federal, será concedida aposentadoria:
	Segurados que comprovem exercício de atividades com efetiva exposição a agentes químicos, físicos e biológicos prejudiciais à saúde, ou associação desses agentes.

BENEFÍCIOS PREVIDENCIÁRIOS

Requisitos – previsão normativa	Aposentadoria especial com idade fixa Previsão constitucional	
Art. 19, § 1º, da EC n. 103/2019 ao segurado **filiado após** a entrada em vigor da EC n. 103/2019	Idade (id)	Tempo de Contribuição (TC)*
	Homem ou Mulher	Homem ou Mulher
	55 anos	15 anos
	58 anos	20 anos
	60 anos	25 anos
		(*) nos termos do disposto nos arts. 57 e 58 da Lei n. 8.213, de 1991
Norma de eficácia limitada	O valor da aposentadoria será apurado **na forma da lei.**	

Requisitos – previsão normativa	Aposentadoria especial com idade redutível (aposentadoria por pontos) Previsão constitucional	
Art. 21 da EC n. 103/2019 ao segurado **filiado até** a data de entrada em vigor da EC n. 103/2019	Segurados que comprovem exercício de atividades com efetiva exposição a agentes químicos, físicos e biológicos prejudiciais à saúde, ou associação desses agentes poderão aposentar-se quando o **total da soma** resultante da sua idade e do tempo de contribuição e o tempo de efetiva exposição forem, respectivamente, de:	
	Pontos (TC + id)	Tempo de Contribuição **mínimo** (TC)*
	Homem ou Mulher	Homem ou Mulher
	66 pontos (por exemplo: 15 anos de TC + 51 anos de id; 16 anos de TC + 50 anos de id; 17 anos de TC + 49 anos de id etc.)	15 anos
	76 pontos (por exemplo: 20 anos de TC + 56 de id; 21 anos de TC + 55 anos de id; 22 anos de TC + 54 anos de id etc.)	20 anos
	86 pontos (por exemplo: 25 anos de TC + 61 anos de id; 26 anos de TC + 60 anos de id; 27 anos de TC + 59 anos de id etc.)	25 anos
		(*) nos termos do disposto nos arts. 57 e 58 da Lei n. 8.213, de 1991
Norma de eficácia limitada	O valor da aposentadoria será apurado **na forma da lei.**	

Para obtenção da pontuação exigida no art. 21, será considerado todo o tempo de contribuição, inclusive aquele não exercido em efetiva exposição a agentes nocivos.

Atenção A conversão do tempo especial em comum é permitida apenas para períodos trabalhados até 13-11-2019, vedada a conversão de períodos laborados após essa data, conforme o § 3º do art. 10 e o § 2º do art. 25, ambos da EC n. 103, de 2019.

Anote-se que este benefício nunca esteve sujeito à incidência do **fator previdenciário**.

Carência: regra: 180 contribuições; exceção: tabela progressiva do art. 142 da LB; trata-se de regra de transição aplicável àqueles que estavam inscritos na Previdência por ocasião da publicação da Lei n. 8.213/91 (24-7-1991).

Data de Início do Benefício (DIB): o segurado empregado regido pela CLT, na data do desligamento do emprego, se requerida até 90 dias da **data da entrada do requerimento**, quando não houver desligamento do emprego ou se for requerida após 90 dias do desligamento.

Retorno do aposentado à atividade especial: o beneficiário de aposentadoria especial que retornar ao exercício de atividade laborativa que o exponha a agentes nocivos terá seu benefício automaticamente cancelado pelo INSS (arts. 57, § 8º, e 46 da Lei n. 8.213/91).

3.9.2.d. *Aposentadoria diferenciada de professor após a EC n. 103/2019*

O inciso I do § 7º do art. 201 (na redação atribuída pela EC n. 103/2019) estabelece a aposentadoria aos 65 (sessenta e cinco) anos de idade, se homem, e 62 (sessenta e dois) anos de idade, se mulher, observado tempo mínimo de contribuição a ser definido em lei ordinária.

A EC n. 103/2019 deu nova redação ao § 8º do art. 201, para efeito de atrelar a aposentadoria por tempo de contribuição de professor ao **requisito de idade** a que se refere o inciso I do § 7º do art. 201, reduzido em 5 (cinco) anos, para o professor que comprove tempo de efetivo exercício das funções de magistério na educação infantil e no ensino fundamental e médio **fixado em lei complementar**.

O art. 19, II, da EC n. 103/2019 traz regra aplicável ao NOVO filiado, considerado como tal aquele que se filiar ao RGPS após a data da publicação da EC n. 103/2019.

Enquanto não editada a lei complementar que clama o § 8º do art. 201, o art. 19, II, admite a concessão de aposentadoria diferenciada ao docente desde que, independentemente do sexo, exerça por 25 anos suas funções de magistério exclusivamente na educação infantil e no ensino fundamental e médio.

Exige-se, ainda, o requisito etário fixo: idade mínima de 60 anos, se homem, e de 57 anos, se mulher.

BENEFÍCIOS PREVIDENCIÁRIOS

Requisitos – previsão normativa	Aposentadoria de professor com idade mínima fixa Previsão constitucional		
Art. 19, II, da EC n. 103/2019 ao segurado filiado **após a entrada em vigor** da EC n. 103/2019	**Até que lei complementar** disponha sobre a redução de idade mínima ou tempo de contribuição prevista no § 8º do art. 201 da Constituição Federal, será concedida aposentadoria:		
	Idade (id)		Tempo de Contribuição (TC) exclusivamente em efetivo exercício das funções de magistério na educação infantil e no ensino fundamental e médio
	Professor	Professora	Homem ou Mulher
	60 anos	57 anos	25 anos
	O valor da aposentadoria será apurado **na forma da lei.**		

O art. 15 da EC n. 103/2019 é aplicável ao ANTIGO filiado, e ecoa na sistemática de aposentadoria por pontos.

Requisitos – previsão normativa	Aposentadoria de professor com idade mínima redutível Previsão constitucional		
Art. 15, § 3º, da EC n. 103/2019 ao segurado filiado até a data de entrada em vigor da EC n. 103/2019	Professor	Professora	Tempo **mínimo** de contribuição de efetivo exercício das funções de magistério na educação infantil e no ensino fundamental e médio
	o somatório da idade e do tempo de contribuição, incluídas as frações, será equivalente a 91 (noventa e um) pontos	o somatório da idade e do tempo de contribuição, incluídas as frações, será equivalente a 81 (oitenta e um) pontos	30 anos / 25 anos
	por exemplo: 61 anos de id + 30 anos de TC; 60 anos de id + 31 anos de TC; 59 anos de id + 32 anos de TC	Por exemplo: 56 anos de id + 25 anos de TC; 55 anos de id + 26 anos de TC; 54 anos de id + 27 anos de TC	

Requisitos – previsão normativa	Aposentadoria de professor com idade mínima redutível Previsão constitucional		
	Professor	Professora	Tempo **mínimo** de contribuição de efetivo exercício das funções de magistério na educação infantil e no ensino fundamental e médio
Art. 15, § 3º, da EC n. 103/2019 ao segurado filiado até a data de entrada em vigor da EC n. 103/2019	a partir de 1º de janeiro de 2020, 1 (um) ponto a cada ano para o homem e para a mulher, até atingir o limite de 92 (noventa e dois) pontos, se mulher, e 100 (cem) pontos, se homem		30 anos
	2020 = 92 pontos 2021 = 93 pontos 2022 = 94 pontos 2023 = 95 pontos 2024 = 96 pontos 2025 = 97 pontos 2026 = 98 pontos 2027 = 99 pontos 2028 = 100 pontos	2020 = 82 pontos 2021 = 83 pontos 2022 = 84 pontos 2023 = 85 pontos 2024 = 86 pontos 2025 = 87 pontos 2026 = 88 pontos 2027 = 89 pontos 2028 = 90 pontos 2029 = 91 pontos 2030 = 92 pontos	25 anos
Valor da aposentadoria concedida nos termos do disposto neste artigo **será apurado na forma da lei.**			

A regra de transição constante do art. 16, § 2º, da EC n. 103/2019 assegura a aposentaria ao professor da educação básica que tenha exercido funções de magistério na educação infantil e no ensino fundamental e médio por 30 anos, se homem, e 25 anos, se mulher.

O **requisito etário é progressivo**, inaugurando na promulgação da EC n. 103/2019 em 56 anos de idade, se homem, e de 51 anos de idade, se mulher.

Requisitos – previsão normativa	Aposentadoria de professor com idade progressiva Previsão constitucional		
	Professor	Professora	
	Idade		Tempo de contribuição de efetivo exercício das funções de magistério na educação infantil e no ensino fundamental e médio
Art. 16, § 2º, da EC n. 103/2019 ao segurado filiado até a data de entrada em vigor da EC n. 103/2019	56 anos	51 anos	30 anos / 25 anos
	a partir de 1º de janeiro de 2020, acrescidos 6 (seis) meses, a cada ano, às idades, até atingirem 57 (cinquenta e sete) anos, se mulher, e 60 (sessenta) anos, se homem		
	2020 = 56 anos e 6 meses	2020 = 51 anos e 6 meses	30 anos / 25 anos
	2021 = 57 anos	2021 = 52 anos	
	2022 = 57 anos e 6 meses	2022 = 52 anos e 6 meses	
	2023 = 58 anos	2023 = 53 anos	
	etc.	etc.	
Valor da aposentadoria **será apurado na forma da lei.**			

O § 1º do art. 20 da EC n. 103/2019 possibilita aposentadoria ao professor da educação básica com a exigência de pedágio de 100% do tempo faltante na data da publicação da EC n. 103/2019.

Regra de transição bastante gravosa, máxime quando comparada com as regras de transição fixadas aos detentores de mandato eletivo, para os quais o generoso art. 14 da EC n. 103/2019 estabelece período adicional (pedágio) correspondente a **30% (trinta por cento)** do tempo de contribuição que faltaria para aquisição do direito à aposentadoria na data de entrada em vigor da EC n. 103/2019.

Convém apontar que **o professor não está incluso na regra de transição do art. 17** da EC n. 103/2019, sendo destinada aos que têm, na data da publicação da EC n. 103/2019, menos de dois anos para o implemento da aposentadoria por tempo de contribuição (33 anos e 1 dia já cumpridos, se homem, ou 28 anos de TC e 1 dia, se mulher), para os quais o art. 17 fixou pedágio menor, de 50% do tempo faltante.

Para melhor visualização da regra do art. 20, § 1º, imagine-se que, na data da publicação da EC n. 103/2019, faltavam quatro anos para o professor atingir os 30 anos de TC, devendo contribuir, além desses quatros anos, com o pedágio de 100% (ou seja, mais quatro anos). Portanto, TC + pedágio = 34 anos de TC, além da necessidade de satisfação do requisito etário fixo de 55 anos de idade, se homem, e 52 anos de idade, se mulher.

Requisitos – previsão normativa	Aposentadoria de professor com pedágio de 100% e idade mínima menor Previsão constitucional			
Art. 20 da EC n. 103/2019 ao segurado **filiado até a data de entrada em vigor** da EC n. 103/2019	Idade (id)		Tempo de Contribuição (TC) exclusivamente tempo de efetivo exercício das funções de magistério na educação infantil e no ensino fundamental e médio	
	Professor	Professora	Professor	Professora
	55 anos	52 anos	30 anos de id	25 anos de id
			+ pedágio	
			Pedágio correspondente a 100% do tempo que, na data de entrada em vigor EC n. 103/2019, falta para atingir o tempo mínimo de 35 anos TC, se homem, e 30 anos de TC, se mulher	
O valor da aposentadoria será apurado **na forma da lei.**				

Além da idade fixa e menor em comparação às outras regras transitórias, o grande atrativo dessa regra do art. 20, § 1º, da EC n. 103/2019 é o fato de que o valor do benefício corresponderá a 100% (cem por cento) da média aritmética dos salários de contribuição, conforme previsão do art. 26, § 3º, da EC n. 103/2019.

Carência: regra: 180 contribuições; exceção: tabela progressiva do art. 142 da LB, trata-se de regra de transição aplicável àqueles que estavam inscritos na Previdência por ocasião da publicação da Lei n. 8.213/91 (24-7-1991).

Data de Início do Benefício (DIB): a partir da data do desligamento do emprego, quando requerida até 90 dias após o desligamento. Ultrapassado esse prazo, é da data da entrada do requerimento.

Conversão do tempo: a aposentadoria especial de docentes possui assento constitucional desde a Emenda n. 18, de 1981. A partir de então tornou-se **inadmissível a conversão do tempo de exercício de magistério com acréscimo ficto para obtenção de aposentadoria comum**, tendo em vista que a Emenda Constitucional retirou essa categoria profissional do quadro anexo ao Decreto n. 53.831, de 1964 (atividade especial), para incluí-la em legislação específica, passando, portanto, a ser regida por legislação própria.

Atividade fora da sala de aula: a Lei Federal n. 11.301, de 2006, introduziu o § 2º ao art. 67 da Lei Federal n. 9.394, de 1996, que estabelece as diretrizes e bases da educação nacional, com a seguinte redação: "Para os efeitos do disposto no § 5º do art. 40 e no § 8º do art. 201 da Constituição Federal, são consideradas funções de magistério as exercidas por **professores e especialistas em educação** no desempenho de atividades educativas, quando exercidas em estabelecimento de educação básica em seus diversos níveis e modalidades, **incluídas**, além do exercício da docência, **as de direção de unidade escolar e as de coordenação e assessoramento pedagógico**".

A Lei n. 11.301 define, para efeitos legais, "funções de magistério" como aquela exercida por **professores e especialistas em educação**, compreendendo, além do exercício da docência, **as atividades de direção de unidade escolar e as de coordenação e assessoramento pedagógico**. O conceito legal é diverso do até então consagrado pelo STF: Súmula n. 726: "Para efeito de aposentadoria especial de professores, **não se computa o tempo** de serviço **prestado fora da sala de aula**".

Houve a apresentação de ADIn, sob o n. 3.772, em face da referida lei, tendo o STF declarado constitucional a norma legal. Resta claro que a definição legal ampliativa é aplicável somente após sua vigência[56]. Períodos laborais anteriores à Lei n. 11.301 permanecem sob o manto da autoridade da Súmula n. 726 do STF.

3.9.2.e. *Aposentadoria por idade rural após a EC n. 103/2019*

Com relação ao trabalhador rural, a essência do texto do inciso II do § 7º do art. 201 **foi mantida** pela EC n. 103/2019.

Redação do inciso II do § 7º do art. 201 ANTES da EC n. 103/2019	Redação do inciso II do § 7º do art. 201 DEPOIS da EC n. 103/2019
Art. 201. (...) § 7º (...)	Art. 201. (...) § 7º (...)
II – sessenta e cinco anos de idade, se homem, e sessenta anos de idade, se mulher, reduzido em cinco anos o limite para os trabalhadores rurais de ambos os sexos e para os que exerçam suas atividades em regime de economia familiar, nestes incluídos o produtor rural, o garimpeiro e o pescador artesanal.	II – 60 (sessenta) anos de idade, se homem, e 55 (cinquenta e cinco) anos de idade, se mulher, para os trabalhadores rurais e para os que exerçam suas atividades em regime de economia familiar, nestes incluídos o produtor rural, o garimpeiro e o pescador artesanal.

Os trabalhadores rurais foram retirados da regra de transição, uma vez que mantidas as regras atuais.

---

[56] Diz o art. 2º da Lei n. 11.301: "Esta Lei entra em vigor na data de sua publicação". O texto de lei foi publicado no DOU de 11-5-2006.

3.9.2.f. *Aposentadoria diferenciada do segurado pessoa com deficiência (PcD) após a EC n. 103/2019*

Nos termos do § 1º do art. 201, com a redação atribuída pela EC n. 103/2019, há possibilidade de previsão de idade e tempo de contribuição distintos da regra geral para concessão de aposentadoria aos segurados com deficiência, previamente submetidos a avaliação biopsicossocial realizada por equipe multiprofissional e interdisciplinar.

Trata-se de **norma de eficácia limitada**, de aplicabilidade mediata por ser dependente da edição de lei complementar.

Por corolário lógico, permanece operante a aposentadoria prevista na Lei Complementar n. 142, de 2013.

Nessa esteira, aliás, é o texto expresso do art. 22 da EC n. 103/2019:

Requisitos – previsão normativa	Aposentadoria do segurado pessoa com deficiência Previsão constitucional
Art. 22 da EC n. 103/2019. Segurado pessoa com deficiência.	**Até que lei discipline** o inciso I do § 1º do art. 201 da CF, a aposentadoria da pessoa com deficiência segurada do Regime Geral de Previdência Social será concedida na forma da Lei Complementar n. 142, de 8 de maio de 2013, **inclusive quanto aos critérios de cálculo dos benefícios.**

Editada com amparo no art. 201, § 1º, da CF, a Lei Complementar n. 142, de 2013, define pessoa com deficiência (PcD) como aquela que tem impedimentos de longo prazo de natureza física, mental, intelectual ou sensorial, os quais, em interação com diversas barreiras, podem obstruir sua participação plena e efetiva na sociedade em igualdade de condições com as demais pessoas.

A LC n. 142 trouxe, em favor dos segurados da Previdência que sejam PcD, direito à aposentadoria por tempo de contribuição, no valor de 100% do salário de benefício, sem qualquer exigência de idade mínima, e com aplicação **facultativa** do fator previdenciário, desde que satisfeito o tempo de contribuição:

Aposentadoria por Tempo de Contribuição do segurado PcD	Tempo de Contribuição (TC) Lei Complementar n. 142/2013	
	Homem	Mulher
Se a deficiência for grave	Após 25 anos	Após 20 anos
Se a deficiência for moderada	Após 29 anos	Após 24 anos
Se a deficiência for leve	Após 33 anos	Após 28 anos

Com relação ao segurado que seja pessoa com deficiência, por exemplo, trabalhador com problemas visuais severos (cegueira) desde o nascimento, não fará jus a aposentadoria por invalidez, por ser o mal preexistente à filiação ao RGPS, mas em seu favor, desde a edição da LC n. 142/2013, há direito a aposentadoria por tempo de contribuição diferenciada, desde que cumprida a carência, que tenha contribuído na qualidade de segurado empregado, inclusive o doméstico, trabalhador avulso, contribuinte individual e facultativo, se atendidos os requisitos legais.

A LC n. 142 também trouxe em favor dos segurados da Previdência que sejam PcD direito a **aposentadoria por idade** aos **60 (sessenta) anos de idade, se homem, e 55 (cinquenta e cinco) anos de idade, se mulher**, independentemente do grau de deficiência, desde que cumprido o tempo mínimo de contribuição de 15 (quinze) anos e comprovada a existência de deficiência durante igual período.

3.9.2.g. *Tempo de contribuição e a Reforma da Previdência de 2019*

A EC n. 103, de 2019, introduziu o § 14 ao art. 195 da CF, que assevera:

> Art. 195 (…)
>
> § 14. O segurado **somente terá reconhecida** como **tempo de contribuição** ao Regime Geral de Previdência Social a competência cuja **contribuição seja igual ou superior** à contribuição **mínima mensal** exigida para sua categoria, assegurado o agrupamento de contribuições.

Somente será computada como tempo de contribuição a competência cujo recolhimento seja igual ou superior à contribuição mínima mensal exigida para sua categoria.

Essa nova norma possui efeito prospectivo, ou seja, aplica-se aos períodos contributivos a partir de novembro de 2019, para os segurados nas categorias: empregado, empregado doméstico e trabalhador avulso.

Desse modo, o tempo de contribuição até 13 de novembro de 2019 (publicação da EC n. 103) será contado **de data a data**, desde o início da atividade até a data do desligamento, pouco importando se em determinado mês houve contribuição com base de cálculo inferior a 1 salário mínimo. Por exemplo: empregado teve sua primeira contribuição relativa ao primeiro mês de trabalho no ano de 2016 paga com base de cálculo inferior a 1 salário mínimo, porque foi admitido dia 29 de janeiro, tendo recebido salário proporcional aos três dias trabalhados. Esses três dias serão considerados por serem anteriores a 13-11-2020.

Para os períodos posteriores à EC n. 103, de 2019, somente as competências em que o salário de contribuição mensal tenha **sido igual ou superior ao limite mínimo** serão computadas integralmente como tempo de contribuição, independentemente do número de dias trabalhados, ou seja, os períodos serão computados por mês, independente do início ou fim da atividade ocorrido dentro da competência.

DIREITO PREVIDENCIÁRIO PARA CONCURSOS

Para o contribuinte individual já havia idêntica disposição na Lei n. 10.666, de 2003:

> Art. 5º O contribuinte individual a que se refere o art. 4º é **obrigado a complementar**, diretamente, a contribuição **até o valor mínimo mensal do salário de contribuição**, quando as remunerações recebidas no mês, por serviços prestados a pessoas jurídicas, **forem inferiores** a este.

A Portaria n. 450, de 3-4-2020, do Ministério da Economia, busca regulamentar a novel disposição constitucional, e traz entendimento (questionável) no art. 28 de que a "competência cujo recolhimento seja inferior à contribuição mínima mensal **não será computada** para nenhum fim, ou seja, para o cálculo do valor do benefício, **para a carência, para a manutenção da qualidade de segurado, além do tempo de contribuição**".

3.9.2.h. *Do cálculo do valor da aposentadoria após a Reforma da Previdência de 2019*

Nos termos do art. 26 da EC n. 103, de 2019, o Período Básico de Cálculo (PBC) é composto por 100% (cem por cento) dos salários de contribuição (SC) **a partir de julho de 1994** ou **desde o início das contribuições**, para a hipótese de o segurado ter iniciado sua vida contributiva posteriormente ao Plano Real.

O salário de benefício (SB) é a **média aritmética simples dos valores de contribuições integrantes do PBC** e **será limitado ao valor máximo do salário de contribuição** do RGPS, conforme o § 1º do art. 26 da EC n. 103, de 2019.

Na apuração do SB das **aposentadorias programáveis** o § 6º do art. 26 da Emenda da Reforma **permite a exclusão de quaisquer contribuições** que resultem **em redução** do valor do benefício, **desde que** mantido o tempo mínimo de contribuição exigido (inclusive a quantidade de contribuições equivalentes ao período de carência).

Atenção **É vedada a utilização do tempo excluído** para qualquer finalidade, inclusive para:

a) o acréscimo do percentual da renda mensal, de 2% ao ano (que será visto adiante);

b) a averbação em outro regime previdenciário;

c) a obtenção dos proventos de inatividade das atividades de que tratam os arts. 42 (dos militares dos Estados, do Distrito Federal e dos Territórios) e 142 (das Forças Armadas) da CF;

d) o somatório de pontos das aposentadorias por tempo de contribuição e especial;

e) atingir o período adicional exigido para as aposentadorias por tempo de contribuição.

A fixação da Renda Mensal Inicial (RMI) decorre da aplicação de coeficiente (%) de cálculo sobre o SB, conforme as regras estabelecidas para cada aposentadoria.

Para a **aposentadoria por incapacidade permanente** previdenciária, a RMI será apurada mediante a aplicação de 60% (sessenta por cento) sobre o SB, acrescidos de 2% (dois por cento) para cada ano de contribuição que exceder 15 (quinze) anos de contribuição, no caso da mulher, e 20 (vinte) anos de contribuição, no caso do homem, nos termos do art. 26 da EC n. 103, de 2019.

Para a **aposentadoria por incapacidade permanente acidentária**, a RMI será de 100% (cem por cento) do SB.

A RMI das **aposentadorias programáveis corresponderá** a 60% (sessenta por cento) do SB, **acrescido de 2% (dois por cento)** para cada ano de contribuição que exceder o tempo de 15 (quinze) anos de contribuição, para a mulher, e de 20 (vinte) anos de contribuição, para o homem, conforme o § 2º do art. 26 da EC n. 103, de 2019.

Para a aposentadoria especial, ou sua regra de transição, **quando exigidos 15 (quinze) anos de contribuição**, o acréscimo de 2% (dois por cento) será aplicado a cada ano que **exceder esse tempo de 15 anos**, inclusive para o homem, conforme estabelecido pelo § 5º do art. 26 da EC n. 103, de 2019.

A aposentadoria por tempo de contribuição **com período adicional (pedágio) de 50% (cinquenta por cento)** terá RMI igual ao SB, que equivale a 100% da média, **multiplicado pelo fator previdenciário**, nos termos do parágrafo único do art. 17 da EC n. 103, de 2019.

A aposentadoria por tempo de contribuição com idade e **período adicional (pedágio) de 100% (cem por cento)** terá **RMI igual ao SB, que equivale a 100% (cem por cento)** da média, na forma do inciso II do § 2º do art. 20 da EC n. 103, de 2019.

O valor da aposentadoria programada do professor com tempo de contribuição, idade e **período adicional (pedágio) de 100% (cem por cento)** corresponde a 100% (cem por cento) do SB, conforme inciso II do § 2º do art. 20 da EC n. 103, de 2019.

3.9.3. Direito adquirido. Art. 3º da EC n. 103, de 2019

Como não poderia deixar de ser, a bandeira do direito adquirido está alocada no art. 3º da Emenda da Reforma de 2019:

> Art. 3º A concessão de aposentadoria ao servidor público federal vinculado a regime próprio de previdência social e ao segurado do Regime Geral de Previdência Social e de pensão por morte aos respectivos dependentes será assegurada, a qualquer tempo, **desde que tenham sido cumpridos os requisitos para obtenção desses benefícios até a data de entrada em vigor** desta Emenda Constitucional, **observados os critérios da legislação vigente na data em que foram atendidos os requisitos para a concessão da aposentadoria ou da pensão por morte**.

Em conclusão, o segurado que preencheu todos os requisitos previstos na lei, ainda que não exerça seu direito no momento que foi adquirido, está protegido contra leis futuras (*tempus regit actum*).

Em atenção ao direito adquirido, subsiste a ultratividade das normas contidas na Lei n. 8.213, de modo que, por força do art. 3º da EC n. 103, de 2019, continuam plenamente aplicáveis as regras de aposentadoria voluntária que existiam antes da Reforma da Previdência em prol daqueles que preencheram todos os requisitos até, **inclusive, dia 13-11-2019**.

A data da apresentação do requerimento junto à Administração Pública não traz relevo, de importância salutar é a demonstração do implemento de todos os requisitos necessários à obtenção de aposentadoria pelas regras anteriores à Reforma da Previdência.

3.9.4. Salário-maternidade

Natureza jurídica: Benefício previdenciário devido pelo prazo de 120 dias ao segurado do INSS, **independentemente do sexo**, na ocorrência do fato gerador: parto, adoção, ou guarda judicial para fins de adoção, de criança (até 12 anos de idade).

Hipótese de concessão: benefício devido a todos os segurados, e independentemente do sexo. Na hipótese de parto, é devido em favor da segurada que seja mãe biológica, e no caso de morte desta, devido pelo período restante em prol do pai do neonato (ou companheiro/a), **desde que seja segurado** do INSS. No caso de adoção, ou guarda judicial para fins de adoção, de criança (até 12 anos de idade), é devido ao segurado-adotante, ainda que do sexo masculino, pelo prazo de 120 dias.

Duração: pelo prazo de 120 dias, devido inclusive na eventualidade de a criança nascer sem vida (natimorto), e no caso de adoção, ou guarda judicial para fins de adoção (GJPFA), de criança (até 12 anos de idade).

Duração: **Aborto (interrupção da gestação antes da 23ª semana), desde que não criminoso**, enseja duas semanas de fruição de salário-maternidade.

Duração: A Lei n. 13.985, de 2020, assegurou direito a salário-maternidade por **180 (cento e oitenta) dias** às seguradas mães de crianças nascidas até 31-12-2019 acometidas por sequelas neurológicas decorrentes da Síndrome Congênita do **Zika Vírus**.

JURISPRUDÊNCIA:

STF. ADI 6327 convertida em Arguição de Descumprimento de Preceito Fundamental (ADPF) referendou a liminar que havia sido deferida pelo Relator para assentar a necessidade de prorrogar o benefício de salário-maternidade nos casos de **PARTO PREMATURO**, bem como considerar como termo inicial da licença-maternidade e do respectivo salário-maternidade a alta hospitalar do recém-nascido e/ou de sua mãe, o que ocorrer por último, quando o período de internação exceder as duas semanas previstas no art. 392, § 2º, da CLT, e no art. 93, § 3º, do Decreto n.º 3.048/99. (STF. Plenário, Sessão Virtual de 27.3.2020 a 02.04.2020). Com esta decisão liminar, o STF garante proteção à segurada nos casos de necessidade de internações mais longas, como ocorrem especialmente com crianças nascidas prematuramente, antes das 37 semanas de gestação.

BENEFÍCIOS PREVIDENCIÁRIOS

Homem. O direito ao segurado do sexo masculino ao benefício (pai biológico na ocorrência de óbito da genitora, bem como no caso de adoção ou GJPFA), com prazo único de 120 dias de duração, surgiu com a Lei n. 12.873, de 2013[57].

Reforma trabalhista. A Lei n. 13.467, de 2017, deu nova redação ao art. 394-A, § 3º, da CLT (Consolidação das Leis Trabalhistas), estatuindo ampliação do direito previdenciário. Assevera a norma: "quando não for possível que a gestante ou a lactante" (…) "exerça suas atividades em local salubre na empresa, a hipótese será considerada como **gravidez de risco** e ensejará a percepção de salário-maternidade, nos termos da Lei n. 8.213, durante todo o período de afastamento". Em razão dessa autorização legal o prazo do salário-maternidade será ampliado, podendo ultrapassar os 120 dias fixados na Lei n. 8213. Exemplo é a comissária de bordo que, não conseguindo a empresa aérea remanejá-la durante o período de gravidez para exercício de atividade salubre, terá direito à percepção de salário-maternidade antes do parto, enquadramento como a situação "gravidez de risco" como fato gerador do benefício.

Valor do benefício: conforme a categoria de segurada, difere o critério de apuração:

- corresponde à **remuneração integral** para a segurada empregada e para a segurada trabalhadora avulsa, **limitado ao subsídio mensal do ministro do STF** (art. 72, § 1º, da Lei n. 8.213/91);
- ao valor correspondente ao do **último salário de contribuição**, para a segurada empregada doméstica, limitado ao teto ordinário do RGPS;
- à segurada especial, será equivalente ao valor fixo de um salário mínimo;
- e, finalmente, a 1/12 (um doze avos) da soma dos 12 (doze) últimos salários de contribuição, apurados em um período não superior a 15 (quinze) meses, para o contribuinte individual, facultativo **e também à desempregada por força da Lei n. 13.846, de 2019 (desde que mantida a qualidade de segurada)**.

Operacionalização do pagamento: o salário-maternidade será pago diretamente pela Previdência Social (INSS). Há uma única exceção, em se tratando de **segurada empregada**, e desde que **seja mãe biológica**, terá o seu salário-maternidade operacionalizado pela própria empresa (portanto é a única que não precisa se dirigir até uma agência do INSS para requerer o salário-maternidade), conforme dispõe o art. 72, § 1º, da Lei n. 8.213/91. A empresa tem direito de compensar os valores pagos quando do recolhimento das contribuições previdenciárias devidas pela empresa.

Carência: 10 contribuições para a segurada facultativa e contribuinte individual. Da segurada especial exige-se apenas comprovação do trabalho rural pelo prazo de dez meses no período imediatamente anterior ao termo inicial do benefício. Às demais seguradas (empregada, trabalhadora avulsa e empregada doméstica) **não se exige carência**.

---

[57] Antes da Lei n. 12.873, de 2013, os direitos eram mais restritos: (a) o homem não fazia jus, em hipótese alguma, ao salário-maternidade; (b) o prazo de duração no caso de adoção ou GJPFA (efetivada por segurada) era escalonado de 30, 60 ou 120 dias, a depender da idade da criança adotada; (c) era limitado o direito ao salário-maternidade apenas nos casos de adoção ou GJPFA de criança até 8 anos de idade. Essas 3 limitações não mais subsistem desde 2013.

DIREITO PREVIDENCIÁRIO PARA CONCURSOS

Data de Início do Benefício (DIB): até 28 (vinte e oito) dias antes do parto.

Atividades concomitantes: a segurada que tem empregos concomitantes, ou exerce atividades simultâneas tem direito a um salário-maternidade para cada emprego/atividade.

Contribuição previdenciária: durante o período de fruição do salário-maternidade ocorrerá a incidência da contribuição previdenciária a cargo do segurado, a teor do art. 28, § 2º, da Lei n. 8.212, de 1991 (Lei de Custeio). Não incide cota patronal, por força da decisão proferida pelo STF no Tema n. 72, Tese Firmada: É inconstitucional a incidência de contribuição previdenciária **a cargo do empregador** sobre o salário-maternidade.

Cessação do benefício: (1) após transcorrido o período de 120 dias, ou (2) pelo falecimento do segurado.

Recomendação de leitura: Arts. 71 a 73 da Lei n. 8.213.

3.9.5. Salário-família

Natureza jurídica: benefício previdenciário de periodicidade mensal pago em **cota(s) conforme a quantidade de filhos até 14 anos ou inválidos**, em prol de segurado **de baixa renda**, administrado pelo INSS com pagamento operacionalizado, conforme o caso, pela empresa ou pelo **empregador doméstico** (doméstico passou a ter direito após a Lei Complementar n. 150, de 2015).

Hipótese de concessão: ter filho ou equiparado de qualquer condição, de **até quatorze anos** de idade, ou filho inválido de qualquer idade.

`Atenção` Filho com 14 anos completos gera ou não direito à mãe (empregada de baixa renda) à percepção do salário-família? A resposta está no art. 66 da Lei n. 8.213/91, que é, por sua vez, regulamentado pelo art. 88 do Decreto Federal n. 3.048, de 1999, que diz que "O direito ao salário-família cessa automaticamente: (...) b) quando o filho ou equiparado **completar quatorze anos de idade**, salvo se inválido, a contar do mês seguinte ao da data do aniversário".

Responda[58]: (Analista de Controle Externo – Coordenadorias Técnico – FCC – TCE-SE – 2011) Flora, Fauna, Sol e Primavera são irmãs e empregadas da empresa "X". Flora possui um filho de quatorze anos de idade completos. Fauna possui dois filhos, um com quinze anos e outro com dezesseis anos. Sol possui um filho excepcional, inválido, com vinte anos de idade, e Primavera possui um filho com doze anos completos. Nestes casos, terão direito ao benefício previdenciário do salário-família apenas:

(A) Fauna, Sol e Primavera.

(B) Flora, Sol e Primavera.

(C) Flora e Sol.

(D) Fauna e Primavera.

(E) Sol e Primavera.

---

[58] Resposta: E.

BENEFÍCIOS PREVIDENCIÁRIOS

Operacionalização. As cotas do salário-família serão pagas pela empresa ou pelo empregador doméstico, mensalmente, junto com o salário, efetivando-se a compensação quando do recolhimento das contribuições previdenciárias devidas pelo tomador de serviço.

Beneficiário(s): segurados: **apenas o empregado, inclusive o doméstico (novidade trazida pela Lei Complementar n. 150, de 2015) e trabalhador avulso,** desde que sejam segurados de baixa renda.

Segurado de baixa renda. O art. 13 da EC n. 20/98 dizia que o salário-família seria devido apenas àqueles que tivessem renda bruta mensal igual ou inferior a R$ 360,00 (trezentos e sessenta reais), em 1998, valor esse que deveria ser corrigido monetariamente pelos mesmos índices aplicados aos benefícios do RGPS. A Reforma da Previdência de 2019 revogou expressamente o art. 13 da EC n. 20/98. O art. 27 da EC n. 103/2019 trouxe os contornos necessários à definição do signo "baixa renda", adjetivando essa expressão àquele que, à época da emenda, tenha renda bruta mensal igual ou inferior a R$ 1.364,43, **montante reajustável periodicamente pelos mesmos índices dos demais benefícios previdenciários.** A Portaria Interministerial MPS/MF n. 26 reajustou o valor do critério de baixa renda para R$ 1.754,00.

Atenção **O aposentado por invalidez ou por idade e os demais aposentados com 65 (sessenta e cinco) anos, ou mais, de idade, se do sexo masculino, ou 60 (sessenta) anos, ou mais, desde que caracterizados como segurado de baixa renda, também fazem jus ao benefício.**

Beneficiário(s): pais. Tratando-se de pai e mãe segurados empregados ou trabalhadores avulsos, se ambos forem de baixa renda, ambos têm direito ao salário-família (ainda que seja um único filho!).

Beneficiário(s): **pais separados:** tendo havido divórcio, separação judicial ou de fato, dos pais, ou em caso de abandono legalmente caracterizado, ou perda do poder familiar, **o salário-família passará a ser pago diretamente àquele que permanecer com o encargo de sustento do menor.**

Valor: trata-se de cota mensal, em montante **inferior ao salário mínimo.** Uma cota por filho. Além da percepção do salário-família, o segurado permanece recebendo sua remuneração frente ao empregador. **Por não possuir caráter substitutivo da renda do trabalho, este benefício pode ser concedido em valor inferior ao salário mínimo.**

Reforma da Previdência. A EC n. 103, de 2019, estabeleceu no art. 27, § 2º, que, até que lei discipline o valor do salário-família, de que trata o inciso IV do art. 201 da CF, seu valor será de R$ 46,54 (quarenta e seis reais e cinquenta e quatro centavos). A Portaria Interministerial MPS/MF n. 26 reajustou o valor da cota do salário-família para R$ 59,82 (cinquenta e nove reais e oitenta e dois centavos).

Carência: não há.

Data de Início do Benefício (DIB): a partir do instante em que forem apresentados os documentos necessários à concessão e à manutenção do benefício.

Documentos necessários:

1. certidão de nascimento do filho ou termo de tutela;

2. atestado de vacinação obrigatória, quando menor de 7 anos (deve ser apresentado anualmente);

3. comprovante de frequência à escola, a partir dos 7 anos, que deve ser apresentado semestralmente.

Atenção Houve a apresentação de ADIn, sob o n. 2.110, na qual o STF considerou **constitucional** a exigência de apresentação de atestado de vacinação e de frequência escolar para efeito de percepção da cota do salário-família.

Empregado doméstico. De acordo com a LC n. 150, de 2015, o empregado doméstico deve apresentar apenas a certidão de nascimento.

Cessação do benefício:

1. por morte do filho ou equiparado, a contar do mês seguinte ao do óbito;

2. à exceção do filho inválido, quando o filho ou equiparado completar 14 anos de idade, a contar do mês seguinte ao da data do aniversário;

3. pela recuperação da capacidade do filho ou equiparado inválido, a contar do mês seguinte ao da cessação da incapacidade;

4. **pela situação de desemprego do segurado.**

Súmula n. 344 do TST: "O salário-família é devido aos trabalhadores rurais somente após a vigência da Lei n. 8.213, de 24-7-1991".

3.9.6. Pensão por morte

Natureza jurídica: benefício previdenciário, administrado pelo INSS, de periodicidade mensal **devido a dependente** de segurado.

Fato gerador: óbito de segurado, de aposentado (art. 15, I, da Lei n. 8.213) ou de pessoa que (art. 102, § 2º, da Lei n. 8.213), mesmo tendo perdido a qualidade de segurado, tivesse ainda em vida adquirido (e não exercido) direito à obtenção de qualquer aposentadoria do RGPS.

Beneficiário(s): pessoa qualificada pelo art. 16 da Lei de Benefícios como dependente do segurado falecido. O art. 16 agrupa os dependentes em três classes, a saber:

■ CLASSE I: o cônjuge, a companheira, o companheiro e o filho **não emancipado**, de qualquer condição, menor de 21 (vinte e um) anos ou inválido ou que tenha deficiência intelectual ou mental ou deficiência grave;

■ CLASSE II: os pais;

■ CLASSE III: o irmão **não emancipado**, de qualquer condição, menor de 21 (vinte e um) anos ou inválido ou que tenha deficiência intelectual ou mental **ou deficiência grave**.

BENEFÍCIOS PREVIDENCIÁRIOS

Preferência entre classes: para fins de percepção de pensão por morte, existindo dependentes na classe I, afastam-se os das classes II e III. Somente farão jus os da classe III na ausência dos dependentes das classes I e II[59]. Nesse contexto, os pais e os irmãos (classes II e III) deverão, para fins de concessão de pensão por morte, comprovar a inexistência de dependentes preferenciais, mediante declaração firmada perante o INSS.

Presunção de dependência: apenas a classe I possui a dependência econômica presumida por lei, incumbindo aos integrantes das demais classes, quando chamados (ou seja, na inexistência de dependentes da classe anterior), comprová-la.

Presunção relativa. A jurisprudência do STJ caminha no sentido de não ser absoluta a presunção de dependência econômica dos integrantes da classe I. Estabelece o STJ que o cônjuge, a companheira e o companheiro ostentam **presunção relativa**, porque a legislação admite prova em contrário. Nos termos do art. 76, § 2º, da Lei n. 8.213/91, o cônjuge divorciado ou separado judicialmente, ou de fato, como regra, faz jus à pensão previdenciária **se recebesse pensão alimentícia** do falecido segurado. Do contrário, o cônjuge divorciado, separado judicialmente ou de fato, tem a presunção de dependência afastada, e deixa de integrar o inciso I do art. 16 da Lei n. 8.213/91. O STJ também firmou a ressunção relativa com relação ao "filho inválido" (REsp 1.567.171, j. 7-5-2019).

Atenção Do art. 16, § 2º, há permissão de inclusão do enteado e o menor tutelado na classe I, na qualidade de **equiparado a filho**, desde que haja: a) declaração do segurado e b) desde que **comprovada a dependência** econômica. A lógica sistêmica é no sentido de que o enteado não é filho do segurado, portanto, como regra não integra a classe I. O enteado será dependente de seu genitor não do atual marido de sua mãe (padrasto). Todavia, comprovado que o segurado na condição de padrasto é quem efetivamente sustenta o enteado (fornece: alimento, vestuário, escola, convenio médico etc.), haverá comprovação de dependência econômica, de modo a, mediante declaração ser o enteado equiparado a filho, concorrendo em igualdade de condições com os demais dependentes da classe I. O mesmo raciocínio se aplica ao menor sob tutela. Ambos (enteado e menor sob tutela) não estão na classe I, porém podem ingressar, desde que haja a satisfação dos requisitos legais: declaração do segurado e comprovação de dependência econômica.

Companheirismo homossexual: não há previsão expressa na Lei n. 8.213/91. O direito à pensão por morte em favor do companheiro nas relações homoafetivas decorre de entendimento jurisprudencial pacificado. Por força de decisão proferida nos autos da Ação Civil Pública n. 2000.71.00.009347-0/RS, com abrangência nacional e ratificada pelo STF, restou garantido o direito à pensão por morte ao companheiro homossexual (masculino ou feminino).

Viúva que contrai novas núpcias: permanece incólume o direito ao benefício de pensão por morte. A viúva pensionista continuará recebendo a pensão ainda que venha a casar, **uma vez que o casamento, antes da Lei n. 13.183, de 2015** (que deu nova

---

[59] Art. 16, § 1º, da Lei de Benefícios.

DIREITO PREVIDENCIÁRIO PARA CONCURSOS

redação ao inciso II do § 2º do art. 77 da Lei n. 8.213), **somente era causa de cessação da pensão por morte para os filhos menores**, pois casamento é causa de emancipação.

Atenção Emancipação deixou de ser causa de cessação da pensão (art. 77, § 2º, II, da Lei n. 8.213).

Lei n. 13.135, de 2015. Perde o direito à pensão por morte o cônjuge, o companheiro ou a companheira **se comprovada, a qualquer tempo, simulação ou fraude** no casamento ou na união estável, ou a formalização desses com o fim exclusivo de constituir benefício previdenciário, **apuradas em processo judicial** no qual será assegurado o direito ao contraditório e à ampla defesa.

Lei n. 13.846, de 2019. Perde o direito à pensão por morte o **condenado criminalmente** por sentença **com trânsito em julgado**, como autor, **coautor ou partícipe** de homicídio **doloso**, ou de tentativa desse crime, cometido contra a pessoa do segurado, ressalvados os absolutamente incapazes e os inimputáveis. Essa importante regra de perda do direito à pensão por morte surgiu com a Lei n. 13.135, de 2015, e foi aprimorada pela Lei n. 13.846, de 2019. No âmbito do Regime Próprio Federal, a Lei n. 8.112, de 1990, estabelece no art. 220: "Perde o direito à pensão por morte: I – após o trânsito em julgado, o beneficiário condenado pela prática de crime de que tenha dolosamente resultado a morte do servidor".

Cuidado:

a) **condenado criminalmente.** Deve haver condenação na esfera penal, não sendo impeditivo do direito à pensão ter sido o dependente condenado na esfera civil;

b) **trânsito em julgado.** O processo penal deve estar encerrado. Não havendo mais prazo para recurso, a decisão condenatória deve ser definitiva. O oposto significa dizer que ainda há prazo para recurso, a decisão ainda pode ser modificada/reformada pelo tribunal;

c) **homicídio doloso.** Dolo é vontade, desejo de ocorrência do resultado ou a sua aceitação (por exemplo, filho mata pai com cinco tiros no peito). Não confundir com homicídio "culposo", que é sem vontade, sem desejo, a morte ocorreu por negligência, imprudência ou imperícia (por exemplo, acidente de trânsito em que o filho, dirigindo carro, ultrapassa farol vermelho e bate em caminhão, vindo a falecer o seu pai, que estava em seu veículo).

A Lei n. 13.876, de 2019, permitiu a SUSPENSÃO PROVISÓRIA antes do trânsito em julgado da sentença penal condenatória, **se houver fundados indícios** de autoria, coautoria ou participação de dependente, ressalvados os absolutamente incapazes e os inimputáveis, **em homicídio, ou em tentativa** desse crime, cometido **contra a pessoa do segurado**. Nessa hipótese, será possível a suspensão provisória **de sua parte no benefício de pensão por morte**, mediante processo administrativo próprio, respeitados a

BENEFÍCIOS PREVIDENCIÁRIOS

ampla defesa e o contraditório, e serão devidas, **em caso de absolvição**, todas as parcelas corrigidas desde a data da suspensão, bem como a reativação imediata do benefício.

Duração de 4 (quatro) meses de pensão por morte (Regra 1). A Lei n. 13.135, de 2015, fixou **duração limitada a apenas 4 (quatro) meses** para a pensão por morte com relação a cota devida a "**cônjuge ou companheiro**". O direito à percepção de cada cota individual **cessará para cônjuge ou companheiro em 4 (quatro) meses** se:

a) o óbito ocorrer **sem que o segurado tenha pago ao menos 18 (dezoito) contribuições mensais**; ou

b) se o casamento ou a união estável tiverem sido iniciados **em menos de 2 (dois) anos antes do óbito** do segurado.

Verificada qualquer uma das duas situações ("a" ou "b"), o cônjuge ou companheiro somente receberá 4 meses de pensão por morte. Exemplo: (a) Pedro descobre que está doente e que possui apenas 6 meses de vida. Passado o choque, resolver tornar-se, pela primeira vez, segurado do INSS, iniciando sua vida contributiva, no intento de, depois de sua morte, sua esposa (com quem é casado há 20 anos) receber pensão por morte. Nessa situação, se na data do falecimento constar menos de 18 contribuições, a viúva receberá apenas 4 meses de pensão por morte; (b) João é segurado facultativo do INSS há 20 anos. No ano de 2019 contrai matrimônio, vindo a falecer por motivo de doença 3 meses depois do casamento. Nessa situação, a viúva terá direito apenas a 4 meses de pensão por morte.

Duração limitada da pensão por morte (Regra 2). O direito à percepção de cada cota individual **cessará para cônjuge ou companheiro** transcorridos os seguintes períodos, estabelecidos de acordo com a idade do beneficiário na data de óbito do segurado, se o óbito ocorrer **depois de vertidas 18 (dezoito) contribuições mensais** e **pelo menos 2 (dois) anos após** o início do casamento ou da união estável

Cota individual da pensão por morte DURAÇÃO (Regra 2) para cônjuge ou companheiro	
Duração	Idade do beneficiário na data de óbito do segurado
3 anos	Com menos de 21 anos de idade
6 anos	Entre 21 e 26 anos de idade
10 anos	Entre 27 e 29 anos de idade
15 anos	Entre 30 e 40 anos de idade
20 anos	Entre 41 e 43 anos de idade
Vitalícia	Com 44 anos de idade ou mais
Desde que: (a) o óbito do segurado tenha ocorrido **depois de vertidas (pagas) 18 (dezoito) contribuições mensais;** + (b) **estivessem casados (ou em união estável) há 2 anos ou mais.**	

DIREITO PREVIDENCIÁRIO PARA CONCURSOS

A tabela acima está prevista na Lei n. 8.213, porém a Portaria ME n. 424 fixou novas idades para os beneficiários que têm direito a cotas de pensão por morte. As regras da portaria se aplicam aos óbitos ocorridos desde 1º de janeiro de 2021:

Períodos:

I – três anos, com menos de vinte e dois anos de idade;

II – seis anos, entre vinte e dois e vinte e sete anos de idade;

III – dez anos, entre vinte e oito e trinta anos de idade;

IV – quinze anos, entre trinta e um e quarenta e um anos de idade;

V – vinte anos, entre quarenta e dois e quarenta e quatro anos de idade;

VI – vitalícia, com quarenta e cinco ou mais anos de idade.

Atenção I Lei n. 13.135, de 2015. **Duração limitada da pensão por morte**. Não se aplica a **REGRA 1** (duração de 4 meses) da pensão por morte **para cônjuge ou companheiro** se o óbito do segurado decorrer de acidente de qualquer natureza ou de doença profissional ou do trabalho, independentemente do recolhimento de 18 (dezoito) contribuições mensais ou da comprovação de 2 (dois) anos de casamento ou de união estável, nesta situação aplica-se a **REGRA 2**.

Atenção II **Lei n. 13.135, de 2015.** O tempo de contribuição a Regime Próprio de Previdência Social (RPPS) será considerado na contagem das 18 (dezoito) contribuições mensais referidas nas **REGRAS 1** e **2**.

Duração. Cônjuge (ou companheiro) inválido ou com deficiência. Duração limitada da pensão por morte. Respeitado o prazo mínimo previsto nas **REGRAS 1** e **2**, conforme o caso (18 meses de contribuição e 2 anos de casamento/união), a cessação da pensão por morte **para cônjuge ou companheiro considerado inválido ou com deficiência** somente se dará pela cessação da invalidez ou pelo afastamento da deficiência.

Coeficiente de cálculo da pensão por morte:

1. **Antes da EC n. 103/2019:** era é de 100% **do valor da aposentadoria a que o segurado recebia ou da que teria direito** na data de seu falecimento **se estivesse aposentado por invalidez**.

Atenção A Medida Provisória n. 664, de 30 de dezembro de 2014, havia reduzido o coeficiente de cálculo da pensão por morte, malgrado isso, o Congresso Nacional **não aprovou a modificação**, tendo sido editada a Lei n. 13.135, de 2015, determinando que atos praticados com base em dispositivos da MP n. 664 sejam revistos pelo INSS, de modo que permaneceu o coeficiente de cálculo de 100%.

2. **Depois da Reforma da Previdência de 2019:** a pensão por morte concedida a dependente de segurado do RGPS será equivalente a:

   a) uma cota familiar de 50% (cinquenta por cento);

   b) acrescida de cotas de 10% (dez por cento) por dependente.

BENEFÍCIOS PREVIDENCIÁRIOS

O coeficiente será de, no máximo, 100%, e incidirá sobre o valor:

- da aposentadoria recebida pelo segurado; ou
- a que teria direito **se fosse aposentado por incapacidade permanente** na data do óbito.

Atente-se que, se o falecido não estava aposentado, haverá duplo redutor, porque a base de cálculo será o valor da "aposentadoria por incapacidade permanente" a que o falecido "teria" direito. O novo critério de cálculo da aposentadoria estabelecido no § 2º do art. 26 da EC n. 103/2019 consagra o coeficiente de cálculo de 60% da média aritmética de todo período contributivo, com acréscimo de 2% para cada ano de contribuição que exceder o tempo de 20 anos de contribuição (ou 15 anos de contribuição para as seguradas, conforme o § 5º do art. 26 da EC n. 103/2019) nos casos de aposentadoria por incapacidade permanente aos segurados do RGPS.

Para melhor compreensão, considere o óbito de:	
(A) Aposentado que recebia proventos no valor de R$ 5.000,00	(B) Segurado há 20 anos, com média contributiva de R$ 5.000,00
Nas duas situações, considere que há apenas 1 dependente. Qual será o valor da pensão por morte?	
(A) Coeficiente de cálculo = 60% (cota familiar de 50% + 1 cota individual)	(A) Coeficiente de cálculo = 60% (cota familiar de 50% + 1 cota individual)
(A) Base de cálculo = valor da aposentadoria recebida pelo segurado 60% de R$ 5.000,00 = R$ 3.600,00	(B) Base de cálculo = valor a que teria direito **se fosse aposentado por incapacidade permanente**
	1. A aposentadoria por incapacidade (art. 26, § 2º, da EC n. 103) seria de 60% (sem nenhum acréscimo de 2%, porque não há anos de contribuição após o 20º ano). Valor da aposentadoria seria R$ 5.000,00 x 60% = R$ 3.600,00.
	2. Coeficiente de cálculo pensão x valor a que teria direito **se fosse aposentado:** 60% x R$ 3.600,00 = **R$ 1.800,00.**

Cota: havendo mais de um dependente na respectiva classe, procede-se ao rateio, e o valor do benefício é dividido entre todos, em partes iguais.

Direito de acrescer.

1. **Antes da EC n. 103/2019:** se um dos dependentes perdia o direito ao benefício (por exemplo, filho pensionista atinge os 21 anos de idade), a parte que ele recebia era revertida em favor dos demais dependentes remanescentes da mesma classe.

DIREITO PREVIDENCIÁRIO PARA CONCURSOS

2. **Depois da Reforma da Previdência, de 2019:** o **direito de acrescer** encontra barreira construída no § 1º do art. 23 da EC n. 103/2019, patenteando a **irreversibilidade da cota individual**, de modo que no recálculo do benefício em favor dos dependentes que sobejarem não haverá o acréscimo da "cota de 10% cessada".

> EC n. 103/2019. Art. 23. (...) § 1º As cotas por dependente cessarão com a perda dessa qualidade e não serão reversíveis aos demais dependentes, preservado o valor de 100% (cem por cento) da pensão por morte quando o número de dependentes remanescente for igual ou superior a 5 (cinco).

Exemplo. Aposentado que recebe proventos no valor de R$ 5.000,00 falece deixando dois filhos menores. O coeficiente da pensão será de 70% (50% de cota familiar + 10% por dependente) sobre o valor dos proventos do falecido = 70% x 5.000,00 = R$ 3.500,00, que será dividido em duas cotas iguais de R$ 1.750,00 para cada um dos filhos. Quando um dos filhos deixar de ser pensionista em razão de completar 21 anos de idade, remanescerá apenas um pensionista. Será refeito o cálculo, considerando o coeficiente da pensão de 60% (50% de cota familiar + 10% por dependente) sobre os proventos de aposentadoria do falecido = 60% x 5.000,00 = R$ 3.000,00, esse será o valor da cota quando houve um único pensionista.

STF no julgamento da Ação Direta de Inconstitucionalidade (ADI) 7051 entendeu constitucional o novo critério de cálculo da pensão por morte.

Valor da pensão. Pensionista inválido ou com deficiência intelectual, mental ou grave. O § 2º do art. 23 da EC n. 103/2019 estabelece que, na hipótese de existir dependente inválido ou com deficiência intelectual, mental ou grave, o valor da pensão por morte será equivalente a 100% (cem por cento) da aposentadoria recebida pelo segurado ou daquela a que teria direito se fosse aposentado por incapacidade permanente na data do óbito. Em outras palavras, se dentre o rol de pensionistas houve a presença de pessoa inválida ou com deficiência intelectual, mental ou grave, **não se aplica a regra da cota familiar de 50% e da cota individual de 10%**, fixando-se o percentil máximo de 100%.

A partir do instante em que referido pensionista tiver sua cota cessada (por falecimento, por exemplo), o(s) pensionistas que sobejarem terão recálculo do coeficiente de cálculo, considerando a regra ordinária (50% de cota familiar + 10% de cota individual, conforme a quantidade de dependentes).

Exemplo. Aposentado que recebe proventos no valor de R$ 5.000,00 falece deixando dois filhos menores, sendo um deles pessoa com deficiência. O coeficiente da pensão será de 100% sobre o valor dos proventos do falecido = 100% x 5.000,00 = R$ 5.000,00, que será dividido em duas cotas iguais de R$ 2.500,00 para cada um dos filhos. Situação 1: Se o filho com deficiência vier a falecer, remanescerá apenas um pensionista. Será refeito o cálculo, considerando o coeficiente da pensão de 60% (50% de cota familiar

+ 10% por dependente) sobre os proventos de aposentadoria do falecido = 60% x 5.000,00 = R$ 3.000,00, esse será o valor da cota quando houve um único pensionista. Situação 2: O filho não deficiente atinge a maioridade, deixando de ser pensionista, remanescerá apenas a pessoa com deficiência como dependente, que receberá R$ 5.000,00 (coeficiente permanece em 100%).

Carência: não há.

`Atenção` A Medida Provisória n. 664, de 30 de dezembro de 2014, havia criado o requisito carência para a pensão por morte, malgrado isso, o Congresso Nacional **não aprovou a modificação**, tendo sido editada a Lei n. 13.135, de 2015, determinando que atos praticados com base em dispositivos da MP n. 664 sejam revistos pelo INSS, de modo que **permanece a inexistência de requisito carência** para a pensão por morte.

Cuidado. O requisito carência corresponde a número mínimo de contribuições necessária à concessão do benefício (art. 24 da Lei n. 8.213). Quando exigido por lei, e **não comprovada a carência, o resultado é o indeferimento do benefício**. Deste modo, fica claro que a exigência de 18 contribuições, contida no art. 77, § 2º, V, da Lei n. 8.213 (trazida pela Lei n. 13.135, de 2015), **não é carência**, pois esse requisito não interfere na concessão/negativa do benefício de pensão, mas apenas influi na duração do benefício para o dependente na qualidade de cônjuge ou companheiro(a).

Qualidade de segurado do falecido. A regra é no sentido de que a morte tenha ocorrido enquanto presente a qualidade de segurado, exceto no caso de o falecido ter em vida adquirido, porém não exercido, o direito a uma das aposentadorias da Previdência Social. Art. 102, § 2º, da Lei n. 8.213 e Súmula n. 416 do STJ: "É devida a pensão por morte aos dependentes do segurado que, apesar de ter perdido essa qualidade, preencheu os requisitos legais para a obtenção de aposentadoria até a data do seu óbito".

Data de Início do Benefício (DIB): A Lei n. 13.846, de 2019, deu nova redação ao art. 74 da Lei n. 8.213, para estabelecer que a pensão por morte será devida a contar:

a) do óbito, quando requerida **em até 180 (cento e oitenta) dias após o óbito, para os filhos menores de 16 (dezesseis) anos**; ou

b) em até **90 (noventa) dias após o óbito**, para os **demais dependentes**.

Se os referidos prazos não forem observados, a pensão por morte será devida a partir da data do requerimento administrativo.

Ilustrando: segurado falece em janeiro de 2020, deixando como único dependente filho com 5 anos de idade. O menor deixa de observar o prazo de 180 dias contados da data do óbito, vindo a ser efetivado requerimento por representante legal junto ao INSS apenas em novembro de 2020. Receberá o benefício de pensão por morte decorrente de óbito de seu genitor a partir de novembro de 2020 (data do requerimento), restando perdidos os meses entre o óbito e a véspera do requerimento (nesse exemplo, de janeiro a outubro de 2020).

DIREITO PREVIDENCIÁRIO PARA CONCURSOS

Morte presumida. Nas situações de desaparecimento do segurado, por exemplo, provável morte sem localização de corpo em consequência de acidente, desastre ou catástrofe, os dependentes poderão, depois de 6 (seis) meses de ausência, requerer judicialmente seja decretada a "morte presumida" do segurado. Nesta situação, a DIB será da **decisão judicial** (e não a data do acidente, catástrofe que resultou o desaparecimento). **Verificado o reaparecimento** do segurado, o pagamento da pensão, por óbvio, **cessará imediatamente**, desobrigados os dependentes da reposição dos valores recebidos, **salvo má-fé**.

Habilitação tardia: a concessão da pensão por morte não será protelada pela falta de habilitação de **outro possível** dependente, e qualquer inscrição ou **habilitação posterior** que importe em exclusão ou inclusão de dependente **só produzirá efeito a contar da data da inscrição ou habilitação**. Toda vez que se apresentar perante o INSS um dependente de segurado falecido, o INSS deve conceder o benefício na sua integralidade, não pode o ente público reservar metade do valor do benefício para aguardar a eventual vinda de outro possível dependente. Passa meses, ou anos, quando vier outro dependente, este receberá a pensão com efeitos *ex nunc*, a partir de então, não haverá efeitos retroativos.

A habilitação tardia sempre foi alvo de diversos embates judiciais, culminando na quase totalidade com enormes prejuízos ao INSS. Exemplo: segurado casado falece e o INSS concede pensão à viúva. Eis que surge companheira reivindicando também pensão por morte, o INSS indefere e continua pagando a totalidade da pensão à esposa do falecido. A companheira ingressa judicialmente, requerendo cota de pensão, o processo tramita por 8 anos e, ao final, a companheira tem ganho de causa. Nessas situações, o Poder Judiciário determina que o INSS pague todos os valores referentes à cota de pensão reconhecida judicialmente relativa a esses últimos 8 anos para a companheira, pouco importando o fato de o INSS, por força de lei, ter pago o valor integral do benefício à esposa que é habilitada à pensão. Para resolver esse problema, **a Lei n. 13.846, de 2019**, estabeleceu:

a) ajuizada a ação judicial para reconhecimento da condição de dependente, **este poderá requerer a sua habilitação provisória** ao benefício de pensão por morte, **exclusivamente para fins de rateio dos valores** com outros dependentes, **vedado o pagamento da respectiva cota até o trânsito em julgado** da respectiva ação, ressalvada a existência de decisão judicial em contrário;

b) nas ações em que o INSS for parte, este poderá proceder de ofício à **habilitação excepcional da referida pensão**, apenas para **efeitos de rateio**, descontando-se os valores referentes a essa habilitação das demais cotas, **vedado o pagamento da respectiva cota até o trânsito em julgado** da respectiva ação, ressalvada a existência de decisão judicial em contrário;

c) julgada improcedente a ação prevista nos itens acima, o valor retido será corrigido pelos índices legais de reajustamento e será pago de forma

BENEFÍCIOS PREVIDENCIÁRIOS

proporcional aos demais dependentes, de acordo com as suas cotas e o tempo de duração de seus benefícios;

d) em qualquer caso, fica assegurada ao INSS a cobrança dos valores indevidamente pagos em função de nova habilitação.

Aplicação da lei mais benéfica: em face do julgamento do RE 416.827 (Rel. Min. Gilmar Mendes), em fevereiro de 2007, a Suprema Corte concluiu no sentido da não aplicação da Lei n. 9.032/95 aos benefícios de pensão por morte deferidos anteriormente à edição da referida lei. Inaplicável, em face disso, a lei mais benéfica aos benefícios de pensão por morte cujo óbito tenha ocorrido antes da promulgação da Lei nova. Melhor explicando, antes da Lei n. 9.032/95 o coeficiente de cálculo da pensão era inferior a 100%, buscou-se então na via judicial a elevação do coeficiente de cálculo das pensões concedidas antes da lei inovadora, buscou-se a retroatividade mínima, de modo a fazer valer a lei inclusive para as pensões em manutenção na data da publicação da referida lei. Em decisão de forte repercussão nacional, o **STF não acolheu essa tese**, afirmando que a Lei n. 9.032 não contempla dispositivo prevendo o alcance do aumento do coeficiente de cálculo para as pensões deferidas antes do advento da lei, tornando indevida a interpretação ampliativa, em face do que preceitua a **regra da contrapartida** contida no art. 195, § 5º, da CF/88: "Nenhum benefício ou serviço da seguridade social poderá ser criado, majorado ou estendido sem a correspondente fonte de custeio total".

Em suma, a lei aplicável à concessão de pensão previdenciária por morte é aquela vigente na data do óbito do segurado, de tal modo que, se na data do falecimento a lei dizia que o benefício era de 60% e depois surja uma lei elevando para 100%, a lei nova não será aplicável aos óbitos ocorridos antes de sua vigência, que permanecerão com o coeficiente de 60%.

Competência: art. 109, I, §§ 3º e 4º, da CF. **Justiça Federal**, salvo se a comarca onde esteja domiciliado o segurado não seja sede de Vara Federal, neste particular a competência se delegada para Justiça Estadual de primeiro grau de jurisdição, eventual recurso voluntário, ou de remessa obrigatória, deverá ser sempre efetuada pelo Tribunal Regional Federal, e não pelo Tribunal Estadual local. Tratando-se de ação de valor inferior a 60 salários mínimos, a competência na Justiça Federal será do Juizado Especial Federal. Não se admite, em hipótese alguma, trâmite perante o Juizado Especial Estadual.

Atenção Em se tratando de óbito decorrente de doença ou acidente relacionado ao ambiente de trabalho, a **competência será da Justiça Estadual**. Neste tema, merece registro o fato de que o STJ havia expressado entendimento no sentido de a competência ser da Justiça Federal em se tratando de pensão por morte (mesmo que fundada em óbito do segurado por acidente do trabalho): Conflitos de Competência 89.282/RS, 62.531/RJ, 89.382/SP. Tema inclusive indagado no Concurso da CESPE/UnB – 2011, para ingresso na Magistratura Federal – TRF/3ª Região, prova na qual a questão 13 teve como alternativa **correta** a assertiva: Consoante jurisprudência do STJ, compete à justiça

DIREITO PREVIDENCIÁRIO PARA CONCURSOS

federal processar e julgar as ações em que se pleiteie pensão por morte decorrente de falecimento do segurado em razão de acidente de trabalho.

Alerta aos concurseiros. Em 2012, a orientação do STJ mudou, a competência para apreciar processos que envolvam pedido de pensão por morte decorrente de acidente de trabalho **é da Justiça estadual**, conforme o julgado STJ no Conflito de Competência n. 121.385/SP, publicado em 16 de abril de 2012. Jurisprudência reafirmada pelo STJ no Conflito de Competência 134.396, julgado em 16-12-2014.

JURISPRUDÊNCIA:

Súmula n. 336 do STJ: "A mulher que renunciou aos alimentos na separação judicial tem direito à pensão previdenciária por morte do ex-marido, comprovada a necessidade econômica superveniente".

Súmula n. 340 do STJ: "A lei aplicável à concessão de pensão previdenciária por morte é aquela vigente na data do óbito do segurado".

A pensão por morte, havendo mais de um pensionista, direito à cota individual da pensão cessará:

I – pela morte do pensionista;

II – para o filho, a pessoa a ele equiparada ou o irmão, de ambos os sexos, ao completar vinte e um anos de idade, salvo se for inválido ou tiver deficiência intelectual ou mental ou deficiência grave;

III – para filho ou irmão **inválido**, pela cessação da invalidez;

IV – para filho ou irmão que tenha **deficiência** intelectual ou mental ou deficiência grave, pelo afastamento da deficiência, nos termos do regulamento;

VI – para o cônjuge, companheiro ou companheira, pelo decurso do prazo de recebimento de pensão conforme as Regras "1" e "2" apresentadas;

VII – o cônjuge, o companheiro ou a companheira se comprovada, a qualquer tempo, simulação ou fraude no casamento ou na união estável, ou a formalização desses com o fim exclusivo de constituir benefício previdenciário, apuradas em processo judicial no qual será assegurado o direito ao contraditório e à ampla defesa.

Atenção A redação atual do inciso II do § 2º do art. 77 da Lei n. 8.213, dada pela Lei n. 13.183, de 2015, com vigência a partir de 3 de janeiro de 2016, deixou de trazer a ocorrência de "**emancipação**" como causa de cessação da cota individual.

O art. 77, § 2º, trata daqueles que **já são pensionistas**, e define quando a respectiva cota de pensão por morte irá cessar. Sempre houve sintonia entre o art. 16 e o art. 77, § 2º, da Lei n. 8.213. A condição para ser dependente sempre foi a mesma condição exigida para continuar recebendo a pensão por morte. Porém, com a edição da Lei n. 13.135, de 2015, seguida da Lei n. 13.183, de 2015, houve modificação do art. 77, § 2º, II, da Lei n. 8.213. Assim hoje existe a dicotomia:

de prova de permanência na condição de presidiário para a manutenção do benefício. A Lei n. 13.846, de 2019, autoriza: (a) o INSS a celebrar convênios com os órgãos públicos responsáveis pelo cadastro dos presos para obter informações sobre o recolhimento à prisão; (b) que a certidão judicial e a prova de permanência na condição de presidiário possam ser substituídas pelo acesso à base de dados, por meio eletrônico, a ser disponibilizada pelo Conselho Nacional de Justiça, com dados cadastrais que assegurem a identificação plena do segurado e da sua condição de presidiário.

Baixa renda: conceito de segurado de baixa renda foi criado pela EC n. 20/98. Desde o advento do art. 13 da EC n. 20/98, o auxílio-reclusão era devido apenas aos dependentes de segurado de baixa renda, compreendido como tal aquele que tinha renda bruta mensal igual ou inferior a R$ 360,00 (trezentos e sessenta reais), que seriam corrigidos pelos mesmos índices aplicados aos benefícios do RGPS. O art. 35 da EC n. 103/2019 revogou o art. 13 da EC n. 20/98, e no art. 27 da Reforma da Previdência de 2019 ficou estabelecido que:

> Art. 27. **Até que lei discipline** o acesso ao salário-família e **ao auxílio-reclusão** de que trata o inciso IV do art. 201 da Constituição Federal, esses benefícios serão concedidos apenas àqueles que tenham **renda bruta mensal** igual ou inferior a **R$ 1.364,43** (mil trezentos e sessenta e quatro reais e quarenta e três centavos), que serão **corrigidos pelos mesmos índices** aplicados aos **benefícios do Regime Geral** de Previdência Social.

A Portaria Interministerial MPS/MF n. 26, de 2023, reajustou o valor do critério de baixa renda para R$ 1.754 a partir de 1º de janeiro de 2023.

JURISPRUDÊNCIA:

STF. A exigência de baixa renda foi questionada no RE 486.413 (j. 25-3-2009), no qual o STF declarou constitucional a exigência, firmando-se que a qualificação "baixa renda" a ser comprovada é a do "**segurado**", e não do **dependente**. Não se exige, portanto, seja o dependente de baixa renda, mas sim que **o segurado seja de baixa renda**!

STJ. Tema 896. Tese Firmada: Para a concessão de auxílio-reclusão (art. 80 da Lei 8.213/1991), o critério de aferição de **renda do segurado** que não exerce atividade laboral remunerada **no momento** do recolhimento à prisão **é a ausência de renda**, e não o último salário de contribuição. O entendimento do STJ afastou os dizeres do Decreto Federal n. 3.048, de 1999, que no art. 116 determina a caracterização como segurado de baixa renda "desde que o seu último salário de contribuição seja inferior ou igual a R$...", assim, pela norma administrativa, se o preso estava desempregado na data da prisão, dever-se-ia retroceder no tempo até encontrar o valor do último salário de contribuição. Para compreender a diferença prática decorrente de cada um dos entendimentos, considere um gerente de banco com remuneração mensal de vinte mil reais que perde o emprego em janeiro de 2018 e, desempregado há 4 meses, é preso (continua sendo segurado porque está no período de graça

BENEFÍCIOS PREVIDENCIÁRIOS

– art. 15 da Lei n. 8.213, de 1991). Pelos termos do Decreto Federal n. 3.048, os seus dependentes não têm direito ao auxílio-reclusão, porque, com base no "último salário de contribuição", o preso não é caracterizado como segurado de baixa renda, ao passo que, com a Tese n. 896 firmada pelo STJ, esses dependentes terão direito ao benefício, pois, se estava desempregado no mês da prisão, significa inexistência de renda, enquadrando-se, assim, como segurado de baixa renda.

Baixa renda: Para contornar o entendimento jurisprudencial trazido pelo STJ no Tema n. 896, houve a edição de medida palaciana sob o n. 871, de 18 de janeiro de 2019, convertida na Lei n. 13.846, de 18 de junho de 2019, que, dando nova redação à Lei n. 8.213, trouxe forma de aferição do critério baixa renda diverso daquele estabelecido pelo STJ, fixando que a "aferição da renda mensal bruta para enquadramento do segurado como de baixa renda **ocorrerá pela média dos salários de contribuição apurados no período de 12 (doze) meses anteriores** ao mês do recolhimento à prisão" (art. 80, § 4º, da Lei n. 8.213/91). Portanto, estando desempregado no ato da prisão, e comprovado estar no período de graça (art. 15 da Lei n. 8.213), dever-se-á localizar os imediatamente anteriores 12 salários de contribuição, efetivar a média aritmética simples e, por fim, cotejar o resultado dessa média com a cifra fixada como parâmetro de trabalhador de baixa renda fixado no mês da prisão.

Atenção A Lei n. 13.846, de 2019, dispôs que, se o segurado tiver recebido benefícios por incapacidade no período dos 12 meses anteriores à prisão, sua duração será contada **considerando-se como salário de contribuição** no período **o salário de benefício que serviu de base para o cálculo da renda mensal**, reajustado na mesma época e com a mesma base dos benefícios em geral, não podendo ser inferior ao valor de 1 (um) salário mínimo. Exemplificando: segurado recebeu auxílio-doença nos meses de janeiro a dezembro de 2020, sendo o valor do benefício R$ 1.400,00 mensais (que correspondiam a 91% do salário de benefício de R$ 1.538,46). Supondo que esse segurado seja preso em 1º janeiro de 2021, para saber se ele é ou não trabalhador de "baixa renda", devem ser localizados todos os 12 salários de contribuição anteriores à prisão. Dentro desses 12 salários estarão os meses de janeiro a dezembro de 2020, nos quais recebeu auxílio-doença, mas observe-se que não será considerado o valor recebido de R$ 1.400,00, e sim a base de cálculo para chegar a esse valor, ou seja, R$ 1.538,46 (R$ 1.538,46 x 91% = R$ 1.400,00). A média, considerando o salário de benefício, é, obviamente, maior em comparação à média que resultaria se fossem consideradas as rendas mensais do benefício por incapacidade.

O exercício de **atividade remunerada do segurado recluso**, em cumprimento de pena em regime fechado, **não acarreta a perda do direito** ao recebimento do auxílio-reclusão para seus dependentes.

Em caso de morte de segurado recluso que tenha contribuído para a previdência social durante o período de reclusão, o valor da pensão por morte será calculado levando-se em consideração o tempo de contribuição adicional e os correspondentes salários de contribuição, **facultada a opção** pelo valor do auxílio-reclusão.

Coeficiente de cálculo: deve ser o mesmo critério estabelecido para a pensão por morte (50% cota familiar + 10% cota individual, limitada a 100%).

Valor de 1 salário mínimo. A Reforma da Previdência de 2019, estabeleceu no art. 27, § 1º, que:

> Art. 27. (…) § 1º **Até que lei discipline o valor do auxílio-reclusão**, de que trata o inciso IV do art. 201 da Constituição Federal, seu cálculo será realizado na forma daquele aplicável à pensão por morte, **não podendo exceder o valor de 1 (um) salário mínimo**.

Curiosamente, determina que o cálculo deve seguir o mesmo ritual de apuração fixado para o benefício de pensão por morte, mas aniquila esse critério ao fixar ao auxílio-reclusão valor máximo idêntico ao valor mínimo (art. 201, § 2º, da CF), ambos de 1 salário mínimo. Por conseguinte, o valor do auxílio-reclusão tornou-se fixo no importe exato de 1 salário mínimo (tornando-se fase folclórica "cálculo será realizado na forma daquele aplicável à pensão por morte").

Novidade. Carência: 24 (vinte e quatro) contribuições mensais. Essa exigência surgiu com o advento da Lei n. 13.846, de 2019.

Data de Início do Benefício (DIB): **data do efetivo recolhimento** do segurado à prisão, desde que seja requerido no mesmo prazo fixado ao benefício de pensão por morte (por aplicação subsidiária). Assim, o auxílio-reclusão é devido a contar:

a) da prisão, quando requerida **em até 180 (cento e oitenta) dias** após o recolhimento carcerário, **para os filhos menores de 16 (dezesseis) anos**; ou

b) em até **90 (noventa) dias após a prisão**, para os **demais dependentes**.

Se referidos prazos não forem observados, o auxílio-reclusão **será devido a partir da data do requerimento administrativo**.

Cabe realçar que, com relação ao filho nascido durante o recolhimento do segurado à prisão, o direito ao benefício de auxílio-reclusão será **a partir da data do seu nascimento** (desde que o requerimento seja efetivado em até 180 dias do nascimento).

Suspensão: **não apresentação trimestral de atestado** firmado pela autoridade competente provando a permanência da reclusão do segurado. Anote-se, por fim, que também é causa de suspensão do pagamento do auxílio-reclusão.

Cessação: o auxílio-reclusão cessará:

I – pela soltura do segurado;

II – pela morte do detento (nesta hipótese os dependentes passarão a usufruir pensão por morte);

III – se o segurado, ainda que privado de sua liberdade ou recluso, passar a receber aposentadoria;

BENEFÍCIOS PREVIDENCIÁRIOS

IV – pela fuga do recluso. **Evadindo-se o segurado da prisão**, o fato, além de constituir falta grave[60], caracteriza **causa para cessar o benefício, caracterizando-se a captura como novo fato gerador para requerimento do benefício**;

V – a **progressão de regime (para semiaberto ou aberto)**, caracterizando-se a **regressão de regime** como novo fato gerador para requerimento do benefício;

VI – a extinção da última cota individual, cabendo observar que a cota cessa nos mesmos moldes definidos parta a pensão por morte (aplicação subsidiária):

a) pela morte do beneficiário;

b) para o filho, a pessoa a ele equiparada ou o irmão, de ambos os sexos, ao completar vinte e um anos de idade, salvo se for inválido ou tiver deficiência intelectual ou mental ou deficiência grave;

c) para filho ou irmão inválido, pela cessação da invalidez;

d) para filho ou irmão que tenha deficiência intelectual ou mental ou deficiência grave, pelo afastamento da deficiência, nos termos do regulamento;

e) para o cônjuge, companheiro ou companheira, pelo decurso do prazo de recebimento conforme as Regras "1" e "2" apresentadas no benefício de pensão por morte.

3.9.8. Seguro-desemprego

Natureza jurídica: **benefício previdenciário**, o seguro-desemprego é direito pessoal e intransferível do trabalhador. **Atenção:** a despeito de competir à Previdência Social proteger o trabalhador durante a situação de desemprego involuntário (no art. 201, III, da CF[61]), como regra **não é administrado pelo INSS**, tendo por exceção o seguro-desemprego devido ao segurado especial pescador artesanal durante o período de defeso (art. 2º da Lei n. 10.779, de 2003, com redação dada pela Lei n. 13.134, de 2015).

Período de graça. O questionamento sobre a natureza jurídica reside na aplicação do art. 15, I, da Lei n. 8.213/91, ou seja, se acolhida a natureza previdenciária, haverá a extensão da manutenção do período de graça durante a percepção de seguro-desemprego. Administrativamente, a natureza jurídica de benefício previdenciário foi afirmada pelo Parecer/Conjur/MTE n. 256/2010, relativo ao Processo 47625.000214/2010-82, acolhido pelo Advogado-geral da União e pela jurisprudência[62].

---

[60] Lei n. 7.210, de 11-7-1984, art. 50, II.

[61] Art. 201. A previdência social será organizada sob a forma do Regime Geral de Previdência Social, de caráter contributivo e de filiação obrigatória, observados critérios que preservem o equilíbrio financeiro e atuarial, e atenderá, na forma da lei, a: (...) III – proteção ao trabalhador em situação de desemprego involuntário.

[62] *Vide* Proc. 0009564-65.2010.4.03.6100, TRF-3, Ementa: III – O seguro-desemprego consta do rol dos benefícios a serem pagos pela Previdência Social, nos termos do artigo 201, inciso III, da Constituição Federal. Assim, nada obstante estar elencado entre os direitos do trabalhador (art. 7º, II, da CF), tem nítido caráter previdenciário.

DIREITO PREVIDENCIÁRIO PARA CONCURSOS

Em 2019, houve a publicação do Parecer n. 00003/2019/CCONTBEN/PFE-INSS--SEDE/PGF/AGU, colimando retirar a natureza jurídica de benefício previdenciário do seguro-desemprego (para que não garantisse a qualidade de segurado durante sua fruição), buscando firmar a natureza jurídica de direito trabalhista por força do art. 7º, II, da CF:

> Art. 7º **São direitos dos trabalhadores urbanos e rurais**, além de outros que visem à melhoria de sua condição social:
>
> (...)
>
> II – **seguro-desemprego, em caso de desemprego involuntário**.

Ato contínuo, a Consultoria Jurídica de Direito Trabalhista do Ministério da Economia emitiu o Parecer n. 00106/2019/CONJUR-MTB/CGU/AGU, reiterando o entendimento no sentido de que o benefício de seguro-desemprego possui natureza previdenciária, opinando pela manutenção do entendimento esboçado pelo Parecer CONJUR/MTE n. 256/2010.

Note-se que há julgados que consideram *bis in idem* e, consequentemente, não permitida a utilização do período de fruição de seguro-desemprego para manutenção da qualidade de segurado (art. 15, I) com a hipótese de prorrogação do período de graça anotada no § 2º do mesmo art. 15 da Lei n. 8.213:

> (...) 3. **A percepção de seguro-desemprego não prorroga o período de graça previsto no inciso I, do art. 15** da Lei 8.213/91, **apenas serve como prova do desemprego para fins de prorrogação** de 12 (doze) meses prevista no art. 15, § 2º da Lei de Benefícios. 4. O reconhecimento da **natureza previdenciária do seguro-desemprego não implica**, na possibilidade de **percepção cumulativa e sucessiva das regras dos incisos I e II do artigo 15 da Lei 8.213/91, seguidas da prorrogação do § 2º** do mesmo dispositivo (PEDILEF 00011987420114019360, Juíza Federal Ana Beatriz Vieira da Luz Palumbo, TNU, *DOU* de 31-5-2013). 5. Honorários advocatícios majorados, de ofício (TRF-4, AC 50017062720184049999 5001706-27.2018.4.04.9999, rel. Luiz Fernando Wowk Penteado, Turma Regional Suplementar do PR, j. 8-10-2018).

Em 11 de novembro de 2019, foi publicada a Medida Provisória n. 905, normatização que acolheu a natureza previdenciária e admitiu fosse considerado o seguro-desemprego como fator de manutenção do período de graça ao dar nova redação ao inciso II do art. 15 da Lei de Benefícios, mas a referida MP n. 905, de 2019, não teve sua votação ultimada pelo Congresso Nacional, tendo o Poder Executivo, no último dia do prazo constitucional de eficácia da medida provisória, dia 20 de abril de 2020, publicado a MP n. 955, revogando a MP n. 905, anunciando o Governo que apresentaria a matéria novamente em momento oportuno. Cabe realçar que a finalidade da MP n. 955, ao revogar a MP n. 905 no seu último dia de eficácia, é de buscar contornar a vedação anotada no § 10 do art. 62 da CF: "É vedada a reedição, na mesma sessão legislativa, de medida provisória que tenha sido **rejeitada** ou que tenha **perdido sua eficácia** por decurso de prazo".

BENEFÍCIOS PREVIDENCIÁRIOS

Em suma, **a natureza jurídica de benefício previdenciário está pacificada**, no entanto, reside divergência com relação ao termo inicial do período de graça, se passa a fluir com o desemprego do segurado ou do término da percepção do seguro-desemprego (nas duas situações observando-se o critério de contagem na forma do § 4º do art. 15 da Lei n. 8.213).

Hipótese de concessão: **situação de desemprego involuntário (art. 201, III, da CF/88)**.

Incumbência: Ministério do Trabalho e Emprego, tendo a CAIXA como Agente Pagador do Seguro-Desemprego, cujos recursos são custeados pelo Fundo de Assistência ao Trabalhador (FAT), nos termos da Lei n. 7.998, de 1990.

Beneficiário(s): segurado empregado e trabalhador avulso[63]. O benefício do seguro-desemprego será concedido ao trabalhador desempregado, conforme previsto na Lei n. 7.998, de 1990, com as alterações efetivadas pela Lei n. 13.134, de 2015, por período máximo **variável de 3 (três) a 5 (cinco) meses**, de forma contínua ou alternada, a cada período aquisitivo, contados da data de dispensa que deu origem à última habilitação. O trabalhador dispensado sem justa causa terá direito ao seguro-desemprego, de valor não inferior ao valor do salário mínimo, desde que comprove ter recebido salários de pessoa jurídica ou de pessoa física a ela equiparada, relativos a:

- pelo menos 12 (doze) meses nos últimos 18 (dezoito) meses imediatamente anteriores à data de dispensa, quando da **primeira solicitação**;
- pelo menos 9 (nove) meses nos últimos 12 (doze) meses imediatamente anteriores à data de dispensa, quando da **segunda solicitação**; e
- cada um dos 6 (seis) meses imediatamente anteriores à data de dispensa, quando das **demais solicitações**.

Beneficiário: **empregado doméstico.** Com o advento da Emenda Constitucional n. 72, de 2013, que deu nova redação ao parágrafo único do art. 7º da CF, foram assegurados direitos constantes do art. 7º da CF à categoria dos trabalhadores domésticos, desde que atendidas as condições estabelecidas em lei e observada a simplificação do cumprimento das obrigações tributárias. Os direitos referidos no art. 7º da CF são, entre outros, os expressos nos incisos: II (seguro-desemprego, em caso de desemprego involuntário), III (FGTS), XII (salário-família pago em razão do dependente do trabalhador de baixa renda), e XXVIII (seguro contra acidentes de trabalho a cargo do empregador), bem como a sua integração à previdência social. Em atenção à EC n. 72 foi editada a Lei Complementar n. 150, de 2015, dispondo: O empregado doméstico que for dispensado sem justa causa fará jus ao benefício de seguro-desemprego, na forma da Lei n. 7.998, de 1990, **no valor de 1 (um) salário mínimo**, por período

---

[63] O requerimento pode ser efetivado: pelo aplicativo da Carteira de Trabalho Digital, o qual pode ser baixado gratuitamente nas lojas de aplicativo; por meio da internet, no portal do Governo https://www.gov.br/pt-br, onde a solicitação do seguro-desemprego encontra-se com destaque logo na entrada da página; e pelo telefone nº 158.

DIREITO PREVIDENCIÁRIO PARA CONCURSOS

máximo de 3 (três) meses, de forma contínua ou alternada. O seguro-desemprego deverá **ser requerido de 7 (sete) a 90 (noventa) dias contados da data de dispensa**. Para se habilitar ao benefício do seguro-desemprego, o trabalhador doméstico **deverá apresentar** ao órgão competente do Ministério do Trabalho e Emprego:

I – CTPS, na qual deverão constar a anotação do contrato de trabalho doméstico e a data de dispensa, de modo a comprovar o vínculo empregatício, como empregado doméstico, durante **pelo menos 15 (quinze) meses** nos últimos 24 (vinte e quatro) meses;

II – termo de rescisão do contrato de trabalho;

III – declaração de que não está em gozo de benefício de prestação continuada **da Previdência Social, exceto auxílio-acidente e pensão por morte**; e

IV – declaração de que **não possui renda própria** de qualquer natureza suficiente à sua manutenção e de sua família.

Beneficiário(s): **segurado especial.** A Lei n. 10.779, de 2003, alterada pela Lei n. 13.134, de 2015, concedeu ao **pescador artesanal**, desde que exerça sua atividade profissional ininterruptamente, de forma artesanal e individualmente ou em regime de economia familiar, o benefício do seguro-desemprego, **no valor de 1 (um) salário mínimo mensal**, durante o período de defeso, considerado como tal a **época vedada à atividade pesqueira** para a preservação da espécie. A Lei n. 13.134, de 2015, limitou o período de recebimento do benefício a no máximo 5 meses (art. 1º, § 8º, da Lei n. 10.779). **Cabe ao Instituto Nacional do Seguro Social (INSS) receber e processar os requerimentos e habilitar os beneficiários.** Somente terá direito ao seguro-desemprego o segurado especial pescador artesanal que não disponha de outra fonte de renda diversa da decorrente da atividade pesqueira. O pescador profissional artesanal não fará jus, no mesmo ano, a mais de um benefício de seguro-desemprego decorrente de defesos relativos a espécies distintas. Para fazer jus ao benefício, o pescador não poderá estar em gozo de nenhum benefício decorrente de benefício previdenciário ou assistencial de natureza continuada, exceto pensão por morte e auxílio-acidente.

Beneficiário(s): o trabalhador que vier a ser identificado como submetido a regime de **trabalho forçado ou reduzido a condição análoga à de escravo**, em decorrência de ação de fiscalização do Ministério do Trabalho (Lei n. 10.608, de 20-12-2002), será dessa situação resgatado e terá direito à percepção de três parcelas de seguro-desemprego no valor de um salário mínimo cada (art. 2º-C da Lei n. 7.998/90).

Valor e Duração:

- 1 salário mínimo por no máximo três meses: de empregado doméstico e trabalhador resgatado de regime de trabalho forçado ou reduzido a condição análoga à de escravo;

- 1 salário mínimo por mês durante o período de defeso, limitado ao máximo de 5 meses, em se tratando de segurado especial que exerça atividade de pescador artesanal;

BENEFÍCIOS PREVIDENCIÁRIOS

- para o segurado empregado e avulso, o valor do seguro-desemprego será obtido pela média das últimas três emunerações percebidas, não podendo ser inferior a um salário mínimo, pelo período de 3 a 5 meses.

Competência: compete à Justiça do Trabalho o julgamento de demanda entre empregado e empregador tendo por objeto indenização **pelo não fornecimento das guias de seguro-desemprego**. Súmula n. 389/TST: "Seguro-desemprego – Competência da Justiça do Trabalho – Direito à Indenização por Não Liberação de Guias. I – Inscreve-se na competência material da Justiça do Trabalho a lide entre empregado e empregador tendo por objeto indenização pelo não fornecimento das guias do seguro-desemprego. II – O não fornecimento pelo empregador da guia necessária para o recebimento do seguro-desemprego dá origem ao direito à indenização".

Competência: compete à Justiça Federal Comum processar e julgar ações contra a União tendo por objeto pedido de reforma do ato administrativo de negativa de concessão do seguro-desemprego (nesse sentido: TRF-3, Proc. 0009564-65.2010.4.03.6100).

Adesão ao PDV: a adesão a Plano de Demissão Voluntária ou similar **não dará direito ao benefício**, por não caracterizar demissão involuntária.

Atenção A percepção de benefício previdenciário **impede a concessão e percepção de seguro-desemprego, com exceção** dos benefícios de auxílio-acidente e pensão por morte (art. 124, parágrafo único, da Lei n. 8.213/91). Cuidado: o Decreto Federal n. 3.048 admite, no § 2º do art. 167, o recebimento conjunto de seguro-desemprego e auxílio-reclusão.

MEMORIZE

Para facilitar a memorização: situações positivas (boas) trazem como consequência a suspensão do benefício; por outro lado situações negativas (ruins) geram o cancelamento do seguro-desemprego.

Cancelamento: art. 8º da Lei n. 7.998, o benefício do seguro-desemprego será cancelado em virtude de *causas negativas:*

a) **pela recusa, por parte do trabalhador desempregado, de outro emprego** condizente com sua qualificação e remuneração anterior;

b) por comprovação de **falsidade na prestação das informações** necessárias à habilitação;

c) por comprovação **de fraude visando à percepção indevida** do benefício do seguro-desemprego; ou

d) por **morte** do segurado.

Suspensão. Art. 7º da Lei n. 7.998 traz causas que surtem efeito de suspender o pagamento do seguro-desemprego; são *causas positivas:*

a) admissão do trabalhador em **novo emprego**;

b) início de **percepção de benefício previdenciário**, exceto o auxílio-acidente, pensão por morte (art. 124, parágrafo único, da Lei n. 8.213/91); auxílio-reclusão (art. 167, § 2º, do Decreto n. 3.048); e dos benefícios extintos: o auxílio suplementar e o abono de permanência em serviço;

c) início de **percepção de auxílio-desemprego.**

DIREITO PREVIDENCIÁRIO PARA CONCURSOS

Atenção A Lei n. 13.134, de 2015, trouxe (quebrando a lógica firmada: ações positivas suspendem e negativas cancelam o seguro-desemprego) a recusa injustificada por parte do trabalhador desempregado em participar de ações de recolocação de emprego, conforme regulamentação do Codefat, como causa de suspensão do benefício.

3.9.9. Reabilitação profissional – Serviço previdenciário

Natureza jurídica: serviço previdenciário (obrigação de fazer do ente público), isento de carência, administrado pelo INSS, de caráter obrigatório aos segurados, inclusive aposentados, e, na medida das possibilidades do órgão da Previdência Social, aos seus dependentes.

Periodicidade: não definida.

Objetivo do serviço: a assistência (re)educativa e de (re)adaptação profissional, instituída sob a denominação genérica de habilitação e reabilitação profissional, visa proporcionar aos beneficiários, incapacitados parcial ou totalmente para o trabalho, em caráter obrigatório, independentemente de carência, e às **pessoas portadoras de deficiência**, os meios indicados para proporcionar o (re)ingresso no mercado de trabalho e no contexto em que vivem.

Beneficiário(s): segurados, inclusive aposentados, e dependentes. O **aposentado pelo RGPS que permanecer em atividade sujeita a esse Regime, ou a ele retornar, não fará jus a prestação alguma** da Previdência Social em decorrência do exercício dessa atividade, **exceto** ao salário-família e **à reabilitação profissional, quando empregado**.

Carência: não há.

A Lei n. 8.213 estabelece que:

a) o benefício de aposentadoria por incapacidade permanente será devido ao segurado que for considerado incapaz e **insusceptível de reabilitação** para o exercício de atividade que lhe garanta a subsistência;

b) o segurado em gozo de auxílio-doença, insuscetível de recuperação para sua atividade habitual, **deverá submeter-se a processo de reabilitação profissional** para o exercício de outra atividade;

c) o auxílio-doença será mantido até que o segurado seja **considerado reabilitado** para o desempenho de atividade que lhe garanta a subsistência ou, quando considerado **não recuperável**, seja aposentado por incapacidade permanente;

d) **a alteração das atribuições** e responsabilidades do segurado **compatíveis com a limitação** que tenha sofrido em sua capacidade física ou mental **não configura desvio de cargo ou função** do segurado **reabilitado** ou que estiver **em processo de reabilitação profissional** a cargo do INSS.

O atendimento aos beneficiários, seus dependentes e pessoas com deficiência passíveis de reabilitação profissional será descentralizado e funcionará nas Agências da

BENEFÍCIOS PREVIDENCIÁRIOS

Previdência Social, conduzido por equipes multiprofissionais, com atribuições de execução das funções básicas e demais funções afins ao processo de reabilitação profissional:

I – avaliação do potencial laborativo;

II – orientação e acompanhamento do programa profissional;

III – articulação com a comunidade, inclusive mediante celebração de convênio para reabilitação integral, restrita às pessoas que cumpriram os pressupostos de elegibilidade ao Programa de Reabilitação Profissional, com vistas ao reingresso no mercado de trabalho;

IV – acompanhamento e pesquisa de fixação no mercado de trabalho; e

V – certificar ou homologar o processo de Habilitação e Reabilitação Profissional.

A reabilitação profissional compreende:

a) o fornecimento de aparelho de prótese, órtese e instrumentos de auxílio para locomoção quando a perda ou redução da capacidade funcional puder ser atenuada por seu uso e dos equipamentos necessários à habilitação e reabilitação social e profissional;

b) a reparação ou a substituição dos aparelhos mencionados no inciso anterior, desgastados pelo uso normal ou por ocorrência estranha à vontade do beneficiário;

c) o transporte do acidentado do trabalho, quando necessário.

Será concedido, no caso de habilitação e reabilitação profissional, **auxílio para tratamento ou exame fora do domicílio** do beneficiário.

Concluído o processo de reabilitação profissional, o Instituto Nacional do Seguro Social emitirá **certificado individual indicando a função** para a qual o reabilitando foi **capacitado profissionalmente**, sem prejuízo do exercício de outra para a qual se julgue capacitado.

A empresa com **cem ou mais empregados está obrigada a preencher de 2% (dois por cento) a 5% (cinco por cento)** de seus cargos com beneficiários reabilitados ou pessoas portadoras de deficiência, habilitadas, na seguinte proporção:

I – até 200 empregados, 2%;

II – de 201 a 500 empregados, 3%;

III – de 501 a 1.000 empregados, 4%; ou

IV – mais de 1.000 empregados, 5%.

3.9.10. Serviço social

Natureza jurídica: serviço previdenciário (obrigação de fazer do ente público), prestado pelo INSS, que proporciona o acesso ao reconhecimento dos direitos aos cidadãos e os meios de exercê-los.

Periodicidade: não definida.

Objetivo do serviço: prestar ao beneficiário orientação e apoio no que concerne à solução dos problemas pessoais e familiares e à melhoria da sua relação com a previdência social. Apresentar solução a questões referentes a benefícios, bem como, quando necessário, à obtenção de outros recursos sociais da comunidade.

O Serviço Social terá como diretriz a participação do beneficiário na implementação e no fortalecimento da política previdenciária, em articulação com as associações e entidades de classe.

As ações do Serviço Social no INSS são realizadas **pelos Assistentes Sociais** e desenvolvidas em consonância com as diretrizes e os objetivos estratégicos adotados pela instituição.

O Serviço Social executará ações profissionais em conjunto com outras áreas do INSS, com organizações da sociedade civil que favoreçam o acesso da população aos benefícios e aos serviços do RGPS, e com organizações que favoreçam a participação do usuário na implementação e no fortalecimento da política previdenciária e de assistência social, com base nas demandas locais e nas diretrizes estabelecidas pela Diretoria de Saúde do Trabalhador.

Os recursos técnicos utilizados pelo Assistente Social são, entre outros:

a) **parecer social**, que consiste no pronunciamento profissional do Assistente Social, com base no estudo de determinada situação, podendo ser emitido na fase de concessão, manutenção, recurso de benefícios ou para embasar decisão médico-pericial, por solicitação do setor respectivo ou por iniciativa do próprio Assistente Social;

b) **pesquisa social**, que se constitui recurso técnico fundamental para a realimentação do saber e do fazer profissional, voltado para a busca do conhecimento crítico e interpretativo da realidade, favorecendo a identificação e a melhor caracterização das demandas do INSS e do perfil socioeconômico-cultural dos beneficiários como recursos para a qualificação dos serviços prestados;

c) **estudo exploratório dos recursos sociais**, que consiste em instrumento facilitador da necessária articulação da política previdenciária com a rede socioassistencial para o desenvolvimento do trabalho do Serviço Social e atendimento aos usuários da Previdência Social;

d) **avaliação social** da pessoa com deficiência aos requerentes do Benefício de Prestação Continuada BPC/LOAS, estabelecida pelo Decreto n. 6.214, de 2007, e **avaliação social** da pessoa com deficiência em cumprimento ao disciplinado na LC n. 142, de 2013. É instrumento destinado à caracterização da deficiência, e considerará os fatores ambientais, sociais, pessoais, a limitação do desempenho de atividades e a restrição da participação social dos requerentes do BPC da Assistência Social.

O Serviço Social, considerando a universalização da Previdência Social, prestará assessoramento técnico aos Estados e Municípios na elaboração e implantação de suas propostas de trabalho.

Beneficiário(s): segurados e dependentes.

Atenção Diz a Lei n. 8.213 que será dada **prioridade** aos segurados em **benefício por incapacidade temporária e atenção especial** aos aposentados e pensionistas.

Carência: não há.

Por fim, anote-se que a Medida Provisória n. 905, de 11 de novembro de 2019, excluiu do rol de serviços da Previdência o "serviço social". Ocorre que a MP n. 905, de 2019, foi revogada pela MP n. 955, de 20 de abril de 2020, de modo que o "serviço social" retornou ao catálogo de serviços do INSS.

3.9.11. Benefício de prestação continuada (BPC) da LOAS

Natureza jurídica: **benefício assistencial** (integra a Assistência Social) de prestação continuada.

Periodicidade: mensal.

Administração: conquanto **não seja benefício previdenciário**, por questões políticas atribui-se a incumbência de administração desse benefício assistencial ao INSS. Compete, portanto, a essa autarquia federal, a verificação dos requisitos para concessão e manutenção desse benefício de prestação continuada da Lei Orgânica da Assistência Social.

Atenção Os recursos decorrentes do pagamento do BPC não oneram as contas da Previdência, mas sim da Assistência Social.

3.9.12. Auxílio-inclusão

Criado pela Lei n. 13.146, de 2015, que institui a Lei Brasileira de Inclusão da Pessoa com Deficiência (Estatuto da Pessoa com Deficiência), e regulamentado em 2021 pela Lei n. 14.176, de 2021, o AUXÍLIO-INCLUSÃO é devido em favor da pessoa com deficiência **moderada ou grave** que:

I – receba o benefício de prestação continuada, de que trata o art. 20 da LOAS (Lei n. 8.742, 1993), e passe a exercer atividade:

a) que tenha remuneração limitada a 2 (dois) salários mínimos; e

b) que enquadre o beneficiário como segurado obrigatório do Regime Geral de Previdência Social ou como filiado a regime próprio de previdência social da União, dos Estados, do Distrito Federal ou dos Municípios;

II – tenha inscrição atualizada no CadÚnico no momento do requerimento do auxílio-inclusão;

III – tenha inscrição regular no CPF; e

IV – atenda aos critérios de manutenção do benefício de prestação continuada, incluídos os critérios relativos à renda familiar mensal per capita exigida para o acesso ao benefício.

O auxílio-inclusão poderá ainda ser concedido, mediante requerimento e sem retroatividade no pagamento, ao beneficiário:

I – que tenha recebido o benefício de prestação continuada nos 5 (cinco) anos imediatamente anteriores ao exercício da atividade remunerada; e

II – que tenha tido o benefício suspenso nos termos do art. 21-A da LOAS (quando a pessoa com deficiência exercer atividade remunerada, inclusive na condição de microempreendedor individual).

O valor do auxílio-inclusão percebido por um membro da família não será considerado no cálculo da renda familiar mensal per capita de que trata o inciso IV do *caput* desse artigo, para fins de concessão e de manutenção de outro auxílio-inclusão no âmbito do mesmo grupo familiar.

O auxílio-inclusão será devido a partir da data do requerimento, e o seu valor corresponderá a 50% (cinquenta por cento) do valor do benefício de prestação continuada, significar dizer, corresponde a meio salário mínimo mensal.

Ao requerer o auxílio-inclusão, o beneficiário autorizará a suspensão do benefício de prestação continuada.

O pagamento do auxílio-inclusão não será acumulado com o pagamento de:

I – benefício de prestação continuada de que trata o art. 20 da LOAS;

II – prestações a título de aposentadoria, de pensões ou de benefícios por incapacidade pagos por qualquer regime de previdência social; ou

III – seguro-desemprego.

3.10. CUMULAÇÃO DE BENEFÍCIOS

Reforma da Previdência. A EC n. 103, de 2019, introduziu o § 15 ao art. 201 da CF, dispondo que **lei complementar** estabelecerá vedações, regras e condições para a acumulação de benefícios previdenciários.

Enquanto não editada a espécie normativa exigida pelo novo Texto Constitucional (lei complementar), permanecem válidas as hipóteses de vedação à cumulação de benefícios constantes da legislação ordinária, tais como: arts. 18, § 2º, 80, 86, § 1º, e 124 da Lei n. 8.213, de 1991; e art. 20, § 4º, da Lei n. 8.742, de 1993.

As proibições de recebimento conjunto de benefício não se presumem, de modo que, não havendo norma contrária, é lícita a percepção de mais de uma espécie de benefício previdenciário.

3.10.1. Auxílio-doença (auxílio por incapacidade temporária)

É vedada a percepção de mais de um auxílio-doença, inclusive acidentário.

O benefício de auxílio-doença não pode ser recebido cumulativamente com qualquer aposentaria (quer por incapacidade permanente, quer por aposentadoria programável).

A segurada enquanto perceber **salário-maternidade, não poderá** usufruir auxílio-doença. A segurada em gozo de auxílio-doença, inclusive o decorrente de acidente de trabalho, terá o benefício suspenso administrativamente enquanto perdurar a fruição do salário-maternidade, devendo o benefício por incapacidade ser restabelecido a contar do primeiro dia seguinte ao término do período de 120 (cento e vinte) dias, caso a data de cessação do benefício do auxílio-doença tenha sido fixada em data posterior ao período de percepção do salário-maternidade.

O **auxílio-reclusão** somente será deferido aos dependentes se o segurado **não estiver usufruindo auxílio-doença**.

O **segurado recluso**, em cumprimento de pena **em regime aberto ou semiaberto**, **terá direito ao auxílio-doença**, mas o segurado **recluso** "**em regime fechado**" não terá direito ao benefício de auxílio-doença.

O segurado em gozo de auxílio-doença na data do recolhimento à prisão **terá o benefício suspenso** por até 60 (sessenta) dias, contados da data do recolhimento à prisão. Cabe observar que:

a) na hipótese de o segurado ser colocado em liberdade antes dos 60 dias, o benefício **será restabelecido** a partir da data da soltura;

b) permanecendo a prisão, após os 60 dias o auxílio-doença **será cessado**.

Obviamente, caso a prisão seja declarada ilegal, o segurado terá direito à percepção do benefício de auxílio-doença por todo o período devido.

Não é cabível a simultaneidade de auxílio-acidente com auxílio-doença oriundos de mesma doença/acidente. No caso de reabertura de auxílio-doença decorrente de incapacidade que tenha dado ensejo (mesma causa) à concessão de auxílio-acidente, este deverá ser suspenso até a cessação do auxílio-doença reaberto (momento no qual o auxílio-acidente deverá ser reativado). O fundamento da suspensão do auxílio-acidente é o fato de que uma única causa (acidente) não pode ensejar a um único beneficiário dois benefícios previdenciários.

Não é permitida a concessão de benefício assistencial (BPC da LOAS) a quem usufrua auxílio-doença (benefício previdenciário).

É vedado o recebimento conjunto do auxílio-doença com o seguro-desemprego[64].

---

[64] Art. 124, parágrafo único, da LB.

3.10.2. Auxílio-acidente

Não é permitida a **concessão de benefício assistencial** (BPC da LOAS) a quem usufrua auxílio-acidente (benefício previdenciário).

É vedada a **percepção de mais de um auxílio-acidente**.

Por regra, é permitida a cumulação de auxílio-acidente e auxílio-doença. Sobre a exceção, *vide* item 3.10.1.

Não convivem os benefícios de auxílio-acidente e aposentadoria.

Determina o art. 86, § 1º, da Lei n. 8.213/91 que auxílio-acidente será devido **até a data do início de qualquer aposentadoria**. Cabendo observar que o valor mensal do auxílio-acidente (que será cessado pela concessão de aposentadoria) integra o salário de contribuição, para fins de cálculo do salário de benefício de qualquer aposentadoria.

O art. 18, § 2º, da Lei n. 8.213/91 impede aos já aposentados **que retornem ou se mantenham em atividade** remunerada de serem beneficiados pelo auxílio-acidente; no mesmo sentido, o art. 86, § 2º, veda o deferimento de auxílio-acidente a quem já esteja aposentado.

A percepção de **seguro-desemprego juntamente** com benefício de auxílio-acidente é permitida pelo art. 124 da Lei n. 8.213.

3.10.3. Aposentadorias

Não é permitida a **concessão de benefício assistencial** (BPC da LOAS) a quem usufrua aposentadoria (benefício previdenciário).

Por força do que dispõe o art. 124 da Lei de Benefícios, não é admitida a percepção conjunta de **aposentadoria com qualquer outra aposentadoria** (por incapacidade ou programável).

Atenção Perfeitamente possível a cumulação de pensão por morte e aposentadoria. A pensão por morte a pessoa recebe pelo fato de ser dependente de segurado falecido, e o benefício de aposentadoria recebe fundado no motivo de ser segurado da Previdência. Não havendo, portanto, óbice algum à percepção conjunta.

Reforma da Previdência. O art. 24 da EC n. 103, de 2019, permite a percepção conjunta de aposentadoria com o benefício de pensão por morte, no entanto, determina a redução do valor do benefício de menor valor, assegurando o recebimento integral do benefício mais vantajoso. *Vide* item 3.10.4.a.

É vedado o recebimento conjunto de aposentadoria com auxílio-acidente, auxílio-doença e seguro-desemprego[65].

Atenção É admitida a percepção conjunta de aposentadoria e salário-maternidade, em se tratando de **aposentada que se mantém ou retorna** a atividade remunerada (art.

---

[65] Art. 124, parágrafo único, da LB.

BENEFÍCIOS PREVIDENCIÁRIOS

103 do Decreto Federal n. 3.048/99). É proibida a cumulação de **seguro-desemprego** com aposentadoria.

3.10.4. Pensão por morte

Não é permitida a **concessão de benefício assistencial** (BPC da LOAS) a quem usufrua pensão por morte (benefício previdenciário).

A teor do art. 124 da Lei de Benefícios, com a redação determinada pela Lei n. 9.032, de 1995, o benefício de pensão por morte **comporta apenas uma incompatibilidade de percepção conjunta**.

A restrição é com relação à fruição de **mais de uma pensão, dentro do RGPS, desde que deixada por cônjuge ou companheiro.**

Resguarda a Lei n. 8.213 direito de opção pela pensão **mais vantajosa**. Antes da Lei n. 13.135, de 2015, a definição da pensão "mais vantajosa" era sinônimo de "maior expressão monetária". Desde 2015, a duração do benefício de pensão por morte deixada por cônjuge ou companheiro(a) foi impactada pela Lei n. 13.135, que estabeleceu duração em alguns casos de apenas 4 meses (art. 77, § 2º, V, *b*, da Lei n. 8.213, de 1991) e, por exceção, a forma vitalícia (art. 77, § 2º, V, *b*, da Lei n. 8.213, de 1991). Diante desse contexto, é mais vantajosa a permanência de pensão por morte vitalícia no valor de 1 salário mínimo, recebida desde antes de 2015, do que a pensão por morte deixada pelo falecimento em 2020 do atual marido, ainda que no valor-teto, mas com duração restrita a 4 meses.

Atenção Com relação à pensão deixada a "filho" (classe I), a pais (classe II) ou a irmão (classe III), é plenamente permitida a cumulação de pensões por morte, não havendo vedação! Assim, o filho pode receber duas pensões deixadas em razão do óbito dos pais (ambos segurados da previdência); a mãe pode, em tese, receber 3 pensões por morte: uma deixada pelo seu falecido marido, e outras duas deixadas por óbito de dois filhos (que eram segurados, e não tinham ninguém da classe I), desde que comprovada a dependência econômica.

A Lei n. 13.846, de 2019, vedou a concessão de auxílio-reclusão a quem usufrua pensão por morte.

Permitida a percepção de **seguro-desemprego**, com pensão por morte (art. 124, parágrafo único, da Lei n. 8.213/91).

3.10.4.a. *Acumulação do valor da pensão por morte com pensão e aposentadoria (EC n. 103, de 2019)*

Reforma da Previdência. O art. 24 da EC n. 103/2019, em sua primeira parte, reproduz a vedação já existente no inciso VI do art. 124 da Lei n. 8.213, vedando a acumulação de mais de uma pensão por morte deixada por cônjuge ou companheiro, **no âmbito do mesmo** regime de previdência social.

DIREITO PREVIDENCIÁRIO PARA CONCURSOS

Reforma da Previdência. O art. 24 da EC n. 103, de 2019, **permite a percepção** com a de aposentadoria com pensão, no entanto, traz **redutor ao valor do benefício de menor valor**, assegurando o valor integral do benefício mais vantajoso.

Diante do novo regramento de *status* constitucional, a acumulação da pensão por morte com outro benefício do mesmo titular ensejará a **redução do valor do benefício menos vantajoso** nas seguintes hipóteses:

I – pensão por morte mantida no RGPS, instituída por cônjuge ou companheiro, **acumulada com pensão por morte mantida por outro regime** de previdência social, **também instituída por cônjuge ou companheiro**, inclusive as decorrentes das atividades militares; e

II – pensão por morte instituída por cônjuge ou companheiro, de qualquer regime de previdência social, inclusive as decorrentes das atividades militares, **acumuladas com aposentadorias concedidas** por qualquer regime de previdência social ou com proventos de inatividade decorrentes das atividades militares.

Atenção As regras de acumulação anteriormente anunciada é aplicável apenas:

I – às pensões instituídas por cônjuge ou companheiro, ex-cônjuge e ex-companheiro; e

II – às hipóteses em que o fato gerador ou preenchimento dos requisitos de qualquer dos benefícios **seja posterior a 14 de novembro de 2019**, independentemente do início dos demais.

Verificada uma das hipóteses de acumulação, por força da disposição contida no § 2º do art. 24 da EC n. 103, de 2019, **será mantido o valor integral** do benefício **mais vantajoso** e, para **os demais benefícios**, é garantido o valor de um salário mínimo e, caso supere esse valor, será acrescido de:

I – **60% (sessenta por cento) do valor que exceder 1 (um) salário mínimo**, até o limite de 2 (dois) salários mínimos;

II – **40% (quarenta por cento) do valor que exceder 2 (dois) salários mínimos**, até o limite de 3 (três) salários mínimos;

III – **20% (vinte por cento) do valor que exceder 3 (três) salários mínimos**, até o limite de 4 (quatro) salários mínimos; e

IV – **10% (dez por cento) do valor que exceder 4 (quatro) salários mínimos**.

Para ilustrar a aplicação dessa nova regra trazida pela Reforma da Previdência de 2019, suponha que no início do ano de 2020 um segurado do INSS venha a se aposentar, recebendo R$ 3.000,00, e alguns meses depois torne-se pensionista pela ocorrência do falecimento de sua esposa, que era segurada do INSS, quando passaria a ter direito a receber a renda de R$ 4.000,00, porém, por força da regra de redução trazida pela EC n. 103, o valor do benefício "menos vantajoso" será assim equacionado:

1. percepção do **valor integral do benefício mais vantajoso**;

Nesta ilustração = pensão por morte de R$ 4.000,00.

BENEFÍCIOS PREVIDENCIÁRIOS

2. o benefício **menos vantajoso com redução**, neste caso "aposentadoria", que seria de R$ 3.000,00, mas, diante da acumulação com outro benefício, sofrerá redutor e receberá R$ 2.036,00:

Redutor	Valor do benefício menos vantajoso
100% de 1 salário mínimo (R$ 1.045,00)	R$ 1.045, 00
60% (sessenta por cento) do valor que exceder 1 (um) salário mínimo (R$ 1.045,00), **até o limite** de 2 (dois) salários mínimos (R$ 2.090,00)	R$ 627,00
40% (quarenta por cento) do valor que exceder 2 (dois) salários mínimos (R$ 2.090,00), **até o limite** de 3 (três) salários mínimos (R$ 3.135,00)	R$ 364,00
Valor total	**R$ 2.036,00**

O titular do benefício reduzido poderá, **a qualquer tempo**, solicitar a revisão do benefício que sofreu redução, se houver alteração em algum dos benefícios, nos termos do § 3º do art. 24 da EC n. 103, de 2019. No exemplo *supra*, o benefício "mais vantajoso" era de pensão por morte (R$ 4.000,00), que, se posteriormente vier a ser cessado pelo atingimento do seu tempo de duração, não haverá mais acumulação, devendo restabelecer, a partir de então, o valor de sua aposentadoria, em redutores (R$ 3.000,00).

Anote-se, por fim, que, se o benefício menos vantajoso for de pensão por morte, e havendo mais de um dependente para o mesmo benefício (filho, por exemplo), o valor da pensão por morte a ser considerado para efeito de aplicação das regras de acumulação será apenas o referente à cota-parte do cônjuge ou companheiro (ex-cônjuge ou ex-companheiro) sujeito à regra de redução.

3.10.5. Auxílio-reclusão

Não é permitida a **concessão de benefício assistencial** (BPC da LOAS) a quem usufrua auxílio-reclusão (benefício previdenciário).

A Lei n. 13.846, de 2019, vedou a coexistência do auxílio-reclusão com auxílio-doença, pensão por morte, salário-maternidade e aposentadoria (e ao benefício extinto em 1994, de abono de permanência em serviço).

O Decreto Federal n. 3.048 admite, no § 2º do art. 167, o recebimento conjunto de seguro-desemprego e auxílio-reclusão.

3.10.6. Benefício assistencial de prestação continuada

A Lei n. 8.742/93, no art. 20, § 4º, estabelece que o benefício de prestação continuada da assistência social (art. 203, V, da CF/88) não pode ser acumulado pelo

Direito Previdenciário para Concursos

beneficiário **com qualquer outro no âmbito da seguridade social** ou de outro regime, **salvo o da assistência médica e da pensão especial de natureza indenizatória**.

Desse modo, o idoso ou deficiente que recebe, por exemplo, **benefício previden-ciário**, qualquer que seja (auxílio-acidente, pensão por morte, aposentadoria, por exemplo) não pode receber o benefício assistencial.

3.11. DECADÊNCIA

Ao tratar da relação de custeio (vertente tributária da Previdência), observou-se que o prazo de decadência e de prescrição para o Fisco constituir e **cobrar créditos previdenciários** dos contribuintes expira em 5 anos (Súmula Vinculante n. 8 do STF).

Nesse instante, a análise será com relação à prescrição e à decadência na esfera de proteção social, relação jurídica na qual o segurado (ou dependente) é sujeito de direito **de benefício previdenciário** em face do INSS.

> **MEMORIZE**
>
> É de 10 (dez) anos o prazo de **decadência do direito ou da ação do segurado ou beneficiário para a revisão do ato de concessão, indeferimento, cancelamento ou cessação de benefício e do ato de deferimento, indeferimento ou não concessão de revisão de benefício**, a contar:
>
> a) **do dia primeiro do mês subsequente ao do recebimento da primeira prestação** ou da data em que a prestação deveria ter sido paga com o valor revistodo; ou
>
> b) do dia em que o segurado **tomar conhecimento** da decisão de **indeferimento, cancelamento ou cessação** do seu pedido de benefício ou da decisão de deferimento ou indeferimento de revisão de benefício, **no âmbito administrativo**.

Atenção O STF, ao julgar a ADI 6.096, declarou inconstitucional o art. 103 da Lei n. 8.213, no que se refere às expressões: "indeferimento, cancelamento ou cessação de be-nefício". Assim, **decadência somente existe em face do ato de concessão de benefício**.

Existe, assim, prazo de decadência para o segurado (ou dependente) pleitear a revisão do ato administrativo do INSS que aprecia e concede o requerimento de benefício.

Caso a autarquia previdenciária conceda o benefício, mas o valor tenha sido apurado incorretamente, em prejuízo do beneficiário (segurado ou dependente), passa fluir prazo decadencial de 10 anos para que o beneficiário efetue **requerimento de revisão** desse ato concessório, tendo por termo inicial o dia primeiro do mês seguinte ao do recebimento da primeira prestação.

Exemplo. Segurado requereu aposentadoria, que **foi deferida** pelo INSS após um ano da data de entrada do pedido. O aposentado recebeu o primeiro depósito em sua conta bancária com o valor da aposentadoria, e constata que o valor está muito abaixo do que ele imaginava que receberia. Nessa situação, o aposentado poderá ado-tar duas posturas:

BENEFÍCIOS PREVIDENCIÁRIOS

a) não fazer nada, "deixar prá lá", continuar recebendo mensalmente a sua aposentadoria. Após decorridos 10 anos, haverá a decadência do direito de rever esse benefício, assim, depois de 15 anos, se alguém constatar que ele tinha direito, desde o início, ao dobro do valor que vem recebendo, não será possível qualquer alteração, pois terá decaído do direito de revisão, visto que **o Direito não socorre quem dorme**;

b) outra atitude que o aposentado pode adotar é a de buscar informação e, após devidamente orientado, apresentar junto ao INSS requerimento de revisão de seu benefício antes de transcorridos 10 anos. Nessa situação, não há decadência se o INSS confirmar que realmente calculou errado. A autarquia previdenciária irá corrigir o valor da aposentadoria e o aposentado, além de ter o novo valor sendo depositado mensalmente, ainda receberá a diferença entre o valor que já recebeu nos meses anteriores e a quantia que seria a correta.

Note-se que, no exemplo citado, **o prazo decadencial** não terá início do dia do requerimento, nem do dia em que a aposentadoria foi deferida, mas sim "**do dia primeiro do mês subsequente ao do recebimento da primeira prestação**", pois primeiro o segurado deve saber qual o valor do benefício, o quanto o INSS depositou em sua conta, para só depois (no 1º dia do mês subsequente) começar a contagem dos 10 anos.s.

> **MEMORIZE**
> **Prescreve em 5 (cinco) anos,** a contar da data em que deveriam ter sido pagas, toda e qualquer ação para haver prestações vencidas ou **quaisquer restituições ou diferenças devidas pela Previdência Social,** salvo o direito dos menores, incapazes e ausentes, na forma do Código Civil.

Determina o STJ, na Súmula n. 85, que nas relações jurídicas de trato sucessivo em que a Fazenda Pública figure como devedora, quando não tiver sido negado o próprio direito reclamado, **a prescrição atinge apenas as prestações vencidas antes do quinquênio anterior à propositura da ação.**

3.11.1. Decadência e prescrição em face de menores

A Lei n. 8.213/91 dizia no art. 79 que "**não se aplica prazo prescricional e decadencial** em face de pensionista menor, incapaz ou ausente, na forma da lei", **no entanto**, referido dispositivo legal **foi revogado** pela Lei n. 13.846, de 2019.

A Lei n. 13.846, de 2019, ainda estabeleceu prazo de 180 (cento e oitenta) dias após o óbito **para os filhos menores de 16 (dezesseis) anos** efetivarem requerimento de pensão; escoado esse prazo de 6 meses, ainda que menor, somente receberá o benefício a contar da data do requerimento.

3.11.2. Decadência para o INSS rever seus atos

A Lei n. 10.839, de 2004, fruto da conversão da Medida Provisória n. 138, de 2003, acresceu à Lei de Benefício o **art. 103-A**, fixando **em dez anos** o prazo **decadencial para o INSS** anular atos administrativos favoráveis aos beneficiários:

> Art. 103-A. **O direito da Previdência Social** de **anular** os atos administrativos de que **decorram efeitos favoráveis para os seus beneficiários** decai em **dez anos**, contados da data em que foram praticados, salvo comprovada má-fé.

Para melhor compreensão, considere segurado que teve sua aposentadoria deferida e, ao receber seu benefício, tem a grata surpresa de constatar que, apesar de ter contribuído sempre com 1 salário mínimo, o INSS, por erro de cálculo na apuração de seu benefício, está depositando mensalmente o valor máximo das prestações previdenciárias.

O caso narrado envolve erro no ato administrativo, mas erro "favorável" ao beneficiário. Há prazo decadencial de 10 anos contado a desfavor do INSS, ou seja, se a autarquia não revisar esse ato administrativo em dez anos, decairá do direito, e não mais poderá alterar o valor do benefício.

A lei ressalva "comprovada má-fé", caso típico de o segurado ter induzido o INSS a erro, apresentando, por exemplo, documentos falsos. Nessa situação, ainda que o INSS constate a falsidade documental após o lapso temporal de dez anos, ainda será admissível a revisão do ato administrativo, com a obrigatoriedade de o segurado devolver todos os valores que recebeu indevidamente.

Por fim, considera-se exercício do direito de anular **qualquer medida de autoridade administrativa** que importe impugnação à validade do ato.

3.12. REGRAS CONSTITUCIONAIS DO ART. 201 DA CF

> **Da Previdência Social**
>
> Art. 201. A previdência social será organizada sob a forma do Regime Geral de Previdência Social, de caráter contributivo e de filiação obrigatória, observados critérios que preservem o equilíbrio financeiro e atuarial, e atenderá, na forma da lei, a:
>
> I – cobertura dos eventos de incapacidade temporária ou permanente para o trabalho e idade avançada;
>
> II – proteção à maternidade, especialmente à gestante;
>
> III – proteção ao trabalhador em situação de desemprego involuntário;
>
> IV – salário-família e auxílio-reclusão para os dependentes dos segurados de baixa renda;
>
> V – pensão por morte do segurado, homem ou mulher, ao cônjuge ou companheiro e dependentes, observado o disposto no § 2º.

§ 1º É vedada a adoção de requisitos ou critérios diferenciados para concessão de benefícios, ressalvada, nos termos de lei complementar, a possibilidade de previsão de idade e tempo de contribuição distintos da regra geral para concessão de aposentadoria exclusivamente em favor dos segurados:

I – com deficiência, previamente submetidos a avaliação biopsicossocial realizada por equipe multiprofissional e interdisciplinar;

II – cujas atividades sejam exercidas com efetiva exposição a agentes químicos, físicos e biológicos prejudiciais à saúde, ou associação desses agentes, vedada a caracterização por categoria profissional ou ocupação.

§ 2º Nenhum benefício que substitua o salário de contribuição ou o rendimento do trabalho do segurado terá valor mensal inferior ao salário mínimo.

§ 3º Todos os salários de contribuição considerados para o cálculo de benefício serão devidamente atualizados, na forma da lei.

§ 4º É assegurado o reajustamento dos benefícios para preservar-lhes, em caráter permanente, o valor real, conforme critérios definidos em lei.

§ 5º É vedada a filiação ao regime geral de previdência social, na qualidade de segurado facultativo, de pessoa participante de regime próprio de previdência.

§ 6º A gratificação natalina dos aposentados e pensionistas terá por base o valor dos proventos do mês de dezembro de cada ano.

§ 7º É assegurada aposentadoria no regime geral de previdência social, nos termos da lei, obedecidas as seguintes condições:

I – 65 (sessenta e cinco) anos de idade, se homem, e 62 (sessenta e dois) anos de idade, se mulher, observado tempo mínimo de contribuição;

II – 60 (sessenta) anos de idade, se homem, e 55 (cinquenta e cinco) anos de idade, se mulher, para os trabalhadores rurais e para os que exerçam suas atividades em regime de economia familiar, nestes incluídos o produtor rural, o garimpeiro e o pescador artesanal.

§ 8º O requisito de idade a que se refere o inciso I do § 7º será reduzido em 5 (cinco) anos, para o professor que comprove tempo de efetivo exercício das funções de magistério na educação infantil e no ensino fundamental e médio fixado em lei complementar.

§ 9º Para fins de aposentadoria, será assegurada a contagem recíproca do tempo de contribuição entre o Regime Geral de Previdência Social e os regimes próprios de previdência social, e destes entre si, observada a compensação financeira, de acordo com os critérios estabelecidos em lei.

§ 9º-A. O tempo de serviço militar exercido nas atividades de que tratam os arts. 42, 142 e 143 e o tempo de contribuição ao Regime Geral de Previdência Social ou a regime próprio de previdência social terão contagem recíproca para fins de inativação militar ou aposentadoria, e a compensação financeira será devida entre as receitas de contribuição referentes aos militares e as receitas de contribuição aos demais regimes.

§ 10. Lei complementar poderá disciplinar a cobertura de benefícios não programados, inclusive os decorrentes de acidente do trabalho, a ser atendida concorrentemente pelo Regime Geral de Previdência Social e pelo setor privado.

§ 11. Os ganhos habituais do empregado, a qualquer título, serão incorporados ao salário para efeito de contribuição previdenciária e consequente repercussão em benefícios, nos casos e na forma da lei.

§ 12. Lei instituirá sistema especial de inclusão previdenciária, com alíquotas diferenciadas, para atender aos trabalhadores de baixa renda, inclusive os que se encontram em situação de informalidade, e àqueles sem renda própria que se dediquem exclusivamente ao trabalho doméstico no âmbito de sua residência, desde que pertencentes a famílias de baixa renda.

§ 13. A aposentadoria concedida ao segurado de que trata o § 12 terá valor de 1 (um) salário mínimo.

§ 14. É vedada a contagem de tempo de contribuição fictício para efeito de concessão dos benefícios previdenciários e de contagem recíproca.

§ 15. Lei complementar estabelecerá vedações, regras e condições para a acumulação de benefícios previdenciários.

§ 16. Os empregados dos consórcios públicos, das empresas públicas, das sociedades de economia mista e das suas subsidiárias serão aposentados compulsoriamente, observado o cumprimento do tempo mínimo de contribuição, ao atingir a idade máxima de que trata o inciso II do § 1º do art. 40, na forma estabelecida em lei.

4

CRIMES PREVIDENCIÁRIOS

4.1. APRESENTAÇÃO

A temática crimes previdenciários relacionados no Código Penal (CP), em ordem de maior probabilidade de exigência em certames públicos, são:

Apropriação indébita previdenciária	Art. 168-A do CP
Sonegação fiscal previdenciária	Art. 337-A do CP
Estelionato "previdenciário"	Art. 171, § 3º, do CP
Falsificação de documento público	Art. 297 do CP
Inserção de dados falsos em sistema de informações	Art. 313-A do CP
Modificação ou alteração não autorizada em sistema de informações	Art. 313-B do CP
Divulgação de informações sigilosas ou reservadas	Art. 153 do CP

4.1.1. Noções básicas sobre "crimes"

Anterioridade da Lei Penal. No art. 5º, XXXIX, da CF, está consagrado: não há crime sem lei anterior que o defina, nem pena sem prévia cominação legal.

Por força desse mandamento ninguém pode vir a ser processado criminalmente por conduta que à época da sua prática não era tipificada como crime. De rigor impõe-se por primeiro seja criada a norma penal, definindo-se exatamente quais ações e omissões serão consideradas penalmente relevantes, para que as pessoas na sociedade possam orientar-se de modo a não afrontarem o código repressivo penal.

Ainda por força desse brocardo, ninguém poderá sofrer reprimenda penal se a sanção não estiver prevista em lei. Aqui há ponto de extrema importância, bem como de relevância ao estudo da temática deste capítulo, pois antes do ano 2000 os crimes previdenciários estavam previstos no art. 95 da Lei n. 8.212.

No entanto, o legislador de 1991 cometeu enorme gafe ao deixar de estabelecer sanção penal para todas as condutas tipificadas pela norma. Conclusão, o art. 95 da Lei n. 8.212 foi alvo de severas críticas, e de pouco aplicabilidade na esfera penal, desde a sua edição em 1991 até a revogação pela Lei n. 9.983, de 2000, pelo fato de ter feito diversas tipificações de condutas, sem, entretanto, fixar pena!

Não havia previsão da correspondente sanção penal para as condutas elencadas nas alíneas *a*, *b*, *c*, *g*, *h*, *i*, *j*, do art. 95 da Lei n. 8.212/91. Unicamente no caso dos crimes caracterizados nas alíneas *d*, *e* e *f* do art. 95 da Lei n. 8.212 havia fixação de pena, de modo que das figuras típicas previstas no art. 95 somente os infratores das condutas listadas nas alíneas *d*, *e* e *f* poderiam ser processados e ao final condenados na esfera penal com base na Lei n. 8.212, de 1991.

A Lei n. 9.983, de 2000, encerrou a polêmica, ao promover a revogação do defeituoso art. 95 da Lei n. 8.212, e por ter criado figuras típicas diretamente no Código Penal, estabelecendo **preceito primário:** conduta tida por penalmente relevante, e **preceito secundário:** pena a ser imposta aos infratores.

Lei penal no tempo. Ninguém pode ser punido por fato que lei posterior deixa de considerar crime, cessando em virtude dela a execução e os efeitos penais da sentença condenatória. A lei posterior, que de qualquer modo favorecer o agente, aplica-se aos fatos anteriores, ainda que decididos por sentença condenatória transitada em julgado.

Denomina-se *abolitio criminis* toda vez que ocorre a retirada de norma penal incriminadora. Exemplo claro desse mandamento é o adultério, que foi fixado no Código Penal de 1940 como crime, até ser revogado pela Lei n. 11.106, de 2005. Assim constava do hoje revogado art. 240 do CP: "Cometer adultério: Pena – detenção, de quinze dias a seis meses. § 1º Incorre na mesma pena o corréu".

Todas as pessoas que estivessem no ano de 2005 sendo processadas, ou nos presídios cumprindo pena, pela prática do crime de adultério, com a revogação do art. 240 pela Lei n. 11.106, operou-se a *abolitio criminis*, deixando de haver causa que justificasse a permanência de tramitação de processos criminais, bem como motivo para manutenção nos presídios de pessoas que praticaram atos de infidelidade conjugal.

No âmbito previdenciário, deve ser anotado que a Lei n. 9.983, de 2000, ao revogar expressamente art. 95 da Lei n. 8.212, de 1991, **não significou *abolitio criminis***, pois a nova lei apenas promoveu a mudança topográfica das condutas previstas nas alíneas *d*, *e* e *f* do art. 95 da Lei n. 8.212 para o local correto: no Código Penal.

A **retroatividade da lei penal mais benéfica** é bem verificada no crime de apropriação indébita previdenciária (que adiante será analisado), que era previsto no art. 95, *d*, com pena de reclusão, de 2 (dois) a no máximo 6 (seis) anos, e multa. A Lei n. 9.983, de 2000, revogou o art. 95 da Lei n. 8.212, e migrou essa figura típica para o art. 168-A do Código Penal (como visto, não se operou *abolitio criminis* pois era crime antes da Lei n. 9.983 e continuou sendo fato delituoso depois da revogação do art. 95 da Lei n. 8.212), estabelecendo no preceito secundário **pena máxima mais benéfica** ao agente (pena de reclusão, de 2 a 5 anos, e multa), que, portanto, retroagiu em prol do agente acusado da prática de crime de apropriação indébita previdenciária cometido antes da existência do art. 168-A do CP.

Tempo do crime. Considera-se praticado o crime no momento da ação ou omissão, ainda que outro seja o momento do resultado.

CRIMES PREVIDENCIÁRIOS

Relação de causalidade. O resultado, de que depende a existência do crime, somente é imputável a quem lhe deu causa. Considera-se causa a ação ou omissão sem a qual o resultado não teria ocorrido.

Crime consumado, quando nele se reúnem todos os elementos de sua definição legal. **Tentativa**, quando, iniciada a execução, o crime não se consuma por circunstâncias alheias à vontade do agente. O crime de homicídio, por exemplo, poderá ser consumado, quando a vítima falecer em decorrência da agressão do agente, ou tentado, quando, a despeito dos atos praticados pelo réu, a vítima sobreviver. Salvo disposição em contrário, pune-se a tentativa com a pena correspondente ao crime consumado, diminuída de um a dois terços.

Crime doloso, quando o agente quis o resultado ou assumiu o risco de produzi-lo. Para ilustrar, ter-se-á homicídio doloso sempre que o agente evidenciar *animus necandi* (vontade de matar), p. ex., ao desferir três tiros no peito da vítima depois de uma discussão (dolo direto). Há ainda o dolo eventual, quando o resultado se torna indiferente ao agente, que assume o risco de produzi-lo, como acontece com aquele que dirige com velocidade elevada (120 km/h), sob os efeitos de ingestão de álcool, e falando ao celular, numa avenida à beira-mar, em dia de feriado, sabendo, e pouco se importando, com a quantidade de adultos e crianças que cruzam a via pública a todo instante; os atropelamentos decorrentes dessa conduta poderão ser capitulados como homicídio doloso (dolo eventual).

Crime culposo, quando o agente deu causa ao resultado por imprudência, negligência ou imperícia. Sempre que há culpa significa dizer que não houve vontade, o resultado não foi desejado, como ocorre com pai de família que dirige veículo, que está há anos sem manutenção, e ao efetuar uma conversão em local proibido bate o veículo por falha no freio, sendo vítima do acidente seu próprio filho menor que estava no carro sem cinto de segurança. Nesta situação, é sabido que o pai jamais desejou a morte do filho, no entanto seus atos de imprudência, imperícia e negligência deram causa ao resultado danoso, e por conta do resultado responderá por homicídio culposo de trânsito. `Atenção` Crime culposo é a exceção no Código Penal, somente haverá crime na modalidade culposa se houver disposição expressa em lei. **Nos crimes previdenciários não há espaço para culpa, apenas haverá responsabilização se houver caracterização de dolo**.

Inimputáveis. Significa não podem sofrer pena. É isento de pena o agente que, por doença mental ou desenvolvimento mental incompleto ou retardado, era, ao tempo da ação ou da omissão, inteiramente incapaz de entender o caráter ilícito do fato ou de determinar-se de acordo com esse entendimento.

Menores de dezoito anos são penalmente inimputáveis, ficando sujeitos às normas estabelecidas na legislação especial (Estatuto da Criança e do Adolescente, que prevê medidas socioeducativas no art. 112 da Lei n. 8.069, de 1990).

DIREITO PREVIDENCIÁRIO PARA CONCURSOS

Do concurso de pessoas. Quem, de qualquer modo, concorre para o crime incide nas penas a este cominadas, na medida de sua culpabilidade. Se a participação for de menor importância, a pena pode ser diminuída de um sexto a um terço.

Crime societário. Conquanto a "empresa" seja a responsável pela norma previdenciária por atos como (a) de "retenção" de contribuição previdenciária (p. ex.: art. 22, §§ 7º e 9º, art. 30, I, *a*, e art. 31, todos da Lei n. 8.212), e também (b) de lançar mensalmente em títulos próprios de sua contabilidade, de forma discriminada, os fatos geradores de todas as contribuições previdenciárias (art. 32, II, da Lei n. 8.212), atos esses que não respeitados podem dar ensejo à persecução criminal, é sabido, no entanto, que na esfera penal, ressalvadas raríssimas exceções (art. 225, § 3º, da CF, crime ambiental, p. ex.), a **pessoa jurídica não pode ser parte ré em processo criminal**, por não deter vontade própria, mas sim seu representante legal, a pessoa física que tenha poderes de gerência e de administração, ou seja, aquele que esteja à frente da empresa com poderes para agir de acordo com a norma tributária, mas de forma consciente deixa de recolher o tributo.

Nos denominados **crimes societários**, bem esclareceu o STJ, no Informativo n. 514, de 20 de março de 2013, que, embora não se exija a descrição minuciosa e individualizada da conduta de cada acusado na denúncia, é imprescindível que haja uma demonstração mínima acerca da contribuição de cada acusado para o crime a eles imputado. Apesar de nos crimes societários a individualização da conduta ser mais difícil, deve a denúncia demonstrar de que forma os acusados concorreram para o fato delituoso, de modo a estabelecer um **vínculo mínimo** entre eles e o crime, **não se admitindo imputação consubstanciada exclusivamente no fato de os acusados serem representantes legais da empresa.** O STJ tem decidido ser inepta a denúncia que, mesmo em crimes societários e de autoria coletiva, atribui responsabilidade penal à pessoa física levando em consideração apenas a qualidade dela dentro da empresa, deixando de demonstrar o vínculo do acusado com a conduta delituosa, por configurar, além de ofensa à ampla defesa, ao contraditório e ao devido processo legal, responsabilidade penal objetiva, repudiada pelo ordenamento jurídico pátrio. Precedentes citados do STF: HC 85.327-SP, *DJ* 20-10-2006; e do STJ: HC 65.463-PR, *DJe* 25-5-2009, e HC 164.172-MA, *DJe* 21-5-2012. HC 218.594-MG, Rel. Min. Sebastião Reis Júnior, julgado em 11-12-2012.

Penas privativas de liberdade. Pena definida na lei como de reclusão deve ser cumprida em regime fechado, semiaberto ou aberto. Ao passo que a definida como de detenção deve ser cumprida em regime semiaberto, ou aberto, salvo necessidade de transferência a regime fechado. Considera-se:

- regime fechado a execução da pena em estabelecimento de segurança máxima ou média;
- regime semiaberto a execução da pena em colônia agrícola, industrial ou estabelecimento similar;

CRIMES PREVIDENCIÁRIOS

- regime aberto a execução da pena em casa de albergado ou estabelecimento adequado.

Penas restritivas de direitos, são autônomas e substituem as privativas de liberdade na forma ditada no art. 44 do Código Penal. Compreendem as seguintes espécies:

- prestação pecuniária;
- perda de bens e valores;
- prestação de serviço à comunidade ou a entidades públicas;
- interdição temporária de direitos;
- limitação de fim de semana.

Pena de multa. A pena de multa consiste no pagamento ao fundo penitenciário da quantia fixada na sentença e calculada em dias-multa. Será, no mínimo, de 10 (dez) e, no máximo, de 360 (trezentos e sessenta) dias-multa. O valor do dia-multa será fixado pelo juiz não podendo ser inferior a um trigésimo do maior salário mínimo mensal vigente ao tempo do fato, nem superior a 5 (cinco) vezes esse salário. O valor da multa será atualizado, quando da execução, pelos índices de correção monetária.

Crime continuado. Quando o agente, mediante mais de uma ação ou omissão, pratica dois ou mais crimes da mesma espécie e, pelas condições de tempo, lugar, maneira de execução e outras semelhantes, devem os subsequentes ser havidos como continuação do primeiro; aplica-se-lhe a pena de um só dos crimes, se idênticas, ou a mais grave, se diversas, aumentada, em qualquer caso, de um sexto a dois terços. Os crimes previdenciários na quase totalidade das vezes são praticados de forma reiterada, mês a mês, de modo a tornar cabível a sistemática benefício ao agente do crime continuado, aplicando-se a pena de um só crime aumentada pela continuação delitiva.

4.2. APROPRIAÇÃO INDÉBITA PREVIDENCIÁRIA

Trata-se de figura típica que foi incluída no art. 168-A do Código Repressivo Penal pela Lei n. 9.983, de 2000, antes prevista no art. 95, *d*, da Lei n. 8.212/91, que somente admite a modalidade dolosa (não existe, portanto, apropriação indébita previdenciária CULPOSA).

Preceito primário: "Art. 168-A. Deixar de repassar à previdência social as contribuições recolhidas dos contribuintes, no prazo e forma legal ou convencional:"

Preceito secundário: "Pena – reclusão, de 2 (dois) a 5 (cinco) anos, e multa".

Traz ainda o § 1º do art. 168-A as denominadas figuras equiparadas, ao afirmar que nas mesmas penas incorre quem deixar de:

I – recolher, no prazo legal, contribuição ou outra importância destinada à previdência social que tenha sido descontada de pagamento efetuado a segurados, a terceiros ou arrecadada do público;

II – recolher contribuições devidas à previdência social que tenham integrado despesas contábeis ou custos relativos à venda de produtos ou à prestação de serviços;

III – **pagar benefício** devido a segurado, quando as respectivas cotas ou **valores já tiverem sido reembolsados** à empresa pela previdência social.

Objetividade jurídica. Além da ordem tributária, o bem jurídico protegido pela norma repressiva penal é o patrimônio da Previdência Social, sob outro ângulo busca-se a proteção do **patrimônio de toda a sociedade** que, na forma ditada no art. 195 da CF, é a quem compete financiar a Seguridade Social, de forma direta e indireta.

Tipo objetivo. O núcleo da figura típica do art. 168-A é "deixar de repassar" (omitir-se de promover o recolhimento dos valores **descontados** de terceiro). Neste tipo penal a **conduta omissiva** é penalmente relevante, pois o tipo penal exige "deixar de" praticar o ato repassar à previdência valores relativos a contribuição previdenciária que foram alvo de retenção, de desconto, de contribuintes da Previdência. Note-se que o crime, além da conduta negativa, somente se aperfeiçoa com a prática de ato comissivo anterior, afeta ao desconto da contribuição previdenciária, não sendo aplicável na seara repressiva penal a presunção fiscal fixada no art. 33, § 5º, da Lei n. 8.212, segundo o qual "o desconto de contribuição e de consignação legalmente autorizadas sempre se presume feito oportuna e regularmente pela empresa a isso obrigada, não lhe sendo lícito alegar omissão para se eximir do recolhimento, ficando diretamente responsável pela importância que deixou de receber ou arrecadou em desacordo com o disposto nesta Lei". Diante desse caminhar, a jurisprudência do STF firmou-se no sentido de que as figuras dos art. 168-A e 337-A devem ser capituladas como **crime material**. Essa compreensão foi firmada no julgamento do AgRg no Inq 2.537/GO, oportunidade na qual o STF orientou-se no sentido de que para sua consumação o tipo penal a exige a ocorrência de resultado naturalístico, consistente **no efetivo dano** à Previdência. Desde então o STJ perfilha esse mesmo entendimento: "Esta Corte Superior de Justiça, na esteira da jurisprudência do Supremo Tribunal Federal, pacificou o entendimento de que os crimes de sonegação e apropriação indébita previdenciária, a exemplo dos delitos previstos no art. 1º da Lei n. 8.137/90, também **são materiais**. (...) 2. *Habeas corpus* não conhecido" (HC 324.131/SP, Rel. Min. Leopoldo de Arruda Raposo – Desembargador convocado do TJPE, 5ª T., *DJe* 23-9-2015).

STJ. Tema n. 1.166. Pendente de julgamento. Questão submetida a julgamento: Natureza jurídica (formal ou material) do crime de apropriação indébita previdenciária, previsto no art. 168-A do Código Penal.

Consumação. Houve época na qual a jurisprudência firmava-se por considerar a apropriação indébita previdenciária (e o crime de sonegação fiscal previdenciária)

CRIMES PREVIDENCIÁRIOS

como crime formal[1], e a decorrência dessa caracterização impunha que a consumação se efetivava pela simples ausência de repasse das contribuições retidas do contribuinte, na data fixada na legislação de custeio, era o bastante para caracterizar o delito. Ocorre que a jurisprudência atual do STJ e do STF (desde o julgamento do AgRg no IP 2.537-2-GO, atribuindo ao delito de apropriação indébita previdenciária a natureza de crime omissivo material, e não simplesmente formal), é no sentido de que os arts. 168-A e 337-A são crimes materiais, **exigindo para sua consumação a ocorrência de resultado naturalístico**, consistente em dano para a Previdência. Em conclusão, a consumação dá-se com a ocorrência de efetivo dano, de modo a tornar a constituição definitiva do crédito tributário condição objetiva de punibilidade e sua ausência acarreta atipicidade da conduta.

Condição de procedibilidade. Não é cabível a Representação Fiscal para Fins Penais (RFFP), a ser elaborada pela Secretaria da Receita Federal do Brasil (SRFB) e endereçada ao Ministério Público Federal (MPF), enquanto estiver pendente recurso administrativo no qual haja discussão sobre a exigibilidade do tributo (contribuição previdenciária). Há necessidade de esgotamento da via administrativa, pois até que a SRFB conclua (em procedimento em que seja assegurada ampla defesa e contraditório) pelo **lançamento definitivo do crédito previdenciário** não se configura o delito. Nesse hiato torna-se inadmissível tanto a propositura da ação penal quanto a existência de inquérito policial, por falta de condição de procedibilidade da ação penal. Aplicável à apropriação indébita previdenciária, bem como à sonegação fiscal previdenciária, o teor da Súmula Vinculante n. 24 do STF: "Não se tipifica crime material contra a ordem tributária, previsto no art. 1º, I a IV, da Lei n. 8.137/90, antes do lançamento definitivo do tributo".

Exaurimento do processo administrativo fiscal. O Plenário do Supremo Tribunal Federal (STF) decidiu no ano de 2022 que, para a atuação do Ministério Público em relação aos crimes contra a ordem tributária e contra a Previdência Social, **é necessário o esgotamento do processo administrativo fiscal** para constituição e cobrança do crédito tributário. A decisão se deu no julgamento da ADI 4.980.

Sujeito ativo. Esse tipo penal denomina-se **crime omissivo próprio**, por restringir sua abrangência à pessoa do **responsável tributário**, aquele que sem ser contribuinte

---

[1] Confira-se STJ: "Apesar de o STJ já ter firmado o entendimento de que são os crimes contra a ordem tributária que necessitam, para sua caracterização, do exaurimento da via administrativa, recentemente, o STF firmou a orientação de que também os crimes de sonegação e apropriação indébita de contribuições previdenciárias têm natureza material, a exigir a ocorrência de resultado naturalístico para sua consumação: o dano à Previdência. Desse modo, nesses casos, faz-se necessário, a fim de se vislumbrar justa causa para instauração de inquérito policial, o esgotamento da via administrativa, tido como condição de procedibilidade para a ação penal, pois o suposto crédito pendente de lançamento definitivo impede a configuração daqueles delitos e a contagem do prazo prescricional. Precedente citado do STF: INQ 2.537-GO, *DJ* 13/6/2008" (HC 96.348-BA, Rel. Min. Laurita Vaz, julgado em 24-6-2008).

DIREITO PREVIDENCIÁRIO PARA CONCURSOS

a legislação impõe a obrigação de recolher o tributo devido por terceiro, aos cofres do Fisco Previdenciário.

A Lei n. 8.212/91 determina no art. 30, I, *a*, que a **empresa** é obrigada **a arrecadar e a recolher** as contribuições previdenciárias devidas pelos segurados empregados e trabalhadores avulsos (e a contribuintes individuais, art. 4º da Lei n. 10.666/2003) que lhe prestarem serviço, descontando-as da respectiva remuneração. São exemplos, ainda, o art. 22, §§ 7º e 9º, art. 31, da Lei n. 8.212. Veja no tópico 5.1.1 a respeito de "crime societário".

De observar que o empregador doméstico por ser obrigado pela Lei n. 8.212 (art. 30, V) a arrecadar e a recolher a contribuição do segurado empregado a seu serviço, até o dia 7 do mês seguinte ao da competência, pode ser, em tese, responsabilizado pelo crime ora em estudo, desde que após o desconto deixe de recolher na data aprazada os valores à previdência.

Concluiu-se ser pressuposto para ocorrência desse crime que exista artigo de lei na esfera tributária impondo ao agente a obrigação de reter contribuição previdenciária "de terceiro", bem com o dever legal de recolher esse valor aos cofres da previdência.

Cuidado. Ninguém pode ser processado e condenado na esfera penal por dívidas, assim, não existe crime de apropriação indébita quando a pessoa deixa de pagar tributo do qual ela é a contribuinte. Assim, o empregador doméstico que não paga a sua cota patronal (de 8% e de 0,8%, conforme previsto no art. 24 da Lei n. 8.212), não incide em crime.

Elemento subjetivo. Conquanto delito material, de acordo com o entendimento consagrado da jurisprudência, o Supremo Tribunal Federal "há muito se orienta no sentido de que o dolo do crime de apropriação indébita previdenciária é a consciência e a vontade de não repassar à Previdência, dentro do prazo e na forma da lei, as contribuições recolhidas, **não se exigindo a demonstração de especial fim de agir ou o dolo específico** de fraudar a Previdência Social como elemento essencial do tipo penal. Nesse contexto, ao contrário do que ocorre na apropriação indébita comum, não se exige o elemento volitivo consistente no *animus rem sibi habendi* para a configuração do tipo inscrito no art. 168-A do Código Penal" (*vide* HC 96.092 MC/SP – MC HC Rel. Min. Cármen Lúcia).

Extinção da punibilidade. De acordo com o Código Penal, é extinta a punibilidade se o agente, espontaneamente, declara, confessa e efetua o pagamento das contribuições, importâncias ou valores e presta as informações devidas à previdência social, na forma definida em lei ou regulamento, **antes do início da ação fiscal**.

Caso o responsável tributário antes de receber a notificação do TIAF (termo de início da ação fiscal) se dirija espontaneamente até Secretaria da Receita Federal do Brasil e declare, confesse e efetue o pagamento das contribuições haverá a extinção da punibilidade, ou seja, o crime não será punível.

304

CRIMES PREVDENCIÁRIOS

Jurisprudência. De acordo com os tribunais pátrios, com o pagamento do tributo mesmo em momento **posterior ao do início da ação fiscal (a qualquer tempo)**, admite-se a **extinção da punibilidade** do crime tributário:

1. A jurisprudência deste Supremo Tribunal é firme no sentido da possibilidade de suspensão da pretensão punitiva e de extinção da punibilidade nos crimes de apropriação indébita previdenciária, admitindo a primeira se a inclusão do débito tributário em programa de parcelamento ocorrer em momento anterior ao trânsito em julgado da sentença penal condenatória e a segunda quando o débito previdenciário for incluído – e pago – no programa de parcelamento ordinário de débitos tributários. Precedentes.

2. Questão de ordem resolvida no sentido de declarar extinta a punibilidade do réu em relação ao crime de apropriação indébita previdenciária, pela comprovação da quitação dos débitos discutidos no presente processo-crime, nos termos das Leis ns. 10.684/03 e 11.941/09 (STF, AP 613 QO/TO, Rel. Min. Cármen Lúcia, Tribunal Pleno, julgado em 15-5-2014).

Suspensão da pretensão punitiva e de extinção da punibilidade. A jurisprudência do STF é firme no sentido da possibilidade de suspensão da pretensão punitiva e de extinção da punibilidade nos crimes de apropriação indébita previdenciária, admitindo a primeira se a inclusão do débito tributário em programa de parcelamento ocorrer **em momento anterior ao trânsito em julgado** da sentença penal condenatória e a segunda quando o débito previdenciário for incluído – **e pago** – no programa de parcelamento ordinário de débitos tributários (STF, Questão de Ordem na Ação Penal AP 613 QO/TO).

Perdão judicial (1). É facultado ao juiz **deixar de aplicar a pena** ou aplicar somente a de multa **se o agente for primário e de bons antecedentes**, desde que (hipótese 1) tenha promovido, **após o início da ação fiscal** e antes de oferecida a denúncia, o pagamento da contribuição social previdenciária, inclusive acessórios.

Memorize. De acordo com o Código Penal se o agente:		
O quê? (ação)	Quando	Consequência
Espontaneamente, **declara, confessa** e **efetua o pagamento** das contribuições, importâncias ou valores e presta as informações devidas à previdência social. Requisitos:	**Antes** do início da ação fiscal	**Extinção da punibilidade**
I) **for primário e de bons antecedentes**; e II) **pagar** a contribuição social previdenciária, inclusive acessórios.	**Após** o início da ação fiscal e **antes** de oferecida a denúncia	**Perdão judicial:** Facultado ao juiz deixar de aplicar a pena ou aplicar somente a de multa

Perdão judicial (2). É facultado ao juiz **deixar de aplicar a pena** ou aplicar somente a de multa **se o agente for primário e de bons antecedentes**, desde que (hipótese

DIREITO PREVIDENCIÁRIO PARA CONCURSOS

2) o valor das contribuições devidas, inclusive acessórios, seja igual ou inferior àquele estabelecido pela previdência social, administrativamente, como sendo o mínimo para o ajuizamento de suas execuções fiscais.

Ao constatar que o valor das contribuições pendentes de pagamento expressa montante inferior a R$ 10.000,00 (no art. 20 da Lei n. 10.522/2002), o processo penal deverá ser ajuizado e, ao final, somente por ocasião a prolação da sentença, o juiz poderá (perdão judicial) deixar de aplicar a pena ou aplicar somente multa se o agente for primário e de bons antecedentes (conforme assinala o § 3º do art. 168-A do CP).

Princípio da insignificância. Também conhecido como princípio da bagatela, era considerado pelo STJ[2] aplicável aos crimes de apropriação indébita previdenciária e de sonegação fiscal previdenciária, sempre que o valor do débito não fosse superior a R$ 10.000,00[3] (dez mil reais). Decorre da aplicação desse brocardo a ausência de justa causa para o recebimento da denúncia penal apresentada pelo MPF, impedindo-se, assim, a existência da ação penal.

Ocorre que o STF não ratificava as palavras do STJ, o excelso Pretório tem enfatizado que o elevado grau de reprovabilidade da conduta praticada no crime do art. 168-A, bem como o caráter supraindividual dos interesses protegidos pela norma (o patrimônio da Previdência Social e dos beneficiários), não permite a aplicação do princípio da insignificância. O Min. Gilmar Mendes sintetizou no voto proferido nos autos do Habeas Corpus n. 131.969, julgado em 9 de dezembro de 2015, que "não se cuida, tão somente, de sopesar o caráter pecuniário do tributo sonegado, mas, principalmente, de analisar os reais bens jurídicos tutelados e de que maneira são atingidos pela prática da conduta descrita no art. 168-A do CP. Por esse prisma, o raciocínio jurídico que conclui pela atipicidade do crime do descaminho, conforme o valor do

---

[2] No julgamento proferido no Recurso Especial Repetitivo n. 1.112.748/TO, o STJ pacificou o entendimento no sentido de que o princípio da insignificância no crime de "descaminho" incide quando o débito tributário não ultrapassar o valor de R$ 10.000,00 (dez mil reais), nos termos do disposto no art. 20 da Lei n. 10.522/2002. Esse mesmo entendimento foi estendido aos delitos dos art. 168-A e 337-A do CP; *vide*, a título de ilustração, STJ, AgRg no REsp 1.348.074/SP, Rel. Ministro Moura Ribeiro, Quinta Turma, *DJe* 26-8-2014: "2. A Lei n. 11.457/07 considerou como dívida ativa da União também os débitos decorrentes das contribuições previdenciárias, conferindo-lhes tratamento semelhante ao que é dado aos créditos tributários. Dessa forma, não há porque fazer distinção, na esfera penal, entre os crimes de descaminho, de apropriação indébita ou de sonegação de contribuição previdenciária, razão pela qual é admissível a incidência do princípio da insignificância a estes últimos delitos, quando o valor do débito não for superior a R$ 10.000,00 (dez mil reais)".

[3] O Ministério da Fazenda, por meio da Portaria n. 75, de 22 de março de 2012, atualizou o art. 20 da Lei n. 10.522/02, que disciplina o arquivamento das execuções fiscais referentes a débitos inscritos em Dívida Ativa da União, passando de R$ 10.000,00 (dez mil reais) para R$ 20.000,00 (vinte mil reais). Porém, o STJ, por ocasião do julgamento do REsp 1.393.317/PR, firmou entendimento no sentido de que o Ministro da Fazenda, a partir da vigência da Lei n. 10.522/2002, não tem autorização para alterar, por meio de portaria, o valor definido em lei ordinária como teto para o arquivamento de execução fiscal. Mantém-se, assim, para fins penais, a despeito da edição da Portaria 75/MF, o princípio da insignificância no patamar de dez mil reais.

CRIMES PREVIDENCIÁRIOS

tributo iludido, não pode ser aplicado ao delito de apropriação indébita previdenciária". Nesse exato diapasão[4]:

> "1. A jurisprudência da Corte já se manifestou no sentido de que o elevado grau de reprovabilidade da conduta tipificada no art. 168-A do Código Penal (apropriação indébita previdenciária) **não legitima a aplicabilidade do postulado da insignificância**.
> 2. Ordem denegada" (STF, HC 121.964/SC, Rel. Min. Dias Toffoli. 1ª Turma, unânime, *DJe* 4-6-2014).

No julgamento da RvCr 4.881/RJ, a Terceira Seção do STJ concluiu, em julgamento unânime, por acompanhar o entendimento do STF, firmando que o princípio da insignificância não se aplicaria aos crimes de apropriação indébita previdenciária (art. 168-A do Código Penal) e de sonegação de contribuição previdenciária (art. 337-A do Código Penal).

Art. 168-A, § 1º, III. Aplicável nas situações nas quais o tomador de serviço fica responsável por força de lei (arts. 68 e 72, § 1º, da Lei n. 8.213, de 1991) pela **operacionalização** do salário-maternidade ou do salário-família em prol do seu prestador de serviço.

Misterioso parágrafo único do art. 11 da Lei n. 9.639, de 1998. No dia 26 de maio de 1998 houve a publicação no Diário Oficial da União da íntegra da Lei n. 9.639, que do art. 11 se fez "surgir" parágrafo único que não havia sido aprovado no Congresso Nacional:

> "Art. 11. São anistiados os agentes políticos que tenham sido responsabilizados, sem que fosse atribuição legal sua, pela prática dos crimes previstos na alínea *d* do art. 95 da Lei n. 8.212, de 1991, e no art. 86 da Lei n. 3.807, de 26 de agosto de 1960.
> Parágrafo único. São igualmente anistiados os demais responsabilizados pela prática dos crimes previstos na alínea *d* do art. 95 da Lei n. 8.212, de 1991, e no art. 86 da Lei n. 3.807, de 1960".

Da cabeça do art. 11 constata-se que foram anistiados os "agentes políticos" condenados pelo crime de apropriação indébita previdenciária capitulada no (atualmente revogado) art. 95, *d*, da Lei n. 8.212, de 1991. A anistia constitui-se causa de extinção de punibilidade que impede a imposição ou execução da sanção penal, conforme preceitua o art. 107, II, do Código Penal.

---

[4] Confira ainda: HC 130.480-MC/PR, Rel. Min. Edson Fachin, *DJe* 4-12-2015; HC 127.095/RS, Rel. Min. Gilmar Mendes, *DJe* 3-8-2015; HC 102.550/PR, Rel. Min. Luiz Fux, Primeira Turma, *DJe* 8-11-2011; HC 107.041/SC, Rel. Min. Dias Toffoli, Primeira Turma, *DJe* 7-10-2011 e HC 91.704/PR, Rel. Min. Joaquim Barbosa, Segunda Turma, *DJe* 20-6-2008.

Direito Previdenciário para Concursos

O art. 187 da Lei de Execução Penal determina que, uma vez concedida a anistia, o Juiz, de ofício ou a requerimento, declarará extinta a punibilidade.

Até este ponto, para efeito de concurso público, nada digno de nota. Ocorre que o parágrafo único afirma que não apenas os "agentes políticos", mas todos os "demais" condenados pela prática de crime de apropriação indébita previdenciária também seriam anistiados. Fácil de se observar a má técnica redacional legislativa, haja vista que a cabeça restringe o rol de beneficiados pela norma ao passo que o parágrafo único é genérico, abrangendo todos os condenados, tornando de nenhuma valia a redação do *caput*!

A explicação, curiosa, é a de que o referido parágrafo único, a despeito de publicado no *DOU* não ter sido aprovado pelo Congresso Nacional, surgiu no diário oficial.

Observada a inclusão indevida, no dia seguinte, dia 27 de maio de 1998, houve nova publicação da Lei n. 9.639, desta vez, corretamente, sem a estranha e indevida colocação do referido parágrafo único.

Os condenados pela prática do crime de apropriação indébita previdenciária (à exceção dos agentes políticos) buscaram fazer valer a anistia constante do inexistente parágrafo único, aduzindo que em conformidade com o art. 1º, § 4º, do Decreto-Lei n. 4.657, de 1942 (Lei de Introdução às Normas do Direito Brasileiro), as correções a texto de lei já em vigor consideram-se lei nova, e lei nova não pode retroagir para prejudicar o réu (CF, art. 5º, XL – a lei penal não retroagirá, salvo para beneficiar o réu). Por conseguinte, tendo existido por um único dia, o parágrafo único deveria ainda assim ser aplicada a anistia a todos os condenados pelo crime nele referido.

A questão chegou ao STF que nos autos dos Habeas Corpus n. 77.734-9/SC e 77.724-3/SP declarou a inconstitucionalidade do parágrafo único do art. 11 da Lei n. 9.639, em sua publicação no *DOU* de 26-5-1998, explicitando-se que a declaração tem efeitos *ex tunc* (retroativos, apagando do cenário jurídico a existência dos dizeres contidos no referido parágrafo único, impedindo qualquer produção de efeito), julgados publicados, respectivamente, em 10-8-2000 e 2-2-2001.

O Senado Federal editou Resolução (n. 3 de 2008) suspendendo a execução, com efeitos *ex tunc*, do parágrafo único do art. 11 da Lei n. 9.639, publicado em 26 de maio de 1998.

Responda[5]: (Médico do Trabalho Júnior – CESGRANRIO – Petrobras – 2017) Um certo empregador descontava mensalmente do salário de seus empregados a alíquota referente à contribuição oficial do Instituto Nacional do Seguro Social (INSS), mas não a repassava aos cofres da União, dentro da forma e do prazo legal estabelecidos.

Essa atitude do empregador caracteriza o seguinte ilícito penal:

   (A)   apropriação indébita

   (B)   dano qualificado

---

[5]   Resposta: E.

(C) esbulho possessório

(D) apropriação indébita trabalhista

(E) apropriação indébita previdenciária

4.3. SONEGAÇÃO FISCAL PREVIDENCIÁRIA

Trata-se de figura típica denominada sonegação de contribuição previdenciária, incluída no art. 337-A do Código Repressivo Penal pela Lei n. 9.983, de 2000, que somente admite a modalidade dolosa (não se existe, portanto, a forma CULPOSA).

Preceito Primário: Suprimir ou reduzir contribuição social previdenciária e qualquer acessório, mediante as seguintes condutas:

I – omitir de folha de pagamento da empresa ou de documento de informações previsto pela legislação previdenciária segurados empregado, empresário, trabalhador avulso ou trabalhador autônomo ou a este equiparado que lhe prestem serviços;

II – deixar de lançar mensalmente nos títulos próprios da contabilidade da empresa as quantias descontadas dos segurados ou as devidas pelo empregador ou pelo tomador de serviços;

III – omitir, total ou parcialmente, receitas ou lucros auferidos, remunerações pagas ou creditadas e demais fatos geradores de contribuições sociais previdenciárias.

Preceito secundário: Pena – reclusão, de 2 (dois) a 5 (cinco) anos, e multa.

Toda vez que a empresa contrata prestadores de serviço fica obrigada a inscrever, no RGPS, os segurados, contribuintes individuais e os trabalhadores avulsos a seu serviço, e informar mensalmente, à RFB e ao Conselho Curador do FGTS, em GFIP (Guia de Recolhimento do Fundo de Garantia do Tempo de Serviço e Informações à Previdência Social) com informação de fatos geradores de contribuições.

Cuidado. Ninguém pode ser processado e condenado na esfera penal por dívidas, assim, não existe crime de sonegação pelo só fato de a pessoa deixar de pagar tributo do qual ela é a contribuinte. O crime de sonegação existe sempre que exista a **omissão de fatos geradores** do tributo (não revela a existência de fatos gerados na GFIP) para em decorrência disso pagar menos ou nada pagar a título de contribuição previdenciária.

Tratando-se de empresa que preste todas as informações de forma regular na GFIP e ainda que não pague sua cota patronal, nesta situação não haverá crime, porque a RFB sabe da existência de fatos geradores (declarados em GFIP), dando ensejo unicamente a procedimentos fiscais decorrentes do inadimplemento, tais como: multa e juros e, se o caso, execução fiscal.

Por outro lado, haverá crime sonegação de contribuição previdenciária, que terá por sujeito ativo do delito o representante legal da empresa, com poderes de gestão, sempre que a empresa ocultar do Fisco Previdenciário a existência das relações de prestação de serviço por pessoas físicas, para não pagar cota patronal, ou pagá-la em valor menor que o devido.

Elemento subjetivo. Consagra o STF: "Assim como ocorre quanto ao delito de apropriação indébita previdenciária, o elemento subjetivo animador da conduta típica do crime de sonegação de contribuição previdenciária é o **dolo genérico**, consistente na intenção de concretizar a evasão tributária" (AP 516, Plenário, Relator o Ministro Ayres Britto, *DJe* de 20-9-2011).

Extinção da punibilidade. É extinta a punibilidade se o agente, espontaneamente, **declara e confessa** as contribuições, importâncias ou valores e presta as informações devidas à previdência social, na forma definida em lei ou regulamento, **antes do início da ação fiscal.**

Muita Atenção Na apropriação indébita previdenciária, a extinção da punibilidade exige que o agente, além de declarar e confessar, também "pague", ao passo que no crime de sonegação basta declarar e confessar!

Perdão judicial. É facultado ao juiz deixar de aplicar a pena ou aplicar somente a de multa se o agente for primário e de bons antecedentes, desde que o valor das contribuições devidas, inclusive acessórios, seja igual ou inferior àquele estabelecido pela previdência social, administrativamente, como sendo o mínimo para o ajuizamento de suas execuções fiscais.

Muita Atenção Na apropriação indébita previdenciária, o perdão judicial também é possível se o agente efetiva o pagamento do valor total devido após o início da ação fiscal, ao passo que no crime de sonegação não existe essa hipótese!

Redução de pena. Se o empregador não é pessoa jurídica e sua folha de pagamento mensal não ultrapassa o valor de R$ 1.510,00 (um mil, quinhentos e dez reais), **o juiz poderá reduzir a pena** de um terço até a metade ou aplicar apenas a de multa.

Esse valor previsto no art. 337, § 3º, do CP é atualizado em 2023 para R$ 6.627,92 (seis mil seiscentos e vinte e sete reais e noventa e dois centavos) pela Portaria Interministerial MPS/MF n. 26, valor obtido anualmente mediante a sistemática de reajustamento nas mesmas datas e nos mesmos índices do reajuste dos benefícios da previdência social (INPC, todo mês de janeiro).

Responda[6]: (Advogado – Vunesp – Pref. de Registro-SP – 2016) Assinale a alternativa correta sobre o crime de sonegação de contribuição previdenciária, tipificado no artigo 337-A do Código Penal.

(A) Configura o crime a supressão ou redução da contribuição previdenciária e qualquer acessório, mediante a omissão total e não parcial, de receitas ou lucros auferidos, remunerações pagas ou creditadas e demais fatos geradores de contribuições sociais previdenciárias.

---

[6] Resposta: C. Incorreções das demais alternativas: Letra "A":, De acordo com o art. 337-A, III – omitir, "total ou parcialmente"; Letra "B": A competência é da Justiça Federal; Letra "D": Trata-se de crime material, consumando-se com a efetiva supressão ou redução da contribuição social previdenciária; Letra "E": Art. 337-A, § 3º (...) o juiz "poderá" reduzir a pena (...).

CRIMES PREVIDENCIÁRIOS

(B) A ação penal para se apurar este crime é pública incondicionada, sendo de competência da Justiça Estadual.

(C) É extinta a punibilidade se o agente, espontaneamente, declara e confessa as contribuições, importâncias ou valores e presta as informações devidas à previdência social, na forma definida em lei ou regulamento, antes do início da ação fiscal.

(D) Trata-se de crime formal consumando-se com a efetiva supressão ou redução da contribuição social previdenciária.

(E) Se o empregador não é pessoa jurídica e sua folha de pagamento mensal não ultrapassa a R$ 1.510,00 (um mil e quinhentos e dez reais), o juiz deverá reduzir a pena de um terço até a metade ou aplicar apenas a de multa.

4.4. ESTELIONATO

Trata-se de figura típica definida no Código Repressivo Penal no art. 171, que somente admite a modalidade dolosa (não existe, portanto, estelionato CULPOSO). É admitida tentativa.

Preceito primário. Art. 171. Obter, para si ou para outrem, vantagem ilícita, em prejuízo alheio, induzindo ou mantendo alguém em erro, mediante artifício, ardil, ou qualquer outro meio fraudulento.

Preceito secundário. A pena definida para os que cometem esse ilícito penal é de reclusão, de um a cinco anos, e multa.

Significado. Induzir: persuadir alguém à prática de alguma coisa; aconselhar; instigar. Erro é equívoco, engano. Artifício é a habilidade de se fazer algo. Ardil significa cilada, armadilha.

Cuidado. O simples "induzir ou manter alguém em erro, mediante artifício, ardil, ou qualquer outro meio fraudulento", não é suficiente para caracterizar o crime, como ocorre em muitas brincadeiras, nas quais alguém engana um amigo, e ao final, com boas risadas, revela a verdade.

Para a caracterização do ilícito deve o agente criminoso "obter, para si ou para outrem, vantagem ilícita, em prejuízo alheio, após ter induzido ou mantido alguém em erro, mediante artifício, ardil, ou qualquer outro meio fraudulento".

Geralmente para a prática do estelionato o agente criminoso faz com que a sua vítima acredite estar obtendo lucro, quando na verdade está sofrendo prejuízo. Dentre as diversas exemplificações do famoso "171", cite-se o caso de agente criminoso que durante o final de semana afirma ter nas suas mãos bilhete de loteria premiado (ardil)[7], porém exprime angústia porque não poderá ir até o banco

---

[7] O golpe do bilhete premiado é citado pelo STJ em diversos julgados, para ilustrar: (a) HABEAS CORPUS N. 333.718 – SP (2015/0205483-6), RELATORA: MINISTRA MARIA THEREZA DE ASSIS MOURA, publicação *DOE* de 31-8-2015: "Consta dos autos que na manhã do dia 22 de junho de 2015 a indiciada, juntamente com dois indivíduos não identificados, abordaram a vítima idosa e

DIREITO PREVIDENCIÁRIO PARA CONCURSOS

resgatar o prêmio por motivo de viagem na segunda-feira pela manhã. O agente criminoso encena (artifício) extrema aflição com a situação de perder os elevados valores da premiação, para o fim de instigar sua vítima a comprar o bilhete supostamente premiado (induzindo-a a erro). Negociam livremente o preço do bilhete (que a vítima não sabe ser falso), o estelionatário recebe a "vantagem ilícita", e a vítima somente ao depois descobre ter pago muito caro por aquele pedaço de papel sem nenhuma valia.

As vítimas mais comuns dos estelionatários são os idosos. Por conta disso, houve a recente publicação da Lei n. 13.228, de 2015, que estabelece **pena em dobro** para o estelionato praticado contra pessoa idosa.

Falsidade e estelionato. Súmula n. 17 do STJ. Quando o falso se exaure no estelionato, sem mais potencialidade lesiva, e por este absorvido. Significa dizer, o estelionatário não responderá por dois crimes (estelionato, art. 171, e falsidade, arts. 296 a 305 do CP), mas apenas por estelionato, quando realizou a falsidade para prática do estelionato.

Estelionato previdenciário. Por força do § 3º do art. 171, a pena será aumentada de um terço, sempre o crime de estelionato for cometido em detrimento da Previdência Social. Assim diz o § 3º: "A pena aumenta-se de um terço, se o crime for cometido em detrimento de entidade de direito público ou de instituto de economia popular, assistência social ou beneficência".

Nesse sentido é a Súmula n. 24 do Superior Tribunal de Justiça: "Aplica-se ao crime de estelionato, em que figure como vítima entidade autárquica da Previdência Social, a qualificadora do § 3º do art. 171 do Código Penal".

Exemplos de condutas tipificadas como estelionato previdenciário:

a) Anotação de vínculo empregatício falso na CTPS para consequente obtenção de vantagem ilícita do INSS (para obtenção de benefício previdenciário):

STF, HABEAS CORPUS 117.470, RELATORA: MIN. CÁRMEN LÚCIA. Julgamento 08.10.2013.

Trecho do julgado que narra a conduta delituosa: pessoa processada pela prática do art. 171, § 3º, do Código Penal, porque ela teria obtido "para si vantagem ilícita em detrimento do Instituto Nacional do Seguro Social (INSS), inicialmente

---

simulando portarem um bilhete premiado da loteria, conduziram-na até o banco, onde tentaram obter vantagem ilícita, em prejuízo da vítima. Neste período, a vítima Srª Terezinha foi vista por familiares caminhando em companhia dos estelionatários, comunicando ao seu neto Leonardo o qual saiu ao encalço da vítima, logrando localizá-la nas proximidades do Banco do Brasil, a indiciada Ceei foi detida e conduzida a Autoridade Policial, os outros dois indivíduos fugiram".

(b) HABEAS CORPUS N. 333.811 – SC (2015/0205959-5), RELATOR: MINISTRO GURGEL DE FARIA, *DOE* de 27-8-2015: "Não há falar em absolvição quando as provas são uníssonas em demonstrar que a ré, juntamente com um comparsa não identificado nos autos, induziu a vítima em erro, mediante dissimulação, aplicando-lhe o golpe do 'bilhete premiado', fazendo com que ela lhe entregasse dinheiro".

induzindo em erro o ente previdenciário para a concessão de benefício previdenciário e, após, manteve em erro o INSS para o recebimento das prestações continuadas do mesmo benefício" (Evento 2, fl. 5), ressaltando que "os prejuízos causados aos cofres públicos pelo recebimento indevido do benefício, de novembro de 1998 a julho de 2004, alcançavam o montante de R$122.922,98".

...

"Beneficiária que obteve para si, com auxílio de terceiro, mediante fraude, aposentadoria por tempo de contribuição, através de aposição na Carteira de Trabalho e Previdência Social, de período de falso vínculo empregatício."

b) Ocorrido o falecimento de titular de benefício previdenciário, familiares manterem o INSS em erro (ocultação da notícia relativa ao óbito), com a continuidade dos saques mensais (obtenção de vantagem ilícita) mediante uso do cartão magnético junto à instituição bancária.

STF. HABEAS CORPUS 114.573. RELATOR: MIN. DIAS TOFFOLI

Trecho do julgado que narra a conduta delituosa: "Por ocasião do depoimento de Durcineire às fls. 90/91, ela confessou que após o falecimento de sua mãe Ercília continuou a receber os benefícios mencionados. Nesta senda, pedia a sua sobrinha Lidiane Rosa de Jesus, menor de idade à época do ocorrido, e a Marly Rosa de Jesus que sacassem as importâncias relativas à aposentadoria e pensão por morte, de modo que ambas sabiam das irregularidades dos saques. Com efeito, consta do depoimento Elpídio (fls. 83/85) que por volta de fevereiro de 2001 a senha do Banco do Brasil, referente a aposentadoria por idade de Ercília, perdeu a sua validade. Desta feita, a fim de viabilizar a continuidade do recebimento do benefício, em março do mesmo ano, Elpídio e Durcineire, respectivamente genro e filha da beneficiária, apresentaram a senhora Tonica, posteriormente falecida, como sendo Ercília no 1º Serviço Notarial e de Registro de Mossâmedes/GO, ocasião em que Durceneire assinou à rogo a procuração (fl. 05), a qual conferia poderes para Elpídio receber os benefícios nos bancos Bradesco e do Brasil.

...

Consta dos autos o depoimento de Alessandro G. C. (fls. 112/113), funcionário do Banco do Brasil em Sanclerlândia/GO. Ele afirma que em março de 2002, Elpídio compareceu no seu caixa portando cópia de documento de fl. 20, querendo sacar o benefício previdenciário em nome de Ercília Rosa de Jesus. Todavia, Alessandro percebeu tratar-se apenas de comprovante de cadastramento de procurador fornecido pelo INSS, informando, pois, que tal documento não o habilitava para efetuar saque em nome de terceiro. Por conseguinte, indagou o segurança do banco Cristóvão F. A. se conhecia Ercília, tendo este, então, informado que achava que aquela senhora já havia falecido. Desta feita, contactou a Agência do INSS narrando o ocorrido, quando o benefício foi suspenso, conforme fls. 20/21 (fls. 4/5 da Petição/STF n. 42.421/12)".

Natureza Binária. Estelionato previdenciário pode ser caracterizado ora como crime permanente, ora como crime instantâneo de efeitos permanentes, a diferença foi pacificada pelo STF:

> "a situação fática daquele que comete uma falsidade para permitir que outrem obtenha a vantagem indevida, daquele que, em interesse próprio, recebe o benefício ilicitamente. No primeiro caso, a conduta, a despeito de produzir efeitos permanentes no tocante ao beneficiário da indevida vantagem, materializa, instantaneamente, os elementos do tipo penal. Já naquelas situações em que a conduta é cometida pelo próprio beneficiário e renovada mensalmente, o crime assume a natureza permanente, dado que, para além de o delito se protrair no tempo, o agente tem o poder de, a qualquer tempo, fazer cessar a ação delitiva" (HC 104.880, Rel. Min. Ayres Britto).

A razão de caracterizar-se o crime de estelionato previdenciário em crime permanente, ou crime instantâneo de efeitos permanentes, possui relevância para efeito de observância da **prescrição**, que consiste em prazo anotado no art. 109 do Código Penal, estabelecido para o Estado ajuizar a ação criminal e condenar o infrator.

Para melhor ilustrar:

a) Conduta criminosa cometida pelo próprio beneficiário da vantagem ilícita, crime permanente (art. 111, III, do CP: a prescrição começa a fluir do dia em que cessou a permanência). STF. HABEAS CORPUS 99.503, RELATOR: MIN. ROBERTO BARROSO: Trecho do julgado: "de fato, recebendo o agente o benefício previdenciário durante anos, a cada recebimento indevido perpetrava-se o crime, mantendo-se o INSS em erro e trazendo prejuízo para toda a sociedade". Daí concluir, a meu ver acertadamente, que "o marco inicial para a contagem do prazo prescricional conta-se da data do último recebimento indevido".

b) Estelionato previdenciário praticado por terceiro não beneficiário da vantagem ilícita mensal, crime instantâneo de efeitos permanentes (art. 111, I, do CP: a prescrição começa a fluir do dia em que o crime se consumou). STF. HABEAS CORPUS 112.095, RELATORA: MIN. CÁRMEN LÚCIA: "1. A Paciente não é segurada do INSS, mas funcionária do Sindicato dos Trabalhadores Rurais de João Lisboa/MA, a quem se imputa a prática do delito de estelionato previdenciário. 2. Este Supremo Tribunal Federal assentou que o crime de estelionato previdenciário praticado por terceiro não beneficiário tem natureza de crime instantâneo de efeitos permanentes, e, por isso, o prazo prescricional começa a fluir da percepção da primeira parcela. Precedentes".

Estelionato previdenciário. Das ilustrações deve o candidato observar que se o próprio segurado adulterar sua CTPS, anotando vínculos falsos de trabalho, e em razão desse artifício induzir o INSS em erro, será caracterizado o crime de estelionato, que

CRIMES PREVIDENCIÁRIOS

existirá enquanto o INSS for mantido em erro, ou seja, enquanto o benefício estiver sendo pago mensalmente não haverá fluência do prazo prescricional. Diversa é a situação se o segurado deixar seus documentos com despachante que garante que o benefício será concedido pelo INSS, e cobra determinado valor pelo serviço. O despachante faz anotações falsas na CTPS, e com isso o INSS é induzido em erro, concedendo o benefício. O crime se consumará para o despachante no momento que o INSS for enganado e fizer o primeiro pagamento da primeira prestação do benefício, correndo, a partir de então, o prazo prescricional para que o Estado descubra o ilícito, processe e condene o culpado.

Competência para processar e julgar. De acordo com a Súmula n. 107 do STJ, compete à Justiça Comum Estadual processar e julgar crime de estelionato praticado mediante falsificação das guias de recolhimento das contribuições previdenciárias, quando não ocorrente lesão à autarquia federal. Dito de outro modo, se do estelionato resultar desfalque do patrimônio da Previdência, a competência será da Justiça Federal.

Exemplificação. Determinada empresa transfere todos os meses recursos financeiros para escritório de contabilidade que, por sua vez, encaminha à empresa cópia de guia de recolhimento das contribuições previdenciárias devidamente pagas. Com o passar do tempo, a empresa é autuada pelo Fisco Previdenciário por não pagar contribuições previdenciárias, eis que então a empresa descobre que era vítima de estelionato, praticado pelo escritório de contabilidade que falsificava a autenticação nas guias de recolhimento. Nesta situação, o estelionato não trouxe qualquer desfalque à Previdência, mas sim à empresa, que será obrigada a pagar ao Fisco Previdenciário todos os valores pendentes de efetivo pagamento, acrescido de juros e multa, pouco importando já ter desembolsado referidos valores a estelionatários. A competência será da Justiça Estadual.

Por outro lado, quando uma pessoa falsifica guias de recolhimento de contribuições e com esse proceder induz o servidor público lotado no INSS em erro que acaba por conceder benefício previdenciário, houve desfalque do patrimônio da Previdência, sendo a competência da Justiça Federal Comum.

Jurisprudência. STJ: DIREITO PENAL. ESTELIONATO CONTRA A PREVIDÊNCIA SOCIAL E DEVOLUÇÃO DA VANTAGEM INDEVIDA ANTES DO RECEBIMENTO DA DENÚNCIA. **Não extingue a punibilidade do crime de estelionato previdenciário** (art. 171, § 3º, do CP) **a devolução à Previdência Social**, antes do recebimento da denúncia, da vantagem percebida ilicitamente, podendo a iniciativa, **eventualmente, caracterizar arrependimento posterior**, previsto no art. 16 do CP. O art. 9º da Lei n. 10.684/2003 prevê hipótese excepcional de extinção de punibilidade, "quando a pessoa jurídica relacionada com o agente efetuar o pagamento integral dos débitos oriundos de tributos e contribuições sociais, inclusive acessórios", que somente abrange os crimes de sonegação fiscal, apropriação indébita previdenciária e sonegação de contribuição previdenciária, ontologicamente distintos do estelionato previdenciário, no qual há emprego de ardil para o recebimento indevido de benefícios. Dessa forma,

DIREITO PREVIDENCIÁRIO PARA CONCURSOS

não é possível aplicação, por analogia, da causa extintiva de punibilidade prevista no art. 9º da Lei n. 10.684/2003 pelo pagamento do débito ao estelionato previdenciário, pois não há lacuna involuntária na lei penal a demandar o procedimento supletivo, de integração do ordenamento jurídico. Precedente citado: AgRg no Ag 1.351.325-PR, Quinta Turma, *DJe* 5-12-2011. REsp 1.380.672-SC, Rel. Min. Rogerio Schietti Cruz, julgado em 24-3-2015, *DJe* 6-4-2015.

4.5. DEMAIS CRIMES PREVIDENCIÁRIOS

Os demais delitos previdenciários são de rara incidência em certames públicos, no entanto, recomendada a leitura da definição constante do Código Penal.

Falsificação de documento público
Art. 297. Falsificar, no todo ou em parte, documento público, ou alterar documento público verdadeiro: Pena – reclusão, de 2 (dois) a 6 (seis) anos, e multa. § 1º Se o agente é funcionário público, e comete o crime prevalecendo-se do cargo, aumenta-se a pena de sexta parte. § 2º Para os efeitos penais, equiparam-se a documento público o emanado de entidade paraestatal, o título ao portador ou transmissível por endosso, as ações de sociedade comercial, os livros mercantis e o testamento particular. § 3º Nas mesmas penas incorre quem insere ou faz inserir: I – folha de pagamento ou em documento de informações que seja destinado a fazer prova perante a previdência social, pessoa que não possua a qualidade de segurado obrigatório; II – Carteira de Trabalho e Previdência Social do empregado ou em documento que deva produzir efeito perante a previdência social, declaração falsa ou diversa da que deveria ter sido escrita; III – em documento contábil ou em qualquer outro documento relacionado com as obrigações da empresa perante a previdência social, declaração falsa ou diversa da que deveria ter constado. § 4º Nas mesmas penas incorre quem omite, nos documentos mencionados no § 3º, nome do segurado e seus dados pessoais, a remuneração, a vigência do contrato de trabalho ou de prestação de serviços.
Inserção de dados falsos em sistema de informações
Art. 313-A. Inserir ou facilitar, o funcionário autorizado, a inserção de dados falsos, alterar ou excluir indevidamente dados corretos nos sistemas informatizados ou bancos de dados da Administração Pública com o fim de obter vantagem indevida para si ou para outrem ou para causar dano: Pena – reclusão, de 2 (dois) a 12 (doze) anos, e multa.
Modificação ou alteração não autorizada em sistema de informações
Art. 313-B. Modificar ou alterar, o funcionário, sistema de informações ou programa de informática sem autorização ou solicitação de autoridade competente: Pena – detenção, de 3 (três) meses a 2 (dois) anos, e multa. Parágrafo único. As penas são aumentadas de um terço até a metade se da modificação ou alteração resulta dano para a Administração Pública ou para o administrado.

CRIMES PREVIDENCIÁRIOS

Divulgação de informações sigilosas ou reservadas

Divulgação de segredo

Art. 153. Divulgar alguém, sem justa causa, conteúdo de documento particular ou de correspondência confidencial, de que é destinatário ou detentor, e cuja divulgação possa produzir dano a outrem:

Pena – detenção, de 1 (um) a 6 (seis) meses, ou multa.

§ 1º Somente se procede mediante representação.

§ 1º-A. Divulgar, sem justa causa, informações sigilosas ou reservadas, assim definidas em lei, contidas ou não nos sistemas de informações ou banco de dados da Administração Pública.

Pena – detenção, de 1 (um) a 4 (quatro) anos, e multa.

§ 2º Quando resultar prejuízo para a Administração Pública, a ação penal será incondicionada.

4.6. HORA DE GABARITAR

Analise as alternativas que seguem, e assinale Certa ou Errada:

1. (CESPE – DPF – 2002) Considere a seguinte situação hipotética.

Pablo foi denunciado em dezembro de 1999 pela prática de crime contra a seguridade social, consistente em deixar de recolher, na época própria, contribuição ou outra importância devida à seguridade social e arrecadada dos segurados ou do público (art. 95, *d*, da Lei n. 8.212/91).

Sabendo que o art. 3º da Lei n. 9.983, de 14/7/2000, revogou as alíneas do art. 95 da Lei n. 8.212/91, acrescentando à Parte Especial do Código Penal (CP) o seguinte dispositivo: "Art. 168-A. Deixar de repassar à previdência social as contribuições recolhidas dos contribuintes, no prazo e forma legal ou convencional", então, nessa situação, e de acordo com o STJ, ocorreu a *abolitio criminis* em favor de Pablo, que é causa de extinção da punibilidade.

2. (CESPE – DPF – 2002) Considere a seguinte situação hipotética.

Flávio deixou de recolher contribuições por ele devidas à seguridade social, que integraram custos relativos à venda de produtos. Antes do início de qualquer ação fiscal e do oferecimento de denúncia, Flávio, espontaneamente, declarou e confessou, perante a autarquia previdenciária, os valores não repassados, efetuando o integral pagamento das contribuições apropriadas e prestando as informações devidas.

Nessa situação, o juiz deverá declarar a extinção da punibilidade.

3. (CESPE – DPF – 2002) No caso de prática de crime de estelionato contra autarquia da previdência social, aplica-se a circunstância especial de aumento prevista no CP, ou seja, a pena aumenta-se de um terço.

4. (CESPE – DPF – 2002) Compete à justiça federal processar e julgar crime de estelionato praticado mediante a falsificação de guias de recolhimento de contribuições previdenciárias, independentemente da ocorrência de lesão patrimonial à autarquia da previdência social.

DIREITO PREVIDENCIÁRIO PARA CONCURSOS

5. (Auditor Fiscal da Receita Federal – ESAF – Receita Federal – 2005 – Adaptada) No contexto dos Crimes contra a Previdência Social, em particular das inovações advindas da Lei n. 9.983/2000, é correto afirmar:

(A) A teor da dicção do art. 168-A do Código Penal, a penhora de bens é causa de extinção de punibilidade da infração penal.

(B) O crime previsto na alínea "d" do art. 95 da Lei n. 8.212/91 não foi revogado pelo art. 3º do referido diploma legal, que não tipifica a mesma conduta no art. 168-A do Código Penal.

(C) O elemento subjetivo da infração penal prevista no art. 168-A do Código Penal exige a demonstração do especial fim de agir ou o dolo específico de fraudar a Previdência.

(D) O art. 3º do referido diploma legal apenas transmudou a base legal da imputação do crime da alínea "d" do art. 95 da Lei n. 8.212/91 para o art. 168-A do Código Penal.

6. (Analista Judiciário – TRF 5ª Região – 2008) Mario deixou de repassar à previdência social as contribuições recolhidas dos contribuintes no prazo e forma legal. Após o início da ação fiscal e antes de oferecida a denúncia, Mário efetuou o pagamento da contribuição social previdenciária acrescida de seus acessórios. Neste caso, de acordo com o Código Penal Brasileiro:

(A) Mário terá direito apenas à redução da pena, uma vez que a ação fiscal já havia se iniciado.

(B) será extinta a punibilidade de Mário, por expressa determinação legal prevista no Código Penal.

(C) o juiz poderá aplicar somente a pena de multa se Mário for primário e tiver bons antecedentes, mas não poderá deixar de aplicar a pena.

(D) é facultado ao juiz deixar de aplicar a pena ou aplicar somente a de multa se Mário for primário e tiver bons antecedentes.

(E) o juiz deverá aplicar a pena de detenção de dois a cinco anos, uma vez que a ação fiscal já havia se iniciado.

(Técnico Seguro Social – INSS – CESPE – 2016) Maria, proprietária de uma sorveteria situada em uma cidade litorânea, adquiriu, de forma financiada, dois novos freezers para seu estabelecimento comercial. Em razão do período de baixa temporada, ocorreu considerável queda nas vendas da sorveteria, e o seu faturamento tornou-se insuficiente para arcar com todas as despesas. Diante dessa situação e visando honrar com o pagamento das prestações dos freezers, Maria deixou de repassar à previdência social as contribuições previdenciárias recolhidas dos cinco funcionários do estabelecimento, no prazo e na forma legal, tendo incorrido em crime contra seguridade social.

Tendo como referência essa situação hipotética e com base nas disposições legais a respeito dos crimes contra a seguridade social, julgue os próximos itens (7 e 8):

318

CRIMES PREVIDENCIÁRIOS

7. Iniciada ação fiscal em desfavor de Maria, o juiz responsável pelo processo não poderá deixar de aplicar pena, ainda que Maria efetue os pagamentos devidos, seja ré primária e goze de bons antecedentes.

8. A conduta de Maria configura crime de apropriação indébita previdenciária, para o qual a pena prevista é reclusão e multa.

Gabarito – CRIMES PREVIDENCIÁRIOS

1. Errado

2. Certo

3. Certo

4. Errado

5. D

6. D

7. Errado (art. 168-A, § 3º, do Código Penal)

8. Certo (art. 168-A do Código Penal)

ANEXOS

1. SÚMULAS DO STF

Súmula Vinculante n. 8

São inconstitucionais o parágrafo único do art. 5º do Decreto-lei n. 1.569/77 e os arts. 45 e 46 da Lei n. 8.212/91, que tratam de prescrição e decadência de crédito tributário.

Súmula Vinculante n. 17

Durante o período previsto no § 1º do artigo 100 da Constituição, não incidem juros de mora sobre os precatórios que nele sejam pagos.

Súmula Vinculante n. 22

A Justiça do Trabalho é competente para processar e julgar as ações de indenização por danos morais e patrimoniais decorrentes de acidente de trabalho propostas por empregado contra empregador, inclusive aquelas que ainda não possuíam sentença de mérito em primeiro grau quando da promulgação da Emenda Constitucional n. 45/04.

Súmula Vinculante n. 24

Não se tipifica crime material contra a ordem tributária, previsto no art. 1º, incisos I a IV, da Lei n. 8.137/90, antes do lançamento definitivo do tributo.

Súmula Vinculante n. 28

É inconstitucional a exigência de depósito prévio como requisito de admissibilidade de ação judicial na qual se pretenda discutir a exigibilidade de crédito tributário.

Súmula Vinculante n. 33

Aplicam-se ao servidor público, no que couber, as regras do regime geral da previdência social sobre aposentadoria especial de que trata o artigo 40, § 4º, inciso III da Constituição Federal, até a edição de lei complementar específica.

Súmula Vinculante n. 50

Norma legal que altera o prazo de recolhimento de obrigação tributária não se sujeita ao princípio da anterioridade.

Súmula Vinculante n. 53

A competência da Justiça do Trabalho prevista no art. 114, VIII, da Constituição Federal alcança a execução de ofício das contribuições previdenciárias relativas ao objeto da condenação constante das sentenças que proferir e acordos por ela homologados.

Súmula n. 225

Não é absoluto o valor probatório das anotações da carteira profissional.

Súmula n. 235

É competente para a ação de acidente do trabalho a Justiça Cível Comum, inclusive em segunda instância, ainda que seja parte autarquia seguradora.

Súmula n. 644

Ao titular do cargo de Procurador de Autarquia não se exige a apresentação de instrumento de mandato para representá-la em juízo.

Súmula n. 687

A revisão de que trata o art. 58 do Ato das Disposições Constitucionais Transitórias não se aplica aos benefícios previdenciários concedidos após a promulgação da Constituição de 1988.

Súmula n. 688

É legítima a incidência da contribuição previdenciária sobre o 13º salário.

Súmula n. 689

O segurado pode ajuizar ação contra a instituição previdenciária perante o Juízo Federal do seu domicílio ou nas Varas Federais da capital do Estado-Membro.

Súmula n. 726

Para efeito de aposentadoria especial de professores, não se computa o tempo de serviço prestado fora da sala de aula.

Súmula n. 729

A decisão na Ação Direta de Constitucionalidade n. 4 não se aplica à antecipação de tutela em causa de natureza previdenciária.

Súmula n. 730

A imunidade tributária conferida a instituições de assistência social sem fins lucrativos pelo art. 150, VI, *c*, da Constituição, somente alcança as entidades fechadas de previdência social privada se não houver contribuição dos beneficiários.

Súmula n. 732

É constitucional a cobrança da contribuição do salário-educação, seja sob a carta de 1969, seja sob a Constituição Federal de 1988, e no regime da Lei n. 9.424/96.

2. SÚMULAS DO STJ

Súmula n. 15

Compete à Justiça Estadual processar e julgar os litígios decorrentes de acidente do trabalho.

Súmula n. 24

Aplica-se ao crime de estelionato, em que figure como vítima entidade autárquica da previdência social, a qualificadora do § 3º, do art. 171 do Código Penal.

Súmula n. 44
A definição, em ato regulamentar, de grau mínimo de disacusia, não exclui, por si só, a concessão do benefício previdenciário.

Súmula n. 62
Compete à Justiça Estadual processar e julgar o crime de falsa anotação na carteira de trabalho e previdência social, atribuído à empresa privada.

Súmula n. 65
O cancelamento, previsto no art. 29 do Decreto-lei n. 2.303, de 21-11-86, não alcança os débitos previdenciários.

Súmula n. 89
A ação acidentária prescinde do exaurimento da via administrativa.

Súmula n. 107
Compete à Justiça Comum Estadual processar e julgar crime de estelionato praticado mediante falsificação das guias de recolhimento das contribuições previdenciárias, quando não ocorrente lesão à autarquia federal.

Súmula n. 110
A isenção do pagamento de honorários advocatícios, nas ações acidentárias, é restrita ao segurado.

Súmula n. 111
Os honorários advocatícios, nas ações previdenciárias, não incidem sobre as prestações vencidas após a sentença.

Súmula n. 146
O segurado, vítima de novo infortúnio, faz jus a um único benefício somado ao salário de contribuição vigente no dia do acidente.

Súmula n. 148
Os débitos relativos a benefício previdenciário, vencidos e cobrados em juízo após a vigência da Lei n. 6.899/81, devem ser corrigidos monetariamente na forma prevista nesse diploma legal.

Súmula n. 149
A prova exclusivamente testemunhal não basta à comprovação da atividade rurícola, para efeito da obtenção de benefício previdenciário.

Súmula n. 159
O benefício acidentário, no caso de contribuinte que perceba remuneração variável, deve ser calculado com base na média aritmética dos últimos doze meses de contribuição.

Súmula n. 175
Descabe o depósito prévio nas ações rescisórias propostas pelo INSS.

Súmula n. 178
O INSS não goza de isenção do pagamento de custas e emolumentos, nas ações acidentárias e de benefícios, propostas na Justiça Estadual.

Súmula n. 204
Os juros de mora nas ações relativas a benefícios previdenciários incidem a partir da citação válida.

Súmula n. 226
O Ministério Público tem legitimidade para recorrer na ação de acidente do trabalho, ainda que o segurado esteja assistido por advogado.

Súmula n. 242
Cabe ação declaratória para reconhecimento de tempo de serviço para fins previdenciários.

Súmula n. 272
O trabalhador rural, na condição de segurado especial, sujeito à contribuição obrigatória sobre a produção rural comercializada, somente faz jus à aposentadoria por tempo de serviço, se recolher contribuições facultativas.

Súmula n. 310
O auxílio-creche não integra o salário de contribuição.

Súmula n. 336
A mulher que renunciou aos alimentos na separação judicial tem direito à pensão previdenciária por morte do ex-marido, comprovada a necessidade econômica superveniente.

Súmula n. 340
A lei aplicável à concessão de pensão previdenciária por morte é aquela vigente na data do óbito do segurado.

Súmula n. 351
A alíquota de contribuição para o Seguro de Acidente do Trabalho (SAT) é aferida pelo grau de risco desenvolvido em cada empresa, individualizada pelo seu CNPJ, ou pelo grau de risco da atividade preponderante quando houver apenas um registro.

Súmula n. 416
É devida a pensão por morte aos dependentes do segurado que, apesar de ter perdido essa qualidade, preencheu os requisitos legais para a obtenção de aposentadoria até a data do seu óbito.

Súmula n. 423
A Contribuição para Financiamento da Seguridade Social – Cofins incide sobre as receitas provenientes das operações de locação de bens móveis.

ANEXOS

Súmula n. 425

A retenção da contribuição para a seguridade social pelo tomador do serviço não se aplica às empresas optantes pelo Simples.

Súmula n. 428

Compete ao Tribunal Regional Federal decidir os conflitos de competência entre juizado especial federal e juízo federal da mesma seção judiciária.

Súmula n. 456

É incabível a correção monetária dos salários de contribuição considerados no cálculo do salário de benefício de auxílio-doença, aposentadoria por invalidez, pensão ou auxílio-reclusão concedidos antes da vigência da CF/88.

Súmula n. 458

A contribuição previdenciária incide sobre a comissão paga ao corretor de seguros.

Súmula n. 468

A base de cálculo do PIS, até a edição da MP n. 1.212/95, era o faturamento ocorrido no sexto mês anterior ao do fato gerador.

Súmula n. 469

Aplica-se o Código de Defesa do Consumidor aos contratos de plano de saúde.

Súmula n. 507

A acumulação de auxílio-acidente com aposentadoria pressupõe que a lesão incapacitante e a aposentadoria sejam anteriores a 11/11/1997, observado o critério do art. 23 da Lei n. 8.213/1991 para definição do momento da lesão nos casos de doença profissional ou do trabalho.

Súmula n. 508

A isenção da Cofins concedida pelo art. 6º, II, da LC n. 70/1991 às sociedades civis de prestação de serviços profissionais foi revogada pelo art. 56 da Lei n. 9.430/1996.

Súmula n. 557

A renda mensal inicial (RMI) alusiva ao benefício de aposentadoria por invalidez precedido de auxílio-doença será apurada na forma do art. 36, § 7º, do Decreto n. 3.048/1999, observando-se, porém, os critérios previstos no art. 29, § 5º, da Lei n. 8.213/1991, quando intercalados períodos de afastamento e de atividade laboral.

Súmula n. 576

Ausente requerimento administrativo no INSS, o termo inicial para a implantação da aposentadoria por invalidez concedida judicialmente será a data da citação válida.

Súmula n. 577

É possível reconhecer o tempo de serviço rural anterior ao documento mais antigo apresentado, desde que amparado em convincente prova testemunhal colhida sob o contraditório.

Súmula n. 597

A cláusula contratual de plano de saúde que prevê carência para utilização dos serviços de assistência médica nas situações de emergência ou de urgência é considerada abusiva se ultrapassado o prazo máximo de 24 horas contado da data da contratação.

DIREITO PREVIDENCIÁRIO PARA CONCURSOS

Súmula n. 608

Aplica-se o Código de Defesa do Consumidor aos contratos de plano de saúde, salvo os administrados por entidades de autogestão.

Súmula n. 612

O certificado de entidade beneficente de assistência social (CEBAS), no prazo de sua validade, possui natureza declaratória para fins tributários, retroagindo seus efeitos à data em que demonstrado o cumprimento dos requisitos estabelecidos por lei complementar para a fruição da imunidade.

2.1. STJ. SÚMULAS. PREVIDÊNCIA PRIVADA

Súmula n. 289

A restituição das parcelas pagas a plano de previdência privada deve ser objeto de correção plena, por índice que recomponha a efetiva desvalorização da moeda.

Súmula n. 290

Nos planos de previdência privada, não cabe ao beneficiário a devolução da contribuição efetuada pelo patrocinador.

Súmula n. 291

A ação de cobrança de parcelas de complementação de aposentadoria pela previdência privada prescreve em cinco anos.

Súmula n. 321 (Cancelada).

Súmula n. 427

A ação de cobrança de diferenças de valores de complementação de aposentadoria prescreve em cinco anos contados da data do pagamento.

Súmula n. 505

A competência para processar e julgar as demandas que têm por objeto obrigações decorrentes dos contratos de planos de previdência privada firmados com a Fundação Rede Ferroviária de Seguridade Social – REFER é da Justiça estadual.

Súmula n. 563

O Código de Defesa do Consumidor é aplicável às entidades abertas de previdência complementar, não incidindo nos contratos previdenciários celebrados com entidades fechadas.

3. SÚMULAS DA ADVOCACIA-GERAL DA UNIÃO

(leitura recomendada aos que almejam as carreiras integrantes da AGU – Advogado da União, Procurador Federal e Procurador da Fazenda)

Súmula n. 12

É facultado ao segurado ajuizar ação contra a instituição previdenciária perante o Juízo Federal do seu domicílio ou nas Varas Federais da capital do Estado-membro.

ANEXOS

Súmula n. 15

A suspeita de fraude na concessão de benefício previdenciário não enseja, de plano, a sua suspensão ou cancelamento, mas dependerá de apuração em procedimento administrativo, observados os princípios do contraditório e da ampla defesa.

Súmula n. 18

Da decisão judicial que determinar a concessão de Certidão Negativa de Débito (CND), em face da inexistência de crédito tributário constituído, não se interporá recurso.

Súmula n. 25

Será concedido auxílio-doença ao segurado considerado temporariamente incapaz para o trabalho ou sua atividade habitual, de forma total ou parcial, atendidos os demais requisitos legais, entendendo-se por incapacidade parcial aquela que permita sua reabilitação para outras atividades laborais.

Súmula n. 26

Para a concessão de benefício por incapacidade, não será considerada a perda da qualidade de segurado decorrente da própria moléstia incapacitante.

Súmula n. 27

Para concessão de aposentadoria no RGPS, é permitido o cômputo do tempo de serviço rural exercido anteriormente à Lei n. 8.213, de 24 de julho de 1991, independente do recolhimento das contribuições sociais respectivas, exceto para efeito de carência.

Súmula n. 29

Atendidas as demais condições legais, considera-se especial, no âmbito do RGPS, a atividade exercida com exposição a ruído superior a 80 decibéis até 5-3-97, superior a 90 decibéis desta data até 18-11-2003, e superior a 85 decibéis a partir de então.

Súmula n. 31

É cabível a expedição de precatório referente a parcela incontroversa, em sede de execução ajuizada em face da Fazenda Pública.

Súmula n. 32

Para fins de concessão dos benefícios dispostos nos arts. 39, inciso I e seu parágrafo único, e 143 da Lei n. 8.213, de 24 de julho de 1991, serão considerados como início razoável de prova material documentos públicos e particulares dotados de fé pública, desde que não contenham rasuras ou retificações recentes, nos quais conste expressamente a qualificação do segurado, de seu cônjuge, enquanto casado, ou companheiro, enquanto durar a união estável, ou de seu ascendente, enquanto dependente deste, como rurícola, lavrador ou agricultor, salvo a existência de prova em contrário.

Súmula n. 38

Incide a correção monetária sobre as parcelas em atraso não prescritas, relativas aos débitos de natureza alimentar, assim como aos benefícios previdenciários, desde o momento em que passaram a ser devidos, mesmo que em período anterior ao ajuizamento de ação judicial.

DIREITO PREVIDENCIÁRIO PARA CONCURSOS

Súmula n. 39

São devidos honorários advocatícios nas execuções, não embargadas, contra a Fazenda Pública, de obrigações definidas em lei como de pequeno valor (art. 100, § 3º, da Constituição Federal).

Súmula n. 45

Os benefícios inerentes à Política Nacional para a Integração da Pessoa Portadora de Deficiência devem ser estendidos ao portador de visão monocular, que possui direito de concorrer, em concurso público, à vaga reservada aos deficientes.

Súmula n. 51

Falta de prévia designação da(o) companheira(o) como beneficiária(o) da pensão vitalícia de que trata o art. 217, inciso I, alínea "c", da Lei n. 8.112, de 11 de dezembro de 1990, não impede a concessão desse benefício, se a união estável restar devidamente comprovada por meios idôneos de prova.

Súmula n. 57

São devidos honorários advocatícios pela Fazenda Pública nas execuções individuais de sentença proferida em ações coletivas, ainda que não embargadas.

Súmula n. 59

O prazo prescricional para propositura da ação executiva contra a Fazenda Pública é o mesmo da ação de conhecimento.

Súmula n. 60

Não há incidência de contribuição previdenciária sobre o vale-transporte pago em pecúnia, considerando o caráter indenizatório da verba.

Súmula n. 64

As contribuições sociais destinadas às entidades de serviço social e formação profissional não são executadas pela Justiça do Trabalho.

Súmula n. 69

A partir da edição da Lei n. 9.783/99, não é devida pelo servidor público federal a contribuição previdenciária sobre parcela recebida a título de cargo em comissão ou função de confiança.

Súmula n. 74

Na Reclamação Trabalhista, quando o acordo for celebrado e homologado após o trânsito em julgado, a contribuição previdenciária incidirá sobre o valor do ajuste, respeitada a proporcionalidade das parcelas de natureza salarial e indenizatória deferidas na decisão condenatória.

Súmula n. 75

Para a acumulação do auxílio-acidente com proventos de aposentadoria, a consolidação das lesões decorrentes de acidentes de qualquer natureza, que resulte sequelas definitivas, nos termos do art. 86 da Lei n. 8.213/91, e a concessão da aposentadoria devem ser anteriores às alterações inseridas no art. 86, § 2º da Lei n. 8.213/91, pela Medida Provisória n. 1.596-14, convertida na Lei n. 9.528/97.

4. SÚMULAS DA TURMA NACIONAL DE UNIFORMIZAÇÃO – TNU

Súmula n. 1

DJ de 8-10-2002. A conversão dos benefícios previdenciários em URV, em março/94, obedece às disposições do art. 20, incisos I e II da Lei 8.880/94 (MP n. 434/94).

Súmula n. 2

DJ de 13-3-2003. Os benefícios previdenciários, em maio de 1996, deverão ser reajustados na forma da Medida Provisória 1.415, de 29 de abril de 1996, convertida na Lei 9.711, de 20 de novembro de 1998.

Súmula n. 3

Cancelada em 30-9-2003.

Súmula n. 4

DJ de 23-6-2003. Não há direito adquirido à condição de dependente de pessoa designada, quando o falecimento do segurado deu-se após o advento da Lei 9.032/95.

Súmula n. 5

DJ de 25-9-2003. A prestação de serviço rural por menor de 12 a 14 anos, até o advento da Lei 8.213, de 24 de julho de 1991, devidamente comprovada, pode ser reconhecida para fins previdenciários.

Súmula n. 6

DJ de 25-9-2003. A certidão de casamento ou outro documento idôneo que evidencie a condição de trabalhador rural do cônjuge constitui início razoável de prova material da atividade rurícola.

Súmula n. 8

DJ de 5-11-2003. Os benefícios de prestação continuada, no regime geral da Previdência Social, não serão reajustados com base no IGP-DI nos anos de 1997, 1999, 2000 e 2001.

Súmula n. 9

DJ de 5-11-2003. O uso de Equipamento de Proteção Individual (EPI), ainda que elimine a insalubridade, no caso de exposição a ruído, não descaracteriza o tempo de serviço especial prestado.

Súmula n. 10

DJ de 3-12-2003. O tempo de serviço rural anterior à vigência da Lei n. 8.213/91 pode ser utilizado para fins de contagem recíproca, assim entendida aquela que soma tempo de atividade privada, rural ou urbana, ao de serviço público estatutário, desde que sejam recolhidas as respectivas contribuições previdenciárias.

Súmula n. 11

Cancelada em 24-4-2006.

DIREITO PREVIDENCIÁRIO PARA CONCURSOS

Súmula n. 14

DJ de 24-5-2004. Para a concessão de aposentadoria rural por idade, não se exige que o início de prova material corresponda a todo o período equivalente à carência do benefício.

Súmula n. 15

Cancelada em 26-3-2007.

Súmula n. 16

Cancelada em 27-3-2009.

Súmula n. 17

DJ de 24-5-2004. Não há renúncia tácita no Juizado Especial Federal, para fins de competência.

Súmula n. 18

(Alterada na sessão de 14-2-2020) Para fins previdenciários, o cômputo do tempo de serviço prestado como aluno-aprendiz exige a comprovação de que, durante o período de aprendizado, houve simultaneamente: (i) retribuição consubstanciada em prestação pecuniária ou em auxílios materiais; (ii) à conta do Orçamento; (iii) a título de contraprestação por labor; (iv) na execução de bens e serviços destinados a terceiros.

Súmula n. 19

DJ de 07/10/2004. Para o cálculo da renda mensal inicial do benefício previdenciário, deve ser considerada, na atualização dos salários de contribuição anteriores a março de 1994, a variação integral do IRSM de fevereiro de 1994, na ordem de 39,67% (art. 21, § 1º, da Lei n. 8.880/94).

Súmula n. 20

DJ de 7-10-2004. A Lei n. 8.112, de 11 de dezembro de 1990, não modificou a situação do servidor celetista anteriormente aposentado pela Previdência Social Urbana.

Súmula n. 21

DJ de 7-10-2004. Não há direito adquirido a reajuste de benefícios previdenciários com base na variação do IPC (Índice de Preço ao Consumidor), de janeiro de 1989 (42,72%) e abril de 1990 (44,80%).

Súmula n. 22

DJ de 7-10-2004. Se a prova pericial realizada em juízo dá conta de que a incapacidade já existia na data do requerimento administrativo, esta é o termo inicial do benefício assistencial.

Súmula n. 24

DJ de 10-3-2005. O tempo de serviço do segurado trabalhador rural anterior ao advento da Lei n. 8.213/91, sem o recolhimento de contribuições previdenciárias, pode ser considerado para a concessão de benefício previdenciário do Regime Geral de Previdência Social (RGPS), exceto para efeito de carência, conforme a regra do art. 55, § 2º, da Lei n. 8.213/91.

Súmula n. 25

DJ de 22-6-2005. A revisão dos valores dos benefícios previdenciários, prevista no art. 58 do ADCT, deve ser feita com base no número de salários mínimos apurado na data da concessão, e não no mês de recolhimento da última contribuição.

Súmula n. 26

DJ de 22-6-2005. A atividade de vigilante enquadra-se como especial, equiparando-se à de guarda, elencada no item 2.5.7. do Anexo III do Decreto n. 53.831/64.

Súmula n. 27

DJ de 22-6-2005. A ausência de registro em órgão do Ministério do Trabalho não impede a comprovação do desemprego por outros meios admitidos em Direito.

Súmula n. 30

DJ de 13-2-2006. Tratando-se de demanda previdenciária, o fato de o imóvel ser superior ao módulo rural não afasta, por si só, a qualificação de seu proprietário como segurado especial, desde que comprovada, nos autos, a sua exploração em regime de economia familiar.

Súmula n. 31

DJ de 13-2-2006. A anotação na CTPS decorrente de sentença trabalhista homologatória constitui início de prova material para fins previdenciários.

Súmula n. 32

Cancelada em 9-10-2013.

Súmula n. 33

DJ de 4-8-2006. Quando o segurado houver preenchido os requisitos legais para concessão da aposentadoria por tempo de serviço na data do requerimento administrativo, esta data será o termo inicial da concessão do benefício.

Súmula n. 34

DJ de 4-8-2006. Para fins de comprovação do tempo de labor rural, o início de prova material deve ser contemporâneo à época dos fatos a provar.

Súmula n. 36

DJ de 6-3-2007. Não há vedação legal à cumulação da pensão por morte de trabalhador rural com o benefício da aposentadoria por invalidez, por apresentarem pressupostos fáticos e fatos geradores distintos.

Súmula n. 37

DJ de 20-6-2007. A pensão por morte, devida ao filho até os 21 anos de idade, não se prorroga pela pendência do curso universitário.

Súmula n. 38

DJ de 20-6-2007. Aplica-se subsidiariamente a Tabela de Cálculos de Santa Catarina aos pedidos de revisão de RMI – OTN/ORTN, na atualização dos salários de contribuição.

DIREITO PREVIDENCIÁRIO PARA CONCURSOS

Súmula n. 41

DJ de 3-3-2010. A circunstância de um dos integrantes do núcleo familiar desempenhar atividade urbana não implica, por si só, a descaracterização do trabalhador rural como segurado especial, condição que deve ser analisada no caso concreto.

Súmula n. 44

DOU de 14-12-2011. Para efeito de aposentadoria urbana por idade, a tabela progressiva de carência prevista no art. 142 da Lei n. 8.213/91 deve ser aplicada em função do ano em que o segurado completa a idade mínima para concessão do benefício, ainda que o período de carência só seja preenchido posteriormente.

Súmula n. 45

DOU de 14-12-2011. Incide correção monetária sobre o salário-maternidade desde a época do parto, independentemente da data do requerimento administrativo.

Súmula n. 46

DOU de 15-3-2012. O exercício de atividade urbana intercalada não impede a concessão de benefício previdenciário de trabalhador rural, condição que deve ser analisada no caso concreto.

Súmula n. 47

DOU de 15-3-2012. Uma vez reconhecida a incapacidade parcial para o trabalho, o juiz deve analisar as condições pessoais e sociais do segurado para a concessão de aposentadoria por invalidez.

Súmula n. 48

(Alterada na sessão de 25-4-2019) Para fins de concessão do benefício assistencial de prestação continuada, o conceito de pessoa com deficiência, que não se confunde necessariamente com situação de incapacidade laborativa, exige a configuração de impedimento de longo prazo com duração mínima de 2 (dois) anos, a ser aferido no caso concreto, desde o início do impedimento até a data prevista para a sua cessação.

Súmula n. 49

DOU de 15-3-2012. Para reconhecimento de condição especial de trabalho antes de 29-4-1995, a exposição a agentes nocivos à saúde ou à integridade física não precisa ocorrer de forma permanente.

Súmula n. 50

DOU de 15-3-2012. É possível a conversão do tempo de serviço especial em comum do trabalho prestado em qualquer período.

Súmula n. 51

Cancelada em 30-8-2017.

Súmula n. 52

DOU de 18-4-2012. Para fins de concessão de pensão por morte, é incabível a regularização do recolhimento de contribuições de segurado contribuinte individual posteriormente a seu óbito, exceto quando as contribuições devam ser arrecadadas por empresa tomadora de serviços.

Súmula n. 53

DOU de 7-5-2012. Não há direito a auxílio-doença ou a aposentadoria por invalidez quando a incapacidade para o trabalho é preexistente ao reingresso do segurado no Regime Geral de Previdência Social.

Súmula n. 54

DOU de 7-5-2012. Para a concessão de aposentadoria por idade de trabalhador rural, o tempo de exercício de atividade equivalente à carência deve ser aferido no período imediatamente anterior ao requerimento administrativo ou à data do implemento da idade mínima.

Súmula n. 55

DOU de 7-5-2012. A conversão do tempo de atividade especial em comum deve ocorrer com aplicação do fator multiplicativo em vigor na data da concessão da aposentadoria.

Súmula n. 57

DOU de 24-5-2012. O auxílio-doença e a aposentadoria por invalidez não precedida de auxílio-doença, quando concedidos na vigência da Lei n. 9.876/1999, devem ter o salário de benefício apurado com base na média aritmética simples dos maiores salários de contribuição correspondentes a 80% do período contributivo, independentemente da data de filiação do segurado ou do número de contribuições mensais no período contributivo.

Súmula n. 60

Cancelada em 16-3-2016.

Súmula n. 61

Cancelada em 11-10-2013.

Súmula n. 62

DOU de 3-7-2012. O segurado contribuinte individual pode obter reconhecimento de atividade especial para fins previdenciários, desde que consiga comprovar exposição a agentes nocivos à saúde ou à integridade física.

Súmula n. 63

DOU de 23-8-2012. A comprovação de união estável para efeito de concessão de pensão por morte prescinde de início de prova material.

Súmula n. 64

Cancelada em 18-6-2015.

Súmula n. 65

DOU de 24-9-2012. Os benefícios de auxílio-doença, auxílio-acidente e aposentadoria por invalidez concedidos no período de 28-3-2005 a 20-7-2005 devem ser calculados nos termos da Lei n. 8.213/1991, em sua redação anterior à vigência da Medida Provisória n. 242/2005.

DIREITO PREVIDENCIÁRIO PARA CONCURSOS

Súmula n. 66

DOU de 24-9-2012. O servidor público ex-celetista que trabalhava sob condições especiais antes de migrar para o regime estatutário tem direito adquirido à conversão do tempo de atividade especial em tempo comum com o devido acréscimo legal, para efeito de contagem recíproca no regime previdenciário próprio dos servidores públicos.

Súmula n. 67

DOU de 24-9-2012. O auxílio-alimentação recebido em pecúnia por segurado filiado ao Regime Geral da Previdência Social integra o salário de contribuição e sujeita-se à incidência de contribuição previdenciária.

Súmula n. 68

DOU de 24-9-2012. O laudo pericial não contemporâneo ao período trabalhado é apto à comprovação da atividade especial do segurado.

Súmula n. 69

DOU de 13-3-2013. O tempo de serviço prestado em empresa pública ou em sociedade de economia mista por servidor público federal somente pode ser contado para efeitos de aposentadoria e disponibilidade.

Súmula n. 70

DOU de 13-3-2013. A atividade de tratorista pode ser equiparada à de motorista de caminhão para fins de reconhecimento de atividade especial mediante enquadramento por categoria profissional.

Súmula n. 71

DOU de 13-3-2013. O mero contato do pedreiro com o cimento não caracteriza condição especial de trabalho para fins previdenciários.

Súmula n. 72

DOU de 13-3-2013. É possível o recebimento de benefício por incapacidade durante período em que houve exercício de atividade remunerada quando comprovado que o segurado estava incapaz para as atividades habituais na época em que trabalhou.

Súmula n. 73

DOU de 13-3-2013. O tempo de gozo de auxílio-doença ou de aposentadoria por invalidez não decorrentes de acidente de trabalho só pode ser computado como tempo de contribuição ou para fins de carência quando intercalado entre períodos nos quais houve recolhimento de contribuições para a previdência social.

Súmula n. 74

DOU de 22-5-2013. O prazo de prescrição fica suspenso pela formulação de requerimento administrativo e volta a correr pelo saldo remanescente após a ciência da decisão administrativa final.

Súmula n. 75

DOU de 13-6-2013. A Carteira de Trabalho e Previdência Social (CTPS) em relação à qual não se aponta defeito formal que lhe comprometa a fidedignidade goza de presunção relativa de veracidade, formando prova suficiente de tempo de serviço para fins previdenciários, ainda que a anotação de vínculo de emprego não conste no Cadastro Nacional de Informações Sociais (CNIS).

Súmula n. 76

DOU de 14-8-2013. A averbação de tempo de serviço rural não contributivo não permite majorar o coeficiente de cálculo da renda mensal inicial de aposentadoria por idade previsto no art. 50 da Lei n. 8.213/91.

Súmula n. 77

DOU de 6-9-2013. O julgador não é obrigado a analisar as condições pessoais e sociais quando não reconhecer a incapacidade do requerente para a sua atividade habitual.

Súmula n. 78

DOU de 17-9-2014. Comprovado que o requerente de benefício é portador do vírus HIV, cabe ao julgador verificar as condições pessoais, sociais, econômicas e culturais, de forma a analisar a incapacidade em sentido amplo, em face da elevada estigmatização social da doença.

Súmula n. 79

DOU de 24-4-2015. Nas ações em que se postula benefício assistencial, é necessária a comprovação das condições socioeconômicas do autor por laudo de assistente social, por auto de constatação lavrado por oficial de justiça ou, sendo inviabilizados os referidos meios, por prova testemunhal.

Súmula n. 80

DOU de 24-4-2015. Nos pedidos de benefício de prestação continuada (LOAS), tendo em vista o advento da Lei 12.470/11, para adequada valoração dos fatores ambientais, sociais, econômicos e pessoais que impactam na participação da pessoa com deficiência na sociedade, é necessária a realização de avaliação social por assistente social ou outras providências aptas a revelar a efetiva condição vivida no meio social pelo requerente.

Súmula n. 81

DOU de 24-6-2015. A impugnação de ato de indeferimento, cessação ou cancelamento de benefício previdenciário não se submete a qualquer prazo extintivo, seja em relação à revisão desses atos, seja em relação ao fundo de direito.

Súmula n. 82

(Alterada em 9-12-2020). O código 1.3.2 do quadro anexo ao Decreto n. 53.831/64, além dos profissionais da área da saúde, contempla os trabalhadores que exercem atividades de serviços gerais em limpeza e higienização de ambientes hospitalares.

Súmula n. 83

DOU de 21-3-2016. A partir da entrada em vigor da Lei n. 8.870/94, o décimo terceiro salário não integra o salário de contribuição para fins de cálculo do salário de benefício.

Súmula n. 85

DOU de 29-8-2018. É possível a conversão de tempo comum em especial de período(s) anterior(es) ao advento da Lei n. 9.032/95 (que alterou a redação do § 3º do art. 57 da Lei n. 8.213/91), desde que todas as condições legais para a concessão do benefício pleiteado tenham sido atendidas antes da publicação da referida lei, independentemente da data de entrada do requerimento (DER).

Súmula n. 87

DOU de 26-2-2019. A eficácia do EPI não obsta o reconhecimento de atividade especial exercida antes de 03/12/1998, data de início da vigência da MP 1.729/98, convertida na Lei n. 9.732/98.

REFERÊNCIAS

AITH, Fernando Mussa Abujamra. Consolidação do direito sanitário no Brasil. In: BERNARDINO COSTA, Alexandre et al. (Org.). *O direito achado na rua:* introdução crítica ao direito da saúde. Brasília: CEAD/UNB, 2008.

ALENCAR, Hermes Arrais. *Reforma da Previdência*. São Paulo: Saraiva, 2020.

_____. *Cálculo de benefícios previdenciários:* teses revisionais. Da teoria à prática. 13. ed. São Paulo: Saraiva, 2023.

_____. *Benefícios previdenciários*. 4. ed. São Paulo: LEUD, 2009.

_____. *Lei de benefícios previdenciários:* anotada: Lei n. 8.213, de 24 de julho de 1991: Regime Geral de Previdência Social. São Paulo: LEUD, 2008.

ALVES, Antônio Augusto Catão et al. A previdência social em juízo. In: MONTEIRO, Meire Lucia (Coord.). *Introdução ao direito previdenciário*. São Paulo: LTr, 1998.

AMARO, Luciano. *Direito tributário brasileiro*. São Paulo: Saraiva, 1997.

BALERA, Wagner. *A seguridade social na Constituição de 1988*. São Paulo: RT, 1989.

_____. *Noções preliminares de direito previdenciário*. São Paulo: Quartier Latin, 2004.

_____. *Sistema de seguridade social*. 3. ed. São Paulo: LTr, 2003.

_____. O valor social do trabalho. *Revista LTr*, São Paulo: LTr Editora, 58-10/1167-1178, p. 1176, out. 1994.

_____. *O direito dos pobres*. São Paulo: Paulinas, 1982.

_____. Contrato de trabalho e aposentadoria. *Revista de Direito Social*, Porto Alegre: Notadez, ano 5, n. 20, p. 15, out./dez. 2005.

_____. Introdução à seguridade social. In: MONTEIRO Meire Lucia Gomes (Coord.). *Introdução ao direito previdenciário*. São Paulo: LTr, 1998.

_____. Sobre reformas e reformas previdenciárias. *Revista de Direito Social*, Sapucaia do Sul/RS: Notadez, v. 3, n. 12, 2003.

BASTOS, Celso Ribeiro. *Curso de direito constitucional*. 21. ed. São Paulo: Saraiva, 2000.

BERBEL, Fábio Lopes Vilela. *Teoria geral da previdência social*. São Paulo: Quartier Latin, 2005.

DIREITO PREVIDENCIÁRIO PARA CONCURSOS

BEVERIDGE, Willian. *Relatório sobre o seguro social e serviços afins, apresentado ao parlamento Britânico em novembro de 1942*. Trad. Almir de Andrade. Rio de Janeiro: José Olympio, 1943.

BIANCO, José Francisco. As contribuições para a Seguridade Social. *Revista Fórum de Direito Tributário (RFDT)*, Rio de Janeiro: Fórum, n. 8, p. 27, mar./abr. 2004.

BRAMANTE, Ivani Contini. Desaposentação e nova aposentadoria. *Revista de Previdência Social*, n. 244, p. 150-155.

CARRAZZA, Roque Antonio. *Curso de direito constitucional tributário*. 13. ed. São Paulo: Malheiros, 1999.

CASSONE, Vitorio. *Direito tributário*. 20. ed. São Paulo: Atlas, 2009.

CASTRO, Carlos Alberto Pereira de; LAZZARI, João Batista. *Manual de direito previdenciário*. 23. ed. Rio de Janeiro: Forense, 2020.

COELHO, Hamilton Antônio. Desaposentação: um novo instituto? *Revista de Previdência Social*, São Paulo, ano XXIII, n. 228, nov. 1999.

COIMBRA, José dos Reis Feijó. *Direito previdenciário brasileiro*. 6. ed. Rio de Janeiro: Edições Trabalhistas, 1996.

_____. *Direito previdenciário brasileiro*. 11. ed. Rio de Janeiro: Edições Trabalhistas, 2001.

CUTAIT NETO, Michel (Org.). *Contribuições sociais em debate*. Leme: Mizuno, 2003.

DELGADO, Maurício Goldinho. *Curso de direito do trabalho*. 3. ed. São Paulo: LTr, 2004.

DERZI, Heloisa Hernandez. *Os beneficiários da pensão por morte*. São Paulo: Lex Editora, 2004.

DI PIETRO, Maria Sylvia Zanella. *Direito administrativo*.13. ed. São Paulo: Atlas, 2001.

FORTES, Simone Barbisan. A reforma previdenciária e seu reflexo na sistemática de cálculo da renda mensal inicial dos benefícios previdenciários. In: ROCHA, Daniel Machado da et al. (Coord.). *Temas atuais de direito previdenciário e assistência social*. Porto Alegre: Livraria do Advogado, 2003.

FREITAS, Vladimir Passos de (Coord.). *Direito previdenciário:* aspectos materiais, processuais e penais. 2. ed. Porto Alegre: Livraria do Advogado, 1999.

FREUDENTHAL, Sérgio Pardal. A previdência social dos servidores públicos. *Revista de Previdência Social*, São Paulo: LTr, n. 236, p. 685-689, jul. 2000.

HORVATH JÚNIOR, Miguel. *Direito previdenciário*. 4. ed. São Paulo: Quartier Latin, 2004.

IBRAHIM, Fábio Zambitte. *Curso de direito previdenciário*. 22. ed. Rio de Janeiro: Impetus, 2016.

REFERÊNCIAS

KELSEN, Hans. *Teoria pura do direito*. São Paulo: Martins Fontes, 1985.

KERTZMAN, Ivan. *Curso prático de direito previdenciário*. 14. ed. Salvador: Juspodivm, 2016.

LEITÃO, André Studart. *Aposentadoria especial*. São Paulo: Quartier Latin, 2007.

_____; DI PIETRO, Maria Sylvia Zanella. *Direito administrativo*. 13. ed. São Paulo: Atlas, 2001.

MACHADO, Hugo de Brito (Coord.). *As contribuições no sistema tributário brasileiro*. São Paulo: Dialética, 2003.

MACHADO SEGUNDO, Hugo de Brito. *Manual de direito tributário*. 11. ed. São Paulo: Atlas, 2019.

MARMELSTEIN, George. *Curso de direitos fundamentais*. 2. ed. São Paulo: Atlas, 2009.

MARTINEZ, Wladimir Novaes. Direito do homossexual à pensão por morte. *Revista de Previdência Social*, São Paulo: LTr, n. 236, p. 683-684, jul. 2000.

_____. *Curso de direito previdenciário*. 2. ed. São Paulo: LTr, 2001. t. 1. Noções de direito previdenciário.

MARTINS, Ives Gandra da Silva (Coord.). *Curso de direito tributário*. 8. ed. São Paulo: Saraiva, 2001.

MARTINS, Sergio Pinto. *Direito da seguridade social*. 36. ed. São Paulo: Saraiva, 2016.

MELLO, Celso Antônio Bandeira de. *Curso de direito administrativo*. 13. ed. São Paulo: Malheiros, 2001.

MIRANDA, Henrique Savonitti. *Curso de direito constitucional*. Brasília: Senado Federal, 2004.

MONTEIRO, Washington de Barros. *Curso de direito civil*: parte geral. 33. ed. São Paulo: Saraiva, 1995. v. 1.

MORAES, Alexandre de. *Direito constitucional*. 9. ed. São Paulo: Atlas, 2001.

MORHY, Lauro. *Reforma da previdência em questão*. Brasília: Universidade de Brasília, 2003.

NERY JUNIOR, Nelson; NERY, Rosa Maria Andrade. *Código de Processo Civil comentado e legislação processual civil extravagante em vigor*. 4. ed. São Paulo: RT, 1999.

OLIVEIRA, José de. *Acidentes do trabalho*. 3. ed. São Paulo: Saraiva, 1997.

_____. *Reforma previdenciária*: Lei de Benefícios comentada – doutrina e jurisprudência. São Paulo: Saraiva, 1999.

PEDROTTI, Irineu Antonio; PEDROTTI, William Antonio. *Acidentes do trabalho*. 4. ed. São Paulo: LEUD, 2003.

PERELMAN, Chaim. *Ética e direito* [Éthique et droit]. Trad. Maria Ermantina G. G. Pereira. São Paulo: Martins Fontes, 1996.

SARAIVA FILHO, Oswaldo Othon de Pontes. COFINS e os questionamentos acerca da não cumulatividade e do aumento de alíquota. *Revista Fórum de Direito Tributário (RFDT)*, n. 7, jan. 2004.

SÜSSEKIND, Arnaldo. *A jurisprudência social brasileira*. Rio de Janeiro: Freitas Bastos, 1955.

TEIXEIRA, Aloísio. *A previdência social e a revisão constitucional:* debates. Brasília: MPS, 1994. v. II.